LAW
BIG DATA
法律大数据
案由法条关联丛书

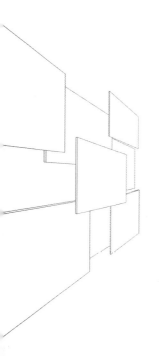

LAW
BIG DATA
法律大数据
案由法条关联丛书

丛书主编 王 竹

| 数据分析：四川大学法学院法律大数据实验室
| 数据支持：法合实验室

DISPUTES OVER PROPERTY RIGHTS

物权纠纷

主编 刘召成

图书在版编目(CIP)数据

物权纠纷/刘召成主编. —北京:北京大学出版社,2017.9
(法律大数据·案由法条关联丛书)
ISBN 978-7-301-28531-2

Ⅰ. ①物… Ⅱ. ①刘… Ⅲ. ①物权—经济纠纷—案例—中国 Ⅳ. ①D923.25

中国版本图书馆 CIP 数据核字(2017)第 172641 号

书　　　名	物权纠纷 WUQUAN JIUFEN
著作责任者	刘召成　主编
丛书策划	陆建华
责任编辑	陆建华　方尔埼
标准书号	ISBN 978-7-301-28531-2
出版发行	北京大学出版社
地　　　址	北京市海淀区成府路 205 号　100871
网　　　址	http://www.pup.cn　http://www.yandayuanzhao.com
电子信箱	yandayuanzhao@163.com
新浪微博	@北京大学出版社　@北大出版社燕大元照法律图书
电　　　话	邮购部 62752015　发行部 62750672　编辑部 62117788
印 刷 者	三河市北燕印装有限公司
经 销 者	新华书店 880 毫米×1230 毫米　A5　24.125 印张　811 千字 2017 年 9 月第 1 版　2017 年 9 月第 1 次印刷
定　　　价	79.00 元

未经许可,不得以任何方式复制或抄袭本书之部分或全部内容。
版权所有,侵权必究
举报电话: 010-62752024　电子信箱: fd@pup.pku.edu.cn
图书如有印装质量问题,请与出版部联系,电话: 010-62756370

法律大数据·案由法条关联丛书 编委会

主 任

王 竹

副主任

徐继敏　魏 东

编委会成员（按照姓氏拼音排序）

陈宝贵　范 围　侯国跃　刘召成　汪 灏　王 皓
王 竹　魏 东　徐继敏　徐 鹏　张晓远　张新峰

数据分析

四川大学法学院法律大数据实验室

数据支持

法合实验室

总目录

快速入门指南	001
丛书编写说明	003
《物权纠纷》分册编写说明	011
目录	013
第一编 案由关联法条索引	001
第二编 核心法律条文主要适用案由及关联法条索引	111
第三编 本书关联法条全文	591
法律规范性文件简全称对照索引表	721
后记	731

快速入门指南

本丛书基于"法合实验室"提供的"千万级"的裁判文书库和"百万级"法律规范性文件库,由"星云律例"(Galawxy)法律大数据引擎和法律专业团队联袂提供如下快速检索功能:

1. 通过本书第一编"案由关联法条索引"快速检索在该案由下**最常见**适用的**全部**法律规范性文件**条文**,并按照法条相关度星级(★)进行排序。

2. 通过本书第二编"核心法律条文主要适用案由及关联法条索引"快速检索核心法律每个条文主要适用的**案由**和该**同时适用**的法律规范性文件**条文**,并按照法条相关度星级(★)进行排序。

3. 通过本书第三编"本书关联法条全文",可以查阅本书涉及的**全部**法律规范性文件的**条文**全文。

4. 本书涉及的每个**案由**和每部**法律**规范性文件首页,以及"法律规范性文件**简**全称对照索引表"均配有"法合二维码",手机扫码可以直接进入"法合案由"和"法合法规"大数据平台,检索与最高人民法院"中国裁判文书网"同步更新的司法实务动态和法律规范性文件更新,更多的法律大数据逐步更新上线!

5. 读者也可以直接访问:www.LawSum.com,获取"法合实验室"的全部法律大数据资源!

更多检索功能和详细使用说明,参见本书"**丛书编写说明**"和各分册编写说明。

丛书编写说明

1. 丛书内容编排方式

本丛书根据人民法院立案时采用的民事、刑事、行政立案案由编写各分册,并根据案由相关度作适当合并。

每分册分为"案由关联法条索引""核心法律条文主要适用案由及关联法条索引"和"本书关联法条全文"三编。其中,每分册第一编"案由关联法条索引"和第二编"核心法律条文主要适用案由及关联法条索引"只列出法律规范性文件名称简称和条文号及其条文主旨,第三编"本书关联法条全文"列出相关法律条文的正文可按需查阅。三编既可以进行交叉检索查阅,又避免了篇幅的重复。

1.1 "案由关联法条索引"

每分册第一编"案由关联法条索引"按照案由顺序展开,每个案由一般再分为"主要适用的法条及其相关度"和"常见适用的其他法条"两部分。

"主要适用的法条及其相关度"部分,参考最高人民法院《关于裁判文书引用法律、法规等规范性法律文件的规定》(法释[2009]14号)第3—5条的规定,分析依法可以在裁判文书中作为裁判依据引用的全国性、实体性的法律、法规和司法解释等法律规范性文件及其相关度。在排列顺序上,按照法律、法律解释、行政法规、行政法规解释、司法解释、部门规章的顺序排列;相同顺位法律规范性文件按照各自权重最高法条的权重排列。

"常见适用的其他法条"(不区分星级)部分则列出在裁判文书数量较大的案由中,尽管实际引用率相对不高,但法律专业人士根据经验认为仍然具有重要性的法律条文。[1] 如果"常见适用的其他法条"的显著度不高,则不予罗列。

对于案件数量极少的案由,由于不具备进行法律大数据分析的前提,则

---

[1] 之所以出现这种情况,是由于最高人民法院发布的部分案由细化程度不够,导致部分条文适用的相关度被淡化。未来"法律大数据实验室"将在法律大数据分析的基础上提出案由的细化建议,方便司法适用。

仅列出全部的"常见适用的法条"(不区分星级),供读者参考。极少数案由尚无足够数量判决书可供法律大数据分析,本丛书也在相应位置予以说明。

1.2 "核心法律条文主要适用案由及关联法条索引"

每分册第二编"核心法律条文主要适用案由及关联法条索引"选择每分册案由对应的核心法律①、法规(一般是实体性法律②)和重要行政法规,按照法律条文顺序展开,每个条文之下,除了由"法律大数据实验室"拟定的条文主旨和条文正文之外,分为"主要适用的案由及其相关度"和"同时适用的法条及其相关度"两个部分。

"主要适用的案由及其相关度"是指本条文在超过3 000万份裁判文书中,主要适用于哪些案由以及相关度。

"同时适用的法条及其相关度"是指本法条在被判决书作为裁判依据时,同时被引用的其他法律条文及其相关度。

1.3 "本书关联法条全文"

每分册第三编"本书关联法条全文"列出了第一编和第二编涉及的全部法律条文的条文主旨和条文内容,但不重复列出每分册第二编的核心法律③,也不列出在每分册没有涉及的法律条文。在每部法律规范性文件名称和每个条文的条文主旨之后,根据在每分册涵盖案由中的整体被引用情况和法律专业人士的经验判断,根据权重标记为★★★★★到★。

2. 法合码=法合索引码+法合二维码

为方便查阅,"法律人数据实验室"与"法合实验室"共同设计了"法合码",包括"法合索引码"与"法合二维码"两部分。在"法合码"网站(Key.LawSum.com)输入"法合索引码"或者通过手机扫描"法合二维码"后,均可进入对应的"法合码"页面。

---

① 考虑到《民法通则》的特殊法律地位,本编按照其各章最相关的主题纳入各分册。
② 除了实体法,对程序法上包含的少数实体性法律规范,本丛书也作为实体性规范纳入第二编。
③ 考虑到《民法通则》的特殊法律地位,本分册第二编列出了《民法通则》部分条文的,在第三编如有涉及,仍然按照前两编列出的条文序号列出相应的《民法通则》条文全文。

2.1 "法合索引码"

其以不同字母开头索引不同类别的法律大数据资源,现阶段包括"法规索引码"和"案由索引码"两类。

2.1.1 "法规索引码"以字母 L 开头,对每部法律规范性文件进行编码,例如"L1.1.1《中华人民共和国宪法》"。

2.1.2 "案由索引码"以案件类型区分。

民事案由以字母 M 开头,按照《民事案件案由规定》(法[2011]42号)的四级案由序号编号,例如"M9.30.347.1 公共场所管理人责任纠纷"。

刑事案由以字母 X 开头,按照罪名所在刑法分则主要条文的章、节、条、款命名;历次"修正案"增加的"之一""之二""之三"等条款以条序号加"-1""-2""-3"等表示;同一款有多个罪名的,按照顺序命名,例如"X3.4.177-1.2 窃取、收买、非法提供信用卡信息罪"。①

行政案由以字母 Z 开头,按照《最高人民法院关于规范行政案件案由的通知》(法发[2004]2号)的规定,由"行政管理范围""行政行为种类"和"是否涉及行政赔偿"三段序号进行组合;"行政管理范围"有二级分类的,标记为 1、2、3……;不涉及行政赔偿的,标记为 0,涉及行政赔偿的标记为 1,例如"Z13.1.0 道路交通行政处罚"和"Z13.0.1 道路交通行政赔偿"。②

2.2 "法合二维码"

本丛书在全部案由和每部法律规范性文件标题旁边均附有由"法合二维码"及其对应的"法合索引码"组成的完整"法合码"。用户可以根据需要直接扫描"法合二维码",查看详细内容和更新信息,并享受"法合码"的部分免费服务。

3. 丛书检索功能

本丛书经过专业法律团队的精心编排,实现多种快速检索法律规范性文件条文(现阶段仅限于法律、行政法规和司法解释)和案由(部分案由需要跨分册检索)的核心功能,并通过"法合码"提供扩展检索功能和更新服务。

---

① 唯一的例外是"骗购外汇罪"。该罪名的法律依据是《全国人民代表大会常务委员会关于惩治骗购外汇、逃汇和非法买卖外汇犯罪的决定》第 1 条,序号列为"X0.1.1",以指代"刑法之外"的"第 1 部"立法机关决定的"第 1 条"规定的罪名。

② 这样编号的好处是能够涵盖所有可能的行政案由种类,但实务中并非所有的行政部门都可以作出全部 27 种行政行为,所以部分编号可能为空。

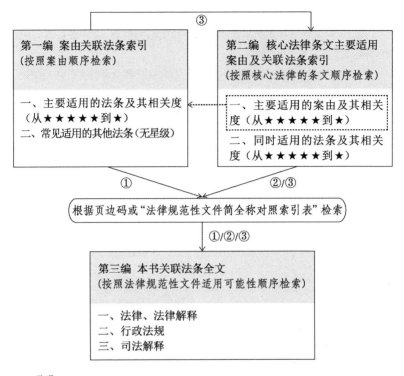

说明:

1. 上图为"使用说明"所述本书核心检索功能①②③检索方式的演示图;虚线为根据第二编的"案由"为第一编切换的路径。

2. 除"核心检索功能"外,本书还具有"扩展检索功能":不仅可通过"法合码"(手机扫"法合二维码"或电脑检索"法合索引码")替代"核心检索功能",还能提供内容更新服务。

核心检索功能①:通过"案由"快速检索可能适用的全部法条

适用情形:读者已经确定要适用的案由,希望查找可能适用的全部法条。

第一步:利用第一编"案由关联法条索引"提供的每个案由的"主要适用的法条及其相关度"和"常见适用的其他法条",协助读者根据案由索引,按照从★★★★★到★的顺序,通过浏览【条文主旨】快速地检索到可能适用的全部法条条文序号。

第二步:按照条文序号,在本书第三编"本书关联法条全文"找到条文的全文。读者可以通过法律规范性文件简称对应的页边码,或者通过本书《法律规范性文件简全称对照索引表》找到其所在的页码。

核心检索功能②：通过"核心法律条文"快速检索可能适用的案由和其他关联法条

适用情形：读者已经确定要适用的"核心法律条文"，希望确定可能适用的案由和查找其他关联法条。

第一步：利用第二编"核心法律条文主要适用案由及关联法条索引"提供的每个核心法律条文的"主要适用的案由及其相关度"，协助读者根据核心法律条文索引，按照从★★★★★到★的顺序，通过浏览案由名称快速地检索到可能适用的案由。（如果可能适用多个案由，如存在违约和侵权的请求权竞合，可以转而使用"核心检索功能①"尝试通过不同案由进行检索，以比较以哪种案由提起诉讼更为有利。）

第二步：利用第二编"核心法律条文主要适用案由及关联法条索引"提供的每个核心法律条文的"同时适用的法条及其相关度"，协助读者根据核心法律法条索引，按照从★★★★★到★的顺序，通过浏览【条文主旨】快速地检索到可能同时适用的全部法律条文法条序号。

第三步：按照条文序号，在本书第三编"本书关联法条全文"找到条文的全文。读者可以通过法律规范性文件简称对应的页边码，或者通过本书《法律规范性文件简全称对照索引表》找到其所在的页码。

核心检索功能③：通过"案由＋核心法律条文"快速检索可能适用的全部法条

适用情形：读者已经确定要适用的案由，且有能力识别可能适用的"核心法律条文"，希望快速查找可能适用的全部其他法条。

第一步：利用第一编"案由关联法条索引"提供的每个案由的"主要适用的法条及其相关度"和"常见适用的其他法条"，协助读者根据案由索引，按照从★★★★★到★的顺序，通过浏览【条文主旨】快速地检索到可能适用的"核心法律条文"的条文序号。

第二步：对于每个可能适用的"核心法律条文"，再利用第二编"核心法律条文主要适用案由及关联法条索引"提供的每个核心法律条文的"同时适用的法条及其相关度"，协助读者根据核心法律法条索引，按照从★★★★★到★的顺序，通过浏览【条文主旨】快速地检索到全部可能同时适用法律条文的法条序号。（如果可能适用多个案由，如存在违约和侵权的请求权竞合，可以转而使用"核心检索功能①"尝试通过不同案由进行检索或者再利用"核心检索功能③"第一步尝试通过不同案由进行检索,以比较以哪种案由提起诉讼更为有利。)

第三步:按照条文序号,在本书第三编"本书关联法条全文"找到条文的全文。读者可以通过法律规范性文件简称对应的页边码,或者通过本书《法律规范性文件简全称对照索引表》找到其所在的页码。

扩展检索功能:通过"法合码"实现上述功能和更新服务

方法一:手机扫描"法合二维码"。

每个案由和每部法律规范性文件标题旁边均附有"法合二维码",或利用本书《法律规范性文件简全称对照索引表》,按照法律规范性文件简称的拼音顺序检索到每部法律规范性文件的"法合二维码"。通过手机扫描"法合二维码"进入"法合码"系统后,按照提示即可更加方便地辅助实现上述检索功能。

方法二:输入"法合索引码"。

每个"法合二维码"下均有对应的"法合索引码",访问"法合码"网站(Key.LawSum.com),按照提示输入"法合索引码",就可以获得和手机扫描"法合二维码"相同的服务。

4. 其他

4.1 相关度

本丛书所称"相关度",是对超过3 000万份裁判文书案由和裁判依据进行大数据分析,在裁判依据实际引用情况的基础上,参考法律专业人士的经验判断进行调整后,根据权重标记为★★★★★到★。极少数法条尚无足够数量判决书可供法律大数据分析,本丛书也在相应位置予以了说明。

4.2 本丛书所称"法条",为"法律规范性文件条文"的简称;所称"法律条文"为"法律及法律解释文件条文"的简称。

4.3 页边码

本丛书第一、二编的页边码,为所对应法律规范性文件在本书第三编的页码。

4.4 法律规范性文件简全称对照索引表

为了最大限度地方便查阅和节约篇幅,本丛书每分册第一编和第二编中涉及的法律规范性文件名称采用简称,并制作《法律规范性文件简全称对照索引表》,对全书中涉及的所有法律条文均标记条文主旨。

该表的设计有利于法律规范性文件简全称的对照,并可用于在本书检索或扫码获取法律规范性文件内容。

本丛书涉及的每部法律规范性文件简称,均由"法律大数据实验室"根据裁判文书中法院在说理部分引用时常见的缩略方式,参考法律专业人士的缩略习惯确定,希望通过进一步的规范来建立法律规范性文件简称的使用标准。

本丛书涉及的条文主旨均由"法律大数据实验室"根据法律专业人士通行的使用习惯,并尽量照顾到每个条文中的每款内容进行编写,希望通过进一步的规范来建立条文主旨的编写标准。

王 竹
2017 年 7 月 20 日

《物权纠纷》分册编写说明

《物权纠纷》一书是"法律大数据·案由法条关联丛书"的第三本。就本书的编写情况,在此作简要说明。

1. 数据分析单位

本书的法律大数据分析由"法合实验室"提供数据支持,"法律大数据实验室"负责数据分析。

2. 数据分析范围

本书的法律大数据分析全样本为"中国裁判文书网"自2014年1月1日到2017年6月30日公布的超过3000万份裁判文书。

3. 案由涵盖范围

《民事案件案由规定》(法〔2011〕42号)的第三部分"物权纠纷"(M3项下合计83个案由)和第十部分"适用特殊程序案件案由"中与本书相关的"认定财产无主案件"(M10.34项下3个案由),共计86个案由。

4. 核心法律选取

4.1 选取范围

本书选取的核心法律包括《物权法》全文(247个条文)和《民法通则》第五章"民事权利"第一节"财产所有权和与财产所有权有关的财产权"的13个条文,共计260个条文。

4.2 选取理由

尽管《民法总则》已经于2017年3月15日并即将于10月1日生效,但在较长的时间内还不会全面替代《民法通则》第五章"民事权利"第一节"财产所有权和与财产所有权有关的财产权"的适用。而根据"法律大数据实验室"的分析,实务中部分法官高度依赖《民法通则》。可以预见《民法通则》被废止之前,本书选取的《民法通则》13个条文仍然将有较高频率的适用。未来《民法总则》生效后,"法律大数据实验室"将持续跟踪,并更新法律适用的实际情况。

5. 人工干预措施

本书编写过程中,在各案由和各核心法律法条大数据分析结果上,经过征求法学研究和司法实务人员的意见,对部分数据进行了人工干预。主要干预措施如下:

第一,根据对法律条文本身和所适用的裁判文书内容进行的大数据分析提示,部分法条可能被错误引用,经过人工确定后进行了相应的干预。

第二,部分法律的新修改条文和新颁布的司法解释本身尚未被适用或者仅被少量适用,但根据对裁判文书历史数据的大数据分析,进行了一定的预测性干预,其效果仅具有提示性。

第三,部分司法解释尽管在近年来公布的案例中仍然存在少数适用的情形,但已经被废止,从本书的实用性角度出发,为避免混淆,予以了删除。

本书编写过程受到裁判文书数据数量、质量和分布的客观限制,可能与实务存在一定的偏差,敬请读者谅解。也欢迎读者提出宝贵意见和建议。

刘召成
首都师范大学政法学院副教授
中国法学会民法学研究会理事
2017 年 7 日 20 日

目 录

第一编
案由关联法条索引

M3 物权纠纷	★★ 003
M3.4 不动产登记纠纷	★★ 006
M3.4.30 异议登记不当损害责任纠纷	★ 007
M3.4.31 虚假登记损害责任纠纷	★ 007
M3.5 物权保护纠纷	★★★★ 008
M3.5.32 物权确认纠纷	★★★★ 011
M3.5.32.1 所有权确认纠纷	★★★★ 013
M3.5.32.2 用益物权确认纠纷	★★ 016
M3.5.32.3 担保物权确认纠纷	★ 017
M3.5.33 返还原物纠纷	★★★★ 020
M3.5.34 排除妨害纠纷	★★★★ 022
M3.5.35 消除危险纠纷	★★ 024
M3.5.36 修理、重作、更换纠纷	★★ 025
M3.5.37 恢复原状纠纷	★★★ 026
M3.5.38 财产损害赔偿纠纷	★★★★ 028
M3.6 所有权纠纷	★★★ 030
M3.6.39 侵害集体经济组织成员权益纠纷	★★★★ 033
M3.6.40 建筑物区分所有权纠纷	★★ 035
M3.6.40.1 业主专有权纠纷	★ 037
M3.6.40.2 业主共有权纠纷	★★ 038
M3.6.40.3 车位纠纷	★★ 039

M3.6.40.4 车库纠纷	★	041
M3.6.41 业主撤销权纠纷	★★	044
M3.6.42 业主知情权纠纷	★★	044
M3.6.43 遗失物返还纠纷	★	045
M3.6.44 漂流物返还纠纷	★★	046
M3.6.45 埋藏物返还纠纷	★	046
M3.6.46 隐藏物返还纠纷	★	047
M3.6.47 相邻关系纠纷	★★★★	047
M3.6.47.1 相邻用水、排水纠纷	★★★	048
M3.6.47.2 相邻通行纠纷	★★★	049
M3.6.47.3 相邻土地、建筑物利用关系纠纷	★★★	049
M3.6.47.4 相邻通风纠纷	★	051
M3.6.47.5 相邻采光、日照纠纷	★★★★	051
M3.6.47.6 相邻污染侵害纠纷	★★	051
M3.6.47.7 相邻损害防免关系纠纷	★★★	052
M3.6.48 共有纠纷	★★★	053
M3.6.48.1 共有权确认纠纷	★★	055
M3.6.48.2 共有物分割纠纷	★★★★	057
M3.6.48.3 共有人优先购买权纠纷	★	059
M3.7 用益物权纠纷	★★	**060**
M3.7.49 海域使用权纠纷	★	062
M3.7.50 探矿权纠纷	★	063
M3.7.51 采矿权纠纷	★	063
M3.7.52 取水权纠纷	★	066
M3.7.53 养殖权纠纷	★	067
M3.7.54 捕捞权纠纷	★	068
M3.7.55 土地承包经营权纠纷	★★★★	068
M3.7.55.1 土地承包经营权确认纠纷	★★	073

M3.7.55.2	承包地征收补偿费用分配纠纷 ……… ★★★★	075
M3.7.55.3	土地承包经营权继承纠纷 …………………… ★★	078
M3.7.56	建设用地使用权纠纷 ………………………………… ★★	079
M3.7.57	宅基地使用权纠纷 …………………………………… ★★	080
M3.7.58	地役权纠纷 …………………………………………… ★	082

M3.8 担保物权纠纷 ………………………………………… ★ 084

M3.8.59	抵押权纠纷 …………………………………………… ★★	086
M3.8.59.1	建筑物和其他土地附着物抵押权纠纷 ……… ★	087
M3.8.59.2	在建建筑物抵押权纠纷 ………………………… ★	090
M3.8.59.3	建设用地使用权抵押权纠纷 …………………… ★	091
M3.8.59.4	土地承包经营权抵押权纠纷 …………………………	091
M3.8.59.5	动产抵押权纠纷 ………………………………… ★	091
M3.8.59.6	在建船舶、航空器抵押权纠纷 ……………………	093
M3.8.59.7	动产浮动抵押权纠纷 …………………………………	093
M3.8.59.8	最高额抵押权纠纷 ……………………………… ★	094
M3.8.60	质权纠纷 ……………………………………………… ★	095
M3.8.60.1	动产质权纠纷 …………………………………… ★	097
M3.8.60.2	转质权纠纷 …………………………………………	098
M3.8.60.3	最高额质权纠纷 ………………………………… ★	098
M3.8.60.4	票据质权纠纷 …………………………………… ★	098
M3.8.60.5	债券质权纠纷 …………………………………… ★	099
M3.8.60.6	存单质权纠纷 …………………………………… ★	099
M3.8.60.7	仓单质权纠纷 ………………………………………	100
M3.8.60.8	提单质权纠纷 ………………………………………	100
M3.8.60.9	股权质权纠纷 …………………………………… ★	101
M3.8.60.10	基金份额质权纠纷 …………………………………	102
M3.8.60.11	知识产权质权纠纷 …………………………………	102
M3.8.60.12	应收账款质权纠纷 …………………………………	102

M3.8.61 留置权纠纷 ★ 103

M3.9 占有保护纠纷 ★★ 103

M3.9.62 占有物返还纠纷 ★★★ 104

M3.9.63 占有排除妨害纠纷 ★★ 106

M3.9.64 占有消除危险纠纷 ★ 107

M3.9.65 占有物损害赔偿纠纷 ★★ 107

M10 适用特殊程序案件案由 110

M10.34 认定财产无主案件 110

M10.34.383 申请认定财产无主 ★ 110

M10.34.384 申请撤销认定财产无主 110

第二编
核心法律条文主要适用案由及关联法条索引

中华人民共和国物权法 ★★★★★ 113

第一编 总则 113

第一章 基本原则 113

第1条【物权法的立法目的】 ★★ 113

第2条【物权法适用范围;物的概念;物权的概念】 ★★ 115

第3条【国家基本经济制度和经济政策】 ★ 119

第4条【国家、集体和私人物权的平等保护原则】 ★★★ 122

第5条【物权法定原则:物权种类、物权内容由法律规定】 ★★ 124

第6条【物权公示原则:不动产登记、动产交付】 ★★★ 127

第7条【物权取得与行使应遵守法律和公序良俗】 ★★ 130

第8条【物权特别法优先规则】 ★ 133

第二章 物权的设立、变更、转让和消灭 137

第9条【不动产物权变动的登记原则;国家的自然资源所有权登记的特殊规定】 ★★★★ 137

第10条【不动产登记机构的确定;国家实行统一登记制度】 ★★ 142

第11条【申请不动产登记应提供的必要材料】 ★ 143

第 12 条【不动产登记机构应当履行的职责】………………… ★ 145

第 13 条【物权登记机构的禁止行为】…………………… ★ 148

第 14 条【不动产物权变动的生效时间】………………… ★★★ 149

第 15 条【设立、变更、转让、消灭不动产物权的合同的效力：
　　　　合同成立时生效】………………………… ★★★★ 151

第 16 条【不动产登记簿的法律效力】…………………… ★★ 153

第 17 条【不动产权属证书与不动产登记簿的关系】……… ★★ 155

第 18 条【权利人和利害关系人对登记资料享有的权利】……… ★★ 157

第 19 条【更正登记和异议登记】……………………………… ★ 159

第 20 条【预告登记及其法律效力】………………………… ★★★ 162

第 21 条【登记错误造成损害的救济规则】………………… ★ 164

第 22 条【不动产登记收费标准的确定】…………………… ★ 166

第 23 条【动产物权设立和转让的公示与生效条件】……… ★★★ 167

第 24 条【船舶、航空器和机动车物权变动采取登记对抗主义】
　　　　　………………………………………………………… ★★ 170

第 25 条【动产物权变动方式之简易交付】………………… ★★ 171

第 26 条【动产物权变动方式之指示交付】………………… ★ 173

第 27 条【动产物权变动方式之占有改定】………………… ★ 173

第 28 条【因人民法院、仲裁委员会的法律文件或者人民政府的征收
　　　　决定等法律文书致物权发生变动的生效时间确定】…… ★★ 175

第 29 条【以继承或者遗赠方式取得物权的生效时间确定】…… ★★ 178

第 30 条【因事实行为设立或者消灭物权的生效时间确定】…… ★★ 181

第 31 条【因法律行为之外的原因取得的不动产再次处分时的物权
　　　　变动规则】……………………………………………… ★★ 185

第三章　物权的保护 ……………………………………………… 189

第 32 条【物权遭受侵害的救济途径】……………………… ★★★ 189

第 33 条【利害关系人的物权确认请求权】………………… ★★★ 191

第 34 条【权利人的返还原物请求权】……………………… ★★★★ 194

第 35 条【权利人享有的排除妨害请求权与消除危险请求权】
.... ★★★★ 197
第 36 条【物权损害的救济方式;物权的债权保护方法】...... ★★★ 199
第 37 条【侵害物权的民事责任竞合】.................... ★★★★ 201
第 38 条【物权保护方式的单用和并用;民事责任与行政责任和
刑事责任的关系】.................................... ★★ 203

第二编 所有权 205

第四章 一般规定 205
第 39 条【所有权的内容】.................................... ★★★ 205
第 40 条【所有权人设立他物权的规定】.................... ★★ 207
第 41 条【国家的专有权】.................................... 209
第 42 条【不动产的征收及其补偿】........................ ★★★ 209
第 43 条【国家保护耕地与禁止违法征收土地】.............. ★ 212
第 44 条【物的征用及其补偿】.............................. 213

第五章 国家所有权和集体所有权、私人所有权............ 213
第 45 条【国家所有财产的范围;国家所有权的行使主体】........ ★ 213
第 46 条【国家对矿藏、水流和海域的所有权】................ 215
第 47 条【国家所有土地的范围】.............................. ★ 215
第 48 条【国家所有的自然资源的范围】........................ ★ 216
第 49 条【国家所有的野生动植物资源的范围】.................. 218
第 50 条【无线电频谱属于国家所有】.......................... 218
第 51 条【国家所有的文物的规定】............................ ★ 219
第 52 条【国防资产的国家所有权;基础设施的国家所有权】...... 219
第 53 条【国家机关的物权内容】............................... ★ 219
第 54 条【事业单位的物权内容】............................... ★ 222
第 55 条【国家出资企业的出资人的确定及其权利义务行使】...... ★ 224
第 56 条【国有财产的保护】................................... ★ 225
第 57 条【国有财产管理机构及其人员的义务与法律责任】........ ★ 227
第 58 条【集体所有的动产和不动产的范围】.................. ★★ 228

第59条【农民集体所有的权利性质;集体物权的重大事项由集体决定】
.... ★★★★ 232
第60条【行使集体所有权的主体】 .... ★★ 234
第61条【城镇集体财产权利归属及权利内容】 .... ★ 237
第62条【集体成员对集体财产状况的知情权】 .... ★ 238
第63条【集体财产权受法律保护】 .... ★★★ 239
第64条【私人所有权的范围】 .... ★★ 241
第65条【国家保护私人合法储蓄、投资和财产继承权等合法权益】
.... ★★ 243
第66条【私人合法财产受法律保护】 .... ★★★ 245
第67条【企业出资人的权利】 247
第68条【企业法人财产权的内容】 .... ★ 247
第69条【社会团体财产受法律保护】 249

第六章 业主的建筑物区分所有权 249

第70条【业主的建筑物区分所有权】 .... ★★★ 249
第71条【业主对专有部分的专有权】 .... ★★ 251
第72条【业主对共有部分的共有权及义务;共有权与管理权随同
专有权一并转让】 .... ★★ 253
第73条【建筑区划内的道路、绿地等场所和设施属于业主共有财产】
.... ★★ 255
第74条【建筑区划内车位、车库的归属规则】 .... ★★ 258
第75条【业主大会和业主委员会的设立】 .... ★★ 261
第76条【由业主共同决定的事项以及表决规则】 ..... ★★ 262
第77条【住宅转变为经营性用房应当遵循的规则】 ..... ★ 265
第78条【业主大会和业主委员会决定的效力】 .... ★★★★ 266
第79条【建筑物及其附属设施的维修基金的筹集和使用规则】
.... 268
第80条【建筑物及其附属设施的费用分摊和收益分配确定规则】
.... ★★ 268

第81条【业主对建筑物及其附属设施的管理权及行使规则】
.... ★★★ 270

第82条【物业服务企业或其他接受业主委托的管理人的管理义务】
.... ★★ 272

第83条【业主义务;业主大会和业主委员会对于侵害建筑物的
行为人的请求权】.................................. ★★ 274

第七章 相邻关系 276

第84条【处理相邻关系的基本原则】............ ★★★★ 276

第85条【处理相邻关系的法源依据】............. ★★★ 278

第86条【相邻权利人用水、排水权】............. ★★★ 278

第87条【相邻关系人通行权规则】............... ★★★ 279

第88条【相邻关系人利用相邻土地的权利】...... ★★ 280

第89条【建造建筑物不得妨碍相邻建筑物】...... ★★★ 281

第90条【不动产权利人不得弃置废物和排放污染物】..... ★★ 282

第91条【禁止进行危及相邻不动产安全的活动】... ★★ 283

第92条【相邻权的限度】........................ ★★★ 285

第八章 共有 286

第93条【共有的界定及其类型】................. ★★★ 286

第94条【按份共有人对共有物的权利】........... ★★★ 288

第95条【共同共有权】.......................... ★★★ 289

第96条【共有人对共有财产的管理权利与义务】... ★★ 291

第97条【共有人对于共有财产重大事项的表决权规则】..... ★★★ 293

第98条【共有物的管理费用分担规则】........... ★ 297

第99条【共有物的分割规则】.................... ★★★ 299

第100条【共有物分割的方式】................... ★★★ 301

第101条【按份共有人的优先购买权】............. ★ 302

第102条【因共有产生的债权债务承担规则:对外享有连带债权、
对外承担连带债务、对内按份享有债权、对内按份承担债务】
.... ★★ 303

第 103 条【没有约定、约定不明时共有物共有性质的认定】
....★★★ 307
第 104 条【按份共有人共有份额的认定规则】 ....★★ 309
第 105 条【用益物权、担保物权的共有参照适用共同所有的规则】
....★ 310

第九章 所有权取得的特别规定 312

第 106 条【善意取得的构成条件】 ....★★★ 312
第 107 条【遗失物的处理规则】 ....★ 317
第 108 条【善意取得的动产上原有的权利负担消灭及其例外】
....★ 319
第 109 条【遗失物拾得人的返还义务】 ....★ 320
第 110 条【遗失物受领部门的义务】 ....★ 321
第 111 条【遗失物拾得人的妥善保管义务】 ....★ 322
第 112 条【权利人领取遗失物时的费用支付义务】 ......★ 323
第 113 条【无人认领的遗失物的处理规则】 324
第 114 条【拾得漂流物、发现埋藏物或者隐藏物的参照适用拾得
遗失物的规则】 324
第 115 条【从物随主物转让规则】 ....★ 325
第 116 条【物的孳息归属确认】 326

第三编 用益物权 329

第十章 一般规定 329

第 117 条【用益物权的界定及其内容】 ....★★ 329
第 118 条【国家所有和集体所有的自然资源的使用规则】 ......★★ 331
第 119 条【自然资源有偿使用规则】 332
第 120 条【用益物权的行使规范】 ....★ 332
第 121 条【征收征用影响或消灭用益物权时用益物权人的补偿请求权】
....★ 334
第 122 条【法律保护海域使用权】 335
第 123 条【依法取得的探矿权、采矿权、取水权等准物权受法律保护】
....★ 335

第十一章 土地承包经营权 ……………………………………… 338

第124条【农村集体经济经营体制;农村土地实行土地承包经营制度】
……………………………………………………… ★★ 338

第125条【土地承包经营权内容】…………………… ★★★ 343

第126条【不同土地类型的承包期】………………… ★ 345

第127条【土地承包经营权的设立时间;土地承包经营权的确权机关】
……………………………………………………… ★★ 347

第128条【土地承包经营权的流转】………………… ★★ 349

第129条【土地承包经营权流转要件】……………… ★ 353

第130条【承包期内承包地调整的原则禁止与特别例外】…… ★★ 355

第131条【承包期内发包人义务】…………………… ★★ 357

第132条【征收承包地的补偿规则】………………… ★★★ 360

第133条【通过招标、拍卖和公开协商等方式承包农村土地的流转方式】
……………………………………………………… ★ 360

第134条【国家所有土地承包经营参照适用集体土地承包的有关规定】
……………………………………………………… ★ 362

第十二章 建设用地使用权 ……………………………………… 364

第135条【建设用地使用权的内容】………………… ★★ 364

第136条【建设用地使用权的设立范围】…………… ★ 366

第137条【建设用地使用权的设立方式】…………… ★ 366

第138条【建设用地使用权出让合同的书面形式要求;建设用地
使用权出让合同应包括的条款】………………… ★ 368

第139条【建设用地使用权的设立要件】…………… ★ 370

第140条【建设用地使用权的土地用途限定规则】…………… 372

第141条【建设用地使用权人的出让金支付义务】…………… ★ 372

第142条【建设用地使用权人建造的建筑物、构筑物及其附属设施的归属】
……………………………………………………… ★★ 374

第143条【建设用地使用权的流转】………………… ★★ 376

第144条【建设用地使用权流转的形式要件与期限限制】……… ★ 378

第145条【建设用地使用权流转登记】································· ★★ 379
第146条【建设用地使用权流转之房随地走】······················ ★ 383
第147条【建设用地使用权流转之地随房走】······················ ★★ 384
第148条【建设用地使用权期间的提前终止】······················ ★ 385
第149条【住宅与非住宅建设用地使用权期间届满的处理规则】
·· 386
第150条【建设用地使用权消灭时的注销登记】··················· ★ 386
第151条【集体土地作为建设用地应当遵循法律规定】·········· ★ 388

第十三章 宅基地使用权 ·· 391
第152条【宅基地使用权内容】··· ★★★ 391
第153条【宅基地使用权取得、使用和流转遵循法律和国家规定】
·· ★★ 394
第154条【宅基地消灭后的重新分配】································· ★ 395
第155条【宅基地使用权转让或消灭时的变更登记与注销登记】
·· ★ 396

第十四章 地役权 ·· 398
第156条【地役权的概念】··· ★ 398
第157条【设立地役权的形式要件与地役权合同的内容】········ ★ 400
第158条【地役权的生效时间与登记效力】·························· ★ 401
第159条【供役地权利人的义务】·· 402
第160条【地役权人利用供役地应当遵循的规制】················ 404
第161条【地役权期间的确定】··· 404
第162条【在享有或者负担地役权的土地上设立土地承包经营权和
　　　　　宅基地使用权的规则】······································ 404
第163条【土地所有权人在已设立用益物权的土地上设立地役权的规则】
·· 404
第164条【地役权的转让规则】··· 404
第165条【地役权不得单独抵押】·· 404

第166条【需役地及其上用益物权部分转让时受让人同时享有地役权】
.... 405

第167条【供役地上土地承包经营权和建设用地使用权部分转让时
地役权约束受让人】.................... ★★ 405

第168条【供役地权利人有权解除地役权合同的情形】............ ★ 406

第169条【地役权变动后的登记】................................ 407

第四编 担保物权 407

第十五章 一般规定 407

第170条【担保财产优先受偿:债务人不履行到期债务、发生约定的
实现担保物权的情形】.................... ★★★★ 407

第171条【担保物权的设立;反担保的设立】................ ★★★ 409

第172条【担保合同的界定及其与主债权合同的关系;担保合同
无效的责任承担规则】.................... ★★★ 411

第173条【担保物权担保的范围】........................ ★★★ 413

第174条【担保物权的物上代位性】...................... ★★ 415

第175条【未经担保人书面许可的债务转移免除担保人相应担保责任】
.... ★ 418

第176条【混合担保规则】............................ ★★★★★ 419

第177条【担保物权消灭的情形】........................ ★★ 422

第178条【担保法与物权法冲突时的法律适用】............ ★★ 425

第十六章 抵押权 428

第179条【抵押权的界定】............................ ★★★★★ 428

第180条【可抵押财产的范围】........................ ★★★★ 430

第181条【动产浮动抵押规则】........................ ★★★ 433

第182条【建筑物和相应的建设用地使用权一并抵押规则】
.... ★★★★ 434

第183条【土地使用权应与其上房屋一并抵押规则】........ ★★★ 436

第184条【禁止抵押的财产范围】........................ ★★ 438

第185条【抵押合同的书面形式要件及其应包含的内容】
.... ★★★★ 440

第186条【抵押权的禁止流质条款】...................... ★★★ 442

第187条【不动产抵押的登记要件主义】……………… ★★★★★ 444
第188条【动产抵押的登记对抗主义】……………………… ★★★ 446
第189条【动产浮动抵押权设立的登记对抗主义】……………… ★★ 448
第190条【抵押权和租赁关系之间的效力等级】……………… ★★ 450
第191条【抵押期间抵押财产转让应当遵循的规则】………… ★★★ 453
第192条【抵押权的从属性】…………………………………… ★★ 455
第193条【抵押财产价值减少时抵押权人的补救措施】………… ★ 457
第194条【抵押权人放弃抵押权或抵押权顺位的法律后果】… ★★ 459
第195条【抵押权实现的方式和程序】……………… ★★★★★ 460
第196条【动产浮动抵押的抵押财产价值的确定时间】……… ★★ 463
第197条【抵押权实现时抵押财产被扣押期间的孳息由抵押权人收取】
　　　　　　　　　　　　　　　　　　　　　　　　……… ★★ 465
第198条【抵押权实现后价款大于或小于所担保债权的处理规则】
　　　　　　　　　　　　　　　　　　　　　　　　…… ★★★★ 466
第199条【同一财产上多个抵押权的效力顺序】…………… ★★★ 468
第200条【以建设用地使用权抵押后新增建筑物不属于抵押财产】
　　　　　　　　　　　　　　　　　　　　　　　　　…… ★★ 470
第201条【以农村土地承包经营权和乡镇、村企业的建设用地使用权
　　　　抵押的实现抵押权后不得改变土地用途】………… ★ 472
第202条【抵押权的行使期间】……………………………… ★★★ 473
第203条【最高额抵押规则】………………………… ★★★★★ 475
第204条【最高额抵押担保不得随部分债权转让;约定除外】
　　　　　　　　　　　　　　　　　　　　　　　　　…… ★★ 477
第205条【最高额抵押债权确定前的内容变更】……………… ★ 480
第206条【最高额抵押所担保债权的确定时间】…………… ★★ 482
第207条【最高额抵押的法律适用】………………………… ★★★ 484

第十七章　质权 485

第208条【质权的概念与质权的实现;质押双方的概念】…… ★★★ 485
第209条【禁止出质的动产范围】………………………………… ★ 488

第210条【质权设立需要订立书面质权合同与质权合同的内容】
………………………………………………………………… ★★ 489
第211条【流质契约的绝对禁止】 ………………………… ★★ 492
第212条【质权的设立】 …………………………………… ★★ 495
第213条【质权设立期间的孳息收取】 …………………… ★★ 498
第214条【质权人对质押财产处分的限制及其法律责任】……… ★ 499
第215条【质权人对于质押财产的妥善保管义务】 ………… ★ 501
第216条【质物毁损或价值减少时质权人的救济方式】 …… ★ 502
第217条【质权人转质规则及其法律后果】 ……………… ★★ 503
第218条【质权人放弃对债务人财产的质权的法律后果】 …… ★ 504
第219条【质物返还与质权实现】 ………………………… ★★★ 505
第220条【出质人对于质权人的及时行使质权的请求权】 …… ★★ 508
第221条【质押财产变现数额多于或少于债权数额的法律后果】
………………………………………………………………… ★★ 510
第222条【最高额质权的设立及其适用规则】 …………… ★★ 513
第223条【可出质的权利的范围】 ………………………… ★★★ 515
第224条【有价证券出质的形式要件以及质权生效时间】 …… ★★ 517
第225条【有价证券的质权人在有价证券权利早于主债权到期日时的
质权行使规则】 ……………………………………… ★ 519
第226条【基金份额、股权出质的权利质权设立；出质人处分基金份额、
股权的限制】 ………………………………………… ★★★ 520
第227条【知识产权中财产权出质的质权设立；出质人处分知识产权的
限制】 ………………………………………………… ★ 522
第228条【以应收账款出质；书面合同的形式要求；登记设立主义；
不得转让】 …………………………………………… ★★★ 525
第229条【权利质权的法律适用】 ………………………… ★★★ 527

第十八章 留置权 ………………………………………………… 529

第230条【留置权规则】 …………………………………… ★★ 529
第231条【留置财产与债权应基于同一法律关系但企业间留置例外】
………………………………………………………………… ★★ 531

第232条【法律规定或当事人约定不得留置的动产不能留置】 ★ 532
第233条【留置可分物时可留置财产的数额】 ★ 533
第234条【留置权人对留置物的妥善保管义务】 ★ 534
第235条【留置财产的孳息收取】 536
第236条【留置权实现的一般规则】 ★ 536
第237条【债务人请求留置权人行使留置权的请求权】 ★ 538
第238条【留置财产变现数额与所担保债权数额不符时的处理】 ★ 539
第239条【留置权与抵押权或者质权关系的规定:留置权优先于抵押权和质权】 ★★ 540
第240条【留置权消灭:对留置财产丧失占有、接受债务人另行提供担保】 ★ 541

第五编 占有 543

第十九章 占有 543

第241条【有权占有法律规则】 ★★ 543
第242条【恶意占有人占有动产或者不动产致其损害应当承担赔偿责任】 ★ 545
第243条【权利人返还原物请求权以及对善意占有人所支出必要费用的补偿义务】 ★★ 547
第244条【被占有的动产或者不动产毁损或者灭失时无权占有人的责任】 ★ 548
第245条【占有保护的方法】 ★★ 550
第246条【授权地方性法规暂时规定不动产统一登记】 553
第247条【物权法的施行日期】 ★ 553

中华人民共和国民法通则 ★★★★ 555

第五章 民事权利 555

第71条【所有权的内容】 ★★★ 555
第72条【财产所有权取得应符合法律规定;动产所有权自交付时转移】 ★★★ 559
第73条【国家财产所有权;全民所有;国家财产权的效力;神圣不可侵犯】 ★★ 561

第 74 条【集体所有的财产包括的内容】⋯⋯⋯⋯⋯⋯⋯⋯ ★★★ 562

第 75 条【个人财产:合法财产受法律保护】⋯⋯⋯⋯⋯ ★★★★ 564

第 76 条【财产继承权】⋯⋯⋯⋯⋯⋯⋯⋯⋯⋯⋯⋯⋯ ★★★ 567

第 77 条【社会团体财产受法律保护】⋯⋯⋯⋯⋯⋯⋯⋯⋯ ★ 569

第 78 条【财产共有制度:按份共有、共同共有;按份共有人的优先购买权】
⋯⋯⋯⋯⋯⋯⋯⋯⋯⋯⋯⋯⋯⋯⋯⋯⋯⋯⋯⋯ ★★★ 573

第 79 条【无人认领的遗失物的处理规则】⋯⋯⋯⋯⋯⋯⋯⋯ ★ 575

第 80 条【土地使用权与承包经营权】⋯⋯⋯⋯⋯⋯⋯⋯⋯ ★★ 577

第 81 条【森林、山岭、草原、荒地、滩涂、水面、矿藏等自然资源的归属】
⋯⋯⋯⋯⋯⋯⋯⋯⋯⋯⋯⋯⋯⋯⋯⋯⋯⋯⋯⋯⋯ ★★ 582

第 82 条【全民所有制企业经营权范围】⋯⋯⋯⋯⋯⋯⋯⋯⋯ ★ 585

第 83 条【处理相邻关系的基本原则】⋯⋯⋯⋯⋯⋯⋯⋯ ★★★★ 588

第三编
本书关联法条全文

一、法律⋯⋯⋯⋯⋯⋯⋯⋯⋯⋯⋯⋯⋯⋯⋯⋯⋯⋯⋯⋯⋯⋯⋯ 593

中华人民共和国合同法 ⋯⋯⋯⋯⋯⋯⋯⋯⋯⋯⋯ ★★★★★ 593

中华人民共和国担保法 ⋯⋯⋯⋯⋯⋯⋯⋯⋯⋯⋯ ★★★★★ 607

中华人民共和国民法通则 ⋯⋯⋯⋯⋯⋯⋯⋯⋯⋯ ▲▲▲▲ 616

中华人民共和国侵权责任法 ⋯⋯⋯⋯⋯⋯⋯⋯⋯⋯ ★★★★ 625

中华人民共和国农村土地承包法 ⋯⋯⋯⋯⋯⋯⋯⋯⋯ ★★★ 629

中华人民共和国继承法 ⋯⋯⋯⋯⋯⋯⋯⋯⋯⋯⋯⋯⋯ ★★★ 636

中华人民共和国土地管理法 ⋯⋯⋯⋯⋯⋯⋯⋯⋯⋯⋯ ★★★ 640

中华人民共和国道路交通安全法 ⋯⋯⋯⋯⋯⋯⋯⋯⋯ ★★★ 646

中华人民共和国村民委员会组织法 ⋯⋯⋯⋯⋯⋯⋯⋯ ★★★ 647

中华人民共和国妇女权益保障法 ⋯⋯⋯⋯⋯⋯⋯⋯⋯ ★★★ 649

中华人民共和国婚姻法 ⋯⋯⋯⋯⋯⋯⋯⋯⋯⋯⋯⋯⋯ ★★★ 649

中华人民共和国保险法 ⋯⋯⋯⋯⋯⋯⋯⋯⋯⋯⋯⋯⋯ ★★★ 652

中华人民共和国城市房地产管理法 ★ 654
中华人民共和国刑法 ★ 656
中华人民共和国矿产资源法 658
中华人民共和国大气污染防治法 659
中华人民共和国公司法 659
中华人民共和国票据法 661
中华人民共和国环境保护法 663
中华人民共和国劳动法 664
中华人民共和国人民防空法 664
中华人民共和国渔业法 665
中华人民共和国水法 665
中华人民共和国草原法 666
中华人民共和国海关法 667
中华人民共和国海域使用管理法 668
中华人民共和国民办教育促进法 669
中华人民共和国拍卖法 669
中华人民共和国企业破产法 670
中华人民共和国商业银行法 670
中华人民共和国涉外民事关系法律适用法 671
中华人民共和国合伙企业法 671
中华人民共和国人民调解法 672

二、行政法规 673

物业管理条例 ★★★ 673
中华人民共和国土地管理法实施条例 ★★ 677
工伤保险条例 679
探矿权采矿权转让管理办法 680
退耕还林条例 681
中华人民共和国城镇国有土地使用权出让和转让暂行条例 682

中华人民共和国矿产资源法实施细则 …………… 682
中华人民共和国自然保护区条例 ……………… 683

三、司法解释……………………………………… 684

最高人民法院《关于适用〈中华人民共和国婚姻法〉
  若干问题的解释（二）》………………… ★★★ 684
最高人民法院《关于审理涉及农村土地承包纠纷案件
  适用法律问题的解释》…………………… ★★★ 685
最高人民法院《关于适用〈中华人民共和国担保法〉
  若干问题的解释》………………………… ★★★ 687
最高人民法院《关于贯彻执行〈中华人民共和国民法通则〉
  若干问题的意见（试行）》………………… ★★★ 692
最高人民法院《关于审理物业服务纠纷案件具体应用法律
  若干问题的解释》………………………… ★★ 693
最高人民法院《关于审理建筑物区分所有权纠纷案件具体
  应用法律若干问题的解释》……………… ★★ 695
最高人民法院《关于审理人身损害赔偿案件适用法律若干
  问题的解释》……………………………… ★★ 698
最高人民法院《关于审理道路交通事故损害赔偿案件适用
  法律若干问题的解释》…………………… ★★ 702
最高人民法院《关于审理买卖合同纠纷案件适用法律问题
  的解释》…………………………………… ★ 704
最高人民法院《关于人民法院民事执行中查封、扣押、冻结
  财产的规定》……………………………… ★ 704
最高人民法院《关于审理商品房买卖合同纠纷案件适用法律
  若干问题的解释》………………………… ★★ 705
最高人民法院《关于确定民事侵权精神损害赔偿责任若干
  问题的解释》……………………………… ★★ 706
最高人民法院《关于审理涉及金融资产管理公司收购、
  管理、处置国有银行不良贷款形成的资产的案件适用
  法律若干问题的规定》…………………… ★★ 707

最高人民法院《关于贯彻执行〈中华人民共和国继承法〉
若干问题的意见》………………………………… ★★ 708

最高人民法院《关于适用〈中华人民共和国婚姻法〉若干
问题的解释(一)》………………………………… ★★ 709

最高人民法院《关于审理涉及国有土地使用权合同纠纷
案件适用法律问题的解释》……………………… ★★ 709

最高人民法院《关于审理城镇房屋租赁合同纠纷案件具体
应用法律若干问题的解释》……………………… ★★ 710

最高人民法院《关于适用〈中华人民共和国婚姻法〉
若干问题的解释(三)》…………………………… ★★ 711

最高人民法院《关于审理房屋登记案件若干问题的规定》…… ★★ 712

最高人民法院《关于建设工程价款优先受偿权问题的批复》… ★★ 713

最高人民法院《关于审理民间借贷案件适用法律若干
问题的规定》……………………………………… ★★ 713

最高人民法院《关于人民法院民事执行中拍卖、变卖
财产的规定》……………………………………… ★★ 714

最高人民法院《关于适用〈中华人民共和国合同法〉
若干问题的解释(二)》…………………………… ★★ 715

最高人民法院《关于适用〈中华人民共和国合同法〉
若干问题的解释(一)》…………………………… ★★ 715

最高人民法院《关于审理票据纠纷案件若干问题的规定》…… ★★ 716

最高人民法院《关于审理企业破产案件若干问题的规定》…… ★★ 717

最高人民法院《关于适用〈中华人民共和国物权法〉
若干问题的解释(一)》…………………………… ★★ 718

最高人民法院《关于审理涉及人民调解协议的民事案件
的若干规定》……………………………………… ★★ 719

法律规范性文件简全称对照索引表 ………………………… 721

后记 ……………………………………………………………… 731

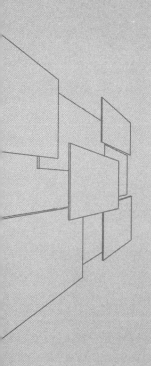
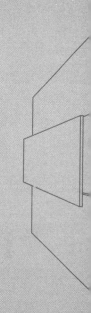

第一编
案由关联法条索引

M3　物权纠纷　★★

主要适用的法条及其相关度

	主要适用的法条	相关度
物权法	第34条【权利人的返还原物请求权】	★★★★★
	第39条【所有权的内容】	★★★★★
	第33条【利害关系人的物权确认请求权】	★★★★
	第4条【国家、集体和私人物权的平等保护原则】	★★★
	第9条【不动产物权变动的登记原则;国家的自然资源所有权登记的特殊规定】	★★★
	第35条【权利人享有的排除妨害请求权与消除危险请求权】	★★★
	第37条【侵害物权的民事责任竞合】	★★★
	第17条【不动产权属证书与不动产登记簿的关系】	★★
	第28条【因人民法院、仲裁委员会的法律文件或者人民政府的征收决定等法律文书致物权发生变动的生效时间确定】	★★
	第32条【物权遭受侵害的救济途径】	★★
	第2条【物权法适用范围;物的概念;物权的概念】	★
	第7条【物权取得与行使应遵守法律和公序良俗】	★
	第14条【不动产物权变动的生效时间】	★
	第15条【设立、变更、转让、消灭不动产物权的合同的效力:合同成立时生效】	★
	第16条【不动产登记簿的法律效力】	★
	第30条【因事实行为设立或者消灭物权的生效时间确定】	★

		主要适用的法条	相关度
113	物权法	第63条【集体财产权受法律保护】	★
		第64条【私人所有权的范围】	★
		第66条【私人合法财产受法律保护】	★
		第70条【业主的建筑物区分所有权】	★
		第71条【业主对专有部分的专有权】	★
		第84条【处理相邻关系的基本原则】	★
		第93条【共有的界定及其类型】	★
		第94条【按份共有人对共有物的权利】	★
		第95条【共同共有权】	★
		第96条【共有人对共有财产的管理权利与义务】	★
		第97条【共有人对于共有财产重大事项的表决权规则】	★
		第99条【共有物的分割规则】	★
		第106条【善意取得的构成条件】	★
		第125条【土地承包经营权内容】	★
		第152条【宅基地使用权内容】	★
		第241条【有权占有法律规则】	★
		第245条【占有保护的方法】	★
593	合同法	第60条【合同履行的原则】	★★★★
		第52条【合同无效的情形】	★★
		第107条【合同约束力:违约责任】	★★
		第8条【合同约束力】	★
		第44条【合同成立条件与时间】	★
		第58条【合同无效或被撤销的法律后果】	★
		第235条【租赁期间届满承租人租赁物返还义务;返还的租赁物应当具有的状态】	★

	主要适用的法条	相关度	
侵权责任法	第15条【侵权责任的主要承担方式】	★★★	625
	第6条【过错责任原则;过错推定责任原则】	★★	
	第3条【侵权责任的当事人主义】	★	
	第19条【侵害财产造成财产损失的计算方式】	★	
民法通则	第5条【公民、法人的合法权益受法律保护】	★★★	616
	第134条【民事责任的主要承担方式】	★★★	
	第75条【个人财产:合法财产受法律保护】	★★	
	第106条【民事责任归责原则:违约责任,无过错责任原则;侵权责任,过错责任、无过错责任】	★★	
	第117条【侵害财产权的责任承担方式:返还财产、折价赔偿;恢复原状、折价赔偿、赔偿损失】	★★	
	第4条【民事活动的基本原则:自愿、公平、等价有偿、诚实信用】	★	
	第71条【所有权的内容】	★	
	第72条【财产所有权取得应符合法律规定;动产所有权自交付时转移】	★	
	第74条【集体所有的财产包括的内容】	★	
	第84条【债的界定】	★	
	第92条【不当得利返还请求权】	★	
继承法	第10条【继承人范围及继承顺序】	★★	636
	第3条【遗产范围】	★	
	第5条【继承方式】	★	
	第13条【遗产分配】	★	
	第26条【遗产的认定】	★	
婚姻法	第17条【夫妻共有财产的范围】	★	649
	第39条【离婚时夫妻共同财产的处理】	★	

M3.4 不动产登记纠纷 ★★

主要适用的法条及其相关度

		主要适用的法条	相关度
593	合同法	第60条【合同履行的原则】	★★★★★
		第44条【合同成立条件与时间】	★★★
		第107条【合同约束力:违约责任】	★★★
		第8条【合同约束力】	★★
		第130条【买卖合同的定义】	★★
		第45条【附条件的合同】	★
		第51条【无权处分合同的效力:经追认或取得处分权的有效】	★
		第58条【合同无效或被撤销的法律后果】	★
		第135条【出卖人义务:交付、移转所有权】	★
113	物权法	第15条【设立、变更、转让、消灭不动产物权的合同的效力:合同成立时生效】	★★
		第9条【不动产物权变动的登记原则;国家的自然资源所有权登记的特殊规定】	★
		第10条【不动产登记机构的确定;国家实行统一登记制度】	★
616	民法通则	第72条【财产所有权取得应符合法律规定;动产所有权自交付时转移】	★
649	婚姻法	第39条【离婚时夫妻共同财产的处理】	★
692	民通意见	第1条【公民的民事权利能力自出生时开始;户籍证明、医院出具的出生证明、其他证明】	★

M3.4.30　异议登记不当损害责任纠纷 ★

▓ 常见适用的法条

	常见适用的法条	
民法通则	第 5 条【公民、法人的合法权益受法律保护】	616
物权法	第 6 条【物权公示原则:不动产登记、动产交付】	113
	第 9 条【不动产物权变动的登记原则;国家的自然资源所有权登记的特殊规定】	
	第 14 条【不动产物权变动的生效时间】	
	第 19 条【更正登记和异议登记】	

M3.4.31　虚假登记损害责任纠纷 ★

▓ 常见适用的法条

	常见适用的法条	
合同法	第 8 条【合同约束力】	593
	第 13 条【订立合同的方式:要约、承诺】	
	第 14 条【要约的界定及其构成】	
	第 25 条【合同成立时间:承诺生效】	
继承法	第 10 条【继承人范围及继承顺序】	636
民法通则	第 4 条【民事活动的基本原则:自愿、公平、等价有偿、诚实信用】	616
	第 5 条【公民、法人的合法权益受法律保护】	
	第 9 条【公民民事权利能力的开始与终止】	
	第 106 条【民事责任归责原则:违约责任,无过错责任原则;侵权责任,过错责任,无过错责任】	
	第 117 条【侵害财产权的责任承担方式:返还财产、折价赔偿;恢复原状、折价赔偿;赔偿损失】	

008　物权纠纷

		常见适用的法条
	民法通则	第121条【职务侵权行为的民事责任承担规则】
		第134条【民事责任的主要承担方式】
625	侵权责任法	第6条【过错责任原则;过错推定责任原则】
		第15条【侵权责任的主要承担方式】
672	人民调解法	第31条【调解协议的效力;当事人履行协议、人民调解委员会监督、督促履行】
113	物权法	第21条【登记错误造成损害的救济规则】
708	继承法问题的意见	第1条【继承开始时间】
719	审理调解协议案件规定	第1条【民事调解协议的法律效力】

M3.5　物权保护纠纷 ★★★★

一、主要适用的法条及其相关度

		主要适用的法条	相关度
113	物权法	第34条【权利人的返还原物请求权】	★★★★★
		第35条【权利人享有的排除妨害请求权与消除危险请求权】	★★★★
		第37条【侵害物权的民事责任竞合】	★★★★
		第4条【国家、集体和私人物权的平等保护原则】	★★★
		第32条【物权遭受侵害的救济途径】	★★★
		第39条【所有权的内容】	★★★

	主要适用的法条	相关度	
物权法	第9条【不动产物权变动的登记原则;国家的自然资源所有权登记的特殊规定】	★★	113
	第17条【不动产权属证书与不动产登记簿的关系】	★★	
	第33条【利害关系人的物权确认请求权】	★★	
	第36条【物权损害的救济方式;物权的债权保护方法】	★★	
	第66条【私人合法财产受法律保护】	★	
	第84条【处理相邻关系的基本原则】	★	
	第125条【土地承包经营权内容】		
侵权责任法	第6条【过错责任原则;过错推定责任原则】	★★★	625
	第15条【侵权责任的主要承担方式】	★★★	
	第2条【侵权责任一般条款;民事权益的范围】	★★	
	第3条【侵权责任的当事人主义】	★★	
	第19条【侵害财产造成财产损失的计算方式】	★	
民法通则	第5条【公民、法人的合法权益受法律保护】	★★★	616
	第117条【侵害财产权的责任承担方式:返还财产、折价赔偿;恢复原状、折价赔偿;赔偿损失】	★★★	
	第134条【民事责任的主要承担方式】	★★★	
	第71条【所有权的内容】	★★	
	第75条【个人财产;合法财产受法律保护】	★★	
	第106条【民事责任归责原则;违约责任,无过错责任原则;侵权责任,过错责任,无过错责任】	★★	
	第4条【民事活动的基本原则:自愿、公平、等价有偿、诚实信用】	★	
合同法	第60条【合同履行的原则】	★★	593
	第8条【合同约束力】	★	
	第107条【合同约束力;违约责任】	★	

二、常见适用的其他法条

		常见适用的其他法条
593	合同法	第 44 条【合同成立条件与时间】
		第 51 条【无权处分合同的效力:经追认或取得处分权的有效】
		第 52 条【合同无效的情形】
		第 58 条【合同无效或被撤销的法律后果】
		第 212 条【租赁合同的定义】
		第 232 条【不定期租赁】
		第 235 条【租赁期间届满承租人租赁物返还义务;返还的租赁物应当具有的状态】
		第 236 条【不定期租赁:租赁期满继续使用租赁物、出租人没有提出异议】
636	继承法	第 10 条【继承人范围及继承顺序】
616	民法通则	第 6 条【民事活动应遵守国家政策】
		第 7 条【公序良俗原则】
		第 72 条【财产所有权取得应符合法律规定;动产所有权自交付时转移】
		第 83 条【处理相邻关系的基本原则】
		第 84 条【债的界定】
		第 108 条【债务清偿:分期偿还、强制偿还】
629	农村土地承包法	第 9 条【集体土地所有者和承包方的合法权益受国家保护】
		第 53 条【侵害承包方土地承包经营权的责任:承担民事责任】
640	土地管理法	第 13 条【依法登记的土地的所有权和使用权受法律保护】

	常见适用的其他法条	
物权法	第2条【物权法适用范围;物的概念;物权的概念】	113
	第6条【物权公示原则:不动产登记、动产交付】	
	第7条【物权取得与行使应遵守法律和公序良俗】	
	第14条【不动产物权变动的生效时间】	
	第15条【设立、变更、转让、消灭不动产物权的合同的效力:合同成立时生效】	
	第16条【不动产登记簿的法律效力】	
	第28条【因人民法院、仲裁委员会的法律文件或者人民政府的征收决定等法律文书致物权发生变动的生效时间确定】	
	第63条【集体财产权受法律保护】	
	第64条【私人所有权的范围】	
	第70条【业主的建筑物区分所有权】	
	第117条【用益物权的界定及其内容】	
	第152条【宅基地使用权内容】	
	第245条【占有保护的方法】	

M3.5.32 物权确认纠纷 ★★★★

一、主要适用的法条及其相关度

	主要适用的法条	相关度	
物权法	第33条【利害关系人的物权确认请求权】	★★★★★	113
	第9条【不动产物权变动的登记原则;国家的自然资源所有权登记的特殊规定】	★★	
	第15条【设立、变更、转让、消灭不动产物权的合同的效力:合同成立时生效】	★★	
	第17条【不动产权属证书与不动产登记簿的关系】	★	
	第39条【所有权的内容】	★	

		主要适用的法条	相关度
593	合同法	第44条【合同成立条件与时间】	★★
		第60条【合同履行的原则】	★★
		第8条【合同约束力】	★
		第133条【标的物所有权转移:交付】	★
616	民法通则	第5条【公民、法人的合法权益受法律保护】	★
		第72条【财产所有权取得应符合法律规定;动产所有权自交付时转移】	★

二、常见适用的其他法条

		常见适用的其他法条
593	合同法	第52条【合同无效的情形】
		第107条【合同约束力:违约责任】
649	婚姻法	第17条【夫妻共有财产的范围】
		第39条【离婚时夫妻共同财产的处理】
636	继承法	第3条【遗产范围】
		第10条【继承人范围及继承顺序】
616	民法通则	第4条【民事活动的基本原则:自愿、公平、等价有偿、诚实信用】
		第71条【所有权的内容】
		第75条【个人财产:合法财产受法律保护】
		第78条【财产共有制度:按份共有、共同共有;按份共有人的优先购买权】
113	物权法	第4条【国家、集体和私人物权的平等保护原则】
		第6条【物权公示原则:不动产登记、动产交付】
		第7条【物权取得与行使应遵守法律和公序良俗】
		第14条【不动产物权变动的生效时间】
		第23条【动产物权设立和转让的公示与生效条件】
		第30条【因事实行为设立或者消灭物权的生效时间确定】

	常见适用的其他法条	
物权法	第32条【物权遭受侵害的救济途径】	
	第34条【权利人的返还原物请求权】	
	第64条【私人所有权的范围】	
	第93条【共有的界定及其类型】	
	第94条【按份共有人对共有物的权利】	
婚姻法司法解释二	第8条【离婚财产分割协议的效力】	684

M3.5.32.1 所有权确认纠纷 ★★★★

M3.5.32.1

一、主要适用的法条及其相关度

	主要适用的法条	相关度	
物权法	第33条【利害关系人的物权确认请求权】	★★★★★	113
	第9条【不动产物权变动的登记原则；国家的自然资源所有权登记的特殊规定】	★★★	
	第15条【设立、变更、转让、消灭不动产物权的合同的效力；合同成立时生效】	★★	
	第17条【不动产权属证书与不动产登记簿的关系】	★★	
	第39条【所有权的内容】	★★	
	第4条【国家、集体和私人物权的平等保护原则】	★	
	第6条【物权公示原则：不动产登记、动产交付】	★	
	第7条【物权取得与行使应遵守法律和公序良俗】	★	
	第14条【不动产物权变动的生效时间】	★	
	第64条【私人所有权的范围】	★	
	第93条【共有的界定及其类型】	★	

		主要适用的法条	相关度
593	合同法	第60条【合同履行的原则】	★★★
		第8条【合同约束力】	★★
		第44条【合同成立条件与时间】	★★
		第107条【合同约束力;违约责任】	★
616	民法通则	第5条【公民、法人的合法权益受法律保护】	★★★
		第4条【民事活动的基本原则:自愿、公平、等价有偿、诚实信用】	★★
		第71条【所有权的内容】	★★
		第72条【财产所有权取得应符合法律规定;动产所有权自交付时转移】	★★
		第75条【个人财产:合法财产受法律保护】	★
636	继承法	第10条【继承人范围及继承顺序】	★
649	婚姻法	第17条【夫妻共有财产的范围】	★
		第39条【离婚时夫妻共同财产的处理】	★
684	婚姻法司法解释二	第8条【离婚财产分割协议的效力】	★

二、常见适用的其他法条

		常见适用的其他法条
593	合同法	第6条【诚实信用原则】
		第52条【合同无效的情形】
		第130条【买卖合同的定义】
		第133条【标的物所有权转移:交付】
		第185条【赠与合同的概念】
649	婚姻法	第18条【夫妻个人财产的范围】
		第19条【夫妻财产约定制】

	常见适用的其他法条	
继承法	第2条【继承开始】	636
	第3条【遗产范围】	
	第5条【继承方式】	
	第13条【遗产分配】	
	第16条【遗嘱与遗赠的一般规定】	
	第25条【继承和遗赠的接受与放弃】	
	第26条【遗产的认定】	
民法通则	第6条【民事活动应遵守国家政策】	616
	第55条【民事法律行为的有效条件】	
	第57条【民事法律行为的效力】	
	第78条【财产共有制度：按份共有、共同共有；按份共有人的优先购买权】	
	第106条【民事责任归责原则：违约责任，无过错责任原则；侵权责任，过错责任、无过错责任】	
	第117条【侵害财产权的责任承担方式：返还财产、折价赔偿；恢复原状、折价赔偿；赔偿损失】	
物权法	第2条【物权法适用范围；物的概念；物权的概念】	113
	第10条【不动产登记机构的确定；国家实行统一登记制度】	
	第16条【不动产登记簿的法律效力】	
	第23条【动产物权设立和转让的公示与生效条件】	
	第28条【因人民法院、仲裁委员会的法律文件或者人民政府的征收决定等法律文书致物权发生变动的生效时间确定】	
	第30条【因事实行为设立或者消灭物权的生效时间确定】	
	第32条【物权遭受侵害的救济途径】	
	第34条【权利人的返还原物请求权】	
	第94条【按份共有人对共有物的权利】	
	第95条【共同共有权】	

		常见适用的其他法条
113	物权法	第99条【共有物的分割规则】
		第100条【共有物分割的方式】
		第103条【没有约定、约定不明时共有物共有性质的认定】
		第106条【善意取得的构成条件】
692	民通意见	第1条【公民的民事权利能力自出生时开始;户籍证明、医院出具的出生证明、其他证明】

M3.5.32.2　用益物权确认纠纷　★★

主要适用的法条及其相关度

		主要适用的法条	相关度
616	民法通则	第5条【公民、法人的合法权益受法律保护】	★★★★★
		第6条【民事活动应遵守国家政策】	★★
		第4条【民事活动的基本原则:自愿、公平、等价有偿、诚实信用】	★
		第71条【所有权的内容】	★
		第78条【财产共有制度:按份共有、共同共有;按份共有人的优先购买权】	★
113	物权法	第33条【利害关系人的物权确认请求权】	★★★
		第39条【所有权的内容】	★★
		第117条【用益物权的界定及其内容】	★★
		第34条【权利人的返还原物请求权】	★
		第93条【共有的界定及其类型】	★
		第94条【按份共有人对共有物的权利】	★
		第105条【用益物权、担保物权的共有参照适用共同所有的规则】	★

	主要适用的法条	相关度	
侵权责任法	第15条【侵权责任的主要承担方式】	★	625
合同法	第8条【合同约束力】	★	593
	第60条【合同履行的原则】	★	
农村土地承包法	第5条【农村集体经济组织成员的土地承包权】	★	629

M3.5.32.3 担保物权确认纠纷 ……………………………… ★

M3.5.32.3

■ 常见适用的法条

	常见适用的法条	
担保法	第2条【担保的目的及方式：保障债权实现，保证、抵押、质押、留置、定金】	607
	第5条【担保合同的界定及其与主债权合同的关系；担保合同无效的责任承担规则】	
	第6条【保证的定义】	
	第16条【保证的方式】	
	第18条【保证合同中连带责任的承担】	
	第19条【保证方式不明时：连带责任担保】	
	第21条【保证担保的范围；没有约定、约定不明时的担保范围】	
	第28条【混合担保规则】	
	第31条【保证人的追偿权】	
	第33条【抵押、抵押权人、抵押人以及抵押物的概念】	
	第34条【可抵押财产的范围】	
	第36条【土地使用权应与其上房屋一并抵押规则】	
	第38条【抵押合同的书面形式要件】	

		常见适用的法条
607	担保法	第 41 条【特殊财产的抵押物登记】
		第 42 条【办理抵押物登记的部门】
		第 46 条【抵押担保的范围】
		第 50 条【抵押权转移的从属性】
		第 53 条【抵押权的实现】
		第 54 条【同一财产上多个抵押权的效力顺序】
		第 55 条【以建设用地使用权抵押后新增建筑物不属于抵押财产】
		第 63 条【动产质押的定义】
		第 64 条【质押合同的订立形式与质权生效时间】
		第 65 条【质权设立需要订立书面质权合同与质权合同的内容】
		第 71 条【质物返还与质权实现】
		第 74 条【抵押权的从属性】
593	合同法	第 8 条【合同约束力】
		第 10 条【合同订立形式;合同的形式】
		第 44 条【合同成立条件与时间】
		第 48 条【无权代理人订立合同的法律后果】
		第 52 条【合同无效的情形】
		第 60 条【合同履行的原则】
		第 79 条【债权人不得转让合同权利的情形】
		第 80 条【债权人转让债权的通知义务】
		第 84 条【合同义务转移;债务转移;债务承担】
		第 107 条【合同约束力;违约责任】
		第 114 条【违约金的数额及其调整】
		第 196 条【借款合同定义】
		第 205 条【借款合同的利息支付义务】
		第 206 条【借款期限的认定】

	常见适用的法条	
合同法	第207条【借款合同违约责任承担:支付利息】	593
	第210条【自然人之间借款合同的生效:提供借款时】	
民法通则	第55条【民事法律行为的有效条件】	616
	第90条【借贷关系】	
	第108条【债务清偿:分期偿还、强制偿还】	
	第111条【不履行合同义务的后果:继续履行;补救;赔偿损失】	
	第137条【诉讼时效期间的起算日和最长保护期限】	
物权法	第9条【不动产物权变动的登记原则;国家的自然资源所有权登记的特殊规定】	113
	第33条【利害关系人的物权确认请求权】	
	第106条【善意取得的构成条件】	
	第170条【担保财产优先受偿;债务人不履行到期债务、发生约定的实现担保物权的情形】	
	第173条【担保物权担保的范围】	
	第176条【混合担保规则】	
	第179条【抵押权的界定】	
	第180条【可抵押财产的范围】	
	第182条【建筑物和相应的建设用地使用权一并抵押规则】	
	第184条【禁止抵押的财产范围】	
	第185条【抵押合同的书面形式要件及其应包含的内容】	
	第187条【不动产抵押的登记要件主义】	
	第188条【动产抵押的登记对抗主义】	
	第195条【抵押权实现的方式和程序】	
	第199条【同一财产上多个抵押权的效力顺序】	
	第202条【抵押权的行使期间】	

		常见适用的法条
	物权法	第203条【最高额抵押规则】
		第206条【最高额抵押所担保债权的确定时间】
		第207条【最高额抵押的法律适用】
		第208条【质权的概念与质权的实现；质押双方的概念】
		第210条【质权设立需要订立书面质权合同与质权合同的内容】
		第212条【质权的设立】
		第219条【质物返还与质权实现】
687	担保法司法解释	第59条【未登记抵押权的成立】
		第61条【抵押登记记载的优先性】
		第95条【质权人的权利：留置质物】
684	婚姻法司法解释二	第24条【离婚时夫妻共同债务的清偿】

M3.5.33

M3.5.33 返还原物纠纷 ★★★★

一、主要适用的法条及其相关度

		主要适用的法条	相关度
113	物权法	第34条【权利人的返还原物请求权】	★★★★★
		第39条【所有权的内容】	★★★
		第37条【侵害物权的民事责任竞合】	★★
		第4条【国家、集体和私人物权的平等保护原则】	★
		第9条【不动产物权变动的登记原则；国家的自然资源所有权登记的特殊规定】	★
616	民法通则	第117条【侵害财产权的责任承担方式：返还财产、折价赔偿；恢复原状、折价赔偿；赔偿损失】	★★★
		第75条【个人财产：合法财产受法律保护】	★★

	主要适用的法条	相关度	
民法通则	第134条【民事责任的主要承担方式】	★★	616
	第5条【公民、法人的合法权益受法律保护】	★	
	第106条【民事责任归责原则:违约责任,无过错责任原则;侵权责任,过错责任,无过错责任】	★	
侵权责任法	第15条【侵权责任的主要承担方式】	★★	625
	第6条【过错责任原则;过错推定责任原则】	★	
合同法	第60条【合同履行的原则】	★	593

二、常见适用的其他法条

	常见适用的其他法条	
合同法	第8条【合同约束力】	593
	第58条【合同无效或被撤销的法律后果】	
	第107条【合同约束力;违约责任】	
	第235条【租赁期间届满承租人租赁物返还义务;返还的租赁物应当具有的状态】	
民法通则	第4条【民事活动的基本原则:自愿、公平、等价有偿、诚实信用】	616
	第71条【所有权的内容】	
	第84条【债的界定】	
	第92条【不当得利返还请求权】	
	第108条【债务清偿:分期偿还、强制偿还】	
侵权责任法	第2条【侵权责任一般条款;民事权益的范围】	625
	第3条【侵权责任的当事人主义】	
	第19条【侵害财产造成财产损失的计算方式】	

	常见适用的其他法条
物权法	第17条【不动产权属证书与不动产登记簿的关系】
	第32条【物权遭受侵害的救济途径】
	第35条【权利人享有的排除妨害请求权与消除危险请求权】
	第66条【私人合法财产受法律保护】
	第106条【善意取得的构成条件】
	第245条【占有保护的方法】

M3.5.34 排除妨害纠纷 ★★★★

一、主要适用的法条及其相关度

	主要适用的法条	相关度
物权法	第35条【权利人享有的排除妨害请求权与消除危险请求权】	★★★★★
	第84条【处理相邻关系的基本原则】	★★★
	第34条【权利人的返还原物请求权】	★★
	第37条【侵害物权的民事责任竞合】	★★
	第39条【所有权的内容】	★★
	第4条【国家、集体和私人物权的平等保护原则】	★
	第9条【不动产物权变动的登记原则;国家的自然资源所有权登记的特殊规定】	★
侵权责任法	第15条【侵权责任的主要承担方式】	★★★
	第6条【过错责任原则;过错推定责任原则】	★★
	第2条【侵权责任一般条款;民事权益的范围】	★
	第3条【侵权责任的当事人主义】	★

	主要适用的法条	相关度	
民法通则	第83条【处理相邻关系的基本原则】	★★★	616
	第134条【民事责任的主要承担方式】	★★★	
	第5条【公民、法人的合法权益受法律保护】	★★	
	第117条【侵害财产权的责任承担方式:返还财产、折价赔偿;恢复原状、折价赔偿;赔偿损失】	★★	
	第106条【民事责任归责原则:违约责任,无过错责任原则;侵权责任,过错责任、无过错责任】	★	

二、常见适用的其他法条

	常见适用的其他法条	
合同法	第8条【合同约束力】	593
	第60条【合同履行的原则】	
民法通则	第4条【民事活动的基本原则:自愿、公平、等价有偿、诚实信用】	616
	第71条【所有权的内容】	
	第75条【个人财产:合法财产受法律保护】	
农村土地承包法	第9条【集体土地所有者和承包方的合法权益受国家保护】	629
	第53条【侵害承包方土地承包经营权的责任:承担民事责任】	
侵权责任法	第19条【侵害财产造成财产损失的计算方式】	625
	第21条【民事权益保全请求权:停止侵害、排除妨碍、消除危险】	
土地管理法	第13条【依法登记的土地的所有权和使用权受法律保护】	640
	第16条【土地所有权和使用权争议的纠纷处理规定】	
物权法	第17条【不动产权属证书与不动产登记簿的关系】	113
	第32条【物权遭受侵害的救济途径】	
	第36条【物权损害的救济方式;物权的债权保护方法】	
	第85条【处理相邻关系的法源依据】	

	常见适用的其他法条
物权法	第86条【相邻权利人用水、排水权】
	第87条【相邻关系人通行权规则】
	第125条【土地承包经营权内容】
	第152条【宅基地使用权内容】
	第245条【占有保护的方法】

M3.5.35 消除危险纠纷 ★★

主要适用的法条及其相关度

	主要适用的法条	相关度
物权法	第35条【权利人享有的排除妨害请求权与消除危险请求权】	★★★★★
	第37条【侵害物权的民事责任竞合】	★
	第84条【处理相邻关系的基本原则】	★
	第91条【禁止进行危及相邻不动产安全的活动】	★
民法通则	第134条【民事责任的主要承担方式】	★★
	第83条【处理相邻关系的基本原则】	★
侵权责任法	第6条【过错责任原则;过错推定责任原则】	★
	第15条【侵权责任的主要承担方式】	★
	第21条【民事权益保全请求权:停止侵害、排除妨碍、消除危险】	★

M3.5.36 修理、重作、更换纠纷 ★★

主要适用的法条及其相关度

	主要适用的法条	相关度	
物权法	第36条【物权损害的救济方式;物权的债权保护方法】	★★★★★	113
	第37条【侵害物权的民事责任竞合】	★★★★	
	第35条【权利人享有的排除妨害请求权与消除危险请求权】	★	
合同法	第107条【合同约束力;违约责任】	★★★★★	593
	第111条【违约责任的承担:质量不符合约定的违约责任】	★★★★★	
	第60条【合同履行的原则】	★★★★	
	第8条【合同约束力】	★★	
	第109条【违约责任的承担:付款义务的继续履行】	★★	
	第44条【合同成立条件与时间】	★	
	第61条【合同内容约定不明确的处理规则;合同漏洞的填补】	★	
	第62条【合同内容约定不明确的处理规则;合同漏洞的填补】	★	
	第112条【违约责任的承担:损失赔偿与其他责任的并存】	★	
	第113条【违约责任的承担:损失赔偿】	★	
	第251条【承揽合同的定义】	★	
	第263条【定作人报酬支付的期限】	★	

		主要适用的法条	相关度
616	民法通则	第106条【民事责任归责原则:违约责任,无过错责任原则;侵权责任,过错责任、无过错责任】	★★★
		第134条【民事责任的主要承担方式】	★★★
		第108条【债务清偿:分期偿还、强制偿还】	★★
		第84条【债的界定】	★
		第117条【侵害财产权的责任承担方式:返还财产、折价赔偿;恢复原状、折价赔偿;赔偿损失】	★
625	侵权责任法	第6条【过错责任原则;过错推定责任原则】	★
		第32条【监护人责任:无民事行为能力人、限制民事行为能力人致害的侵权责任】	★
705	商品房买卖合同纠纷司法解释	第13条【因房屋质量引起的商品房买卖违约的责任承担】	★★★★

M3.5.37 恢复原状纠纷 ★★★

主要适用的法条及其相关度

		主要适用的法条	相关度
113	物权法	第36条【物权损害的救济方式;物权的债权保护方法】	★★★★★
		第35条【权利人享有的排除妨害请求权与消除危险请求权】	★★★
		第37条【侵害物权的民事责任竞合】	★★★
		第84条【处理相邻关系的基本原则】	★★★
		第4条【国家、集体和私人物权的平等保护原则】	★★
		第9条【不动产物权变动的登记原则;国家的自然资源所有权登记的特殊规定】	★

	主要适用的法条	相关度	
物权法	第32条【物权遭受侵害的救济途径】	★	113
	第39条【所有权的内容】	★	
	第70条【业主的建筑物区分所有权】	★	
侵权责任法	第15条【侵权责任的主要承担方式】	★★★★★	625
	第6条【过错责任原则;过错推定责任原则】	★★★★	
	第2条【侵权责任一般条款;民事权益的范围】	★★	
	第3条【侵权责任的当事人主义】	★	
	第19条【侵害财产造成财产损失的计算方式】	★	
民法通则	第117条【侵害财产权的责任承担方式:返还财产、折价赔偿;恢复原状、折价赔偿;赔偿损失】	★★★★	616
	第134条【民事责任的主要承担方式】	★★★★	
	第83条【处理相邻关系的基本原则】	★★★	
	第5条【公民、法人的合法权益受法律保护】	★★	
	第106条【民事责任归责原则;违约责任,无过错责任原则;侵权责任,过错责任、无过错责任】	★★	
	第75条【个人财产:合法财产受法律保护】	★	
农村土地承包法	第9条【集体土地所有者和承包方的合法权益受国家保护】	★	629
合同法	第60条【合同履行的原则】	★	593

M3.5.38 财产损害赔偿纠纷 ★★★★★

一、主要适用的法条及其相关度

		主要适用的法条	相关度
625	侵权责任法	第6条【过错责任原则;过错推定责任原则】	★★★★★
		第15条【侵权责任的主要承担方式】	★★★★
		第19条【侵害财产造成财产损失的计算方式】	★★★★
		第2条【侵权责任一般条款;民事权益的范围】	★★
		第3条【侵权责任的当事人主义】	★★
		第8条【共同实施侵权行为人的连带责任】	★★
		第26条【过失相抵:被侵权人过错】	★★
		第12条【分别实施非充足原因侵权行为的按份责任】	★
		第16条【人身损害赔偿项目:一般人身损害赔偿项目、伤残赔偿项目、死亡赔偿项目】	★
		第48条【机动车交通事故责任的法律适用】	★
616	民法通则	第106条【民事责任归责原则:违约责任,无过错责任原则;侵权责任,过错责任、无过错责任】	★★★
		第117条【侵害财产权的责任承担方式:返还财产、折价赔偿;恢复原状、折价赔偿;赔偿损失】	★★★
		第134条【民事责任的主要承担方式】	★★★
		第5条【公民、法人的合法权益受法律保护】	★★
		第75条【个人财产:合法财产受法律保护】	★★
		第131条【过失相抵:被侵权人过错】	★
113	物权法	第37条【侵害物权的民事责任竞合】	★★★
646	道路交通安全法	第76条【交通事故赔偿责任一般条款】	★★

	主要适用的法条	相关度	
合同法	第60条【合同履行的原则】	★	593
	第107条【合同约束力:违约责任】	★	
道路交通事故司法解释	第16条【交强险和商业三者险并存时的赔付规则】	★	702

二、常见适用的其他法条

	常见适用的其他法条	
保险法	第64条【查明保险事故的费用由保险人承担】	652
	第65条【责任保险的赔偿规则】	
合同法	第8条【合同约束力】	593
民法通则	第4条【民事活动的基本原则:自愿、公平、等价有偿、诚实信用】	616
	第71条【所有权的内容】	
	第83条【处理相邻关系的基本原则】	
	第84条【债的界定】	
	第108条【债务清偿:分期偿还、强制偿还】	
	第130条【共同实施侵权行为人的连带责任】	
	第135条【诉讼时效期间:两年】	
侵权责任法	第4条【法律责任的并存规则;民事财产责任的优先性】	625
	第7条【无过错责任原则】	
	第10条【共同危险行为人的侵权责任】	
	第13条【连带责任形态的对外承担规则】	
	第20条【侵害人身造成财产损失的计算方式】	
	第32条【监护人责任:无民事行为能力人、限制民事行为能力人致害的侵权责任】	

030 物权纠纷

	常见适用的其他法条
侵权责任法	第34条【用人单位替代责任；劳务派遣侵权责任：替代责任、补充责任】
	第35条【个人劳务责任：提供劳务者致害责任、提供劳务者受害责任】
物权法 (113)	第4条【国家、集体和私人物权的平等保护原则】
	第32条【物权遭受侵害的救济途径】
	第36条【物权损害的救济方式；物权的债权保护方法】
	第66条【私人合法财产受法律保护】
	第84条【处理相邻关系的基本原则】
道路交通事故司法解释 (702)	第15条【交通事故财产损失赔偿范围】
人身损害赔偿司法解释 (698)	第17条【人身损害赔偿项目：一般人身损害赔偿项目、伤残赔偿项目、死亡赔偿项目】
	第19条【医疗费计算标准】
	第20条【误工费计算标准】

M3.6 所有权纠纷 ★★★

主要适用的法条及其相关度

	主要适用的法条	相关度
民法通则 (616)	第5条【公民、法人的合法权益受法律保护】	★★★★★
	第71条【所有权的内容】	★★★★★
	第106条【民事责任归责原则：违约责任、无过错责任原则；侵权责任、过错责任、无过错责任】	★★★★
	第4条【民事活动的基本原则：自愿、公平、等价有偿、诚实信用】	★★★

	主要适用的法条	相关度	
民法通则	第72条【财产所有权取得应符合法律规定;动产所有权自交付时转移】	★★★	616
	第75条【个人财产;合法财产受法律保护】	★★★	
	第84条【债的界定】	★★★	
	第108条【债务清偿:分期偿还、强制偿还】	★★★	
	第117条【侵害财产权的责任承担方式:返还财产、折价赔偿;恢复原状、折价赔偿;赔偿损失】	★★★	
	第78条【财产共有制度:按份共有、共同共有;按份共有人的优先购买权】	★★	
	第134条【民事责任的主要承担方式】	★★	
	第6条【民事活动应遵守国家政策】	★	
	第57条【民事法律行为的效力】	★	
	第92条【不当得利返还请求权】	★	
	第135条【诉讼时效期间:2年】	★	
物权法	第33条【利害关系人的物权确认请求权】	★★★	113
	第39条【所有权的内容】	★★★	
	第9条【不动产物权变动的登记原则;国家的自然资源所有权登记的特殊规定】	★★	
	第34条【权利人的返还原物请求权】	★★	
	第4条【国家、集体和私人物权的平等保护原则】	★	
	第7条【物权取得与行使应遵守法律和公序良俗】	★	
	第15条【设立、变更、转让、消灭不动产物权的合同的效力;合同成立时生效】	★	
	第17条【不动产权属证书与不动产登记簿的关系】	★	
	第32条【物权遭受侵害的救济途径】	★	
	第35条【权利人享有的排除妨害请求权与消除危险请求权】	★	

		主要适用的法条	相关度
113	物权法	第37条【侵害物权的民事责任竞合】	★
		第42条【不动产的征收及其补偿】	★
		第64条【私人所有权的范围】	★
		第66条【私人合法财产受法律保护】	★
		第93条【共有的界定及其类型】	★
		第95条【共同共有权】	★
		第99条【共有物的分割规则】	★
593	合同法	第60条【合同履行的原则】	★★★
		第8条【合同约束力】	★★
		第107条【合同约束力;违约责任】	★★
		第5条【合同公平原则;合同权利义务确定的原则】	★
		第44条【合同成立条件与时间】	★
		第52条【合同无效的情形】	★
		第404条【受托人转移委托事务所得利益的义务】	★
636	继承法	第10条【继承人范围及继承顺序】	★★
		第3条【遗产范围】	★
		第5条【继承方式】	★
		第13条【遗产分配】	★
625	侵权责任法	第15条【侵权责任的主要承担方式】	★★
		第6条【过错责任原则;过错推定责任原则】	★
649	婚姻法	第17条【夫妻共有财产的范围】	★
		第39条【离婚时夫妻共同财产的处理】	★
629	农村土地承包法	第16条【土地承包方的权利:使用、收益、流转、组织生产、获得补偿】	★

	主要适用的法条	相关度	
农村土地承包纠纷司法解释	第24条【土地补偿费的分配办法】	★	685
婚姻法司法解释二	第8条【离婚财产分割协议的效力】	★	684

M3.6.39 侵害集体经济组织成员权益纠纷 ············ ★★★★

一、主要适用的法条及其相关度

	主要适用的法条	相关度	
民法通则	第5条【公民、法人的合法权益受法律保护】	★★★★★	616
	第106条【民事责任归责原则:违约责任,无过错责任原则;侵权责任,过错责任、无过错责任】	★★★	
	第74条【集体所有的财产包括的内容】	★★	
	第75条【个人财产:合法财产受法律保护】	★★	
	第117条【侵害财产权的责任承担方式:返还财产、折价赔偿、恢复原状、折价赔偿;赔偿损失】	★★	
村委会组织法	第27条【村民自治章程、村规民约的制定与备案;村民自治章程、村规民约及村民会议或村民代表会议的决定的限制】	★★★	647
	第24条【经村民会议讨论决定方可办理的事项;村民代表会议需经村民会议授权】	★	
物权法	第59条【农民集体所有的权利性质;集体物权的重大事项由集体决定】	★★★	113
	第63条【集体财产权受法律保护】	★★	

		主要适用的法条	相关度
649	妇女权益保障法	第32条【妇女享有与男子平等的农村土地承包经营、集体经济组织收益分配、土地征收或者征用补偿费使用、宅基地使用等权利】	★★
		第33条【不得因妇女婚姻状况变化侵害妇女在农村集体经济组织的权益;因结婚男方到女方住所落户的男方和子女享有与所在地农村集体经济组织成员平等的权益】	★★
		第30条【妇女享有与男子平等的财产权利】	★
685	农村土地承包纠纷司法解释	第24条【土地补偿费的分配办法】	★★★★★

二、常见适用的其他法条

		常见适用的其他法条
616	民法通则	第4条【民事活动的基本原则:自愿、公平、等价有偿、诚实信用】
		第84条【债的界定】
		第130条【共同实施侵权行为人的连带责任】
		第134条【民事责任的主要承担方式】
		第135条【诉讼时效期间:2年】
629	农村土地承包法	第6条【妇女的土地承包经营权】
		第16条【土地承包方的权利:使用、收益、流转、组织生产、获得补偿】
640	土地管理法	第47条【按被征收土地的原用途给予补偿的原则;耕地的土地补偿费、安置补助费的计量标准及其增加限额的规定;征收其他土地的土地补偿费和安置补助费标准、被征收土地上的附着物和青苗的补偿标准的制定主体;新菜地开发建设基金】

	常见适用的其他法条	
物权法	第4条【国家、集体和私人物权的平等保护原则】	113
	第117条【用益物权的界定及其内容】	
	第118条【国家所有和集体所有的自然资源的使用规则】	
土地管理法实施条例	第26条【土地补偿费和安置补助费】	677
农村土地承包纠纷司法解释	第1条【涉及农村土地承包纠纷案件的受案范围】	685
	第23条【承包地依法征收的安置补助费】	

M3.6.40 建筑物区分所有权纠纷 ★★

▨ 主要适用的法条及其相关度

	主要适用的法条	相关度	
物权法	第70条【业主的建筑物区分所有权】	★★★★★	113
	第71条【业主对专有部分的专有权】	★★★	
	第72条【业主对共有部分的共有权及义务；共有权与管理权随同专有权一并转让】	★★★	
	第73条【建筑区划内的道路、绿地等场所和设施属于业主共有财产】	★★★	
	第83条【业主义务；业主大会和业主委员会对于侵害建筑物的行为人的请求权】	★★	
	第30条【因事实行为设立或者消灭物权的生效时间确定】	★	
	第74条【建筑区划内车位、车库的归属规则】	★	
	第76条【由业主共同决定的事项以及表决规则】	★	
	第77条【住宅转变为经营性用房应当遵循的规则】	★	

		主要适用的法条	相关度
113	物权法	第80条【建筑物及其附属设施的费用分摊和收益分配确定规则】	★
		第84条【处理相邻关系的基本原则】	★
616	民法通则	第5条【公民、法人的合法权益受法律保护】	★★★
		第134条【民事责任的主要承担方式】	★
625	侵权责任法	第6条【过错责任原则；过错推定责任原则】	★
		第15条【侵权责任的主要承担方式】	★
695	建筑物区分所有权司法解释	第3条【除法律、行政法规规定的共有部分外，建筑区划内也应当认定为共有部分的情形】	★★★★
		第14条【擅自占用、处分业主共有部分、改变使用功能或进行经营性活动的处理】	★★★
		第4条【业主合理无偿利用屋顶及专有部分相对应的外墙面等共有部分不应认定为侵权】	★★
		第1条【业主的认定】	★
		第2条【建筑物区分所有权专有部分的认定标准】	★
		第5条【建设单位处分车库、车位的行为符合首先满足业主的需要的认定；配置比例的定义】	★
		第7条【其他重大事项的认定】	★
		第10条【业主将住宅改变为经营性用房有利害关系的业主的权利】	★
		第11条【物权法第77条所称"有利害关系的业主"的认定】	★
		第15条【损害他人合法权益行为的认定】	★
		第16条【专有部分的承租人、借用人等物业使用人的权利义务】	★

M3.6.40.1 业主专有权纠纷 ★

常见适用的法条

	常见适用的法条	
民法通则	第5条【公民、法人的合法权益受法律保护】	616
	第83条【处理相邻关系的基本原则】	
	第117条【侵害财产权的责任承担方式：返还财产、折价赔偿；恢复原状、折价赔偿；赔偿损失】	
	第130条【共同实施侵权行为人的连带责任】	
	第134条【民事责任的主要承担方式】	
侵权责任法	第6条【过错责任原则；过错推定责任原则】	625
	第15条【侵权责任的主要承担方式】	
	第19条【侵害财产造成财产损失的计算方式】	
物权法	第70条【业主的建筑物区分所有权】	113
	第71条【业主对专有部分的专有权】	
	第75条【业主大会和业主委员会的设立】	
	第76条【由业主共同决定的事项以及表决规则】	
	第77条【住宅转变为经营性用房应当遵循的规则】	
	第78条【业主大会和业主委员会决定的效力】	
	第83条【业主义务；业主大会和业主委员会对于侵害建筑物的行为人的请求权】	
	第84条【处理相邻关系的基本原则】	
	第85条【处理相邻关系的法源依据】	
物业管理条例	第1条【物业管理条例的立法宗旨】	673

038　物权纠纷

		常见适用的法条
建筑物区分所有权司法解释		第 2 条【建筑物区分所有权专有部分的认定标准】
		第 3 条【除法律、行政法规规定的共有部分外,建筑区划内也应当认定为共有部分的情形】
		第 4 条【业主合理无偿利用屋顶及专有部分相对应的外墙面等共有部分不应认定为侵权】
		第 10 条【业主将住宅改变为经营性用房有利害关系的业主的权利】
		第 11 条【物权法第 77 条所称"有利害关系的业主"的认定】

695

M3.6.40.2　业主共有权纠纷 ★★

■ **主要适用的法条及其相关度**

	主要适用的法条	相关度
物权法	第 70 条【业主的建筑物区分所有权】	★★★★★
	第 72 条【业主对共有部分的共有权及义务;共有权与管理权随同专有权一并转让】	★★★★★
	第 73 条【建筑区划内的道路、绿地等场所和设施属于业主共有财产】	★★★
	第 83 条【业主义务;业主大会和业主委员会对于侵害建筑物的行为人的请求权】	★★★
	第 76 条【由业主共同决定的事项以及表决规则】	★★
	第 35 条【权利人享有的排除妨害请求权与消除危险请求权】	★
	第 71 条【业主对专有部分的专有权】	★
	第 80 条【建筑物及其附属设施的费用分摊和收益分配确定规则】	★
	第 84 条【处理相邻关系的基本原则】	★

113

	主要适用的法条	相关度
民法通则	第106条【民事责任归责原则：违约责任，无过错责任原则；侵权责任，过错责任、无过错责任】	★★
	第117条【侵害财产权的责任承担方式：返还财产、折价赔偿，恢复原状、折价赔偿；赔偿损失】	★★
	第4条【民事活动的基本原则：自愿、公平、等价有偿、诚实信用】	★
	第5条【公民、法人的合法权益受法律保护】	★
	第83条【处理相邻关系的基本原则】	★
合同法	第8条【合同约束力】	★
侵权责任法	第15条【侵权责任的主要承担方式】	★
建筑物区分所有权司法解释	第3条【除法律、行政法规规定的共有部分外，建筑区划内也应当认定为共有部分的情形】	★★★★
	第14条【擅自占用、处分业主共有部分，改变使用功能或进行经营性活动的处理】	★★★
	第15条【损害他人合法权益行为的认定】	★

616
593
625
695

M3.6.40.3 车位纠纷 ★★

■ 主要适用的法条及其相关度

	主要适用的法条	相关度
物权法	第74条【建筑区划内车位、车库的归属规则】	★★★★★
	第73条【建筑区划内的道路、绿地等场所和设施属于业主共有财产】	★★★
	第9条【不动产物权变动的登记原则；国家的自然资源所有权登记的特殊规定】	★★
	第70条【业主的建筑物区分所有权】	★★

113

		主要适用的法条	相关度
113	物权法	第14条【不动产物权变动的生效时间】	★
		第17条【不动产权属证书与不动产登记簿的关系】	★
		第35条【权利人享有的排除妨害请求权与消除危险请求权】	★
		第39条【所有权的内容】	★
		第72条【业主对共有部分的共有权及义务;共有权与管理权随同专有权一并转让】	★
		第76条【由业主共同决定的事项以及表决规则】	★
593	合同法	第60条【合同履行的原则】	★★★
		第107条【合同约束力;违约责任】	★★★
		第58条【合同无效或被撤销的法律后果】	★★
		第94条【合同的法定解除;法定解除权】	★★
		第114条【违约金的数额及其调整】	★★
		第4条【合同自愿原则】	★
		第8条【合同约束力】	★
		第32条【书面合同自双方当事人签字或盖章时成立】	★
		第44条【合同成立条件与时间】	★
		第51条【无权处分合同的效力:经追认或取得处分权的有效】	★
		第52条【合同无效的情形】	★
		第56条【合同无效或被撤销的溯及力;部分无效不影响其他独立部分的效力】	★
		第97条【合同解除的法律后果】	★
		第115条【定金罚则】	★
616	民法通则	第5条【公民、法人的合法权益受法律保护】	★

	主要适用的法条	相关度	
担保法	第89条【定金罚则】	★	607
	第90条【定金的形式要求;生效时间】	★	
侵权责任法	第6条【过错责任原则;过错推定责任原则】	★	625
	第15条【侵权责任的主要承担方式】	★	
物业管理条例	第11条【由业主共同决定的事项以及表决规则】	★	673
	第15条【业主委员会的职责】	★	
建筑物区分所有权司法解释	第6条【占用业主共有道路或其他场地增设的车位应当认定为车位】	★★★	695
	第14条【擅自占用、处分业主共有部分、改变使用功能或进行经营性活动的处理】	★★	
	第2条【建筑物区分所有权专有部分的认定标准】	★	
	第7条【其他重大事项的认定】	★	

M3.6.40.4 车库纠纷 ★

常见适用的法条

	常见适用的法条	
担保法	第31条【保证人的追偿权】	607
合同法	第8条【合同约束力】	593
	第44条【合同成立条件与时间】	
	第51条【无权处分合同的效力;经追认或取得处分权的有效】	
	第52条【合同无效的情形】	
	第58条【合同无效或被撤销的法律后果】	
	第60条【合同履行的原则】	
	第61条【合同内容约定不明确的处理规则;合同漏洞的填补】	
	第79条【债权人不得转让合同权利的情形】	

		常见适用的法条
593	合同法	第80条【债权人转让债权的通知义务】
		第81条【债权转让从权利一并转让】
		第93条【合同的意定解除:协商一致;约定条件成就】
		第94条【合同的法定解除;法定解除权】
		第97条【合同解除的法律后果】
		第107条【合同约束力;违约责任】
		第109条【违约责任的承担;付款义务的继续履行】
		第112条【违约责任的承担;损失赔偿与其他责任的并存】
		第113条【违约责任的承担;损失赔偿】
		第114条【违约金的数额及其调整】
		第121条【因第三人原因造成违约情况下的责任承担】
		第138条【出卖人义务:交付期间】
616	民法通则	第4条【民事活动的基本原则:自愿、公平、等价有偿、诚实信用】
		第5条【公民、法人的合法权益受法律保护】
		第83条【处理相邻关系的基本原则】
		第117条【侵害财产权的责任承担方式:返还财产、折价赔偿;恢复原状、折价赔偿;赔偿损失】
		第134条【民事责任的主要承担方式】
		第135条【诉讼时效期间:2年】
		第137条【诉讼时效期间的起算日和最长保护期限】
625	侵权责任法	第6条【过错责任原则;过错推定责任原则】
		第8条【共同实施侵权行为人的连带责任】
		第15条【侵权责任的主要承担方式】
		第21条【民事权益保全请求权:停止侵害、排除妨碍、消除危险】
664	人民防空法	第5条【国家鼓励、支持人民防空工程建设】

	常见适用的法条	
物权法	第4条【国家、集体和私人物权的平等保护原则】	113
	第5条【物权法定原则:物权种类、物权内容由法律规定】	
	第6条【物权公示原则:不动产登记、动产交付】	
	第9条【不动产物权变动的登记原则;国家的自然资源所有权登记的特殊规定】	
	第14条【不动产物权变动的生效时间】	
	第15条【设立、变更、转让、消灭不动产物权的合同的效力;合同成立时生效】	
	第34条【权利人的返还原物请求权】	
	第36条【物权损害的救济方式;物权的债权保护方法】	
	第39条【所有权的内容】	
	第73条【建筑区划内的道路、绿地等场所和设施属于业主共有财产】	
	第74条【建筑区划内车位、车库的归属规则】	
	第76条【由业主共同决定的事项以及表决规则】	
	第203条【最高额抵押规则】	
	第241条【有权占有法律规则】	
商品房买卖合同纠纷司法解释	第2条【预售许可证是商品房预售合同的生效条件】	705

M3.6.41　业主撤销权纠纷 ★★

主要适用的法条及其相关度

	主要适用的法条	相关度
物权法	第78条【业主大会和业主委员会决定的效力】	★★★★★
	第76条【由业主共同决定的事项以及表决规则】	★★★★
	第75条【业主大会和业主委员会的设立】	★
物业管理条例	第12条【业主大会的议事章程】	★★
	第11条【由业主共同决定的事项以及表决规则】	★
	第15条【业主委员会的职责】	★
建筑物区分所有权司法解释	第12条【业主大会或业主委员会作出侵害业主合法权益或违反法定程序的决定的业主行使撤销权期限】	★★

M3.6.42　业主知情权纠纷 ★★

主要适用的法条及其相关度

	主要适用的法条	相关度
物权法	第79条【建筑物及其附属设施的维修基金的筹集和使用规则】	★★
	第82条【物业服务企业或其他接受业主委托的管理人的管理义务】	★★
	第70条【业主的建筑物区分所有权】	★
	第75条【业主大会和业主委员会的设立】	★
	第76条【由业主共同决定的事项以及表决规则】	★
	第78条【业主大会和业主委员会决定的效力】	★
物业管理条例	第6条【物业管理中业主的权利】	★★

	主要适用的法条	相关度	
建筑物区分所有权司法解释	第13条【应当向业主公开的情况和资料:建筑物及其附属设施的维修资金的筹集、使用情况、管理规约、业主大会议事规则、业主大会或业主委员会的决定及会议记录、物业服务合同、共有部分的使用和收益情况、停车位车库的处分情况】	★★★★★	695

M3.6.43 遗失物返还纠纷 ★★

主要适用的法条及其相关度

	主要适用的法条	相关度	
物权法	第109条【遗失物拾得人的返还义务】	★★★★★	113
	第107条【遗失物的处理规则】	★★★	
	第111条【遗失物拾得人的妥善保管义务】	★★★	
	第110条【遗失物受领部门的义务】	★★	
	第4条【国家、集体和私人物权的平等保护原则】	★	
	第34条【权利人的返还原物请求权】	★	
	第37条【侵害物权的民事责任竞合】	★	
	第112条【权利人领取遗失物时的费用支付义务】	★	
民法通则	第79条【无人认领的遗失物的处理规则】	★★★★	616
	第11条【完全民事行为能力人】	★	
	第71条【所有权的内容】	★	
	第75条【个人财产:合法财产受法律保护】	★	
	第117条【侵害财产权的责任承担方式:返还财产、折价赔偿;恢复原状、折价赔偿;赔偿损失】	★	
	第134条【民事责任的主要承担方式】	★	

	主要适用的法条	相关度
625 侵权责任法	第6条【过错责任原则；过错推定责任原则】	★
	第8条【共同实施侵权行为人的连带责任】	★
	第15条【侵权责任的主要承担方式】	★
	第19条【侵害财产造成财产损失的计算方式】	★

M3.6.44　漂流物返还纠纷 ★★

■ 常见适用的法条

	常见适用的法条
113 物权法	第109条【遗失物拾得人的返还义务】
	第112条【权利人领取遗失物时的费用支付义务】
	第114条【拾得漂流物、发现埋藏物或者隐藏物的参照适用拾得遗失物的规则】

M3.6.45　埋藏物返还纠纷 ★

■ 常见适用的法条

	常见适用的法条
113 物权法	第48条【国家所有的自然资源的范围】
	第114条【拾得漂流物、发现埋藏物或者隐藏物的参照适用拾得遗失物的规则】
692 民通意见	第93条【对公民、法人挖掘、发现的埋藏物、隐藏物的保护条件】

M3.6.46 隐藏物返还纠纷 ················ ★

常见适用的法条

	常见适用的法条	
继承法	第5条【继承方式】	636
	第32条【无人继承的遗产】	
民法通则	第79条【无人认领的遗失物的处理规则】	616
物权法	第114条【拾得漂流物、发现埋藏物或者隐藏物的参照适用拾得遗失物的规则】	113
民通意见	第93条【对公民、法人挖掘、发现的埋藏物、隐藏物的保护条件】	692

M3.6.47 相邻关系纠纷 ················ ★★★★

一、主要适用的法条及其相关度

	主要适用的法条	相关度	
物权法	第84条【处理相邻关系的基本原则】	★★★★★	113
	第35条【权利人享有的排除妨害请求权与消除危险请求权】	★★	
	第85条【处理相邻关系的法源依据】	★★	
	第37条【侵害物权的民事责任竞合】	★	
民法通则	第83条【处理相邻关系的基本原则】	★★★★★	616
	第134条【民事责任的主要承担方式】	★★	
侵权责任法	第6条【过错责任原则;过错推定责任原则】	★	625
	第15条【侵权责任的主要承担方式】	★	

二、常见适用的其他法条

	常见适用的其他法条
616 民法通则	第5条【公民、法人的合法权益受法律保护】
	第106条【民事责任归责原则：违约责任，无过错责任原则；侵权责任，过错责任，无过错责任】
	第117条【侵害财产权的责任承担方式：返还财产、折价赔偿；恢复原状、折价赔偿；赔偿损失】
113 物权法	第36条【物权损害的救济方式；物权的债权保护方法】
	第70条【业主的建筑物区分所有权】
	第86条【相邻权利人用水、排水权】
	第87条【相邻关系人通行权规则】
	第89条【建造建筑物不得妨碍相邻建筑物】
	第91条【禁止进行危及相邻不动产安全的活动】
	第92条【相邻权的限度】
692 民通意见	第1条【公民的民事权利能力自出生时开始：户籍证明、医院出具的出生证明、其他证明】

M3.6.47.1

M3.6.47.1 相邻用水、排水纠纷 ★★★

主要适用的法条及其相关度

	主要适用的法条	相关度
616 民法通则	第83条【处理相邻关系的基本原则】	★★★★★
	第134条【民事责任的主要承担方式】	★★
113 物权法	第84条【处理相邻关系的基本原则】	★★★★★
	第86条【相邻权利人用水、排水权】	★★★★
	第35条【权利人享有的排除妨害请求权与消除危险请求权】	★

	主要适用的法条	相关度	
物权法	第85条【处理相邻关系的法源依据】	★	113
	第92条【相邻权的限度】	★	
侵权责任法	第6条【过错责任原则;过错推定责任原则】	★	625
	第15条【侵权责任的主要承担方式】	★	
民通意见	第1条【公民的民事权利能力自出生时开始:户籍证明、医院出具的出生证明、其他证明】	★	692

M3.6.47.2 相邻通行纠纷 ·················· ★★★

■ 主要适用的法条及其相关度

	主要适用的法条	相关度	
民法通则	第83条【处理相邻关系的基本原则】	★★★★	616
	第134条【民事责任的主要承担方式】	★★	
物权法	第84条【处理相邻关系的基本原则】	★★★★	113
	第87条【相邻关系人通行权规则】	★★★	
	第85条【处理相邻关系的法源依据】	★	
侵权责任法	第15条【侵权责任的主要承担方式】	★	625
民通意见	第1条【公民的民事权利能力自出生时开始:户籍证明、医院出具的出生证明、其他证明】	★	692

M3.6.47.3 相邻土地、建筑物利用关系纠纷 ·········· ★★

■ 主要适用的法条及其相关度

	主要适用的法条	相关度	
物权法	第84条【处理相邻关系的基本原则】	★★★★	113
	第92条【相邻权的限度】	★★★	

		主要适用的法条	相关度
113	物权法	第35条【权利人享有的排除妨害请求权与消除危险请求权】	★★
		第36条【物权损害的救济方式；物权的债权保护方法】	★
		第72条【业主对共有部分的共有权及义务；共有权与管理权随同专有权一并转让】	★
		第83条【业主义务；业主大会和业主委员会对于侵害建筑物的行为人的请求权】	★
		第85条【处理相邻关系的法源依据】	★
		第87条【相邻关系人通行权规则】	★
		第88条【相邻关系人利用相邻土地的权利】	★
		第89条【建造建筑物不得妨碍相邻建筑物】	★
		第152条【宅基地使用权内容】	★
616	民法通则	第83条【处理相邻关系的基本原则】	★★★★
		第134条【民事责任的主要承担方式】	★★
		第117条【侵害财产权的责任承担方式；返还财产、折价赔偿、恢复原状、折价赔偿；赔偿损失】	★
625	侵权责任法	第6条【过错责任原则；过错推定责任原则】	★
		第15条【侵权责任的主要承担方式】	★
695	建筑物区分所有权司法解释	第14条【擅自占用、处分业主共有部分、改变使用功能或进行经营性活动的处理】	★

M3.6.47.4 相邻通风纠纷 ······ ★

常见适用的法条

	常见适用的法条	
民法通则	第83条【处理相邻关系的基本原则】	616
物权法	第84条【处理相邻关系的基本原则】	113

M3.6.47.5 相邻采光、日照纠纷 ······ ★★★★

主要适用的法条及其相关度

	主要适用的法条	相关度	
民法通则	第83条【处理相邻关系的基本原则】	★★★★★	616
	第5条【公民、法人的合法权益受法律保护】	★★★★	
物权法	第84条【处理相邻关系的基本原则】	★★★★★	113
	第89条【建造建筑物不得妨碍相邻建筑物】	★★★★★	

M3.6.47.6 相邻污染侵害纠纷 ······ ★★

主要适用的法条及其相关度

	主要适用的法条	相关度	
民法通则	第83条【处理相邻关系的基本原则】	★★★★★	616
	第134条【民事责任的主要承担方式】	★★	
	第106条【民事责任归责原则:违约责任,无过错责任原则;侵权责任,过错责任、无过错责任】	★	
物权法	第84条【处理相邻关系的基本原则】	★★★★★	113
	第90条【不动产权利人不得弃置废物和排放污染物】	★★★★	

		主要适用的法条	相关度
625	侵权责任法	第6条【过错责任原则;过错推定责任原则】	★★★
		第15条【侵权责任的主要承担方式】	★★★
		第65条【污染环境无过错责任】	★★★
		第3条【侵权责任的当事人主义】	★★
		第66条【污染者就抗辩事由的举证责任】	★★
		第2条【侵权责任一般条款;民事权益的范围】	★
		第16条【人身损害赔偿项目:一般人身损害赔偿项目、伤残赔偿项目、死亡赔偿项目】	★
		第19条【侵害财产造成财产损失的计算方式】	★
		第22条【侵害人身权益的精神损害赔偿】	★
		第68条【第三人过错导致环境污染的不真正连带责任】	★
593	合同法	第60条【合同履行的原则】	★
		第107条【合同约束力;违约责任】	★
698	人身损害赔偿司法解释	第10条【承揽人致害或自身损害:定作人定作过失、指示过失、选任过失】	★

M3.6.47.7 相邻损害防免关系纠纷 ······ ★★★

▓ 主要适用的法条及其相关度

		主要适用的法条	相关度
616	民法通则	第83条【处理相邻关系的基本原则】	★★★★★
		第117条【侵害财产权的责任承担方式:返还财产、折价赔偿;恢复原状、折价赔偿;赔偿损失】	★★★
		第134条【民事责任的主要承担方式】	★★

	主要适用的法条	相关度	
民法通则	第5条【公民、法人的合法权益受法律保护】	★	616
	第106条【民事责任归责原则:违约责任,无过错责任原则;侵权责任,过错责任,无过错责任】	★	
物权法	第84条【处理相邻关系的基本原则】	★★★★★	113
	第91条【禁止进行危及相邻不动产安全的活动】	★★★	
	第35条【权利人享有的排除妨害请求权与消除危险请求权】	★	
	第37条【侵害物权的民事责任竞合】	★	
	第92条【相邻权的限度】	★	
侵权责任法	第6条【过错责任原则;过错推定责任原则】	★	625
	第15条【侵权责任的主要承担方式】	★	

M3.6.48 共有纠纷 ★★★

■ 主要适用的法条及其相关度

	主要适用的法条	相关度	
民法通则	第5条【公民、法人的合法权益受法律保护】	★★★★★	616
	第78条【财产共有制度:按份共有、共同共有;按份共有人的优先购买权】	★★★★★	
	第4条【民事活动的基本原则:自愿、公平、等价有偿、诚实信用】	★★	
	第6条【民事活动应遵守国家政策】	★★	
	第71条【所有权的内容】	★	
	第72条【财产所有权取得应符合法律规定;动产所有权自交付时转移】	★	
	第75条【个人财产;合法财产受法律保护】	★	
	第117条【侵害财产权的责任承担方式:返还财产、折价赔偿;恢复原状、折价赔偿;赔偿损失】	★	
	第134条【民事责任的主要承担方式】	★	

		主要适用的法条	相关度
113	物权法	第94条【按份共有人对共有物的权利】	★★★★★
		第99条【共有物的分割规则】	★★★★
		第93条【共有的界定及其类型】	★★★
		第95条【共同共有权】	★★★
		第100条【共有物分割的方式】	★★★
		第103条【没有约定、约定不明时共有物共有性质的认定】	★★
		第33条【利害关系人的物权确认请求权】	★
		第39条【所有权的内容】	★
		第104条【按份共有人共有份额的认定规则】	★
636	继承法	第10条【继承人范围及继承顺序】	★★★
		第13条【遗产分配】	★★
		第3条【遗产范围】	★
		第5条【继承方式】	★
649	婚姻法	第17条【夫妻共有财产的范围】	★
593	合同法	第8条【合同约束力】	★
692	民通意见	第1条【公民的民事权利能力自出生时开始；户籍证明、医院出具的出生证明、其他证明】	★★
		第90条【共有财产的分割】	★
698	人身损害赔偿司法解释	第1条【人身损害赔偿的范围；赔偿权利人的界定；赔偿义务人的界定】	★
		第28条【被扶养人生活费数额的确定】	★

M3.6.48.1 共有权确认纠纷 ★★

■ 主要适用的法条及其相关度

	主要适用的法条	相关度
物权法	第33条【利害关系人的物权确认请求权】	★★★★★
	第93条【共有的界定及其类型】	★★★★★
	第94条【按份共有人对共有物的权利】	★★★★
	第9条【不动产物权变动的登记原则;国家的自然资源所有权登记的特殊规定】	★★★
	第95条【共同共有权】	★★★
	第103条【没有约定、约定不明时共有物共有性质的认定】	★★★
	第17条【不动产权属证书与不动产登记簿的关系】	★★
	第99条【共有物的分割规则】	★★
	第104条【按份共有人共有份额的认定规则】	★★
	第4条【国家、集体和私人物权的平等保护原则】	★
	第7条【物权取得与行使应遵守法律和公序良俗】	★
	第14条【不动产物权变动的生效时间】	★
	第15条【设立、变更、转让、消灭不动产物权的合同的效力;合同成立时生效】	★
	第16条【不动产登记簿的法律效力】	★
	第39条【所有权的内容】	★
	第97条【共有人对于共有财产重大事项的表决权规则】	★
婚姻法	第17条【夫妻共有财产的范围】	★★★★
	第18条【夫妻个人财产的范围】	★
	第19条【夫妻财产约定制】	★

		主要适用的法条	相关度
616	民法通则	第78条【财产共有制度:按份共有、共同共有;按份共有人的优先购买权】	★★★★
		第5条【公民、法人的合法权益受法律保护】	★★★
		第4条【民事活动的基本原则:自愿、公平、等价有偿、诚实信用】	★
		第6条【民事活动应遵守国家政策】	★
		第71条【所有权的内容】	★
		第72条【财产所有权取得应符合法律规定;动产所有权自交付时转移】	★
		第75条【个人财产:合法财产受法律保护】	★
		第76条【财产继承权】	★
		第106条【民事责任归责原则:违约责任,无过错责任原则;侵权责任,过错责任、无过错责任】	
		第117条【侵害财产权的责任承担方式:返还财产、折价赔偿;恢复原状、折价赔偿;赔偿损失】	★
		第137条【诉讼时效期间的起算日和最长保护期限】	★
636	继承法	第10条【继承人范围及继承顺序】	★★★
		第13条【遗产分配】	★★
		第2条【继承开始】	★
		第3条【遗产范围】	★
		第5条【继承方式】	★
		第9条【继承权男女平等】	★
		第26条【遗产的认定】	★
593	合同法	第8条【合同约束力】	★
		第44条【合同成立条件与时间】	★
		第60条【合同履行的原则】	★

	主要适用的法条	相关度
民通意见	第1条【公民的民事权利能力自出生时开始;户籍证明、医院出具的出生证明、其他证明】	★★

692

M3.6.48.2 共有物分割纠纷 ·············· ★★★★

M3.6.48.2

一、主要适用的法条及其相关度

	主要适用的法条	相关度
物权法	第99条【共有物的分割规则】	★★★★★
	第100条【共有物分割的方式】	★★★★★
	第93条【共有的界定及其类型】	★★★
	第94条【按份共有人对共有物的权利】	★★★
	第95条【共同共有权】	★★★
	第103条【没有约定、约定不明时共有物共有性质的认定】	★★
	第33条【利害关系人的物权确认请求权】	★
	第104条【按份共有人共有份额的认定规则】	★
民法通则	第5条【公民、法人的合法权益受法律保护】	★★★
	第78条【财产共有制度:按份共有、共同共有;按份共有人的优先购买权】	★★★
	第4条【民事活动的基本原则:自愿、公平、等价有偿、诚实信用】	★★
	第75条【个人财产:合法财产受法律保护】	★
	第117条【侵害财产权的责任承担方式:返还财产、折价赔偿;恢复原状、折价赔偿;赔偿损失】	★
继承法	第10条【继承人范围及继承顺序】	★★
	第13条【遗产分配】	★★
	第3条【遗产范围】	★

113

616

636

		主要适用的法条	相关度
692	民通意见	第1条【公民的民事权利能力自出生时开始：户籍证明、医院出具的出生证明、其他证明】	★★
		第90条【共有财产的分割】	★
698	人身损害赔偿司法解释	第28条【被扶养人生活费数额的确定】	★

二、常见适用的其他法条

		常见适用的其他法条
593	合同法	第8条【合同约束力】
		第60条【合同履行的原则】
649	婚姻法	第17条【夫妻共有财产的范围】
		第39条【离婚时夫妻共同财产的处理】
636	继承法	第2条【继承开始】
		第5条【继承方式】
		第26条【遗产的认定】
616	民法通则	第6条【民事活动应遵守国家政策】
		第16条【未成年人的监护人】
		第18条【监护人的职责权利与民事责任】
		第71条【所有权的内容】
		第72条【财产所有权取得应符合法律规定；动产所有权自交付时转移】
		第106条【民事责任归责原则：违约责任，无过错责任原则；侵权责任、过错责任、无过错责任】

	常见适用的其他法条	
物权法	第9条【不动产物权变动的登记原则;国家的自然资源所有权登记的特殊规定】	113
	第39条【所有权的内容】	
	第97条【共有人对于共有财产重大事项的表决权规则】	
工伤保险条例	第39条【职工因工死亡后其近亲属从工伤保险基金领取丧葬补助金、供养亲属抚恤金和一次性工亡补助金的规则】	679
人身损害赔偿司法解释	第1条【人身损害赔偿的范围;赔偿权利人的界定;赔偿义务人的界定】	698
	第17条【人身损害赔偿项目:一般人身损害赔偿项目、伤残赔偿项目、死亡赔偿项目】	
	第27条【人身损害赔偿:丧葬费计算标准】	

M3.6.48.3 共有人优先购买权纠纷 ★

■ 常见适用的法条

	常见适用的法条	
合同法	第52条【合同无效的情形】	593
	第58条【合同无效或被撤销的法律后果】	
	第232条【不定期租赁】	
民法通则	第4条【民事活动的基本原则:自愿、公平、等价有偿、诚实信用】	616
	第78条【财产共有制度:按份共有、共同共有;按份共有人的优先购买权】	
物权法	第94条【按份共有人对共有物的权利】	113
	第101条【按份共有人的优先购买权】	
城镇房屋租赁合同纠纷司法解释	第21条【承租人优先购买权受侵害后的求偿权】	710
	第23条【委托拍卖租赁房屋的出租人的通知义务;承租人未参加拍卖认定为放弃购买权】	

		常见适用的法条
684	婚姻法司法解释二	第8条【离婚财产分割协议的效力】

M3.7　用益物权纠纷 ★★

主要适用的法条及其相关度

		主要适用的法条	相关度
616	民法通则	第5条【公民、法人的合法权益受法律保护】	★★★★★
		第4条【民事活动的基本原则：自愿、公平、等价有偿、诚实信用】	★★★
		第117条【侵害财产权的责任承担方式：返还财产、折价赔偿；恢复原状、折价赔偿；赔偿损失】	★★
		第134条【民事责任的主要承担方式】	★★
		第6条【民事活动应遵守国家政策】	★
		第106条【民事责任归责原则：违约责任，无过错责任原则；侵权责任，过错责任、无过错责任】	★
113	物权法	第117条【用益物权的界定及其内容】	★★★
		第34条【权利人的返还原物请求权】	★★
		第37条【侵害物权的民事责任竞合】	★★
		第39条【所有权的内容】	★★
		第4条【国家、集体和私人物权的平等保护原则】	★
		第9条【不动产物权变动的登记原则；国家的自然资源所有权登记的特殊规定】	★
		第33条【利害关系人的物权确认请求权】	★

	主要适用的法条	相关度	
物权法	第35条【权利人享有的排除妨害请求权与消除危险请求权】	★	113
	第121条【征收征用影响或消灭用益物权时用益物权人的补偿请求权】	★	
	第125条【土地承包经营权内容】	★	
	第127条【土地承包经营权的设立时间;土地承包经营权的确权机关】	★	
合同法	第60条【合同履行的原则】	★★	593
	第107条【合同约束力;违约责任】	★★	
	第8条【合同约束力】	★	
	第44条【合同成立条件与时间】	★	
	第52条【合同无效的情形】	★	
	第97条【合同解除的法律后果】	★	
农村土地承包法	第9条【集体土地所有者和承包方的合法权益受国家保护】	★★	629
	第26条【承包期内承包地的合理收回】	★	
	第27条【承包期内承包地的合理调整】	★	
	第32条【家庭土地承包经营权的流转】	★	
	第37条【土地承包经营流转合同的签订条件;土地承包经营流转合同主要条款】	★	
	第53条【侵害承包方土地承包经营权的责任:承担民事责任】	★	
侵权责任法	第6条【过错责任原则;过错推定责任原则】	★★	625
	第15条【侵权责任的主要承担方式】	★	

M3.7.49 海域使用权纠纷 ★

常见适用的法条

		常见适用的法条
668	海域使用管理法	第3条【海域权属法律制度】
		第22条【海域使用权】
		第23条【海域使用权人依法使用海域并获得收益的权利受法律保护的一般规定】
593	合同法	第6条【诚实信用原则】
		第8条【合同约束力】
		第44条【合同成立条件与时间】
		第52条【合同无效的情形】
		第58条【合同无效或被撤销的法律后果】
		第60条【合同履行的原则】
		第62条【合同内容约定不明确的处理规则;合同漏洞的填补】
		第88条【合同权利义务的概括转移;概括承受】
		第94条【合同的法定解除;法定解除权】
		第97条【合同解除的法律后果】
		第107条【合同约束力;违约责任】
625	侵权责任法	第6条【过错责任原则;过错推定责任原则】
		第15条【侵权责任的主要承担方式】
113	物权法	第16条【不动产登记簿的法律效力】
		第32条【物权遭受侵害的救济途径】
		第33条【利害关系人的物权确认请求权】
		第34条【权利人的返还原物请求权】
		第35条【权利人享有的排除妨害请求权与消除危险请求权】

	常见适用的法条	
物权法	第117条【用益物权的界定及其内容】	113
	第120条【用益物权的行使规范】	
	第122条【法律保护海域使用权】	
自然保护区条例	第28条【自然保护区缓冲区的法律保护】	683

M3.7.50 探矿权纠纷 ★

■ 常见适用的法条

	常见适用的法条	
合同法	第8条【合同约束力】	593
	第44条【合同成立条件与时间】	
	第60条【合同履行的原则】	
	第87条【债权转让或债务转移的审批、登记】	
	第94条【合同的法定解除;法定解除权】	
	第107条【合同约束力:违约责任】	
探矿采矿权转让管理办法	第3条【探矿权、采矿权可以转让的情形】	680
	第4条【探矿权、采矿权转让审批管理工作的行政管理体系】	

M3.7.51 采矿权纠纷 ★

■ 常见适用的法条

	常见适用的法条	
合伙企业法	第43条【入伙条件】	671

		常见适用的法条
593	合同法	第 6 条【诚实信用原则】
		第 7 条【公序良俗原则】
		第 8 条【合同约束力】
		第 32 条【书面合同自双方当事人签字或盖章时成立】
		第 44 条【合同成立条件与时间】
		第 52 条【合同无效的情形】
		第 54 条【合同的变更和撤销】
		第 55 条【撤销权消灭的法定情形】
		第 56 条【合同无效或被撤销的溯及力;部分无效不影响其他独立部分的效力】
		第 58 条【合同无效或被撤销的法律后果】
		第 60 条【合同履行的原则】
		第 61 条【合同内容约定不明确的处理规则;合同漏洞的填补】
		第 90 条【法人合并以及分立后合同权利义务的承担】
		第 93 条【合同的意定解除;协商一致;约定条件成就】
		第 94 条【合同的法定解除;法定解除权】
		第 97 条【合同解除的法律后果】
		第 98 条【结算条款、清理条款效力的独立性】
		第 107 条【合同约束力;违约责任】
		第 109 条【违约责任的承担:付款义务的继续履行】
		第 113 条【违约责任的承担:损失赔偿】
		第 114 条【违约金的数额及其调整】
		第 424 条【居间合同的界定】
		第 427 条【居间人未促成居间合同时居间费用的负担】
658	矿产资源法	第 3 条【矿产资源的归属:国家所有;勘查、开采矿产资源的条件】
		第 6 条【探矿权、采矿权可以转让的情形】

	常见适用的法条	
民法通则	第5条【公民、法人的合法权益受法律保护】	616
	第58条【民事行为无效的法定情形】	
	第61条【民事行为被确认为无效或者被撤销后的法律后果】	
	第63条【代理的界定及不得代理的情形】	
	第66条【无权代理的法律后果；代理人不履行职责、损害代理人利益的民事责任；代理人和第三人的连带责任】	
	第84条【债的界定】	
	第87条【连带债权与连带债务】	
	第106条【民事责任归责原则：违约责任，无过错责任原则；侵权责任，过错责任、无过错责任】	
	第117条【侵害财产权的责任承担方式：返还财产、折价赔偿；恢复原状、折价赔偿；赔偿损失】	
	第134条【民事责任的主要承担方式】	
	第135条【诉讼时效期间：2年】	
拍卖法	第39条【买受人支付拍卖价款的义务和拍卖标的再拍卖的差额补足义务】	669
侵权责任法	第15条【侵权责任的主要承担方式】	625
土地管理法	第15条【对国有土地和集体所有的土地承包经营的规定：主体、方式、期限、权利与义务；农民集体所有的土地由本集体经济组织以外的单位或个人承包经营的特殊规定】	640
物权法	第123条【依法取得的探矿权、采矿权、取水权等准物权受法律保护】	113
探矿采矿权转让管理办法	第3条【探矿权、采矿权可以转让的情形】	680
	第6条【采矿权转让的法定条件】	
	第10条【探矿权、采矿权转让的程序】	

		常见适用的法条
682	矿产资源法实施细则	第 5 条【矿产资源勘查、开采的许可】
		第 40 条【个体采矿者的采矿权】
715	合同法司法解释一	第 9 条【未办批准、登记手续的合同效力】

M3.7.52 取水权纠纷 ······ ★

常见适用的法条

		常见适用的法条
593	合同法	第 60 条【合同履行的原则】
		第 107 条【合同约束力;违约责任】
		第 113 条【违约责任的承担:损失赔偿】
616	民法通则	第 5 条【公民、法人的合法权益受法律保护】
		第 83 条【处理相邻关系的基本原则】
		第 84 条【债的界定】
625	侵权责任法	第 3 条【侵权责任的当事人主义】
		第 6 条【过错责任原则;过错推定责任原则】
		第 15 条【侵权责任的主要承担方式】
665	水法	第 1 条【水法的立法目的】
		第 3 条【水资源权属法律制度】
		第 7 条【水资源的取水许可和有偿使用制度】
		第 48 条【取水权的取得】
113	物权法	第 86 条【相邻权利人用水、排水权】
		第 92 条【相邻权的限度】
		第 119 条【自然资源有偿使用规则】
		第 123 条【依法取得的探矿权、采矿权、取水权等准物权受法律保护】

M3.7.53 养殖权纠纷 ★

▨ 常见适用的法条

	常见适用的法条	
合同法	第60条【合同履行的原则】	593
	第77条【变更合同的条件与要求】	
	第94条【合同的法定解除；法定解除权】	
	第107条【合同约束力；违约责任】	
	第113条【违约责任的承担；损失赔偿】	
婚姻法	第17条【夫妻共有财产的范围】	649
	第19条【夫妻财产约定制】	
民法通则	第5条【公民、法人的合法权益受法律保护】	616
	第81条【森林、山岭、草原、荒地、滩涂、水面、矿藏等自然资源的归属】	
	第134条【民事责任的主要承担方式】	
侵权责任法	第6条【过错责任原则；过错推定责任原则】	625
	第15条【侵权责任的主要承担方式】	
物权法	第34条【权利人的返还原物请求权】	113
	第35条【权利人享有的排除妨害请求权与消除危险请求权】	
	第37条【侵害物权的民事责任竞合】	
	第118条【国家所有和集体所有的自然资源的使用规则】	
	第123条【依法取得的探矿权、采矿权、取水权等准物权受法律保护】	

M3.7.54 捕捞权纠纷 ······································ ★

常见适用的法条

		常见适用的法条
593	合同法	第 225 条【租赁期间因占有、使用租赁物获得的利益的归属】
113	物权法	第 66 条【私人合法财产受法律保护】

M3.7.55 土地承包经营权纠纷 ························ ★★★★

一、主要适用的法条及其相关度

		主要适用的法条	相关度
629	农村土地承包法	第 9 条【集体土地所有者和承包方的合法权益受国家保护】	★★★★★
		第 53 条【侵害承包方土地承包经营权的责任:承担民事责任】	★★★★
		第 5 条【农村集体经济组织成员的土地承包权】	★★★
		第 15 条【家庭承包的承包方的认定】	★★★
		第 16 条【土地承包方的权利:使用、收益、流转、组织生产、获得补偿】	★★★
		第 22 条【农村土地承包合同的生效日期和土地承包经营权的取得】	★★★
		第 26 条【承包期内承包地的合理收回】	★★★
		第 32 条【家庭土地承包经营权的流转】	★★★
		第 3 条【国家实行农村土地承包经营制度;农村土地承包方式;农村集体经济组织内部的家庭承包方式、招标、拍卖、公开协商等承包方式】	★★
		第 6 条【妇女的土地承包经营权】	★★

	主要适用的法条	相关度	
农村土地承包法	第27条【承包期内承包地的合理调整】	★★	629
	第30条【妇女的土地承包经营权的保护；妇女婚姻状况发生改变不影响承包权】	★★	
	第37条【土地承包经营流转合同的签订条件；土地承包经营流转合同主要条款】	★★	
	第1条【农村土地承包法立法目的】	★	
	第4条【农村土地承包后所有权性质不变、禁止承包地买卖】	★	
	第10条【合法的土地承包经营权流转受法律保护】	★	
	第20条【土地的承包期：耕地为30年、草地为30年至50年、林地为30年至70年】	★	
	第23条【土地承包经营权证或林权证等证书的颁发、登记和费用收取】	★	
	第29条【承包地自愿交回的规则】	★	
	第34条【土地承包经营权流转的主体】	★	
	第36条【土地承包中相关费用由双方当事人协商确定】	★	
	第39条【土地承包经营权的转包和转租】	★	
	第54条【农村土地发包方承担民事责任的法定情形】	★	
物权法	第125条【土地承包经营权内容】	★★★	113
	第34条【权利人的返还原物请求权】	★★	
	第37条【侵害物权的民事责任竞合】	★★	
	第127条【土地承包经营权的设立时间；土地承包经营权的确权机关】	★★	

		主要适用的法条	相关度
625	侵权责任法	第15条【侵权责任的主要承担方式】	★★★
		第6条【过错责任原则;过错推定责任原则】	★★
		第2条【侵权责任一般条款;民事权益的范围】	★
		第3条【侵权责任的当事人主义】	★
593	合同法	第60条【合同履行的原则】	★★★
		第8条【合同约束力】	★★
		第44条【合同成立条件与时间】	★★
		第52条【合同无效的情形】	★★
		第94条【合同的法定解除;法定解除权】	★★
		第107条【合同约束力;违约责任】	★★
		第97条【合同解除的法律后果】	★
		第109条【违约责任的承担;付款义务的继续履行】	★
616	民法通则	第117条【侵害财产权的责任承担方式;返还财产、折价赔偿;恢复原状、折价赔偿;赔偿损失】	★★★
		第134条【民事责任的主要承担方式】	★★★
		第5条【公民、法人的合法权益受法律保护】	★★
		第80条【土地使用权与承包经营权】	★
		第106条【民事责任归责原则;违约责任,无过错责任原则;侵权责任,过错责任、无过错责任】	★
685	农村土地承包纠纷司法解释	第6条【因发包方违法收回、调整承包地,或者因发包方收回承包方弃耕、撂荒的承包地产生的纠纷的处理规则】	★
		第17条【对转包、出租地流转期限与承包地交回时间的规定;承包方对提高土地生产能力的投入的相应补偿】	★

二、常见适用的其他法条

	常见适用的其他法条	
合同法	第6条【诚实信用原则】	593
	第32条【书面合同自双方当事人签字或盖章时成立】	
	第51条【无权处分合同的效力：经追认或取得处分权的有效】	
	第58条【合同无效或被撤销的法律后果】	
	第93条【合同的意定解除：协商一致；约定条件成就】	
	第96条【合同解除权的行使规则】	
	第114条【违约金的数额及其调整】	
	第170条【试用买卖合同】	
	第232条【不定期租赁】	
婚姻法	第39条【离婚时夫妻共同财产的处理】	649
民法通则	第4条【民事活动的基本原则：自愿、公平、等价有偿、诚实信用】	616
	第75条【个人财产：合法财产受法律保护】	
	第84条【债的界定】	
	第108条【债务清偿：分期偿还、强制偿还】	
农村土地承包法	第12条【农村土地承包发包方的认定】	629
	第14条【土地承包中发包方的义务】	
	第18条【土地承包应遵循的原则】	
	第21条【土地发包方应当与承包方签订书面承包合同；承包合同的条款】	
	第28条【调整或新增承包的土地】	
	第31条【承包收益与林地承包权的继承】	
	第33条【土地承包经营权流转应遵循的原则】	
	第35条【土地承包期内发包方恪守合同的义务】	

		常见适用的其他法条
629	农村土地承包法	第 40 条【土地承包经营权的互换】
		第 45 条【土地承包的方式和程序】
		第 51 条【因土地承包经营发生纠纷的争议解决办法】
		第 56 条【土地承包合同违约应承担违约责任】
625	侵权责任法	第 8 条【共同实施侵权行为人的连带责任】
		第 19 条【侵害财产造成财产损失的计算方式】
640	土地管理法	第 13 条【依法登记的土地的所有权和使用权受法律保护】
		第 14 条【农民的土地承包经营权；土地承包经营期限、承包合同、承包土地调整的审批】
		第 16 条【土地所有权和使用权争议的纠纷处理规定】
		第 65 条【农村集体经济组织可收回土地使用权的情形】
113	物权法	第 4 条【国家、集体和私人物权的平等保护原则】
		第 35 条【权利人享有的排除妨害请求权与消除危险请求权】
		第 42 条【不动产的征收及其补偿】
		第 124 条【农村集体经济经营体制；农村土地实行土地承包经营制度】
		第 128 条【土地承包经营权的流转】
		第 132 条【征收承包地的补偿规则】
685	农村土地承包纠纷司法解释	第 1 条【涉及农村土地承包纠纷案件的受案范围】
		第 10 条【土地承包经营权优先权的例外】
		第 24 条【土地补偿费的分配办法】

M3.7.55.1 土地承包经营权确认纠纷 ★★

主要适用的法条及其相关度

	主要适用的法条	相关度	
农村土地承包法	第9条【集体土地所有者和承包方的合法权益受国家保护】	★★★★★	629
	第22条【农村土地承包合同的生效日期和土地承包经营权的取得】	★★★★	
	第5条【农村集体经济组织成员的土地承包权】	★★★	
	第15条【家庭承包的承包方的认定】	★★★	
	第26条【承包期内承包地的合理收回】	★★★	
	第32条【家庭土地承包经营权的流转】	★★★	
	第37条【土地承包经营流转合同的签订条件;土地承包经营流转合同主要条款】	★★★	
	第53条【侵害承包方土地承包经营权的责任:承担民事责任】	★★★	
	第3条【国家实行农村土地承包经营制度;农村土地承包方式;农村集体经济组织内部的家庭承包方式、招标、拍卖、公开协商等承包方式】	★★	
	第16条【土地承包方的权利:使用、收益、流转、组织生产、获得补偿】	★★	
	第23条【土地承包经营权证或林权证等证书的颁发、登记和费用收取】	★★	
	第27条【承包期内承包地的合理调整】	★★	
	第4条【农村土地承包后所有权性质不变、禁止承包地买卖】	★	
	第6条【妇女的土地承包经营权】	★	
	第10条【合法的土地承包经营权流转受法律保护】	★	

		主要适用的法条	相关度
629	农村土地承包法	第12条【农村土地承包发包方的认定】	★
		第14条【土地承包中发包方的义务】	★
		第19条【土地承包的程序】	★
		第20条【土地的承包期：耕地为30年、草地为30年至50年、林地为30年至70年】	★
		第29条【承包地自愿交回的规则】	★
		第30条【妇女的土地承包经营权的保护；妇女婚姻状况发生改变不影响承包权】	★
		第33条【土地承包经营权流转应遵循的原则】	★
		第34条【土地承包经营权流转的主体】	★
		第39条【土地承包经营权的转包和转租】	★
113	物权法	第125条【土地承包经营权内容】	★★★
		第127条【土地承包经营权的设立时间；土地承包经营权的确权机关】	★★★
		第33条【利害关系人的物权确认请求权】	★
		第34条【权利人的返还原物请求权】	★
625	侵权责任法	第15条【侵权责任的主要承担方式】	★★
593	合同法	第60条【合同履行的原则】	★★
		第8条【合同约束力】	★
		第44条【合同成立条件与时间】	★
		第52条【合同无效的情形】	★
		第62条【合同内容约定不明确的处理规则；合同漏洞的填补】	★

	主要适用的法条	相关度	
民法通则	第5条【公民、法人的合法权益受法律保护】	★	616
	第80条【土地使用权与承包经营权】	★	
	第117条【侵害财产权的责任承担方式:返还财产、折价赔偿;恢复原状、折价赔偿;赔偿损失】	★	
	第134条【民事责任的主要承担方式】	★	
土地管理法	第14条【农民的土地承包经营权;土地承包经营期限、承包合同、承包土地调整的审批】	★	640
农村土地承包纠纷司法解释	第6条【因发包方违法收回、调整承包地,或者因发包方收回承包方弃耕、撂荒的承包地产生的纠纷的处理规则】	★	685

M3.7.55.2 承包地征收补偿费用分配纠纷············★★★★

一、主要适用的法条及其相关度

	主要适用的法条	相关度	
农村土地承包法	第16条【土地承包方的权利:使用、收益、流转、组织生产、获得补偿】	★★★	629
民法通则	第5条【公民、法人的合法权益受法律保护】	★★	616
	第106条【民事责任归责原则:违约责任,无过错责任原则;侵权责任,过错责任、无过错责任】	★	
物权法	第42条【不动产的征收及其补偿】	★★	113
	第132条【征收承包地的补偿规则】	★★	
土地管理法	第47条【按被征收土地的原用途给予补偿的原则;耕地的土地补偿费、安置补助费的计量标准及其增加限额的规定;征收其他土地的土地补偿费和安置补助费标准、被征收土地上的附着物和青苗的补偿标准的制定主体;新菜地开发建设基金】	★★	640

		主要适用的法条	相关度
649	妇女权益保障法	第33条【不得因妇女婚姻状况变化侵害妇女在农村集体经济组织的权益;因结婚男方到女方住所落户的男方和子女享有与所在地农村集体经济组织成员平等的权益】	★
677	土地管理法实施条例	第26条【土地补偿费和安置补助费】	★★
685	农村土地承包纠纷司法解释	第24条【土地补偿费的分配办法】	★★★★★
		第1条【涉及农村土地承包纠纷案件的受案范围】	★
		第22条【被依法征收的承包地的地上附着物和青苗的补偿费的给付规定;承包方将土地承包经营权流转给第三人时的青苗补偿费和地上附着物补偿费的所有的规定】	★

■ 二、常见适用的其他法条

		常见适用的其他法条
647	村委会组织法	第24条【经村民会议讨论决定方可办理的事项;村民代表会议需经村民会议授权】
		第27条【村民自治章程、村规民约的制定与备案;村民自治章程、村规民约及村民会议或村民代表会议的决定的限制】
649	妇女权益保障法	第30条【妇女享有与男子平等的财产权利】
		第32条【妇女享有与男子平等的农村土地承包经营、集体经济组织收益分配、土地征收或者征用补偿费使用、宅基地使用等权利】
593	合同法	第8条【合同约束力】
		第60条【合同履行的原则】

	常见适用的其他法条	
民法通则	第4条【民事活动的基本原则:自愿、公平、等价有偿、诚实信用】	616
	第74条【集体所有的财产包括的内容】	
	第75条【个人财产;合法财产受法律保护】	
	第117条【侵害财产权的责任承担方式:返还财产、折价赔偿;恢复原状、折价赔偿;赔偿损失】	
农村土地承包法	第3条【国家实行农村土地承包经营制度;农村土地承包方式:农村集体经济组织内部的家庭承包方式、招标、拍卖、公开协商等承包方式】	629
	第5条【农村集体经济组织成员的土地承包权】	
	第6条【妇女的土地承包经营权】	
	第15条【家庭承包的承包方的认定】	
	第30条【妇女的土地承包经营权的保护:妇女婚姻状况发生改变不影响承包权】	
土地管理法	第10条【农民集体所有土地的经营、管理规则】	640
物权法	第59条【农民集体所有的权利性质;集体物权的重大事项由集体决定】	113
	第63条【集体财产权受法律保护】	
农村土地承包纠纷司法解释	第23条【承包地依法征收的安置补助费】	685

M3.7.55.3 土地承包经营权继承纠纷 ★★

主要适用的法条及其相关度

	主要适用的法条	相关度
农村土地承包法	第15条【家庭承包的承包方的认定】	★★★★★
	第31条【承包收益与林地承包权的继承】	★★★★★
	第3条【国家实行农村土地承包经营制度;农村土地承包方式:农村集体经济组织内部的家庭承包方式、招标、拍卖、公开协商等承包方式】	★★★★
	第5条【农村集体经济组织成员的土地承包权】	★★
	第9条【集体土地所有者和承包方的合法权益受国家保护】	★★
	第50条【承包经营权及其收益的继承】	★★
	第16条【土地承包方的权利:使用、收益、流转、组织生产、获得补偿】	★
	第20条【土地的承包期:耕地为30年、草地为30年至50年、林地为30年至70年】	★
	第26条【承包期内承包地的合理收回】	★
继承法	第3条【遗产范围】	★★★
	第4条【承包收益的继承】	★★★
	第10条【继承人范围及继承顺序】	★★★
	第11条【代位继承】	★
合同法	第8条【合同约束力】	★
	第107条【合同约束力:违约责任】	★
土地管理法	第15条【对国有土地和集体所有的土地承包经营的规定:主体、方式、期限、权利与义务;农民集体所有的土地由本集体经济组织以外的单位或个人承包经营的特殊规定】	★

	主要适用的法条	相关度	
退耕还林条例	第48条【退耕还林承包经营权的期限延长、续包、继承与转让】	★★	681
农村土地承包纠纷司法解释	第25条【承包地的继承】	★★★	685

M3.7.56　建设用地使用权纠纷 …………………………… ★★

M3.7.56

■ 主要适用的法条及其相关度

	主要适用的法条	相关度	
合同法	第60条【合同履行的原则】	★★★★★	593
	第44条【合同成立条件与时间】	★★★★	
	第8条【合同约束力】	★★★	
	第52条【合同无效的情形】	★★★	
	第58条【合同无效或被撤销的法律后果】	★★★	
	第107条【合同约束力:违约责任】	★★★	
	第94条【合同的法定解除;法定解除权】	★★	
	第97条【合同解除的法律后果】	★★	
	第135条【出卖人义务:交付、移转所有权】	★★	
	第56条【合同无效或被撤销的溯及力;部分无效不影响其他独立部分的效力】	★	
	第114条【违约金的数额及其调整】	★	
土地管理法	第47条【按被征收土地的原用途给予补偿的原则;耕地的土地补偿费、安置补助费的计量标准及其增加限额的规定;征收其他土地的土地补偿费和安置补助费标准、被征收土地上的附着物和青苗的补偿标准的制定主体;新菜地开发建设基金】	★	640

		主要适用的法条	相关度
113	物权法	第9条【不动产物权变动的登记原则;国家的自然资源所有权登记的特殊规定】	★
		第135条【建设用地使用权的内容】	★
625	侵权责任法	第15条【侵权责任的主要承担方式】	★
616	民法通则	第63条【代理的界定及不得代理的情形】	★
		第135条【诉讼时效期间:2年】	★
709	国有土地使用权合同纠纷司法解释	第9条【转让前未取得土地使用权证书的转让合同的效力】	★
		第24条【名为合作实为土地使用权转让合同的认定:提供土地使用权的当事人不承担经营风险只收取固定利益】	★

M3.7.57　宅基地使用权纠纷　★★

主要适用的法条及其相关度

		主要适用的法条	相关度
113	物权法	第152条【宅基地使用权内容】	★★★★★
		第35条【权利人享有的排除妨害请求权与消除危险请求权】	★★★
		第153条【宅基地使用权取得、使用和流转遵循法律和国家规定】	★★★
		第4条【国家、集体和私人物权的平等保护原则】	★
		第9条【不动产物权变动的登记原则;国家的自然资源所有权登记的特殊规定】	★
		第15条【设立、变更、转让、消灭不动产物权的合同的效力:合同成立时生效】	★

	主要适用的法条	相关度
物权法	第34条【权利人的返还原物请求权】	★
	第37条【侵害物权的民事责任竞合】	★
	第84条【处理相邻关系的基本原则】	★
土地管理法	第65条【农村集体经济组织可收回土地使用权的情形】	★★★★★
	第8条【城市市区的土地:国家所有;农村和城市郊区的土地:农民集体所有;宅基地和自留地、自留山:农民集体所有】	★★★
	第13条【依法登记的土地的所有权和使用权受法律保护】	★★★
	第62条【农村村民的宅基地权及其限制】	★★★
	第63条【农民集体所有的土地使用权的用途限制】	★★★
	第2条【我国土地所有制度及征收征用】	★
	第10条【农民集体所有土地的经营、管理规则】	★
	第11条【土地登记发证制度】	★
	第16条【土地所有权和使用权争议的纠纷处理规定】	★
合同法	第52条【合同无效的情形】	★★★★
	第58条【合同无效或被撤销的法律后果】	★★★★
	第60条【合同履行的原则】	★★
	第8条【合同约束力】	★
	第44条【合同成立条件与时间】	★
	第107条【合同约束力:违约责任】	★

113

640

593

082　物权纠纷

		主要适用的法条	相关度
616	民法通则	第134条【民事责任的主要承担方式】	★★★
		第5条【公民、法人的合法权益受法律保护】	★★
		第106条【民事责任归责原则：违约责任，无过错责任原则；侵权责任，过错责任，无过错责任】	★★
		第4条【民事活动的基本原则：自愿、公平、等价有偿、诚实信用】	★
		第58条【民事行为无效的法定情形】	★
		第75条【个人财产：合法财产受法律保护】	★
		第83条【处理相邻关系的基本原则】	★
		第117条【侵害财产权的责任承担方式：返还财产、折价赔偿、恢复原状、折价赔偿；赔偿损失】	★
625	侵权责任法	第15条【侵权责任的主要承担方式】	★★★
		第6条【过错责任原则；过错推定责任原则】	★★
		第3条【侵权责任的当事人主义】	★
647	村委会组织法	第24条【经村民会议讨论决定方可办理的事项；村民代表会议需经村民会议授权】	★

M3.7.58　地役权纠纷 ★

▓ 常见适用的法条

		常见适用的法条
593	合同法	第1条【合同法立法目的】
		第8条【合同约束力】
		第10条【合同订立形式；合同的形式】
		第13条【订立合同的方式：要约、承诺】
		第25条【合同成立时间：承诺生效】
		第32条【书面合同自双方当事人签字或盖章时成立】

	常见适用的法条	
合同法	第44条【合同成立条件与时间】	593
	第51条【无权处分合同的效力:经追认或取得处分权的有效】	
	第52条【合同无效的情形】	
	第54条【合同的变更和撤销】	
	第58条【合同无效或被撤销的法律后果】	
	第60条【合同履行的原则】	
	第61条【合同内容约定不明确的处理规则;合同漏洞的填补】	
	第62条【合同内容约定不明确的处理规则;合同漏洞的填补】	
	第90条【法人合并以及分立后合同权利义务的承担】	
	第107条【合同约束力;违约责任】	
	第211条【自然人之间借款合同利息的规制】	
	第374条【保管物毁损、保管物灭失:保管人承担损害赔偿责任】	
民法通则	第1条【民法通则的立法目的】	616
	第5条【公民、法人的合法权益受法律保护】	
	第137条【诉讼时效期间的起算日和最长保护期限】	
农村土地承包法	第21条【土地发包方应当与承包方签订书面承包合同;承包合同的条款】	629
	第22条【农村土地承包合同的生效日期和土地承包经营权的取得】	
	第23条【土地承包经营权证或林权证等证书的颁发、登记和费用收取】	
土地管理法	第13条【依法登记的土地的所有权和使用权受法律保护】	640

	常见适用的法条
113 物权法	第1条【物权法的立法目的】
	第37条【侵害物权的民事责任竞合】
	第84条【处理相邻关系的基本原则】
	第87条【相邻关系人通行权规则】
	第156条【地役权的概念】
	第157条【设立地役权的形式要件与地役权合同的内容】
	第158条【地役权的生效时间与登记效力】
	第159条【供役地权利人的义务】
	第168条【供役地权利人有权解除地役权合同的情形】
	第245条【占有保护的方法】
692 民通意见	第1条【公民的民事权利能力自出生时开始:户籍证明、医院出具的出生证明、其他证明】

M3.8　担保物权纠纷　★

常见适用的法条

	常见适用的法条
607 担保法	第2条【担保的目的及方式:保障债权实现,保证、抵押、质押、留置、定金】
	第4条【担保物权的设立;反担保的设立】
	第5条【担保合同的界定及其与主债权合同的关系;担保合同无效的责任承担规则】
	第18条【保证合同中连带责任的承担】
	第19条【保证方式不明时:连带责任担保】
	第21条【保证担保的范围;没有约定、约定不明时的担保范围】
	第26条【连带保证的保证期间】

	常见适用的法条	
担保法	第28条【混合担保规则】	607
	第30条【保证人不承担民事责任的法定情形】	
	第31条【保证人的追偿权】	
	第37条【不得设定抵押的财产】	
	第40条【流质契约的绝对禁止】	
	第46条【抵押担保的范围】	
	第52条【抵押权的从属性】	
	第56条【划拨国有土地使用权抵押权的实现】	
合同法	第44条【合同成立条件与时间】	593
	第52条【合同无效的情形】	
	第60条【合同履行的原则】	
	第107条【合同约束力;违约责任】	
	第124条【无名合同的法律适用】	
	第196条【借款合同定义】	
	第201条【贷款人未按照约定提供借款的违约责任、借款人未按照约定收取借款的违约责任】	
	第205条【借款合同的利息支付义务】	
	第206条【借款期限的认定】	
民法通则	第84条【债的界定】	616
	第106条【民事责任归责原则:违约责任,无过错责任原则;侵权责任,过错责任、无过错责任】	
	第108条【债务清偿:分期偿还、强制偿还】	
侵权责任法	第16条【人身损害赔偿项目:一般人身损害赔偿项目、伤残赔偿项目、死亡赔偿项目】	625
涉外民事关系法律适用法	第3条【涉外法律的选择适用】	671
	第8条【涉外民事关系的定性的法律适用】	

086 物权纠纷

		常见适用的法条
113	物权法	第176条【混合担保规则】
		第179条【抵押权的界定】
		第192条【抵押权的从属性】
		第195条【抵押权实现的方式和程序】
687	担保法司法解释	第3条【违法担保的法律后果】
		第42条【保证人追偿权的行使与诉讼时效】
		第57条【流质契约的绝对禁止】

M3.8.59　抵押权纠纷 ★★

■ 主要适用的法条及其相关度

		主要适用的法条	相关度
607	担保法	第52条【抵押权的从属性】	★★★★★
		第4条【担保物权的设立;反担保的设立】	★
		第33条【抵押、抵押权人、抵押人以及抵押物的概念】	★
		第46条【抵押担保的范围】	★
		第53条【抵押权的实现】	★
113	物权法	第177条【担保物权消灭的情形】	★★★
		第202条【抵押权的行使期间】	★★★
		第179条【抵押权的界定】	★★
		第35条【权利人享有的排除妨害请求权与消除危险请求权】	★
		第106条【善意取得的构成条件】	★
		第172条【担保合同的界定及其与主债权合同的关系;担保合同无效的责任承担规则】	★

	主要适用的法条	相关度	
物权法	第180条【可抵押财产的范围】	★	113
	第187条【不动产抵押的登记要件主义】	★	
	第195条【抵押权实现的方式和程序】	★	
民法通则	第135条【诉讼时效期间:2年】	★★	616
合同法	第60条【合同履行的原则】	★★	593
	第8条【合同约束力】	★	
	第44条【合同成立条件与时间】	★	
	第52条【合同无效的情形】	★	
	第107条【合同约束力:违约责任】	★	
	第207条【借款合同违约责任承担:支付利息】	★	
	第210条【自然人之间借款合同的生效:提供借款时】	★	
担保法司法解释	第12条【当事人约定的或登记部门要求登记的担保期间对担保物权的存续不具有法律约束力;担保物权的行使期限】	★★★	687
审理房屋登记案件规定	第8条【因房屋登记行为的基础法律关系争议对房屋登记行为提起诉讼】	★	712

M3.8.59.1 建筑物和其他土地附着物抵押权纠纷 ········ ★

▇ 常见适用的法条

	常见适用的法条	
担保法	第18条【保证合同中连带责任的承担】	607
	第19条【保证方式不明时:连带责任担保】	
	第21条【保证担保的范围;没有约定、约定不明时的担保范围】	

		常见适用的法条
607	担保法	第 26 条【连带保证的保证期间】
		第 28 条【混合担保规则】
		第 31 条【保证人的追偿权】
		第 33 条【抵押、抵押权人、抵押人以及抵押物的概念】
		第 34 条【可抵押财产的范围】
		第 37 条【不得设定抵押的财产】
		第 38 条【抵押合同的书面形式要件及其应包含的内容】
		第 40 条【流质契约的绝对禁止】
		第 41 条【特殊财产的抵押物登记】
		第 42 条【办理抵押物登记的部门】
		第 46 条【抵押担保的范围】
		第 53 条【抵押权的实现】
593	合同法	第 8 条【合同约束力】
		第 14 条【要约的界定及其构成】
		第 17 条【要约撤回的规则】
		第 44 条【合同成立条件与时间】
		第 51 条【无权处分合同的效力：经追认或取得处分权的有效】
		第 52 条【合同无效的情形】
		第 56 条【合同无效或被撤销的溯及力；部分无效不影响其他独立部分的效力】
		第 60 条【合同履行的原则】
		第 81 条【债权转让从权利一并转让】
		第 94 条【合同的法定解除；法定解除权】
		第 97 条【合同解除的法律后果】
		第 107 条【合同约束力：违约责任】
		第 114 条【违约金的数额及其调整】

	常见适用的法条	
合同法	第196条【借款合同定义】	593
	第198条【借款合同中的担保及法律适用】	
	第201条【贷款人未按照约定提供借款的违约责任、借款人未按照约定收取借款的违约责任】	
	第205条【借款合同的利息支付义务】	
	第206条【借款期限的认定】	
	第207条【借款合同违约责任承担:支付利息】	
	第211条【自然人之间借款合同利息的规制】	
继承法	第2条【继承开始】	636
	第10条【继承人范围及继承顺序】	
民法通则	第55条【民事法律行为的有效条件】	616
	第90条【借贷关系】	
	第106条【民事责任归责原则:违约责任、无过错责任原则;侵权责任、过错责任、无过错责任】	
	第108条【债务清偿:分期偿还、强制偿还】	
	第117条【侵害财产权的责任承担方式:返还财产、折价赔偿;恢复原状、折价赔偿;赔偿损失】	
	第134条【民事责任的主要承担方式】	
	第135条【诉讼时效期间:2年】	
	第140条【诉讼时效期间的中断】	
侵权责任法	第6条【过错责任原则;过错推定责任原则】	625
物权法	第9条【不动产物权变动的登记原则;国家的自然资源所有权登记的特殊规定】	113
	第35条【权利人享有的排除妨害请求权与消除危险请求权】	
	第39条【所有权的内容】	

		常见适用的法条
113	物权法	第170条【担保财产优先受偿：债务人不履行到期债务、发生约定的实现担保物权的情形】
		第176条【混合担保规则】
		第179条【抵押权的界定】
		第180条【可抵押财产的范围】
		第184条【禁止抵押的财产范围】
		第187条【不动产抵押的登记要件主义】
		第195条【抵押权实现的方式和程序】
		第198条【抵押权实现后价款大于或小于所担保债权的处理规则】
		第202条【抵押权的行使期间】
687	担保法司法解释	第50条【一并抵押的财产范围和价值】
		第57条【流质契约的绝对禁止】

M3.8.59.2 在建建筑物抵押权纠纷 ★

常见适用的法条

		常见适用的法条
593	合同法	第8条【合同约束力】
		第107条【合同约束力：违约责任】
		第114条【违约金的数额及其调整】
616	民法通则	第84条【债的界定】

M3.8.59.3 建设用地使用权抵押权纠纷 ★

常见适用的法条

	常见适用的法条	
合同法	第5条【合同公平原则;合同权利义务确定的原则】	593
	第6条【诚实信用原则】	
	第8条【合同约束力】	
	第44条【合同成立条件与时间】	
	第46条【附期限的合同】	
	第60条【合同履行的原则】	
	第107条【合同约束力;违约责任】	
物权法	第180条【可抵押财产的范围】	113
	第187条【不动产抵押的登记要件主义】	

M3.8.59.4 土地承包经营权抵押权纠纷①

M3.8.59.5 动产抵押权纠纷 ★

常见适用的法条

	常见适用的法条	
担保法	第4条【担保物权的设立;反担保的设立】	607
	第18条【保证合同中连带责任的承担】	
	第21条【保证担保的范围;没有约定、约定不明时的担保范围】	

---

① 说明:本案由尚无足够数量判决书可供法律大数据分析。

		常见适用的法条
607	担保法	第 31 条【保证人的追偿权】
		第 33 条【抵押、抵押权人、抵押人以及抵押物的概念】
		第 43 条【抵押合同自签订起生效;登记对抗主义】
		第 52 条【抵押权的从属性】
		第 59 条【最高额抵押的定义】
		第 62 条【最高额抵押的法律适用】
593	合同法	第 8 条【合同约束力】
		第 13 条【订立合同的方式:要约、承诺】
		第 44 条【合同成立条件与时间】
		第 52 条【合同无效的情形】
		第 54 条【合同的变更和撤销】
		第 58 条【合同无效或被撤销的法律后果】
		第 60 条【合同履行的原则】
		第 91 条【合同权利义务终止的法定情形】
		第 107 条【合同约束力;违约责任】
616	民法通则	第 106 条【民事责任归责原则:违约责任,无过错责任原则;侵权责任,过错责任,无过错责任】
		第 134 条【民事责任的主要承担方式】
113	物权法	第 14 条【不动产物权变动的生效时间】
		第 15 条【设立、变更、转让、消灭不动产物权的合同的效力:合同成立时生效】
		第 16 条【不动产登记簿的法律效力】
		第 23 条【动产物权设立和转让的公示与生效条件】
		第 34 条【权利人的返还原物请求权】
		第 176 条【混合担保规则】
		第 177 条【担保物权消灭的情形】
		第 179 条【抵押权的界定】

	常见适用的法条	
物权法	第 180 条【可抵押财产的范围】	113
	第 181 条【动产浮动抵押规则】	
	第 184 条【禁止抵押的财产范围】	
	第 185 条【抵押合同的书面形式要件及其应包含的内容】	
	第 186 条【抵押权的禁止流质条款】	
	第 188 条【动产抵押的登记对抗主义】	
	第 189 条【动产浮动抵押权设立的登记对抗主义】	
	第 195 条【抵押权实现的方式和程序】	
	第 196 条【动产浮动抵押的抵押财产价值的确定时间】	
	第 203 条【最高额抵押规则】	
	第 207 条【最高额抵押的法律适用】	
	第 208 条【质权的概念与质权的实现;质押双方的概念】	
民通意见	第 1 条【公民的民事权利能力自出生时开始:户籍证明、医院出具的出生证明、其他证明】	692
担保法司法解释	第 7 条【担保合同的界定及其与主债权合同的关系;担保合同无效的责任承担规则】	687
	第 57 条【流质契约的绝对禁止】	

M3.8.59.6　在建船舶、航空器抵押权纠纷①

M3.8.59.7　动产浮动抵押权纠纷②

---

① 说明:本案由尚无足够数量判决书可供法律大数据分析。
② 同上注。

M3.8.59.8 最高额抵押权纠纷 ★

常见适用的法条

	常见适用的法条
担保法	第5条【担保合同的界定及其与主债权合同的关系;担保合同无效的责任承担规则】
	第33条【抵押、抵押权人、抵押人以及抵押物的概念】
	第37条【不得设定抵押的财产】
	第46条【抵押担保的范围】
	第53条【抵押权的实现】
	第59条【最高额抵押的定义】
合同法	第8条【合同约束力】
	第44条【合同成立条件与时间】
	第52条【合同无效的情形】
	第60条【合同履行的原则】
	第90条【法人合并以及分立后合同权利义务的承担】
	第107条【合同约束力;违约责任】
	第205条【借款合同的利息支付义务】
	第206条【借款期限的认定】
	第207条【借款合同违约责任承担:支付利息】
物权法	第15条【设立、变更、转让、消灭不动产物权的合同的效力:合同成立时生效】
	第40条【所有权人设立他物权的规定】
	第170条【担保财产优先受偿:债务人不履行到期债务、发生约定的实现担保物权的情形】
	第171条【担保物权的设立;反担保的设立】
	第173条【担保物权担保的范围】

	常见适用的法条	
物权法	第176条【混合担保规则】	113
	第177条【担保物权消灭的情形】	
	第179条【抵押权的界定】	
	第195条【抵押权实现的方式和程序】	
	第198条【抵押权实现后价款大于或小于所担保债权的处理规则】	
	第202条【抵押权的行使期间】	
	第203条【最高额抵押规则】	
担保法司法解释	第3条【违法担保的法律后果】	687
	第7条【担保合同的界定及其与主债权合同的关系；担保合同无效的责任承担规则】	

M3.8.60 质权纠纷 ★

■ 常见适用的法条

	常见适用的法条	
担保法	第63条【动产质押的定义】	607
	第64条【质押合同的订立形式与质权生效时间】	
	第67条【质押担保的范围：主债权、利息、违约金、损害赔偿金、质物保管费用、实现质权的费用】	
	第71条【质物返还与质权实现】	
	第74条【抵押权的从属性】	
	第75条【可质押的权利的范围】	
	第78条【基金份额、股权出质的权利质权设立；出质人处分基金份额、股权的限制】	
	第81条【权利质权的法律适用】	

		常见适用的法条
593	合同法	第 44 条【合同成立条件与时间】
		第 56 条【合同无效或被撤销的溯及力;部分无效不影响其他独立部分的效力】
		第 60 条【合同履行的原则】
		第 107 条【合同约束力;违约责任】
		第 205 条【借款合同的利息支付义务】
		第 206 条【借款期限的认定】
		第 207 条【借款合同违约责任承担:支付利息】
616	民法通则	第 84 条【债的界定】
		第 108 条【债务清偿:分期偿还、强制偿还】
113	物权法	第 40 条【所有权人设立他物权的规定】
		第 177 条【担保物权消灭的情形】
		第 208 条【质权的概念与质权的实现;质押双方的概念】
		第 210 条【质权设立需要订立书面质权合同与质权合同的内容】
		第 212 条【质权的设立】
		第 214 条【质权人对质押财产处分的限制及其法律责任】
		第 215 条【质权人对于质押财产的妥善保管义务】
		第 219 条【质物返还与质权实现】
		第 228 条【以应收账款出质:书面合同的形式要求;登记设立主义;不得转让】
687	担保法司法解释	第 85 条【债务人或第三人将其金钱以特户、封金、保证金等形式特定化后的优先受偿】
		第 106 条【质权人的诉权】

M3.8.60.1 动产质权纠纷

常见适用的法条

	常见适用的法条	
担保法	第66条【流质契约的绝对禁止】	607
	第67条【质押担保的范围:主债权、利息、违约金、损害赔偿金、质物保管费用、实现质权的费用】	
	第71条【质物返还与质权实现】	
	第72条【质押担保人的追偿权】	
	第93条【担保合同的表现形式】	
物权法	第23条【动产物权设立和转让的公示与生效条件】	113
	第34条【权利人的返还原物请求权】	
	第39条【所有权的内容】	
	第40条【所有权人设立他物权的规定】	
	第208条【质权的概念与质权的实现;质押双方的概念】	
	第210条【质权设立需要订立书面质权合同与质权合同的内容】	
	第211条【流质契约的绝对禁止】	
	第212条【质权的设立】	
	第214条【质权人对质押财产处分的限制及其法律责任】	
	第215条【质权人对于质押财产的妥善保管义务】	
	第219条【质物返还与质权实现】	
担保法司法解释	第85条【债务人或第三人将其金钱以特户、封金、保证金等形式特定化后的优先受偿】	687
	第93条【擅自使用、出租、处分质物的质权人的赔偿责任】	
	第95条【质权人的权利:留置质物】	

M3.8.60.2 转质权纠纷①

M3.8.60.3 最高额质权纠纷 ·································· ★

■ 常见适用的法条

		常见适用的法条
607	担保法	第2条【担保的目的及方式:保障债权实现,保证、抵押、质押、留置、定金】
113	物权法	第222条【最高额质权的设立及其适用规则】

M3.8.60.4 票据质权纠纷 ·································· ★

■ 常见适用的法条

		常见适用的法条
607	担保法	第76条【票据出质的范围,形式以及生效条件】
593	合同法	第60条【合同履行的原则】
616	民法通则	第106条【民事责任归责原则;违约责任,无过错责任原则;侵权责任,过错责任、无过错责任】
		第108条【债务清偿:分期偿还、强制偿还】
661	票据法	第10条【票据行为应遵循诚实信用原则】
		第12条【不享有票据权利的情形】
		第13条【票据抗辩的行使规则;票据抗辩的界定】
		第22条【汇票的绝对必要记载事项】
		第31条【汇票背书转让的连续规则及界定】

---

① 说明:本案由尚无足够数量判决书可供法律大数据分析。

	常见适用的法条	
票据法	第38条【承兑的界定】	661
	第45条【汇票的保证】	
	第50条【汇票的保证人和被保证人的连带付款责任】	
	第70条【行使汇票追索权可请求支付的金额和费用】	
物权法	第224条【有价证券出质的形式要件以及质权生效时间】	113
票据纠纷规定	第9条【票据诉讼的举证责任】	716
	第15条【票据债务人可以对持票人提出的抗辩：与票据债务人有直接债权债务关系且不履行约定义务的、以欺诈、偷盗或胁迫等非法取得票据、明知票据债务人与出票人或持票人的前手之间存在抗辩事由而取得票据的、因重大过失取得票据】	
	第26条【可以申请公示催告的失票人的界定】	
	第49条【持票人在票据被背书人栏内记载自己的名称与背书人记载具有同等效力】	
	第50条【连续背书的第一背书人应当是在票据上记载的收款人、最后的票据持有人应当是最后一次背书的被诉人】	

M3.8.60.5　债券质权纠纷① ······················ ★

M3.8.60.6　存单质权纠纷 ······················ ★

■ 常见适用的法条

	常见适用的法条	
担保法	第62条【最高额抵押的法律适用】	607
	第63条【动产质押的定义】	
	第72条【质押担保人的追偿权】	

---

① 说明：本案由尚无足够数量判决书可供法律大数据分析。

		常见适用的法条
607	担保法	第75条【可质押的权利的范围】
		第76条【票据出质的范围,形式以及生效条件】
593	合同法	第6条【诚实信用原则】
		第196条【借款合同定义】
		第206条【借款期限的认定】
		第207条【借款合同违约责任承担:支付利息】
616	民法通则	第5条【公民、法人的合法权益受法律保护】
670	商业银行法	第73条【商业银行支付迟延履行的利息以及其他民事责任的情形】
113	物权法	第224条【有价证券出质的形式要件以及质权生效时间】

M3.8.60.7　仓单质权纠纷①

M3.8.60.8　提单质权纠纷②

---

① 说明:本案由尚无足够数量判决书可供法律大数据分析。
② 同上注。

M3.8.60.9 股权质权纠纷

■ 常见适用的法条

	常见适用的法条	
担保法	第63条【动产质押的定义】	607
	第66条【流质契约的绝对禁止】	
	第75条【可质押的权利的范围】	
公司法	第3条【公司法人制度】	659
	第13条【公司的法定代表人】	
	第26条【有限责任公司注册资本认缴制;注册资本特别规定】	
	第35条【股东不得抽逃出资的义务】	
	第179条【公司变更的登记制度】	
合同法	第8条【合同约束力】	593
	第21条【承诺的概念】	
	第44条【合同成立条件与时间】	
	第52条【合同无效的情形】	
	第94条【合同的法定解除;法定解除权】	
	第97条【合同解除的法律后果】	
	第107条【合同约束力:违约责任】	
	第196条【借款合同定义】	
	第207条【借款合同违约责任承担:支付利息】	
民法通则	第84条【债的界定】	616
	第85条【合同的定义】	
	第88条【合同内容约定不明确的处理规则;合同漏洞的填补】	
	第108条【债务清偿:分期偿还、强制偿还】	
票据法	第61条【行使汇票追索权】	661

	常见适用的法条
侵权责任法	第6条【过错责任原则;过错推定责任原则】
	第26条【过失相抵;被侵权人过错】
物权法	第106条【善意取得的构成条件】
	第141条【建设用地使用权人的出让金支付义务】
	第172条【担保合同的界定及其与主债权合同的关系;担保合同无效的责任承担规则】
	第177条【担保物权消灭的情形】
	第178条【担保法与物权法冲突时的法律适用】
	第208条【质权的概念与质权的实现;质押双方的概念】
	第211条【流质契约的绝对禁止】
	第212条【质权的设立】
	第226条【基金份额、股权出质的权利质权设立;出质人处分基金份额、股权的限制】
婚姻法司法解释二	第24条【离婚时夫妻共同债务的清偿】

M3.8.60.10　基金份额质权纠纷①

M3.8.60.11　知识产权质权纠纷②

M3.8.60.12　应收账款质权纠纷③

---

① 说明:本案由尚无足够数量判决书可供法律大数据分析。
② 同上注。
③ 同上注。

M3.8.61　留置权纠纷　★

■ 常见适用的法条

	常见适用的法条	
合同法	第6条【诚实信用原则】	593
	第91条【合同权利义务终止的法定情形】	
	第94条【合同的法定解除;法定解除权】	
	第109条【违约责任的承担;付款义务的继续履行】	
	第264条【承揽人的留置权】	
物权法	第173条【担保物权担保的范围】	113
	第230条【留置权规则】	
	第238条【留置财产变现数额与所担保债权数额不符时的处理】	
担保法司法解释	第109条【留置权的行使条件】	687

M3.9　占有保护纠纷　★★

■ 主要适用的法条及其相关度

	主要适用的法条	相关度	
物权法	第245条【占有保护的方法】	★★★★★	113
	第34条【权利人的返还原物请求权】	★★★	
	第37条【侵害物权的民事责任竞合】	★★★	
	第241条【有权占有法律规则】	★★★	
	第4条【国家、集体和私人物权的平等保护原则】	★	

		主要适用的法条	相关度
113	物权法	第 28 条【因人民法院、仲裁委员会的法律文件或者人民政府的征收决定等法律文书致物权发生变动的生效时间确定】	★
		第 35 条【权利人享有的排除妨害请求权与消除危险请求权】	★
		第 242 条【恶意占有人占有动产或者不动产致其损害应当承担赔偿责任】	★
		第 243 条【权利人返还原物请求权以及对善意占有人所支出必要费用的补偿义务】	★
616	民法通则	第 117 条【侵害财产权的责任承担方式：返还财产、折价赔偿；恢复原状、折价赔偿；赔偿损失】	★★
		第 5 条【公民、法人的合法权益受法律保护】	★
		第 75 条【个人财产；合法财产受法律保护】	★
		第 106 条【民事责任归责原则：违约责任，无过错责任原则；侵权责任，过错责任、无过错责任】	★
625	侵权责任法	第 15 条【侵权责任的主要承担方式】	★
593	合同法	第 60 条【合同履行的原则】	★

M3.9.62 占有物返还纠纷 ★★★

■ **主要适用的法条及其相关度**

		主要适用的法条	相关度
113	物权法	第 34 条【权利人的返还原物请求权】	★★★★★
		第 39 条【所有权的内容】	★★★
		第 245 条【占有保护的方法】	★★★

	主要适用的法条	相关度	
物权法	第243条【权利人返还原物请求权以及对善意占有人所支出必要费用的补偿义务】	★★	113
	第4条【国家、集体和私人物权的平等保护原则】	★	
	第9条【不动产物权变动的登记原则;国家的自然资源所有权登记的特殊规定】	★	
	第35条【权利人享有的排除妨害请求权与消除危险请求权】	★	
	第37条【侵害物权的民事责任竞合】	★	
	第66条【私人合法财产受法律保护】	★	
	第241条【有权占有法律规则】	★	
民法通则	第117条【侵害财产权的责任承担方式:返还财产、折价赔偿;恢复原状、折价赔偿;赔偿损失】	★★★	616
	第5条【公民、法人的合法权益受法律保护】	★★	
	第75条【个人财产:合法财产受法律保护】	★★	
	第134条【民事责任的主要承担方式】	★★	
	第4条【民事活动的基本原则:自愿、公平、等价有偿、诚实信用】	★	
	第71条【所有权的内容】	★	
	第106条【民事责任归责原则:违约责任,无过错责任原则;侵权责任,过错责任,无过错责任】	★	
侵权责任法	第15条【侵权责任的主要承担方式】	★★	625
	第2条【侵权责任一般条款;民事权益的范围】	★	
	第3条【侵权责任的当事人主义】	★	
	第6条【过错责任原则;过错推定责任原则】	★	
合同法	第60条【合同履行的原则】	★	593
	第107条【合同约束力:违约责任】	★	

M3.9.63　占有排除妨害纠纷 ★★

■ 主要适用的法条及其相关度

		主要适用的法条	相关度
113	物权法	第245条【占有保护的方法】	★★★★★
		第35条【权利人享有的排除妨害请求权与消除危险请求权】	★★★★
		第34条【权利人的返还原物请求权】	★★★
		第241条【有权占有法律规则】	★★
		第4条【国家、集体和私人物权的平等保护原则】	★
		第37条【侵害物权的民事责任竞合】	★
		第39条【所有权的内容】	★
616	民法通则	第5条【公民、法人的合法权益受法律保护】	★★★
		第134条【民事责任的主要承担方式】	★★
		第4条【民事活动的基本原则:自愿、公平、等价有偿、诚实信用】	★
		第6条【民事活动应遵守国家政策】	★
		第71条【所有权的内容】	★
		第75条【个人财产:合法财产受法律保护】	★
		第83条【处理相邻关系的基本原则】	★
		第117条【侵害财产权的责任承担方式:返还财产、折价赔偿;恢复原状、折价赔偿;赔偿损失】	★
625	侵权责任法	第15条【侵权责任的主要承担方式】	★★★
		第6条【过错责任原则;过错推定责任原则】	★★
		第2条【侵权责任一般条款;民事权益的范围】	★
		第3条【侵权责任的当事人主义】	★
		第21条【民事权益保全请求权:停止侵害、排除妨碍、消除危险】	★

	主要适用的法条	相关度	
合同法	第 8 条【合同约束力】	★	593
	第 44 条【合同成立条件与时间】	★	
	第 60 条【合同履行的原则】	★	
人民防空法	第 5 条【国家鼓励、支持人民防空工程建设】	★	664

M3.9.64　占有消除危险纠纷 ························· ★

■ 常见适用的法条

	常见适用的法条	
公司法	第 3 条【公司法人制度】	659
民法通则	第 134 条【民事责任的主要承担方式】	616
物权法	第 35 条【权利人享有的排除妨害请求权与消除危险请求权】	113
	第 245 条【占有保护的方法】	
商品房买卖合同纠纷司法解释	第 13 条【因房屋质量引起的商品房买卖违约的责任承担】	705

M3.9.65　占有物损害赔偿纠纷 ······················ ★★

■ 主要适用的法条及其相关度

	主要适用的法条	相关度	
物权法	第 245 条【占有保护的方法】	★★★★★	113
	第 37 条【侵害物权的民事责任竞合】	★★★	
	第 39 条【所有权的内容】	★★★	

	主要适用的法条	相关度
物权法	第32条【物权遭受侵害的救济途径】	★★
	第4条【国家、集体和私人物权的平等保护原则】	★
	第9条【不动产物权变动的登记原则；国家的自然资源所有权登记的特殊规定】	★
	第34条【权利人的返还原物请求权】	★
	第71条【业主对专有部分的专有权】	★
	第94条【按份共有人对共有物的权利】	★
	第241条【有权占有法律规则】	★
	第242条【恶意占有人占有动产或者不动产致其损害应当承担赔偿责任】	★
	第244条【被占有的动产或者不动产毁损或者灭失时无权占有人的责任】	★
民法通则	第5条【公民、法人的合法权益受法律保护】	★★★★
	第106条【民事责任归责原则：违约责任，无过错责任原则；侵权责任，过错责任，无过错责任】	★★★
	第117条【侵害财产权的责任承担方式：返还财产、折价赔偿；恢复原状、折价赔偿；赔偿损失】	★★★
	第4条【民事活动的基本原则：自愿、公平、等价有偿、诚实信用】	★
	第71条【所有权的内容】	★
	第72条【财产所有权取得应符合法律规定；动产所有权自交付时转移】	★
	第75条【个人财产：合法财产受法律保护】	★
	第120条【侵害人格权的民事责任：姓名权、肖像权、名誉权、荣誉权】	★
	第131条【过失相抵；被侵权人过错】	★

		主要适用的法条	相关度	
民法通则		第134条【民事责任的主要承担方式】	★	616
		第135条【诉讼时效期间:2年】	★	
		第137条【诉讼时效期间的起算日和最长保护期限】	★	
合同法		第60条【合同履行的原则】	★★★	593
		第107条【合同约束力:违约责任】	★★★	
		第44条【合同成立条件与时间】	★★	
		第8条【合同约束力】	★	
侵权责任法		第6条【过错责任原则;过错推定责任原则】	★★★	625
		第2条【侵权责任一般条款;民事权益的范围】	★★	
		第15条【侵权责任的主要承担方式】	★★	
		第19条【侵害财产造成财产损失的计算方式】	★★	
		第3条【侵权责任的当事人主义】	★	
		第22条【侵害人身权益的精神损害赔偿】	★	
		第26条【过失相抵:被侵权人过错】	★	
		第35条【个人劳务责任:提供劳务者致害责任、提供劳务者受害责任】	★	
		第50条【机动车买卖后发生交通事故的侵权责任】	★	
婚姻法		第41条【离婚时夫妻共同债务的清偿】	★	649
道路交通事故司法解释		第16条【交强险和商业三者险并存时的赔付规则】	★	702
婚姻法司法解释二		第24条【离婚时夫妻共同债务的清偿】	★	684

M10 适用特殊程序案件案由①

M10.34 认定财产无主案件②

M10.34.383 申请认定财产无主 ……………………… ★

▪ 常见适用的法条

	常见适用的法条
继承法	第 1 条【继承法的立法目的】
	第 14 条【酌情分得遗产权】
	第 32 条【无人继承的遗产】
民法通则	第 72 条【财产所有权取得应符合法律规定;动产所有权自交付时转移】

M10.34.384 申请撤销认定财产无主③

---

① 说明:本案由尚无足够数量判决书可供法律大数据分析。
② 同上注。
③ 同上注。

第二编
核心法律条文主要适用案由及关联法条索引

中华人民共和国物权法①

★★★★★

(2007年3月16日第十届全国人民代表大会第五次会议通过,自2007年10月1日起施行)

第一编 总 则

第一章 基本原则

第1条【物权法的立法目的】 ★★

为了维护国家基本经济制度,维护社会主义市场经济秩序,明确物的归属,发挥物的效用,保护权利人的物权,根据宪法,制定本法。

一、主要适用的案由及其相关度

案由编号	主要适用的案由	相关度
M3.5.34	排除妨害纠纷	★★★★★
M3.5.38	财产损害赔偿纠纷	★★★
M3.5.33	返还原物纠纷	★★★
M4.10.82	房屋买卖合同纠纷	★★★
M3.5	物权保护纠纷	★★★
M3.6.47	相邻关系纠纷	★★★
M4.10.126	追偿权纠纷	★★
M3.5.32	物权确认纠纷	★★
M3.5.32.1	所有权确认纠纷	★★★

---

① 简称《物权法》。

案由编号	主要适用的案由	相关度
M4.10.74	买卖合同纠纷	★
M4.10.89	借款合同纠纷	★
M4.10.89.1	金融借款合同纠纷	★★★
M4.10.89.4	民间借贷纠纷	★★★★★
M4.10.89.5	小额借款合同纠纷	★
M4.10.88	赠与合同纠纷	★
M4.10.115	农业承包合同纠纷	★
M3.7.55.2	承包地征收补偿费用分配纠纷	★
M3.6.48	共有纠纷	★
M3.6.48.2	共有物分割纠纷	★
M4.10	合同纠纷	★
M2.2.24	分家析产纠纷	★

二、同时适用的法条及其相关度

		同时适用的法条	相关度
593	合同法	第1条【合同法立法目的】	★★★★★
		第107条【合同约束力;违约责任】	★
		第205条【借款合同的利息支付义务】	★
		第206条【借款期限的认定】	★
		第207条【借款合同违约责任承担:支付利息】	★
616	民法通则	第1条【民法通则的立法目的】	★★★★★
607	担保法	第1条【担保法的立法目的】	★★
		第18条【保证合同中连带责任的承担】	★
		第21条【保证担保的范围;没有约定、约定不明时的担保范围】	★
		第31条【保证人的追偿权】	★

	同时适用的法条	相关度	
侵权责任法	第1条【侵权责任法的立法目的】	★	625
农村土地承包法	第1条【农村土地承包法立法目的】	★	629
物权法	第35条【权利人享有的排除妨害请求权与消除危险请求权】	★	113
	第176条【混合担保规则】	★	

第2条【物权法适用范围；物的概念；物权的概念】 ★★

因物的归属和利用而产生的民事关系，适用本法。

本法所称物，包括不动产和动产。法律规定权利作为物权客体的，依照其规定。

本法所称物权，是指权利人依法对特定的物享有直接支配和排他的权利，包括所有权、用益物权和担保物权。

■ 一、主要适用的案由及其相关度

案由编号	主要适用的案由	相关度
M3.5.33	返还原物纠纷	★★★★★
M3.5.34	排除妨害纠纷	★★★★★
M3.5	物权保护纠纷	★★★★
M3.5.38	财产损害赔偿纠纷	★★
M3.5.32	物权确认纠纷	★
M3.5.32.1	所有权确认纠纷	★★★★★
M4.10.82	房屋买卖合同纠纷	★
M3.9.62	占有物返还纠纷	★
M2.2.12	离婚后财产纠纷	★
M3.6	所有权纠纷	★
M3.5.37	恢复原状纠纷	★

案由编号	主要适用的案由	相关度
M4.10	合同纠纷	★
M2.2.24	分家析产纠纷	★
M4.10.89.1	金融借款合同纠纷	★
M10.43.422	案外人执行异议之诉	★
M9.30	侵权责任纠纷	★
M3.7.55	土地承包经营权纠纷	★

二、同时适用的法条及其相关度

	同时适用的法条	相关度
物权法	第4条【国家、集体和私人物权的平等保护原则】	★★★★★
	第9条【不动产物权变动的登记原则;国家的自然资源所有权登记的特殊规定】	★★★★★
	第34条【权利人的返还原物请求权】	★★★★★
	第35条【权利人享有的排除妨害请求权与消除危险请求权】	★★★★
	第6条【物权公示原则:不动产登记、动产交付】	★★★
	第7条【物权取得与行使应遵守法律和公序良俗】	★★★
	第32条【物权遭受侵害的救济途径】	★★★
	第33条【利害关系人的物权确认请求权】	★★★
	第37条【侵害物权的民事责任竞合】	★★★
	第39条【所有权的内容】	★★★
	第5条【物权法定原则:物权种类、物权内容由法律规定】	★★
	第10条【不动产登记机构的确定;国家实行统一登记制度】	★★
	第14条【不动产物权变动的生效时间】	★★

	同时适用的法条	相关度	
物权法	第17条【不动产权属证书与不动产登记簿的关系】	★★	113
	第15条【设立、变更、转让、消灭不动产物权的合同的效力:合同成立时生效】	★	
	第16条【不动产登记簿的法律效力】	★	
	第30条【因事实行为设立或者消灭物权的生效时间确定】	★	
	第64条【私人所有权的范围】	★	
	第66条【私人合法财产受法律保护】	★	
	第117条【用益物权的界定及其内容】	★	
民法通则	第5条【公民、法人的合法权益受法律保护】	★★★★★	616
	第6条【民事活动应遵守国家政策】	★★★★★	
	第134条【民事责任的主要承担方式】	★★★★	
	第71条【所有权的内容】	★★★	
	第75条【个人财产:合法财产受法律保护】	★★★	
	第117条【侵害财产权的责任承担方式:返还财产、折价赔偿;恢复原状、折价赔偿;赔偿损失】	★★★	
	第106条【民事责任归责原则:违约责任,无过错责任原则;侵权责任,过错责任,无过错责任】	★★	
	第4条【民事活动的基本原则:自愿、公平、等价有偿、诚实信用】	★	
	第72条【财产所有权取得应符合法律规定;动产所有权自交付时转移】	★	
	第78条【财产共有制度:按份共有、共同共有;按份共有人的优先购买权】	★	

		同时适用的法条	相关度
625	侵权责任法	第15条【侵权责任的主要承担方式】	★★★★★
		第2条【侵权责任一般条款;民事权益的范围】	★★★
		第3条【侵权责任的当事人主义】	★★★
		第6条【过错责任原则;过错推定责任原则】	★★★
		第19条【侵害财产造成财产损失的计算方式】	★
593	合同法	第60条【合同履行的原则】	★★★★
		第44条【合同成立条件与时间】	★★★
		第8条【合同约束力】	★★
		第52条【合同无效的情形】	★★
		第107条【合同约束力;违约责任】	★★
		第130条【买卖合同的定义】	★
		第198条【借款合同中的担保及法律适用】	★
		第205条【借款合同的利息支付义务】	★
		第206条【借款期限的认定】	★
		第207条【借款合同违约责任承担;支付利息】	★
636	继承法	第2条【继承开始】	★★
		第3条【遗产范围】	★★
		第10条【继承人范围及继承顺序】	★★
		第5条【继承方式】	★
607	担保法	第18条【保证合同中连带责任的承担】	★
		第21条【保证担保的范围;没有约定、约定不明时的担保范围】	★
649	婚姻法	第17条【夫妻共有财产的范围】	★
		第39条【离婚时夫妻共同财产的处理】	★
640	土地管理法	第13条【依法登记的土地的所有权和使用权受法律保护】	★

	同时适用的法条	相关度	
婚姻法司法解释二	第24条【离婚时夫妻共同债务的清偿】	★	684
担保法司法解释	第85条【债务人或第三人将其金钱以特户、封金、保证金等形式特定化后的优先受偿】	★	687

第3条【国家基本经济制度和经济政策】 ★

国家在社会主义初级阶段,坚持公有制为主体、多种所有制经济共同发展的基本经济制度。

国家巩固和发展公有制经济,鼓励、支持和引导非公有制经济的发展。

国家实行社会主义市场经济,保障一切市场主体的平等法律地位和发展权利。

一、主要适用的案由及其相关度

案由编号	主要适用的案由	相关度
M3.5.33	返还原物纠纷	
M3.5.34	排除妨害纠纷	
M4.10.126	追偿权纠纷	
M4.10.67.1	确认合同有效纠纷	
M4.10.89	借款合同纠纷	
M4.10.89.1	金融借款合同纠纷	
M2.2.24	分家析产纠纷	
M3.5.35	消除危险纠纷	
M3.7.55	土地承包经营权纠纷	

二、同时适用的法条及其相关度

		同时适用的法条	相关度
593	合同法	第 6 条【诚实信用原则】	
		第 7 条【公序良俗原则】	
		第 15 条【要约邀请及其主要类型】	
		第 107 条【合同约束力:违约责任】	
		第 196 条【借款合同定义】	
		第 198 条【借款合同中的担保及法律适用】	
		第 205 条【借款合同的利息支付义务】	
		第 206 条【借款期限的认定】	
		第 207 条【借款合同违约责任承担:支付利息】	
113	物权法	第 2 条【物权法适用范围;物的概念;物权的概念】	
		第 4 条【国家、集体和私人物权的平等保护原则】	
		第 6 条【物权公示原则:不动产登记、动产交付】	
		第 7 条【物权取得与行使应遵守法律和公序良俗】	
		第 8 条【物权特别法优先规则】	
		第 9 条【不动产物权变动的登记原则;国家的自然资源所有权登记的特殊规定】	
		第 10 条【不动产登记机构的确定;国家实行统一登记制度】	
		第 14 条【不动产物权变动的生效时间】	
		第 15 条【设立、变更、转让、消灭不动产物权的合同的效力:合同成立时生效】	
		第 19 条【更正登记和异议登记】	
		第 23 条【动产物权设立和转让的公示与生效条件】	
		第 24 条【船舶、航空器和机动车物权变动采取登记对抗主义】	

	同时适用的法条	相关度	
物权法	第32条【物权遭受侵害的救济途径】		113
	第33条【利害关系人的物权确认请求权】		
	第34条【权利人的返还原物请求权】		
	第37条【侵害物权的民事责任竞合】		
	第64条【私人所有权的范围】		
	第66条【私人合法财产受法律保护】		
	第93条【共有的界定及其类型】		
	第95条【共同共有权】		
	第99条【共有物的分割规则】		
	第102条【因共有产生的债权债务承担规则：对外享有连带债权、对外承担连带债务、对内按份享有债权、对内按份承担债务】		
	第173条【担保物权担保的范围】		
	第176条【混合担保规则】		
	第179条【抵押权的界定】		
	第195条【抵押权实现的方式和程序】		
	第206条【最高额抵押所担保债权的确定时间】		
担保法	第18条【保证合同中连带责任的承担】		607
	第31条【保证人的追偿权】		
婚姻法司法解释二	第24条【离婚时夫妻共同债务的清偿】		684
建筑物区分所有权司法解释	第2条【建筑物区分所有权专有部分的认定标准】		695

第4条【国家、集体和私人物权的平等保护原则】　★★★

国家、集体、私人的物权和其他权利人的物权受法律保护,任何单位和个人不得侵犯。

一、主要适用的案由及其相关度

案由编号	主要适用的案由	相关度
M3.5.33	返还原物纠纷	★★★★★
M3.5.34	排除妨害纠纷	★★★★★
M3.5	物权保护纠纷	★★★
M3.5.38	财产损害赔偿纠纷	★★★
M3.5.32.1	所有权确认纠纷	★★
M3.6.39	侵害集体经济组织成员权益纠纷	★★
M4.10.97.2	房屋租赁合同纠纷	★
M9.30	侵权责任纠纷	★
M3.5.37	恢复原状纠纷	★
M9.30.350	机动车交通事故责任纠纷	★
M3.9.62	占有物返还纠纷	★
M3.7.55	土地承包经营权纠纷	★

二、同时适用的法条及其相关度

	同时适用的法条	相关度
物权法	第34条【权利人的返还原物请求权】	★★★★★
	第35条【权利人享有的排除妨害请求权与消除危险请求权】	★★★★
	第37条【侵害物权的民事责任竞合】	★★★★
	第32条【物权遭受侵害的救济途径】	★★★
	第39条【所有权的内容】	★★★
	第2条【物权法适用范围;物的概念;物权的概念】	★★

	同时适用的法条	相关度	
物权法	第7条【物权取得与行使应遵守法律和公序良俗】	★★	113
	第9条【不动产物权变动的登记原则;国家的自然资源所有权登记的特殊规定】	★★	
	第36条【物权损害的救济方式;物权的债权保护方法】	★★	
	第59条【农民集体所有的权利性质;集体物权的重大事项由集体决定】	★★	
	第66条【私人合法财产受法律保护】	★★	
	第117条【用益物权的界定及其内容】	★★	
	第6条【物权公示原则:不动产登记、动产交付】	★	
	第14条【不动产物权变动的生效时间】	★	
	第17条【不动产权属证书与不动产登记簿的关系】	★	
	第33条【利害关系人的物权确认请求权】	★	
	第118条【国家所有和集体所有的自然资源的使用规则】	★	
侵权责任法	第15条【侵权责任的主要承担方式】	★★★★★	625
	第6条【过错责任原则;过错推定责任原则】	★★★★	
	第3条【侵权责任的当事人主义】	★★★	
	第19条【侵害财产造成财产损失的计算方式】	★★★	
	第2条【侵权责任一般条款;民事权益的范围】	★★	
	第8条【共同实施侵权行为人的连带责任】	★	
	第48条【机动车交通事故责任的法律适用】	★	
民法通则	第117条【侵害财产权的责任承担方式;返还财产、折价赔偿;恢复原状、折价赔偿;赔偿损失】	★★★★	616
	第5条【公民、法人的合法权益受法律保护】	★★★	
	第75条【个人财产;合法财产受法律保护】	★★★	

		同时适用的法条	相关度
616	民法通则	第134条【民事责任的主要承担方式】	★★★
		第106条【民事责任归责原则:违约责任,无过错责任原则;侵权责任,过错责任、无过错责任】	★★
		第4条【民事活动的基本原则:自愿、公平、等价有偿、诚实信用】	★
		第6条【民事活动应遵守国家政策】	★
		第71条【所有权的内容】	★
		第119条【人身损害赔偿项目:一般人身损害赔偿项目、伤残赔偿项目、死亡赔偿项目】	★
593	合同法	第107条【合同约束力;违约责任】	★★
		第8条【合同约束力】	★
		第52条【合同无效的情形】	★
		第60条【合同履行的原则】	★
		第235条【租赁期间届满承租人租赁物返还义务;返还的租赁物应当具有的状态】	★
629	农村土地承包法	第9条【集体土地所有者和承包方的合法权益受国家保护】	★
		第20条【土地的承包期:耕地为30年、草地为30年至50年,林地为30年至70年】	★
		第27条【承包期内承包地的合理调整】	★
		第53条【侵害承包方土地承包经营权的责任:承担民事责任】	★

第5条【物权法定原则:物权种类、物权内容由法律规定】 ★★

物权的种类和内容,由法律规定。

一、主要适用的案由及其相关度

案由编号	主要适用的案由	相关度
M3.5.32.1	所有权确认纠纷	★★★★★

案由编号	主要适用的案由	相关度
M4.10.89.1	金融借款合同纠纷	★★★★
M4.10.82	房屋买卖合同纠纷	★★★
M4.10.89.4	民间借贷纠纷	★★★
M3.5.34	排除妨害纠纷	★★
M3.6.40.4	车库纠纷	★
M3.5.33	返还原物纠纷	★
M4.10	合同纠纷	★
M4.10.67.2	确认合同无效纠纷	★
M3.5	物权保护纠纷	★
M3.5.37	恢复原状纠纷	★
M3.5.32.2	用益物权确认纠纷	★
M4.10.126	追偿权纠纷	★

二、同时适用的法条及其相关度

	同时适用的法条	相关度
物权法	第6条【物权公示原则:不动产登记、动产交付】	★★★★★
	第9条【不动产物权变动的登记原则;国家的自然资源所有权登记的特殊规定】	★★★★★
	第2条【物权法适用范围;物的概念;物权的概念】	★★★★
	第4条【国家、集体和私人物权的平等保护原则】	★★★★
	第7条【物权取得与行使应遵守法律和公序良俗】	★★★★
	第10条【不动产登记机构的确定;国家实行统一登记制度】	★★★
	第14条【不动产物权变动的生效时间】	★★★
	第15条【设立、变更、转让、消灭不动产物权的合同的效力;合同成立时生效】	★

		同时适用的法条	相关度
113	物权法	第39条【所有权的内容】	★
		第99条【共有物的分割规则】	★
		第176条【混合担保规则】	★
		第180条【可抵押财产的范围】	★
		第182条【建筑物和相应的建设用地使用权一并抵押规则】	★
		第187条【不动产抵押的登记要件主义】	★
		第195条【抵押权实现的方式和程序】	★
		第198条【抵押权实现后价款大于或小于所担保债权的处理规则】	★
		第203条【最高额抵押规则】	★
		第241条【有权占有法律规则】	★
616	民法通则	第5条【公民、法人的合法权益受法律保护】	★★★★★
		第6条【民事活动应遵守国家政策】	★★★★★
		第71条【所有权的内容】	★
		第106条【民事责任归责原则:违约责任,无过错责任原则;侵权责任,过错责任、无过错责任】	★
593	合同法	第60条【合同履行的原则】	★★★★
		第107条【合同约束力:违约责任】	★★★★
		第205条【借款合同的利息支付义务】	★★★
		第206条【借款期限的认定】	★★★
		第207条【借款合同违约责任承担:支付利息】	★★★
		第52条【合同无效的情形】	★★
		第8条【合同约束力】	★
		第44条【合同成立条件与时间】	★
		第108条【预期违约责任】	★
		第196条【借款合同定义】	★

	同时适用的法条	相关度	
担保法	第18条【保证合同中连带责任的承担】	★★★	607
	第21条【保证担保的范围;没有约定、约定不明时的担保范围】	★★★	
	第31条【保证人的追偿权】	★★★	
	第6条【保证的定义】	★	
继承法	第2条【继承开始】	★	636
	第3条【遗产范围】	★	
	第5条【继承方式】	★	
	第10条【继承人范围及继承顺序】	★	
侵权责任法	第6条【过错责任原则;过错推定责任原则】	★	625
	第7条【无过错责任原则】	★	

第6条【物权公示原则:不动产登记、动产交付】 ★★★

不动产物权的设立、变更、转让和消灭,应当依照法律规定登记。动产物权的设立和转让,应当依照法律规定交付。

一、主要适用的案由及其相关度

案由编号	主要适用的案由	相关度
M4.10.82	房屋买卖合同纠纷	★★★★★
M3.5.33	返还原物纠纷	★★★
M10.43.422	案外人执行异议之诉	★★
M3.5	物权保护纠纷	★★
M3.5.34	排除妨害纠纷	★★
M2.2.12	离婚后财产纠纷	★
M3.5.38	财产损害赔偿纠纷	★
M4.10.89.1	金融借款合同纠纷	★
M4.10.74	买卖合同纠纷	★
M3.5.32	物权确认纠纷	★

案由编号	主要适用的案由	相关度
M3.5.32.1	所有权确认纠纷	★★★★★
M4.10.89.4	民间借贷纠纷	★
M4.10.67.2	确认合同无效纠纷	★
M4.10	合同纠纷	★

二、同时适用的法条及其相关度

	同时适用的法条	相关度
物权法	第9条【不动产物权变动的登记原则;国家的自然资源所有权登记的特殊规定】	★★★★★
	第4条【国家、集体和私人物权的平等保护原则】	★★
	第7条【物权取得与行使应遵守法律和公序良俗】	★★
	第14条【不动产物权变动的生效时间】	★★
	第15条【设立、变更、转让、消灭不动产物权的合同的效力;合同成立时生效】	★★
	第2条【物权法适用范围;物的概念;物权的概念】	★
	第5条【物权法定原则:物权种类、物权内容由法律规定】	★
	第10条【不动产登记机构的确定;国家实行统一登记制度】	★
	第17条【不动产权属证书与不动产登记簿的关系】	★
	第23条【动产物权设立和转让的公示与生效条件】	★
	第33条【利害关系人的物权确认请求权】	★
	第34条【权利人的返还原物请求权】	★
	第39条【所有权的内容】	★

	同时适用的法条	相关度	
合同法	第60条【合同履行的原则】	★★★★★	593
	第8条【合同约束力】	★★★	
	第44条【合同成立条件与时间】	★★★	
	第107条【合同约束力;违约责任】	★★★	
	第52条【合同无效的情形】	★★	
	第130条【买卖合同的定义】	★★	
	第6条【诚实信用原则】	★	
	第94条【合同的法定解除;法定解除权】	★	
	第133条【标的物所有权转移:交付】	★	
	第135条【出卖人义务:交付、移转所有权】	★	
	第196条【借款合同定义】	★	
	第205条【借款合同的利息支付义务】	★	
	第206条【借款期限的认定】	★	
	第207条【借款合同违约责任承担:支付利息】	★	
民法通则	第5条【公民、法人的合法权益受法律保护】	★★★	616
	第6条【民事活动应遵守国家政策】	★★	
	第4条【民事活动的基本原则:自愿、公平、等价有偿、诚实信用】	★	
	第71条【所有权的内容】	★	
	第72条【财产所有权取得应符合法律规定;动产所有权自交付时转移】	★	
	第106条【民事责任归责原则:违约责任,无过错责任原则;侵权责任,过错责任、无过错责任】	★	
	第117条【侵害财产权的责任承担方式:返还财产、折价赔偿;恢复原状、折价赔偿;赔偿损失】	★	
	第134条【民事责任的主要承担方式】	★	

		同时适用的法条	相关度
625	侵权责任法	第15条【侵权责任的主要承担方式】	★
636	继承法	第3条【遗产范围】	★
		第10条【继承人范围及继承顺序】	★
607	担保法	第18条【保证合同中连带责任的承担】	★
		第21条【保证担保的范围;没有约定、约定不明时的担保范围】	★
649	婚姻法	第17条【夫妻共有财产的范围】	★
		第39条【离婚时夫妻共同财产的处理】	★
704	民事执行查封扣押冻结财产规定	第17条【被执行人将其所有的需要办理过户登记的财产出卖给第三人时查封、扣押、冻结的执行】	★

第7条【物权取得与行使应遵守法律和公序良俗】 ★★

物权的取得和行使,应当遵守法律,尊重社会公德,不得损害公共利益和他人合法权益。

一、主要适用的案由及其相关度

案由编号	主要适用的案由	相关度
M3.5.34	排除妨害纠纷	★★★
M3.5.33	返还原物纠纷	★★★
M3.5	物权保护纠纷	★★★
M10.43.422	案外人执行异议之诉	★★
M4.10.82	房屋买卖合同纠纷	★★
M3.5.32	物权确认纠纷	★★
M3.5.32.1	所有权确认纠纷	★★★★★
M3.5.38	财产损害赔偿纠纷	★
M3.5.37	恢复原状纠纷	★

案由编号	主要适用的案由	相关度
M3.6	所有权纠纷	★
M4.10.67.2	确认合同无效纠纷	★
M4.10	合同纠纷	★
M2.2.24	分家析产纠纷	★
M3.6.47	相邻关系纠纷	★
M2.2.12	离婚后财产纠纷	★
M3.6.48	共有纠纷	★

二、同时适用的法条及其相关度

	同时适用的法条	相关度
物权法	第4条【国家、集体和私人物权的平等保护原则】	★★★★★
	第9条【不动产物权变动的登记原则；国家的自然资源所有权登记的特殊规定】	★★★★★
	第6条【物权公示原则：不动产登记、动产交付】	★★★★
	第33条【利害关系人的物权确认请求权】	★★★★
	第2条【物权法适用范围；物的概念；物权的概念】	★★★
	第14条【不动产物权变动的生效时间】	★★★
	第15条【设立、变更、转让、消灭不动产物权的合同的效力：合同成立时生效】	★★★
	第34条【权利人的返还原物请求权】	★★★
	第35条【权利人享有的排除妨害请求权与消除危险请求权】	★★★
	第39条【所有权的内容】	★★★
	第5条【物权法定原则：物权种类、物权内容由法律规定】	★★
	第10条【不动产登记机构的确定；国家实行统一登记制度】	★★

		同时适用的法条	相关度
113	物权法	第32条【物权遭受侵害的救济途径】	★★
		第37条【侵害物权的民事责任竞合】	★★
		第84条【处理相邻关系的基本原则】	★★
		第17条【不动产权属证书与不动产登记簿的关系】	★
		第36条【物权损害的救济方式;物权的债权保护方法】	★
		第64条【私人所有权的范围】	★
		第66条【私人合法财产受法律保护】	★
		第97条【共有人对于共有财产重大事项的表决权规则】	★
		第106条【善意取得的构成条件】	★
616	民法通则	第5条【公民、法人的合法权益受法律保护】	★★★
		第6条【民事活动应遵守国家政策】	★★
		第72条【财产所有权取得应符合法律规定;动产所有权自交付时转移】	★★
		第4条【民事活动的基本原则:自愿、公平、等价有偿、诚实信用】	★
		第7条【公序良俗原则】	★
		第71条【所有权的内容】	★
		第75条【个人财产;合法财产受法律保护】	★
		第83条【处理相邻关系的基本原则】	★
		第117条【侵害财产权的责任承担方式:返还财产、折价赔偿;恢复原状、折价赔偿;赔偿损失】	★
		第134条【民事责任的主要承担方式】	★

	同时适用的法条	相关度	
合同法	第8条【合同约束力】	★★★	593
	第52条【合同无效的情形】	★★	
	第60条【合同履行的原则】	★★	
	第7条【公序良俗原则】	★	
	第44条【合同成立条件与时间】	★	
	第51条【无权处分合同的效力:经追认或取得处分权的有效】	★	
	第58条【合同无效或被撤销的法律后果】	★	
	第107条【合同约束力:违约责任】	★	
侵权责任法	第15条【侵权责任的主要承担方式】	★★	625
	第2条【侵权责任一般条款;民事权益的范围】	★	
	第3条【侵权责任的当事人主义】	★	
	第6条【过错责任原则;过错推定责任原则】	★	
继承法	第2条【继承开始】	★	636
	第3条【遗产范围】	★	
	第5条【继承方式】	★	
	第10条【继承人范围及继承顺序】	★	
审理房屋登记案件规定	第8条【因房屋登记行为的基础法律关系争议对房屋登记行为提起诉讼】	★	712

第8条【物权特别法优先规则】 ★

其他相关法律对物权另有特别规定的,依照其规定。

■ 一、主要适用的案由及其相关度

案由编号	主要适用的案由	相关度
M3.5.32.1	所有权确认纠纷	
M4.10.89.1	金融借款合同纠纷	

案由编号	主要适用的案由	相关度
M3.5.33	返还原物纠纷	
M4.10.74	买卖合同纠纷	
M10.43.422	案外人执行异议之诉	
M3.5.38	财产损害赔偿纠纷	
M3.5	物权保护纠纷	

二、同时适用的法条及其相关度

		同时适用的法条	相关度
593	合同法	第8条【合同约束力】	
		第33条【确认书与合同成立时间】	
		第35条【采用合同书形式订立合同的成立地点】	
		第52条【合同无效的情形】	
		第107条【合同约束力;违约责任】	
		第196条【借款合同定义】	
		第198条【借款合同中的担保及法律适用】	
		第205条【借款合同的利息支付义务】	
		第206条【借款期限的认定】	
		第207条【借款合同违约责任承担:支付利息】	
113	物权法	第1条【物权法的立法目的】	
		第2条【物权法适用范围;物的概念;物权的概念】	
		第3条【国家基本经济制度和经济政策】	
		第4条【国家、集体和私人物权的平等保护原则】	
		第5条【物权法定原则:物权种类、物权内容由法律规定】	
		第6条【物权公示原则:不动产登记、动产交付】	
		第7条【物权取得与行使应遵守法律和公序良俗】	

	同时适用的法条	相关度
物权法	第9条【不动产物权变动的登记原则；国家的自然资源所有权登记的特殊规定】	
	第10条【不动产登记机构的确定；国家实行统一登记制度】	
	第13条【物权登记机构的禁止行为】	
	第14条【不动产物权变动的生效时间】	
	第15条【设立、变更、转让、消灭不动产物权的合同的效力；合同成立时生效】	
	第19条【更正登记和异议登记】	
	第20条【预告登记及其法律效力】	
	第23条【动产物权设立和转让的公示与生效条件】	
	第24条【船舶、航空器和机动车物权变动采取登记对抗主义】	
	第28条【因人民法院、仲裁委员会的法律文件或者人民政府的征收决定等法律文书致物权发生变动的生效时间确定】	
	第31条【因法律行为之外的原因取得的不动产再次处分时的物权变动规则】	
	第32条【物权遭受侵害的救济途径】	
	第33条【利害关系人的物权确认请求权】	
	第34条【权利人的返还原物请求权】	
	第35条【权利人享有的排除妨害请求权与消除危险请求权】	
	第37条【侵害物权的民事责任竞合】	
	第52条【国防资产的国家所有权；基础设施的国家所有权】	
	第60条【行使集体所有权的主体】	

		同时适用的法条	相关度
113	物权法	第70条【业主的建筑物区分所有权】	
		第71条【业主对专有部分的专有权】	
		第72条【业主对共有部分的共有权及义务;共有权与管理权随同专有权一并转让】	
		第76条【由业主共同决定的事项以及表决规则】	
		第80条【建筑物及其附属设施的费用分摊和收益分配确定规则】	
		第81条【业主对建筑物及其附属设施的管理权及行使规则】	
		第84条【处理相邻关系的基本原则】	
		第85条【处理相邻关系的法源依据】	
		第107条【遗失物的处理规则】	
		第109条【遗失物拾得人的返还义务】	
		第152条【宅基地使用权内容】	
		第170条【担保财产优先受偿;债务人不履行到期债务、发生约定的实现担保物权的情形】	
		第171条【担保物权的设立;反担保的设立】	
		第173条【担保物权担保的范围】	
		第174条【担保物权的物上代位性】	
		第176条【混合担保规则】	
		第179条【抵押权的界定】	
		第180条【可抵押财产的范围】	
		第186条【抵押权的禁止流质条款】	
		第187条【不动产抵押的登记要件主义】	
		第196条【动产浮动抵押的抵押财产价值的确定时间】	

	同时适用的法条	相关度	
物权法	第199条【同一财产上多个抵押权的效力顺序】		113
	第203条【最高额抵押规则】		
	第207条【最高额抵押的法律适用】		
	第211条【流质契约的绝对禁止】		
	第219条【质物返还与质权实现】		
	第223条【可出质的权利的范围】		
	第224条【有价证券出质的形式要件以及质权生效时间】		
	第231条【留置财产与债权应基于同一法律关系但企业间留置例外】		
担保法	第18条【保证合同中连带责任的承担】		607
	第21条【保证担保的范围;没有约定、约定不明时的担保范围】		
物业管理条例	第29条【在办理物业承接验收手续时建设单位应当向物业服务企业移交的资料】		673
	第30条【建设单位在物业管理区域内配置必要的物业管理用房的义务】		
审理企业破产案件规定	第71条【不属于破产财产的范围】		717

第二章 物权的设立、变更、转让和消灭

第一节 不动产登记

第9条【不动产物权变动的登记原则;国家的自然资源所有权登记的特殊规定】 ★★★★

不动产物权的设立、变更、转让和消灭,经依法登记,发生效力;未经登记,不发生效力,但法律另有规定的除外。

依法属于国家所有的自然资源,所有权可以不登记。

一、主要适用的案由及其相关度

案由编号	主要适用的案由	相关度
M4.10.82	房屋买卖合同纠纷	★★★★★
M4.10.82.2	商品房预售合同纠纷	★
M10.43.422	案外人执行异议之诉	★★★★
M3.5.33	返还原物纠纷	★★★
M3.5.34	排除妨害纠纷	★★★
M3.5	物权保护纠纷	★★★
M2.2.12	离婚后财产纠纷	★★
M3.5.32	物权确认纠纷	★★
M3.5.32.1	所有权确认纠纷	★★★★★
M2.3	继承纠纷	★★
M4.10	合同纠纷	★
M4.10.67.2	确认合同无效纠纷	★
M2.2.24	分家析产纠纷	★
M4.10.89	借款合同纠纷	★
M4.10.89.1	金融借款合同纠纷	★★★★★
M4.10.89.4	民间借贷纠纷	★★
M2.3.25	法定继承纠纷	★
M2.2.11	离婚纠纷	★
M4.10.74	买卖合同纠纷	★

二、同时适用的法条及其相关度

	同时适用的法条	相关度
合同法	第60条【合同履行的原则】	★★★★★
合同法	第107条【合同约束力：违约责任】	★★★★★
合同法	第205条【借款合同的利息支付义务】	★★★★★

	同时适用的法条	相关度	
合同法	第206条【借款期限的认定】	★★★★★	593
	第207条【借款合同违约责任承担:支付利息】	★★★★★	
	第8条【合同约束力】	★★★★	
	第44条【合同成立条件与时间】	★★★★	
	第196条【借款合同定义】	★★★★	
	第52条【合同无效的情形】	★★★	
	第94条【合同的法定解除;法定解除权】	★★	
	第130条【买卖合同的定义】	★★	
	第135条【出卖人义务:交付、移转所有权】	★★	
	第51条【无权处分合同的效力:经追认或取得处分权的有效】	★	
	第97条【合同解除的法律后果】	★	
	第110条【继续履行及其例外;债权人不得要求对方继续履行的情形】	★	
	第114条【违约金的数额及其调整】	★	
	第185条【赠与合同的概念】	★	
	第186条【赠与的任意撤销及限制】	★	
	第187条【赠与的财产应依法办理登记等手续】	★	
物权法	第14条【不动产物权变动的生效时间】	★★★★★	113
	第15条【设立、变更、转让、消灭不动产物权的合同的效力:合同成立时生效】	★★★★★	
	第17条【不动产权属证书与不动产登记簿的关系】	★★★★★	
	第6条【物权公示原则:不动产登记、动产交付】	★★★★	
	第34条【权利人的返还原物请求权】	★★★★	
	第39条【所有权的内容】	★★★★	
	第4条【国家、集体和私人物权的平等保护原则】	★★★	

		同时适用的法条	相关度
113	物权法	第33条【利害关系人的物权确认请求权】	★★★
		第35条【权利人享有的排除妨害请求权与消除危险请求权】	★★★
		第170条【担保财产优先受偿;债务人不履行到期债务、发生约定的实现担保物权的情形】	★★★
		第173条【担保物权担保的范围】	★★★
		第179条【抵押权的界定】	★★★
		第187条【不动产抵押的登记要件主义】	★★★
		第2条【物权法适用范围;物的概念;物权的概念】	★★
		第7条【物权取得与行使应遵守法律和公序良俗】	★★
		第10条【不动产登记机构的确定;国家实行统一登记制度】	★★
		第16条【不动产登记簿的法律效力】	★★
		第28条【因人民法院、仲裁委员会的法律文件或者人民政府的征收决定等法律文书致物权发生变动的生效时间确定】	★★
		第37条【侵害物权的民事责任竞合】	★★
		第176条【混合担保规则】	★★
		第180条【可抵押财产的范围】	★★
		第5条【物权法定原则:物权种类、物权内容由法律规定】	★
		第20条【预告登记及其法律效力】	★
		第30条【因事实行为设立或者消灭物权的生效时间确定】	★
		第32条【物权遭受侵害的救济途径】	★
		第99条【共有物的分割规则】	★
		第106条【善意取得的构成条件】	★

	同时适用的法条	相关度	
物权法	第195条【抵押权实现的方式和程序】	★	113
	第203条【最高额抵押规则】	★	
担保法	第18条【保证合同中连带责任的承担】	★★★	607
	第21条【保证担保的范围;没有约定、约定不明时的担保范围】	★★★	
	第31条【保证人的追偿权】	★★★	
	第33条【抵押、抵押权人、抵押人以及抵押物的概念】	★★★	
	第46条【抵押担保的范围】	★★★	
	第53条【抵押权的实现】	★★★	
	第6条【保证的定义】	★★	
民法通则	第5条【公民、法人的合法权益受法律保护】	★★	616
	第134条【民事责任的主要承担方式】	★★	
	第4条【民事活动的基本原则:自愿、公平、等价有偿、诚实信用】	★	
	第71条【所有权的内容】	★	
	第72条【财产所有权取得应符合法律规定;动产所有权自交付时转移】	★	
	第106条【民事责任归责原则:违约责任,无过错责任原则;侵权责任,过错责任、无过错责任】	★	
	第117条【侵害财产权的责任承担方式:返还财产、折价赔偿、恢复原状、折价赔偿;赔偿损失】	★	
继承法	第3条【遗产范围】	★★	636
	第10条【继承人范围及继承顺序】	★★	
	第2条【继承开始】	★	
	第5条【继承方式】	★	
	第13条【遗产分配】	★	

625	侵权责任法	第15条【侵权责任的主要承担方式】	★★
649	婚姻法	第17条【夫妻共有财产的范围】	★★
		第39条【离婚时夫妻共同财产的处理】	★
704	民事执行查封扣押冻结财产规定	第17条【被执行人将其所有的需要办理过户登记的财产出卖给第三人时查封、扣押、冻结的执行】	★★
684	婚姻法司法解释二	第24条【离婚时夫妻共同债务的清偿】	★★
687	担保法司法解释	第42条【保证人追偿权的行使与诉讼时效】	★★

第10条【不动产登记机构的确定;国家实行统一登记制度】 ★★

不动产登记,由不动产所在地的登记机构办理。

国家对不动产实行统一登记制度。统一登记的范围、登记机构和登记办法,由法律、行政法规规定。

一、主要适用的案由及其相关度

案由编号	主要适用的案由	相关度
M3.5.32.1	所有权确认纠纷	★★★★★
M4.10.82	房屋买卖合同纠纷	★★★
M4.10.82.2	商品房预售合同纠纷	★
M4.10.82.3	商品房销售合同纠纷	★
M3.5.33	返还原物纠纷	★★★
M3.5.34	排除妨害纠纷	★★
M4.10.120.15	物业服务合同纠纷	★
M3.5	物权保护纠纷	★
M4.10.89.1	金融借款合同纠纷	★

二、同时适用的法条及其相关度

	同时适用的法条	相关度	
物权法	第9条【不动产物权变动的登记原则;国家的自然资源所有权登记的特殊规定】	★★★★★	113
	第6条【物权公示原则:不动产登记、动产交付】	★★★	
	第14条【不动产物权变动的生效时间】	★★★	
	第2条【物权法适用范围;物的概念;物权的概念】	★★	
	第4条【国家、集体和私人物权的平等保护原则】	★★	
	第5条【物权法定原则:物权种类、物权内容由法律规定】	★★	
	第7条【物权取得与行使应遵守法律和公序良俗】	★★	
	第15条【设立、变更、转让、消灭不动产物权的合同的效力:合同成立时生效】	★	
	第16条【不动产登记簿的法律效力】	★	
	第17条【不动产权属证书与不动产登记簿的关系】	★	
	第33条【利害关系人的物权确认请求权】	★	
	第34条【权利人的返还原物请求权】	★	
民法通则	第5条【公民、法人的合法权益受法律保护】	★★	616
	第6条【民事活动应遵守国家政策】	★★	
合同法	第60条【合同履行的原则】	★★	593
	第8条【合同约束力】	★	
	第44条【合同成立条件与时间】	★	
	第107条【合同约束力:违约责任】	★	

第11条【申请不动产登记应提供的必要材料】 ★

当事人申请登记,应当根据不同登记事项提供权属证明和不动产界址、面积等必要材料。

一、主要适用的案由及其相关度

案由编号	主要适用的案由	相关度
M3.5.32.1	所有权确认纠纷	
M4.10.82	房屋买卖合同纠纷	
M4.10.82.2	商品房预售合同纠纷	
M4.10.82.3	商品房销售合同纠纷	
M3.5	物权保护纠纷	

二、同时适用的法条及其相关度

		同时适用的法条	相关度
593	合同法	第8条【合同约束力】	
		第44条【合同成立条件与时间】	
		第60条【合同履行的原则】	
		第107条【合同约束力;违约责任】	
		第114条【违约金的数额及其调整】	
113	物权法	第4条【国家、集体和私人物权的平等保护原则】	
		第6条【物权公示原则:不动产登记、动产交付】	
		第9条【不动产物权变动的登记原则;国家的自然资源所有权登记的特殊规定】	
		第10条【不动产登记机构的确定;国家实行统一登记制度】	
		第12条【不动产登记机构应当履行的职责】	
		第14条【不动产物权变动的生效时间】	
		第15条【设立、变更、转让、消灭不动产物权的合同的效力;合同成立时生效】	
		第16条【不动产登记簿的法律效力】	
		第17条【不动产权属证书与不动产登记簿的关系】	

	同时适用的法条	相关度	
物权法	第19条【更正登记和异议登记】		113
	第22条【不动产登记收费标准的确定】		
	第33条【利害关系人的物权确认请求权】		
	第34条【权利人的返还原物请求权】		
	第79条【建筑物及其附属设施的维修基金的筹集和使用规则】		
	第80条【建筑物及其附属设施的费用分摊和收益分配确定规则】		
	第81条【业主对建筑物及其附属设施的管理权及行使规则】		
	第94条【按份共有人对共有物的权利】		
	第125条【土地承包经营权内容】		
	第127条【土地承包经营权的设立时间;土地承包经营权的确权机关】		
	第179条【抵押权的界定】		
	第180条【可抵押财产的范围】		
	第187条【不动产抵押的登记要件主义】		
	第191条【抵押期间抵押财产转让应当遵循的规则】		
	第195条【抵押权实现的方式和程序】		
	第203条【最高额抵押规则】		
商品房买卖合同纠纷司法解释	第18条【在法定期限内商品房买受人未取得房屋权属证书的出卖人应承担违约责任】		705

第12条【不动产登记机构应当履行的职责】 ★

登记机构应当履行下列职责:

(一) 查验申请人提供的权属证明和其他必要材料;

(二) 就有关登记事项询问申请人;

（三）如实、及时登记有关事项;

（四）法律、行政法规规定的其他职责。

申请登记的不动产的有关情况需要进一步证明的,登记机构可以要求申请人补充材料,必要时可以实地查看。

一、主要适用的案由及其相关度

案由编号	主要适用的案由	相关度
M4.10.89.1	金融借款合同纠纷	
M3.5.32.1	所有权确认纠纷	
Z2-1.5.0	土地行政登记	
M3.5.34	排除妨害纠纷	
M3.5.38	财产损害赔偿纠纷	

二、同时适用的法条及其相关度

		同时适用的法条	相关度
593	合同法	第107条【合同约束力;违约责任】	
		第205条【借款合同的利息支付义务】	
		第206条【借款期限的认定】	
		第207条【借款合同违约责任承担:支付利息】	
607	担保法	第21条【保证担保的范围;没有约定、约定不明时的担保范围】	
		第33条【抵押、抵押权人、抵押人以及抵押物的概念】	
113	物权法	第4条【国家、集体和私人物权的平等保护原则】	
		第6条【物权公示原则:不动产登记、动产交付】	
		第7条【物权取得与行使应遵守法律和公序良俗】	
		第9条【不动产物权变动的登记原则;国家的自然资源所有权登记的特殊规定】	

	同时适用的法条	相关度
物权法	第10条【不动产登记机构的确定;国家实行统一登记制度】	113
	第11条【申请不动产登记应提供的必要材料】	
	第14条【不动产物权变动的生效时间】	
	第15条【设立、变更、转让、消灭不动产物权的合同的效力;合同成立时生效】	
	第17条【不动产权属证书与不动产登记簿的关系】	
	第18条【权利人和利害关系人对登记资料享有的权利】	
	第19条【更正登记和异议登记】	
	第21条【登记错误造成损害的救济规则】	
	第28条【因人民法院、仲裁委员会的法律文件或者人民政府的征收决定等法律文书致物权发生变动的生效时间确定】	
	第31条【因法律行为之外的原因取得的不动产再次处分时的物权变动规则】	
	第33条【利害关系人的物权确认请求权】	
	第35条【权利人享有的排除妨害请求权与消除危险请求权】	
	第66条【私人合法财产受法律保护】	
	第94条【按份共有人对共有物的权利】	
	第106条【善意取得的构成条件】	
	第135条【建设用地使用权的内容】	
	第176条【混合担保规则】	
	第187条【不动产抵押的登记要件主义】	
	第203条【最高额抵押规则】	

		同时适用的法条	相关度
625	侵权责任法	第3条【侵权责任的当事人主义】	
616	民法通则	第75条【个人财产;合法财产受法律保护】	
712	审理房屋登记案件规定	第10条【被诉房屋登记行为合法的处理】	
		第11条【房屋登记案件的判决类型】	

第13条【物权登记机构的禁止行为】 ★

登记机构不得有下列行为：

（一）要求对不动产进行评估；

（二）以年检等名义进行重复登记；

（三）超出登记职责范围的其他行为。

一、主要适用的案由及其相关度

案由编号	主要适用的案由	相关度
M2.2.12	离婚后财产纠纷	
M4.10.89.1	金融借款合同纠纷	

二、同时适用的法条及其相关度

		同时适用的法条	相关度
616	民法通则	第72条【财产所有权取得应符合法律规定;动产所有权自交付时转移】	
113	物权法	第2条【物权法适用范围;物的概念;物权的概念】	
		第7条【物权取得与行使应遵守法律和公序良俗】	
		第8条【物权特别法优先规则】	
		第9条【不动产物权变动的登记原则;国家的自然资源所有权登记的特殊规定】	

	同时适用的法条	相关度
物权法	第15条【设立、变更、转让、消灭不动产物权的合同的效力;合同成立时生效】	
	第21条【登记错误造成损害的救济规则】	
	第31条【因法律行为之外的原因取得的不动产再次处分时的物权变动规则】	
	第33条【利害关系人的物权确认请求权】	
	第64条【私人所有权的范围】	
	第93条【共有的界定及其类型】	
	第103条【没有约定、约定不明时共有物共有性质的认定】	
	第144条【建设用地使用权流转的形式要件与期限限制】	
	第152条【宅基地使用权内容】	
	第170条【担保财产优先受偿:债务人不履行到期债务、发生约定的实现担保物权的情形】	
	第176条【混合担保规则】	
	第179条【抵押权的界定】	

第14条【不动产物权变动的生效时间】 ★★★

不动产物权的设立、变更、转让和消灭,依照法律规定应当登记的,自记载于不动产登记簿时发生效力。

一、主要适用的案由及其相关度

案由编号	主要适用的案由	相关度
M4.10.82	房屋买卖合同纠纷	★★★★★
M10.43.422	案外人执行异议之诉	★★★
M3.5.33	返还原物纠纷	★★
M3.5.34	排除妨害纠纷	★★
M3.5	物权保护纠纷	★

案由编号	主要适用的案由	相关度
M4.10.112	种植、养殖回收合同纠纷	★
M2.2.12	离婚后财产纠纷	★
M4.10.89	借款合同纠纷	★
M4.10.89.1	金融借款合同纠纷	★★★
M4.10.89.4	民间借贷纠纷	★
M3.5.32	物权确认纠纷	★
M3.5.32.1	所有权确认纠纷	★★★

二、同时适用的法条及其相关度

	同时适用的法条	相关度
物权法	第9条【不动产物权变动的登记原则;国家的自然资源所有权登记的特殊规定】	★★★★★
	第15条【设立、变更、转让、消灭不动产物权的合同的效力:合同成立时生效】	★★★
	第17条【不动产权属证书与不动产登记簿的关系】	★★★
	第4条【国家、集体和私人物权的平等保护原则】	★★
	第6条【物权公示原则:不动产登记、动产交付】	★★
	第16条【不动产登记簿的法律效力】	★★
	第34条【权利人的返还原物请求权】	★★
	第187条【不动产抵押的登记要件主义】	★★
	第7条【物权取得与行使应遵守法律和公序良俗】	★
	第10条【不动产登记机构的确定;国家实行统一登记制度】	★
	第35条【权利人享有的排除妨害请求权与消除危险请求权】	★

	同时适用的法条	相关度	
物权法	第39条【所有权的内容】	★	113
	第176条【混合担保规则】	★	
	第179条【抵押权的界定】	★	
	第180条【可抵押财产的范围】	★	
合同法	第60条【合同履行的原则】	★★★	593
	第107条【合同约束力:违约责任】	★★★	
	第206条【借款期限的认定】	★★★	
	第207条【借款合同违约责任承担:支付利息】	★★★	
	第8条【合同约束力】	★★	
	第44条【合同成立条件与时间】	★★	
	第205条【借款合同的利息支付义务】	★★	
	第52条【合同无效的情形】	★	
	第97条【合同解除的法律后果】	★	
担保法	第18条【保证合同中连带责任的承担】	★★	607
	第21条【保证担保的范围;没有约定、约定不明时的担保范围】	★	
	第33条【抵押、抵押权人、抵押人以及抵押物的概念】	★	
民法通则	第5条【公民、法人的合法权益受法律保护】	★	616

第15条【设立、变更、转让、消灭不动产物权的合同的效力:合同成立时生效】 ★★★★

当事人之间订立有关设立、变更、转让和消灭不动产物权的合同,除法律另有规定或者合同另有约定外,自合同成立时生效;未办理物权登记的,不影响合同效力。

一、主要适用的案由及其相关度

案由编号	主要适用的案由	相关度
M4.10.82	房屋买卖合同纠纷	★★★★★
M4.10.82.3	商品房销售合同纠纷	★
M4.10.89.4	民间借贷纠纷	★★
M3.5.32	物权确认纠纷	★
M3.5.32.1	所有权确认纠纷	★★★
M10.43.422	案外人执行异议之诉	★
M4.10.74	买卖合同纠纷	★

二、同时适用的法条及其相关度

	同时适用的法条	相关度
合同法	第44条【合同成立条件与时间】	★★★★★
	第60条【合同履行的原则】	★★★★★
	第8条【合同约束力】	★★★★
	第107条【合同约束力:违约责任】	★★★★
	第52条【合同无效的情形】	★★
	第130条【买卖合同的定义】	★★
	第135条【出卖人义务:交付、移转所有权】	★★
	第206条【借款期限的认定】	★★
	第207条【借款合同违约责任承担:支付利息】	★★
	第6条【诚实信用原则】	★
	第133条【标的物所有权转移:交付】	★
	第196条【借款合同定义】	★
	第205条【借款合同的利息支付义务】	★

	同时适用的法条	相关度	
物权法	第9条【不动产物权变动的登记原则;国家的自然资源所有权登记的特殊规定】	★★★	113
	第33条【利害关系人的物权确认请求权】	★★★	
	第14条【不动产物权变动的生效时间】	★★	
	第187条【不动产抵押的登记要件主义】	★★	
	第6条【物权公示原则:不动产登记、动产交付】	★	
	第39条【所有权的内容】	★	
	第180条【可抵押财产的范围】	★	
担保法	第18条【保证合同中连带责任的承担】	★	607
买卖合同司法解释	第3条【不能以出卖人在缔约时对标的物没有所有权或处分权为由主张合同无效;出卖人未取得所有权或处分权致使标的物所有权不能转移买受人可以要求出卖人承担违约责任或解除合同主张损害赔偿】	★	704

第16条【不动产登记簿的法律效力】 ★★

不动产登记簿是物权归属和内容的根据。不动产登记簿由登记机构管理。

一、主要适用的案由及其相关度

案由编号	主要适用的案由	相关度
M3.5.34	排除妨害纠纷	★★★
M4.10.82	房屋买卖合同纠纷	★★★
M4.10.82.3	商品房销售合同纠纷	★
M3.5	物权保护纠纷	★★★
M3.5.33	返还原物纠纷	★★★
M2.2.24	分家析产纠纷	★★
M10.43.422	案外人执行异议之诉	★★

案由编号	主要适用的案由	相关度
M3.5.32	物权确认纠纷	★
M3.5.32.1	所有权确认纠纷	★★★★★
M2.3.25	法定继承纠纷	★
M4.10.89	借款合同纠纷	★
M4.10.89.1	金融借款合同纠纷	★★★
M4.10.89.4	民间借贷纠纷	★
M2.3	继承纠纷	★
M3.5.38	财产损害赔偿纠纷	★
M2.2.12	离婚后财产纠纷	★
M3.6	所有权纠纷	★
M3	物权纠纷	★
M3.6.48	共有纠纷	★
M3.6.48.1	共有权确认纠纷	★
M3.6.48.2	共有物分割纠纷	★
M2.2.11	离婚纠纷	★

二、同时适用的法条及其相关度

	同时适用的法条	相关度
物权法	第9条【不动产物权变动的登记原则;国家的自然资源所有权登记的特殊规定】	★★★★★
	第17条【不动产权属证书与不动产登记簿的关系】	★★★★★
	第14条【不动产物权变动的生效时间】	★★★★
	第6条【物权公示原则:不动产登记、动产交付】	★
	第15条【设立、变更、转让、消灭不动产物权的合同的效力;合同成立时生效】	★
	第33条【利害关系人的物权确认请求权】	★

	同时适用的法条	相关度	
物权法	第34条【权利人的返还原物请求权】	★	113
	第35条【权利人享有的排除妨害请求权与消除危险请求权】	★	
	第39条【所有权的内容】	★	
	第179条【抵押权的界定】	★	
合同法	第60条【合同履行的原则】	★★	593
	第107条【合同约束力：违约责任】	★★	
	第205条【借款合同的利息支付义务】	★★	
	第206条【借款期限的认定】	★★	
	第207条【借款合同违约责任承担：支付利息】	★★	
	第8条【合同约束力】	★	
	第44条【合同成立条件与时间】	★	
	第52条【合同无效的情形】	★	
担保法	第18条【保证合同中连带责任的承担】	★	607
	第33条【抵押、抵押权人、抵押人以及抵押物的概念】	★	
继承法	第10条【继承人范围及继承顺序】	★	636

第17条【不动产权属证书与不动产登记簿的关系】 ★★

不动产权属证书是权利人享有该不动产物权的证明。不动产权属证书记载的事项，应当与不动产登记簿一致；记载不一致的，除有证据证明不动产登记簿确有错误外，以不动产登记簿为准。

一、主要适用的案由及其相关度

案由编号	主要适用的案由	相关度
M3.5.33	返还原物纠纷	★★★★★
M3.5.34	排除妨害纠纷	★★★
M3.5	物权保护纠纷	★★★

案由编号	主要适用的案由	相关度
M4.10.82	房屋买卖合同纠纷	★★
M4.10.89.1	金融借款合同纠纷	★★
M10.43.422	案外人执行异议之诉	★
M2.3	继承纠纷	★
M3.5.32	物权确认纠纷	★
M3.5.32.1	所有权确认纠纷	★★★★★
M2.3.25	法定继承纠纷	★
M2.2.24	分家析产纠纷	★
M2.2.11	离婚纠纷	★
M2.2.12	离婚后财产纠纷	★
M3.6	所有权纠纷	★
M4.10.67.2	确认合同无效纠纷	★
M3.5.38	财产损害赔偿纠纷	★

二、同时适用的法条及其相关度

	同时适用的法条	相关度
物权法	第9条【不动产物权变动的登记原则;国家的自然资源所有权登记的特殊规定】	★★★★★
	第34条【权利人的返还原物请求权】	★★★★
	第14条【不动产物权变动的生效时间】	★★★
	第16条【不动产登记簿的法律效力】	★★★
	第39条【所有权的内容】	★★★
	第4条【国家、集体和私人物权的平等保护原则】	★★
	第6条【物权公示原则:不动产登记、动产交付】	★★
	第15条【设立、变更、转让、消灭不动产物权的合同的效力:合同成立时生效】	★★
	第33条【利害关系人的物权确认请求权】	★★

	同时适用的法条	相关度	
物权法	第35条【权利人享有的排除妨害请求权与消除危险请求权】	★★	113
	第37条【侵害物权的民事责任竞合】	★	
合同法	第60条【合同履行的原则】	★★	593
	第107条【合同约束力:违约责任】	★★	
	第8条【合同约束力】	★	
	第44条【合同成立条件与时间】	★	
	第52条【合同无效的情形】	★	
	第205条【借款合同的利息支付义务】	★	
	第206条【借款期限的认定】	★	
	第207条【借款合同违约责任承担:支付利息】	★	
侵权责任法	第15条【侵权责任的主要承担方式】	★	625
继承法	第3条【遗产范围】	★	636
	第10条【继承人范围及继承顺序】	★	
	第13条【遗产分配】	★	
民法通则	第134条【民事责任的主要承担方式】	★	616
担保法	第18条【保证合同中连带责任的承担】	★	607
审理房屋登记案件规定	第8条【因房屋登记行为的基础法律关系争议对房屋登记行为提起诉讼】	★	712

第18条【权利人和利害关系人对登记资料享有的权利】 ★★

权利人、利害关系人可以申请查询、复制登记资料,登记机构应当提供。

一、主要适用的案由及其相关度

案由编号	主要适用的案由	相关度
M4.10.89.1	金融借款合同纠纷	★★★★★
M4.10.89.4	民间借贷纠纷	★★
M4.10.126	追偿权纠纷	★

二、同时适用的法条及其相关度

	同时适用的法条	相关度
合同法	第205条【借款合同的利息支付义务】	★★★★★
	第206条【借款期限的认定】	★★★★★
	第207条【借款合同违约责任承担:支付利息】	★★★★★
	第107条【合同约束力:违约责任】	★★★★
	第60条【合同履行的原则】	★★
	第196条【借款合同定义】	★★
	第44条【合同成立条件与时间】	★
	第93条【合同的意定解除:协商一致;约定条件成就】	★
	第97条【合同解除的法律后果】	★
	第170条【试用买卖合同】	★
	第187条【赠与的财产应依法办理登记等手续】	★
	第195条【赠与义务的免除】	★
	第198条【借款合同中的担保及法律适用】	★
	第203条【借款人未按照约定的借款用途使用借款的后果】	★

	同时适用的法条	相关度	
物权法	第21条【登记错误造成损害的救济规则】	★★★	113
	第31条【因法律行为之外的原因取得的不动产再次处分时的物权变动规则】	★★★	
	第12条【不动产登记机构应当履行的职责】	★★	
	第176条【混合担保规则】	★★	
	第179条【抵押权的界定】	★★	
	第203条【最高额抵押规则】	★★	
	第6条【物权公示原则：不动产登记、动产交付】	★	
	第19条【更正登记和异议登记】	★	
担保法	第33条【抵押、抵押权人、抵押人以及抵押物的概念】	★★	607
	第18条【保证合同中连带责任的承担】	★	
民法通则	第84条【债的界定】	★	616
婚姻法司法解释二	第24条【离婚时夫妻共同债务的清偿】	★	684

第19条【更正登记和异议登记】 ★

权利人、利害关系人认为不动产登记簿记载的事项错误的，可以申请更正登记。不动产登记簿记载的权利人书面同意更正或者有证据证明登记确有错误的，登记机构应当予以更正。

不动产登记簿记载的权利人不同意更正的，利害关系人可以申请异议登记。登记机构予以异议登记的，申请人在异议登记之日起十五日内不起诉，异议登记失效。异议登记不当，造成权利人损害的，权利人可以向申请人请求损害赔偿。

一、主要适用的案由及其相关度

案由编号	主要适用的案由	相关度
M3.5	物权保护纠纷	★★
M3.5.38	财产损害赔偿纠纷	★
M9.30.350	机动车交通事故责任纠纷	★
M3.5.32	物权确认纠纷	★
M3.5.32.1	所有权确认纠纷	★★★★★
M4.10.82	房屋买卖合同纠纷	★
M4.10.89.4	民间借贷纠纷	★
M3.5.34	排除妨害纠纷	★

二、同时适用的法条及其相关度

	同时适用的法条	相关度
物权法	第9条【不动产物权变动的登记原则;国家的自然资源所有权登记的特殊规定】	★★★★★
	第17条【不动产权属证书与不动产登记簿的关系】	★★★★★
	第33条【利害关系人的物权确认请求权】	★★★★★
	第6条【物权公示原则;不动产登记、动产交付】	★★★
	第15条【设立、变更、转让、消灭不动产物权的合同的效力;合同成立时生效】	★★★
	第16条【不动产登记簿的法律效力】	★★★
	第7条【物权取得与行使应遵守法律和公序良俗】	★
	第14条【不动产物权变动的生效时间】	★
	第18条【权利人和利害关系人对登记资料享有的权利】	★
	第21条【登记错误造成损害的救济规则】	★

	同时适用的法条	相关度	
物权法	第28条【因人民法院、仲裁委员会的法律文件或者人民政府的征收决定等法律文书致物权发生变动的生效时间确定】	★	113
	第34条【权利人的返还原物请求权】	★	
	第35条【权利人享有的排除妨害请求权与消除危险请求权】	★	
	第39条【所有权的内容】	★	
	第93条【共有的界定及其类型】	★	
	第95条【共同共有权】	★	
合同法	第107条【合同约束力:违约责任】	★★★	593
	第8条【合同约束力】	★	
	第52条【合同无效的情形】	★	
	第60条【合同履行的原则】	★	
民法通则	第5条【公民、法人的合法权益受法律保护】	★★	616
	第72条【财产所有权取得应符合法律规定;动产所有权自交付时转移】	★★	
	第71条【所有权的内容】	★	
道路交通安全法	第37条【专用车道不允许其他车辆通行】	★★	646
侵权责任法	第48条【机动车交通事故责任的法律适用】	★★	625
	第76条【未经许可进入高度危险活动区域或者高度危险物存放区的抗辩事由】	★★	
继承法	第13条【遗产分配】	★★	636
	第2条【继承开始】	★	
	第3条【遗产范围】	★	
	第10条【继承人范围及继承顺序】	★	
	第25条【继承和遗赠的接受与放弃】	★	

		同时适用的法条	相关度
652	保险法	第64条【查明保险事故的费用由保险人承担】	★
		第65条【责任保险的赔偿规则】	★
649	婚姻法	第17条【夫妻共有财产的范围】	★
640	土地管理法	第13条【依法登记的土地的所有权和使用权受法律保护】	★
		第62条【农村村民的宅基地权及其限制】	★
607	担保法	第33条【抵押、抵押权人、抵押人以及抵押物的概念】	★
687	担保法司法解释	第2条【担保物权的设立；第三人的反担保】	★
702	道路交通事故司法解释	第25条【保险公司在交通事故损害赔偿案件中应作为共同被告的情形：承保交强险、承保商业三者险】	★
692	民通意见	第1条【公民的民事权利能力自出生时开始：户籍证明、医院出具的出生证明、其他证明】	★

第20条【预告登记及其法律效力】 ★★★

当事人签订买卖房屋或者其他不动产物权的协议，为保障将来实现物权，按照约定可以向登记机构申请预告登记。预告登记后，未经预告登记的权利人同意，处分该不动产的，不发生物权效力。

预告登记后，债权消灭或者自能够进行不动产登记之日起三个月内未申请登记的，预告登记失效。

一、主要适用的案由及其相关度

案由编号	主要适用的案由	相关度
M4.10.89	借款合同纠纷	★
M4.10.89.1	金融借款合同纠纷	★★★★★

二、同时适用的法条及其相关度

	同时适用的法条	相关度	
合同法	第205条【借款合同的利息支付义务】	★★★★★	593
	第206条【借款期限的认定】	★★★★★	
	第207条【借款合同违约责任承担:支付利息】	★★★★★	
	第107条【合同约束力;违约责任】	★★★★	
	第60条【合同履行的原则】	★★★	
	第8条【合同约束力】	★★	
	第93条【合同的意定解除:协商一致;约定条件成就】	★★	
	第196条【借款合同定义】	★★	
	第44条【合同成立条件与时间】	★	
	第97条【合同解除的法律后果】	★	
	第204条【金融机构贷款业务的利率确定】	★	
担保法	第18条【保证合同中连带责任的承担】	★★★★★	607
	第21条【保证担保的范围;没有约定、约定不明时的担保范围】	★★★	
	第31条【保证人的追偿权】	★★	
	第33条【抵押、抵押权人、抵押人以及抵押物的概念】	★	
	第53条【抵押权的实现】	★	
物权法	第187条【不动产抵押的登记要件主义】	★★★	113
	第176条【混合担保规则】	★★	
	第9条【不动产物权变动的登记原则;国家的自然资源所有权登记的特殊规定】	★	
	第14条【不动产物权变动的生效时间】	★	
	第173条【担保物权担保的范围】	★	

	同时适用的法条	相关度
物权法	第179条【抵押权的界定】	★
	第180条【可抵押财产的范围】	★
婚姻法司法解释二	第24条【离婚时夫妻共同债务的清偿】	★

684

第21条【登记错误造成损害的救济规则】 ★

当事人提供虚假材料申请登记,给他人造成损害的,应当承担赔偿责任。

因登记错误,给他人造成损害的,登记机构应当承担赔偿责任。登记机构赔偿后,可以向造成登记错误的人追偿。

一、主要适用的案由及其相关度

案由编号	主要适用的案由	相关度
M4.10.89.1	金融借款合同纠纷	
M4.10.89.4	民间借贷纠纷	
M3.5.32.1	所有权确认纠纷	
M3.4.31	虚假登记损害责任纠纷	
M4.10.126	追偿权纠纷	
M3.5.33	返还原物纠纷	
M3.5.34	排除妨害纠纷	
M3.5.38	财产损害赔偿纠纷	

二、同时适用的法条及其相关度

	同时适用的法条	相关度
合同法	第205条【借款合同的利息支付义务】	★★★★★
	第206条【借款期限的认定】	★★★★★
	第207条【借款合同违约责任承担:支付利息】	★★★★★

593

	同时适用的法条	相关度	
合同法	第60条【合同履行的原则】	★★★	593
	第107条【合同约束力；违约责任】	★★★	
	第179条【供电人的安全供电义务】	★★	
	第198条【借款合同中的担保及法律适用】	★★	
物权法	第18条【权利人和利害关系人对登记资料享有的权利】	★★★★★	113
	第31条【因法律行为之外的原因取得的不动产再次处分时的物权变动规则】	★★★★	
	第6条【物权公示原则；不动产登记、动产交付】	★★★	
	第19条【更正登记和异议登记】	★★★	
	第33条【利害关系人的物权确认请求权】	★★★	
	第12条【不动产登记机构应当履行的职责】	★★	
	第15条【设立、变更、转让、消灭不动产物权的合同的效力；合同成立时生效】	★★	
	第106条【善意取得的构成条件】	★★	
	第7条【物权取得与行使应遵守法律和公序良俗】	★	
	第9条【不动产物权变动的登记原则；国家的自然资源所有权登记的特殊规定】	★	
	第28条【因人民法院、仲裁委员会的法律文件或者人民政府的征收决定等法律文书致物权发生变动的生效时间确定】	★	
	第37条【侵害物权的民事责任竞合】	★	
	第93条【共有的界定及其类型】	★	
	第176条【混合担保规则】	★	
	第179条【抵押权的界定】	★	
	第187条【不动产抵押的登记要件主义】	★	

	同时适用的法条	相关度
712 审理房屋登记案件规定	第12条【房屋登记机构未尽合理审慎职责的赔偿责任】	★★

第22条【不动产登记收费标准的确定】 ★

不动产登记费按件收取,不得按照不动产的面积、体积或者价款的比例收取。具体收费标准由国务院有关部门会同价格主管部门规定。

■ 一、主要适用的案由及其相关度

案由编号	主要适用的案由	相关度
M4.10.74	买卖合同纠纷	
M10.43.422	案外人执行异议之诉	

■ 二、同时适用的法条及其相关度

	同时适用的法条	相关度
113 物权法	第6条【物权公示原则:不动产登记、动产交付】	
	第11条【申请不动产登记应提供的必要材料】	
	第16条【不动产登记簿的法律效力】	
	第23条【动产物权设立和转让的公示与生效条件】	
	第48条【国家所有的自然资源的范围】	
	第73条【建筑区划内的道路、绿地等场所和设施属于业主共有财产】	
	第79条【建筑物及其附属设施的维修基金的筹集和使用规则】	
	第80条【建筑物及其附属设施的费用分摊和收益分配确定规则】	
	第81条【业主对建筑物及其附属设施的管理权及行使规则】	

	同时适用的法条	相关度	
物权法	第179条【抵押权的界定】		113
	第187条【不动产抵押的登记要件主义】		
	第195条【抵押权实现的方式和程序】		
	第203条【最高额抵押规则】		
民法通则	第72条【财产所有权取得应符合法律规定;动产所有权自交付时转移】		616

第二节 动产交付

第23条【动产物权设立和转让的公示与生效条件】 ★★★

动产物权的设立和转让,自交付时发生效力,但法律另有规定的除外。

一、主要适用的案由及其相关度

案由编号	主要适用的案由	相关度
M4.10.74	买卖合同纠纷	★★★★★
M10.43.422	案外人执行异议之诉	★★★
M3.5.33	返还原物纠纷	★★★
M9.30.350	机动车交通事故责任纠纷	★
M3.5.32	物权确认纠纷	★
M3.5.32.1	所有权确认纠纷	★★★
M10.43.423	申请执行人执行异议之诉	★

二、同时适用的法条及其相关度

	同时适用的法条	相关度	
物权法	第24条【船舶、航空器和机动车物权变动采取登记对抗主义】	★★★★★	113
	第33条【利害关系人的物权确认请求权】	★★	
	第34条【权利人的返还原物请求权】	★★	

		同时适用的法条	相关度
113	物权法	第212条【质权的设立】	★★
		第6条【物权公示原则:不动产登记、动产交付】	★
		第25条【动产物权变动方式之简易交付】	★
		第37条【侵害物权的民事责任竞合】	★
		第39条【所有权的内容】	★
593	合同法	第44条【合同成立条件与时间】	★★★★★
		第60条【合同履行的原则】	★★★★★
		第107条【合同约束力:违约责任】	★★★★★
		第133条【标的物所有权转移:交付】	★★★★
		第8条【合同约束力】	★★★
		第130条【买卖合同的定义】	★★★
		第135条【出卖人义务:交付、移转所有权】	★★★
		第136条【出卖人义务:交付单证、交付资料】	★★★
		第52条【合同无效的情形】	★
		第62条【合同内容约定不明确的处理规则;合同漏洞的填补】	★
		第94条【合同的法定解除;法定解除权】	★
		第114条【违约金的数额及其调整】	★
		第159条【买受人应支付价款的数额认定】	★
		第206条【借款期限的认定】	★
		第207条【借款合同违约责任承担:支付利息】	★
607	担保法	第63条【动产质押的定义】	★★★
		第64条【质押合同的订立形式与质权生效时间】	★★★
		第75条【可质押的权利的范围】	★★★
		第18条【保证合同中连带责任的承担】	★
		第31条【保证人的追偿权】	★

	同时适用的法条	相关度	
民法通则	第72条【财产所有权取得应符合法律规定;动产所有权自交付时转移】	★★	616
	第5条【公民、法人的合法权益受法律保护】	★	
	第71条【所有权的内容】	★	
	第75条【个人财产:合法财产受法律保护】	★	
	第106条【民事责任归责原则:违约责任,无过错责任原则;侵权责任,过错责任、无过错责任】		
	第117条【侵害财产权的责任承担方式:返还财产、折价赔偿;恢复原状、折价赔偿;赔偿损失】	★	
	第134条【民事责任的主要承担方式】	★	
侵权责任法	第6条【过错责任原则;过错推定责任原则】	★★	625
	第2条【侵权责任一般条款;民事权益的范围】	★	
	第15条【侵权责任的主要承担方式】	★	
	第16条【人身损害赔偿项目:一般人身损害赔偿项目、伤残赔偿项目、死亡赔偿项目】	★	
	第19条【侵害财产造成财产损失的计算方式】	★	
	第48条【机动车交通事故责任的法律适用】	★	
道路交通安全法	第76条【交通事故赔偿责任一般条款】	★	646
买卖合同司法解释	第7条【出卖人义务:交付单证、交付资料】	★★★	704
人身损害赔偿司法解释	第17条【人身损害赔偿项目:一般人身损害赔偿项目、伤残赔偿项目、死亡赔偿项目】	★	698

	同时适用的法条	相关度
704 民事执行查封扣押冻结财产规定	第17条【被执行人将其所有的需要办理过户登记的财产出卖给第三人时查封、扣押、冻结的执行】	★

第24条【船舶、航空器和机动车物权变动采取登记对抗主义】 ★★

船舶、航空器和机动车等物权的设立、变更、转让和消灭,未经登记,不得对抗善意第三人。

一、主要适用的案由及其相关度

案由编号	主要适用的案由	相关度
M4.10.74	买卖合同纠纷	★★★★★
M10.43.422	案外人执行异议之诉	★★★★
M3.5.33	返还原物纠纷	★★★
M3.5.32.1	所有权确认纠纷	★★★
M7.19.225	船舶权属纠纷	★★
M8.20.236	挂靠经营合同纠纷	★
M4.10.89	借款合同纠纷	★
M4.10.89.4	民间借贷纠纷	★★
M10.43	执行异议之诉	★
M9.30.350	机动车交通事故责任纠纷	★

二、同时适用的法条及其相关度

	同时适用的法条	相关度
113 物权法	第23条【动产物权设立和转让的公示与生效条件】	★★★★★
	第212条【质权的设立】	★★
	第33条【利害关系人的物权确认请求权】	★
	第34条【权利人的返还原物请求权】	★
	第39条【所有权的内容】	★

	同时适用的法条	相关度	
合同法	第107条【合同约束力；违约责任】	★★★	593
	第60条【合同履行的原则】	★★	
	第8条【合同约束力】	★	
	第44条【合同成立条件与时间】	★	
	第135条【出卖人义务：交付、移转所有权】	★	
	第136条【出卖人义务：交付单证、交付资料】	★	
	第206条【借款期限的认定】	★	
	第207条【借款合同违约责任承担：支付利息】	★	
担保法	第63条【动产质押的定义】	★★	607
	第64条【质押合同的订立形式与质权生效时间】	★	
	第75条【可质押的权利的范围】	★	
买卖合同司法解释	第7条【出卖人义务：交付单证、交付资料】	★	704

第25条【动产物权变动方式之简易交付】 ★★

动产物权设立和转让前，权利人已经依法占有该动产的，物权自法律行为生效时发生效力。

一、主要适用的案由及其相关度

案由编号	主要适用的案由	相关度
M4.10.74	买卖合同纠纷	★★★★★
M4.10	合同纠纷	★★★★★
M3.5.32	物权确认纠纷	★★
M3.5.32.1	所有权确认纠纷	★★★
M3.5.33	返还原物纠纷	★★
M4.10.89.4	民间借贷纠纷	★
M3.5.34	排除妨害纠纷	★
M10.43.422	案外人执行异议之诉	★

■ 二、同时适用的法条及其相关度

		同时适用的法条	相关度
593	合同法	第60条【合同履行的原则】	★★★★★
		第107条【合同约束力:违约责任】	★★★★★
		第44条【合同成立条件与时间】	★★★★
		第94条【合同的法定解除;法定解除权】	★★★
		第8条【合同约束力】	★★
		第130条【买卖合同的定义】	★
		第132条【买卖合同的标的物】	★
		第133条【标的物所有权转移:交付】	★
		第134条【所有权保留】	★
		第136条【出卖人义务:交付单证、交付资料】	★
		第159条【买受人应支付价款的数额认定】	★
113	物权法	第23条【动产物权设立和转让的公示与生效条件】	★★★★★
		第24条【船舶、航空器和机动车物权变动采取登记对抗主义】	★★★
		第26条【动产物权变动方式之指示交付】	★★★
		第27条【动产物权变动方式之占有改定】	★★★
		第33条【利害关系人的物权确认请求权】	★
		第34条【权利人的返还原物请求权】	★
		第37条【侵害物权的民事责任竞合】	★
		第39条【所有权的内容】	★
625	侵权责任法	第15条【侵权责任的主要承担方式】	★
616	民法通则	第72条【财产所有权取得应符合法律规定;动产所有权自交付时转移】	★

第26条【动产物权变动方式之指示交付】 ★

动产物权设立和转让前,第三人依法占有该动产的,负有交付义务的人可以通过转让请求第三人返还原物的权利代替交付。

一、主要适用的案由及其相关度

案由编号	主要适用的案由	相关度
M4.10	合同纠纷	
M4.10.74	买卖合同纠纷	
M4.10.89.4	民间借贷纠纷	
M3.5.33	返还原物纠纷	
M10.43.422	案外人执行异议之诉	

二、同时适用的法条及其相关度

	同时适用的法条	相关度	
合同法	第44条【合同成立条件与时间】	★★★★★	593
	第60条【合同履行的原则】	★★★★★	
	第94条【合同的法定解除;法定解除权】	★★★★★	
	第107条【合同约束力;违约责任】	★★★★★	
物权法	第25条【动产物权变动方式之简易交付】	★★★★★	113
	第27条【动产物权变动方式之占有改定】	★★★★★	
	第23条【动产物权设立和转让的公示与生效条件】	★★	
	第6条【物权公示原则:不动产登记、动产交付】	★	
	第19条【更正登记和异议登记】	★	
	第33条【利害关系人的物权确认请求权】	★	
	第34条【权利人的返还原物请求权】	★	

第27条【动产物权变动方式之占有改定】 ★

动产物权转让时,双方又约定由出让人继续占有该动产的,物权自该约定生效时发生效力。

一、主要适用的案由及其相关度

案由编号	主要适用的案由	相关度
M4.10	合同纠纷	
M4.11.128	不当得利纠纷	
M4.10.97	租赁合同纠纷	
M4.10.97.2	房屋租赁合同纠纷	
M4.10.74	买卖合同纠纷	
M4.10.98	融资租赁合同纠纷	
M3.5.32.1	所有权确认纠纷	

二、同时适用的法条及其相关度

	同时适用的法条	相关度
合同法	第60条【合同履行的原则】	★★★★★
	第107条【合同约束力：违约责任】	★★★★★
	第44条【合同成立条件与时间】	★★★★
	第94条【合同的法定解除；法定解除权】	★★★★
	第114条【违约金的数额及其调整】	★★★
	第133条【标的物所有权转移：交付】	★★★
	第248条【出租人的租金支付请求权以及合同解除权】	★★★
	第130条【买卖合同的定义】	★
	第159条【买受人应支付价款的数额认定】	★
物权法	第25条【动产物权变动方式之简易交付】	★★★★★
	第27条【动产物权变动方式之占有改定】	★★★★★
	第23条【动产物权设立和转让的公示与生效条件】	★★
	第6条【物权公示原则：不动产登记、动产交付】	★

	同时适用的法条	相关度
物权法	第19条【更正登记和异议登记】	★
	第33条【利害关系人的物权确认请求权】	★
	第34条【权利人的返还原物请求权】	★
担保法	第18条【保证合同中连带责任的承担】	★★★
	第21条【保证担保的范围;没有约定、约定不明时的担保范围】	★★
	第31条【保证人的追偿权】	★★

113

607

第三节 其他规定

第28条【因人民法院、仲裁委员会的法律文件或者人民政府的征收决定等法律文书致物权发生变动的生效时间确定】 ★★

因人民法院、仲裁委员会的法律文书或者人民政府的征收决定等,导致物权设立、变更、转让或者消灭的,自法律文书或者人民政府的征收决定等生效时发生效力。

一、主要适用的案由及其相关度

案由编号	主要适用的案由	相关度
M3.5.33	返还原物纠纷	★★★★★
M4.10.82	房屋买卖合同纠纷	★★★★
M3.5.34	排除妨害纠纷	★★★★
M3.5	物权保护纠纷	★★★★
M2.2.12	离婚后财产纠纷	★★
M10.43.423	申请执行人执行异议之诉	★★
M3.5.38	财产损害赔偿纠纷	★★
M4.10	合同纠纷	★★
M3.5.32	物权确认纠纷	★
M3.5.32.1	所有权确认纠纷	★★★★★
M10.43.422	案外人执行异议之诉	★

案由编号	主要适用的案由	相关度
M3	物权纠纷	★
M4.10.97	租赁合同纠纷	★
M4.10.97.2	房屋租赁合同纠纷	★★
M9.30	侵权责任纠纷	★
M4.10.83	房屋拆迁安置补偿合同纠纷	★
M2.3	继承纠纷	★
M3.6.48	共有纠纷	★
M3.6	所有权纠纷	★

二、同时适用的法条及其相关度

	同时适用的法条	相关度
物权法	第9条【不动产物权变动的登记原则;国家的自然资源所有权登记的特殊规定】	★★★★★
	第34条【权利人的返还原物请求权】	★★★★
	第39条【所有权的内容】	★★★★
	第15条【设立、变更、转让、消灭不动产物权的合同的效力;合同成立时生效】	★★★
	第33条【利害关系人的物权确认请求权】	★★★
	第35条【权利人享有的排除妨害请求权与消除危险请求权】	★★★
	第37条【侵害物权的民事责任竞合】	★★★
	第4条【国家、集体和私人物权的平等保护原则】	★★
	第31条【因法律行为之外的原因取得的不动产再次处分时的物权变动规则】	★★
	第32条【物权遭受侵害的救济途径】	★★
	第2条【物权法适用范围;物的概念;物权的概念】	★
	第6条【物权公示原则:不动产登记、动产交付】	★

	同时适用的法条	相关度	
物权法	第 14 条【不动产物权变动的生效时间】	★	113
	第 16 条【不动产登记簿的法律效力】	★	
	第 17 条【不动产权属证书与不动产登记簿的关系】	★	
	第 20 条【预告登记及其法律效力】	★	
	第 29 条【以继承或者遗赠方式取得物权的生效时间确定】	★	
	第 30 条【因事实行为设立或者消灭物权的生效时间确定】	★	
	第 66 条【私人合法财产受法律保护】	★	
	第 94 条【按份共有人对共有物的权利】	★	
	第 106 条【善意取得的构成条件】	★	
合同法	第 8 条【合同约束力】	★★★	593
	第 44 条【合同成立条件与时间】	★★★	
	第 52 条【合同无效的情形】	★★★	
	第 60 条【合同履行的原则】	★★★	
	第 107 条【合同约束力:违约责任】	★★	
	第 51 条【无权处分合同的效力:经追认或取得处分权的有效】	★	
	第 94 条【合同的法定解除;法定解除权】	★	
	第 97 条【合同解除的法律后果】	★	
	第 110 条【继续履行及其例外;债权人不得要求对方继续履行的情形】	★	
	第 130 条【买卖合同的定义】	★	
	第 132 条【买卖合同的标的物】	★	
	第 212 条【租赁合同的定义】	★	
	第 229 条【买卖不破租赁;租赁物发生所有权变动时不影响租赁合同效力】	★	

		同时适用的法条	相关度
616	民法通则	第72条【财产所有权取得应符合法律规定;动产所有权自交付时转移】	★★
		第4条【民事活动的基本原则:自愿、公平、等价有偿、诚实信用】	★
		第5条【公民、法人的合法权益受法律保护】	★
		第106条【民事责任归责原则:违约责任,无过错责任原则;侵权责任,过错责任、无过错责任】	★
		第117条【侵害财产权的责任承担方式:返还财产、折价赔偿;恢复原状、折价赔偿;赔偿损失】	★
		第134条【民事责任的主要承担方式】	★
625	侵权责任法	第15条【侵权责任的主要承担方式】	★★
		第2条【侵权责任一般条款;民事权益的范围】	★
		第6条【过错责任原则;过错推定责任原则】	★
649	婚姻法	第17条【夫妻共有财产的范围】	★
		第39条【离婚时夫妻共同财产的处理】	★
636	继承法	第10条【继承人范围及继承顺序】	★
713	建设工程价款优先受偿权问题的批复	第1条【承包人的建设工程优先受偿权】	★
712	审理房屋登记案件规定	第8条【因房屋登记行为的基础法律关系争议对房屋登记行为提起诉讼】	★
718	物权法司法解释一	第7条【导致物权变动法律文书种类】	★

第29条【以继承或者遗赠方式取得物权的生效时间确定】 ★★

因继承或者受遗赠取得物权的,自继承或者受遗赠开始时发生效力。

一、主要适用的案由及其相关度

案由编号	主要适用的案由	相关度
M2.3	继承纠纷	★★★★★
M4.10.82	房屋买卖合同纠纷	★★★★
M2.3.25	法定继承纠纷	★★★
M3.5	物权保护纠纷	★★★
M2.3.26	遗嘱继承纠纷	★★★
M2.2.24	分家析产纠纷	★★★
M3.5.32	物权确认纠纷	★★★
M3.5.32.1	所有权确认纠纷	★★★★★
M3.6.48	共有纠纷	★★
M3.6.48.2	共有物分割纠纷	★
M3.5.33	返还原物纠纷	★★
M3.5.34	排除妨害纠纷	★
M3.6	所有权纠纷	★
M3.5.38	财产损害赔偿纠纷	★
M4.10.67.2	确认合同无效纠纷	★

二、同时适用的法条及其相关度

	同时适用的法条	相关度
继承法	第2条【继承开始】	★★★★★
	第5条【继承方式】	★★★★★
	第10条【继承人范围及继承顺序】	★★★★★
	第3条【遗产范围】	★★★★
	第13条【遗产分配】	★★★★
	第16条【遗嘱与遗赠的一般规定】	★★★
	第25条【继承和遗赠的接受与放弃】	★★★

		同时适用的法条	相关度
636	继承法	第26条【遗产的认定】	★★★
		第17条【遗嘱的形式】	★★
		第9条【继承权男女平等】	★
		第11条【代位继承】	★
		第15条【继承纠纷的处理原则与方法】	★
		第29条【遗产分割的规则和方法】	★
		第33条【继承遗产与清偿债务】	★
113	物权法	第9条【不动产物权变动的登记原则;国家的自然资源所有权登记的特殊规定】	★★★
		第33条【利害关系人的物权确认请求权】	★★★
		第30条【因事实行为设立或者消灭物权的生效时间确定】	★★
		第39条【所有权的内容】	★★
		第99条【共有物的分割规则】	★★
		第4条【国家、集体和私人物权的平等保护原则】	★
		第7条【物权取得与行使应遵守法律和公序良俗】	★
		第15条【设立、变更、转让、消灭不动产物权的合同的效力:合同成立时生效】	★
		第17条【不动产权属证书与不动产登记簿的关系】	★
		第28条【因人民法院、仲裁委员会的法律文件或者人民政府的征收决定等法律文书致物权发生变动的生效时间确定】	★
		第31条【因法律行为之外的原因取得的不动产再次处分时的物权变动规则】	★
		第34条【权利人的返还原物请求权】	★
		第35条【权利人享有的排除妨害请求权与消除危险请求权】	★

	同时适用的法条	相关度	
物权法	第37条【侵害物权的民事责任竞合】	★	113
	第93条【共有的界定及其类型】	★	
	第94条【按份共有人对共有物的权利】	★	
	第95条【共同共有权】	★	
	第100条【共有物分割的方式】	★	
合同法	第60条【合同履行的原则】	★★	593
	第8条【合同约束力】	★	
	第44条【合同成立条件与时间】	★	
	第52条【合同无效的情形】	★	
	第107条【合同约束力：违约责任】	★	
婚姻法	第17条【夫妻共有财产的范围】	★	649
民法通则	第72条【财产所有权取得应符合法律规定；动产所有权自交付时转移】	★	616
	第76条【财产继承权】	★	
继承法问题的意见	第1条【继承开始时间】	★	708

第30条【因事实行为设立或者消灭物权的生效时间确定】 ★★

因合法建造、拆除房屋等事实行为设立或者消灭物权的，自事实行为成就时发生效力。

■ 一、主要适用的案由及其相关度

案由编号	主要适用的案由	相关度
M2.2.24	分家析产纠纷	★★★
M2.3	继承纠纷	★★
M3.5.33	返还原物纠纷	★★
M4.10.82	房屋买卖合同纠纷	★★

案由编号	主要适用的案由	相关度
M3.5.32	物权确认纠纷	★★
M3.5.32.1	所有权确认纠纷	★★★★★
M3.5	物权保护纠纷	★★
M2.3.25	法定继承纠纷	★
M3.5.34	排除妨害纠纷	★
M3.6	所有权纠纷	★
M3.6.48	共有纠纷	★
M3.5.38	财产损害赔偿纠纷	★
M3.9.62	占有物返还纠纷	★
M10.43.422	案外人执行异议之诉	★
M2.2.12	离婚后财产纠纷	★

二、同时适用的法条及其相关度

	同时适用的法条	相关度
物权法	第33条【利害关系人的物权确认请求权】	★★★★★
	第9条【不动产物权变动的登记原则;国家的自然资源所有权登记的特殊规定】	★★★★
	第34条【权利人的返还原物请求权】	★★★
	第39条【所有权的内容】	★★★
	第4条【国家、集体和私人物权的平等保护原则】	★★
	第15条【设立、变更、转让、消灭不动产物权的合同的效力:合同成立时生效】	★★
	第17条【不动产权属证书与不动产登记簿的关系】	★★
	第29条【以继承或者遗赠方式取得物权的生效时间确定】	★★
	第35条【权利人享有的排除妨害请求权与消除危险请求权】	★★

	同时适用的法条	相关度	
物权法	第93条【共有的界定及其类型】	★★	113
	第99条【共有物的分割规则】	★★	
	第2条【物权法适用范围；物的概念；物权的概念】	★	
	第7条【物权取得与行使应遵守法律和公序良俗】	★	
	第14条【不动产物权变动的生效时间】	★	
	第28条【因人民法院、仲裁委员会的法律文件或者人民政府的征收决定等法律文书致物权发生变动的生效时间确定】	★	
	第31条【因法律行为之外的原因取得的不动产再次处分时的物权变动规则】	★	
	第32条【物权遭受侵害的救济途径】	★	
	第36条【物权损害的救济方式；物权的债权保护方法】	★	
	第37条【侵害物权的民事责任竞合】	★	
	第64条【私人所有权的范围】	★	
	第95条【共同共有权】	★	
	第100条【共有物分割的方式】	★	
	第103条【没有约定、约定不明时共有物共有性质的认定】	★	
	第152条【宅基地使用权内容】	★	
继承法	第3条【遗产范围】	★★★★	636
	第2条【继承开始】	★★★	
	第5条【继承方式】	★★★	
	第10条【继承人范围及继承顺序】	★★★	
	第13条【遗产分配】	★★★	
	第26条【遗产的认定】	★★	
	第8条【继承诉讼时效】	★	

		同时适用的法条	相关度
636	继承法	第9条【继承权男女平等】	★
		第11条【代位继承】	★
		第15条【继承纠纷的处理原则与方法】	★
		第16条【遗嘱与遗赠的一般规定】	★
		第17条【遗嘱的形式】	★
		第25条【继承和遗赠的接受与放弃】	☆
		第29条【遗产分割的规则和方法】	★
593	合同法	第44条【合同成立条件与时间】	★★★★
		第60条【合同履行的原则】	★★★
		第8条【合同约束力】	★★
		第52条【合同无效的情形】	★★
		第36条【应当采用书面形式而未采用书面形式合同成立的条件】	★
		第51条【无权处分合同的效力:经追认或取得处分权的有效】	★
		第107条【合同约束力;违约责任】	★
625	侵权责任法	第15条【侵权责任的主要承担方式】	★★
		第2条【侵权责任一般条款;民事权益的范围】	★
		第6条【过错责任原则;过错推定责任原则】	★
649	婚姻法	第17条【夫妻共有财产的范围】	★★
		第18条【夫妻个人财产的范围】	★
		第32条【诉讼离婚】	★
		第36条【离婚后父母子女关系】	★
		第39条【离婚时夫妻共同财产的处理】	★

	同时适用的法条	相关度	
民法通则	第71条【所有权的内容】	★★	616
	第72条【财产所有权取得应符合法律规定;动产所有权自交付时转移】	★★	
	第4条【民事活动的基本原则:自愿、公平、等价有偿、诚实信用】	★	
	第5条【公民、法人的合法权益受法律保护】	★	
	第78条【财产共有制度:按份共有、共同共有;按份共有人的优先购买权】	★	
	第117条【侵害财产权的责任承担方式:返还财产、折价赔偿;恢复原状、折价赔偿;赔偿损失】	★	
	第134条【民事责任的主要承担方式】	★	
土地管理法	第62条【农村村民的宅基地权及其限制】	★	640
继承法问题的意见	第1条【继承开始时间】	★	708
民通意见	第1条【公民的民事权利能力自出生时开始:户籍证明、医院出具的出生证明、其他证明】	★	692
建筑物区分所有权司法解释	第1条【业主的认定】	★	695

第31条【因法律行为之外的原因取得的不动产再次处分时的物权变动规则】 ★★

依照本法第二十八条至第三十条规定享有不动产物权的,处分该物权时,依照法律规定需要办理登记的,未经登记,不发生物权效力。

一、主要适用的案由及其相关度

案由编号	主要适用的案由	相关度
M4.10.82	房屋买卖合同纠纷	★★★★★
M4.10.89.1	金融借款合同纠纷	★★★★
M3.5.33	返还原物纠纷	★★★★
M3.5	物权保护纠纷	★★★
M2.2.12	离婚后财产纠纷	★★★
M3.5.38	财产损害赔偿纠纷	★
M4.10.126	追偿权纠纷	★
M10.43.422	案外人执行异议之诉	★
M3.6.48.2	共有物分割纠纷	★
M4.10	合同纠纷	★
M4.10.67.2	确认合同无效纠纷	★
M3.5.32	物权确认纠纷	★
M3.5.32.1	所有权确认纠纷	★★★★
M3.6.48.1	共有权确认纠纷	★
M3.5.34	排除妨害纠纷	★
M3.5.37	恢复原状纠纷	★
M4.10.77.2	建设用地使用权转让合同纠纷	★
M3.6	所有权纠纷	★
M4.10.97.2	房屋租赁合同纠纷	★
M2.3	继承纠纷	★
M7.19.191	船舶抵押合同纠纷	★
M4.10.89.5	小额借款合同纠纷	★
M4.10.74	买卖合同纠纷	★

二、同时适用的法条及其相关度

	同时适用的法条	相关度
物权法	第9条【不动产物权变动的登记原则；国家的自然资源所有权登记的特殊规定】	★★★★★
	第28条【因人民法院、仲裁委员会的法律文件或者人民政府的征收决定等法律文书致物权发生变动的生效时间确定】	★★★★★
	第6条【物权公示原则；不动产登记、动产交付】	★★★
	第14条【不动产物权变动的生效时间】	★★★
	第15条【设立、变更、转让、消灭不动产物权的合同的效力；合同成立时生效】	★★★
	第18条【权利人和利害关系人对登记资料享有的权利】	★★★
	第21条【登记错误造成损害的救济规则】	★★★
	第29条【以继承或者遗赠方式取得物权的生效时间确定】	★★★
	第30条【因事实行为设立或者消灭物权的生效时间确定】	★★★
	第176条【混合担保规则】	★★
	第2条【物权法适用范围；物的概念；物权的概念】	★
	第4条【国家、集体和私人物权的平等保护原则】	★
	第7条【物权取得与行使应遵守法律和公序良俗】	★
	第10条【不动产登记机构的确定；国家实行统一登记制度】	★
	第12条【不动产登记机构应当履行的职责】	★
	第17条【不动产权属证书与不动产登记簿的关系】	★
	第33条【利害关系人的物权确认请求权】	★
	第34条【权利人的返还原物请求权】	★

113

		同时适用的法条	相关度
113	物权法	第106条【善意取得的构成条件】	★
		第179条【抵押权的界定】	★
		第187条【不动产抵押的登记要件主义】	★
		第203条【最高额抵押规则】	★
593	合同法	第107条【合同约束力:违约责任】	★★★★
		第205条【借款合同的利息支付义务】	★★★
		第206条【借款期限的认定】	★★★
		第207条【借款合同违约责任承担:支付利息】	★★★
		第8条【合同约束力】	★★
		第44条【合同成立条件与时间】	★★
		第60条【合同履行的原则】	★★
		第10条【合同订立形式;合同的形式】	★
		第52条【合同无效的情形】	★
		第179条【供电人的安全供电义务】	★
		第187条【赠与的财产应依法办理登记等手续】	★
		第198条【借款合同中的担保及法律适用】	★
		第203条【借款人未按照约定的借款用途使用借款的后果】	★
636	继承法	第2条【继承开始】	★
		第3条【遗产范围】	★
		第10条【继承人范围及继承顺序】	★
625	侵权责任法	第6条【过错责任原则;过错推定责任原则】	★
654	房地产管理法	第38条【房地产禁止转让的情形】	★

	同时适用的法条	相关度	
民法通则	第54条【民事法律行为的定义】	★	616
	第55条【民事法律行为的有效条件】	★	
	第57条【民事法律行为的效力】	★	
担保法	第18条【保证合同中连带责任的承担】	★	607

第三章 物权的保护

第32条【物权遭受侵害的救济途径】　　　　　　★★★

物权受到侵害的,权利人可以通过和解、调解、仲裁、诉讼等途径解决。

一、主要适用的案由及其相关度

案由编号	主要适用的案由	相关度
M3.5.33	返还原物纠纷	★★★★★
M3.5	物权保护纠纷	★★★★★
M3.5.34	排除妨害纠纷	★★★★★
M3.5.38	财产损害赔偿纠纷	★★★
M4.10.97.2	房屋租赁合同纠纷	★★★
M3.5.37	恢复原状纠纷	★
M4.10.82	房屋买卖合同纠纷	★
M9.30	侵权责任纠纷	★
M3.5.32	物权确认纠纷	★
M3.5.32.1	所有权确认纠纷	★★★
M3	物权纠纷	★

二、同时适用的法条及其相关度

		同时适用的法条	相关度
113	物权法	第34条【权利人的返还原物请求权】	★★★★★
		第35条【权利人享有的排除妨害请求权与消除危险请求权】	★★★★
		第37条【侵害物权的民事责任竞合】	★★★★
		第4条【国家、集体和私人物权的平等保护原则】	★★★
		第33条【利害关系人的物权确认请求权】	★★★
		第39条【所有权的内容】	★★★
		第9条【不动产物权变动的登记原则;国家的自然资源所有权登记的特殊规定】	★★
		第66条【私人合法财产受法律保护】	★★
		第2条【物权法适用范围;物的概念;物权的概念】	★
		第36条【物权损害的救济方式;物权的债权保护方法】	★
		第64条【私人所有权的范围】	★
625	侵权责任法	第15条【侵权责任的主要承担方式】	★★★
		第2条【侵权责任一般条款;民事权益的范围】	★★
		第3条【侵权责任的当事人主义】	★★
		第6条【过错责任原则;过错推定责任原则】	★★
		第19条【侵害财产造成财产损失的计算方式】	★★
		第8条【共同实施侵权行为人的连带责任】	★
593	合同法	第107条【合同约束力;违约责任】	★★★
		第60条【合同履行的原则】	★★
		第235条【租赁期间届满承租人租赁物返还义务;返还的租赁物应当具有的状态】	★★
		第8条【合同约束力】	★

	同时适用的法条	相关度	
合同法	第44条【合同成立条件与时间】	★	593
	第93条【合同的意定解除:协商一致;约定条件成就】	★	
	第97条【合同解除的法律后果】	★	
	第227条【出租人的租金支付请求权以及合同解除权】	★	
民法通则	第117条【侵害财产权的责任承担方式:返还财产、折价赔偿;恢复原状、折价赔偿;赔偿损失】	★★★	616
	第75条【个人财产:合法财产受法律保护】	★★	
	第134条【民事责任的主要承担方式】	★★	
	第4条【民事活动的基本原则:自愿、公平、等价有偿、诚实信用】	★	
	第5条【公民、法人的合法权益受法律保护】	★	
	第71条【所有权的内容】	★	
	第106条【民事责任归责原则:违约责任,无过错责任原则;侵权责任,过错责任,无过错责任】	★	

第33条【利害关系人的物权确认请求权】　　★★★

因物权的归属、内容发生争议的,利害关系人可以请求确认权利。

一、主要适用的案由及其相关度

案由编号	主要适用的案由	相关度
M3.5.32	物权确认纠纷	★★★
M3.5.32.1	所有权确认纠纷	★★★★★
M2.2.24	分家析产纠纷	★
M4.10.82	房屋买卖合同纠纷	★

■ 二、同时适用的法条及其相关度

		同时适用的法条	相关度
	物权法	第15条【设立、变更、转让、消灭不动产物权的合同的效力;合同成立时生效】	★★★★★
		第39条【所有权的内容】	★★★★★
		第9条【不动产物权变动的登记原则;国家的自然资源所有权登记的特殊规定】	★★★★
		第34条【权利人的返还原物请求权】	★★★★
		第7条【物权取得与行使应遵守法律和公序良俗】	★★★
		第17条【不动产权属证书与不动产登记簿的关系】	★★★
		第32条【物权遭受侵害的救济途径】	★★★
		第64条【私人所有权的范围】	★★★
		第93条【共有的界定及其类型】	★★★
		第4条【国家、集体和私人物权的平等保护原则】	★★
		第30条【因事实行为设立或者消灭物权的生效时间确定】	★★
		第35条【权利人享有的排除妨害请求权与消除危险请求权】	★★
		第94条【按份共有人对共有物的权利】	★★
		第95条【共同共有权】	★★
		第99条【共有物的分割规则】	★★
		第100条【共有物分割的方式】	★★
		第2条【物权法适用范围;物的概念;物权的概念】	★
		第6条【物权公示原则:不动产登记、动产交付】	★
		第14条【不动产物权变动的生效时间】	★
		第16条【不动产登记簿的法律效力】	★
		第19条【更正登记和异议登记】	★
		第23条【动产物权设立和转让的公示与生效条件】	★

	同时适用的法条	相关度	
物权法	第24条【船舶、航空器和机动车物权变动采取登记对抗主义】	★	113
	第28条【因人民法院、仲裁委员会的法律文件或者人民政府的征收决定等法律文书致物权发生变动的生效时间确定】	★	
	第29条【以继承或者遗赠方式取得物权的生效时间确定】	★	
	第37条【侵害物权的民事责任竞合】	★	
	第42条【不动产的征收及其补偿】	★	
	第66条【私人合法财产受法律保护】	★	
	第103条【没有约定、约定不明时共有物共有性质的认定】	★	
	第104条【按份共有人共有份额的认定规则】	★	
	第106条【善意取得的构成条件】	★	
	第241条【有权占有法律规则】	★	
合同法	第44条【合同成立条件与时间】	★★★★	593
	第60条【合同履行的原则】	★★★★	
	第8条【合同约束力】	★★★	
	第107条【合同约束力：违约责任】	★★	
	第133条【标的物所有权转移：交付】	★★	
	第52条【合同无效的情形】	★	
	第130条【买卖合同的定义】	★	
	第242条【承租人破产时租赁物不属于破产财产】	★	
民法通则	第72条【财产所有权取得应符合法律规定；动产所有权自交付时转移】	★★★	616
	第4条【民事活动的基本原则：自愿、公平、等价有偿、诚实信用】	★★	

		同时适用的法条	相关度
616	民法通则	第5条【公民、法人的合法权益受法律保护】	★★
		第71条【所有权的内容】	★★
		第55条【民事法律行为的有效条件】	★
		第57条【民事法律行为的效力】	★
		第75条【个人财产:合法财产受法律保护】	★
		第78条【财产共有制度:按份共有、共同共有;按份共有人的优先购买权】	★
636	继承法	第10条【继承人范围及继承顺序】	★★★
		第3条【遗产范围】	★★
		第5条【继承方式】	★★
		第13条【遗产分配】	★★
		第2条【继承开始】	★
		第16条【遗嘱与遗赠的一般规定】	★
		第25条【继承和遗赠的接受与放弃】	★
		第26条【遗产的认定】	★
649	婚姻法	第39条【离婚时夫妻共同财产的处理】	★★
		第17条【夫妻共有财产的范围】	★
625	侵权责任法	第15条【侵权责任的主要承担方式】	★
684	婚姻法司法解释二	第8条【离婚财产分割协议的效力】	★★

第34条【权利人的返还原物请求权】 ★★★★

无权占有不动产或者动产的,权利人可以请求返还原物。

一、主要适用的案由及其相关度

案由编号	主要适用的案由	相关度
M3.5.33	返还原物纠纷	★★★★★
M3.5	物权保护纠纷	★★
M3.5.34	排除妨害纠纷	★★
M4.10.97.2	房屋租赁合同纠纷	★

二、同时适用的法条及其相关度

	同时适用的法条	相关度
物权法	第37条【侵害物权的民事责任竞合】	★★★★★
物权法	第39条【所有权的内容】	★★★★★
物权法	第4条【国家、集体和私人物权的平等保护原则】	★★★★
物权法	第9条【不动产物权变动的登记原则;国家的自然资源所有权登记的特殊规定】	★★★
物权法	第32条【物权遭受侵害的救济途径】	★★★
物权法	第35条【权利人享有的排除妨害请求权与消除危险请求权】	★★★
物权法	第17条【不动产权属证书与不动产登记簿的关系】	★★
物权法	第33条【利害关系人的物权确认请求权】	★★
物权法	第36条【物权损害的救济方式;物权的债权保护方法】	★★
物权法	第66条【私人合法财产受法律保护】	★★
物权法	第2条【物权法适用范围;物的概念;物权的概念】	★
物权法	第125条【土地承包经营权内容】	★

		同时适用的法条	相关度
616	民法通则	第117条【侵害财产权的责任承担方式:返还财产、折价赔偿;恢复原状、折价赔偿;赔偿损失】	★★★★★
		第134条【民事责任的主要承担方式】	★★★★
		第5条【公民、法人的合法权益受法律保护】	★★★
		第75条【个人财产:合法财产受法律保护】	★★★
		第71条【所有权的内容】	★★
		第106条【民事责任归责原则:违约责任,无过错责任原则;侵权责任,过错责任、无过错责任】	★★
625	侵权责任法	第15条【侵权责任的主要承担方式】	★★★★
		第6条【过错责任原则;过错推定责任原则】	★★★
		第3条【侵权责任的当事人主义】	★★
		第2条【侵权责任一般条款;民事权益的范围】	★
		第19条【侵害财产造成财产损失的计算方式】	★
593	合同法	第60条【合同履行的原则】	★★★
		第107条【合同约束力;违约责任】	★★★
		第235条【租赁期间届满承租人租赁物返还义务;返还的租赁物应当具有的状态】	★★★
		第8条【合同约束力】	★★
		第91条【合同权利义务终止的法定情形】	★★
		第44条【合同成立条件与时间】	★
		第51条【无权处分合同的效力;经追认或取得处分权的有效】	★
		第52条【合同无效的情形】	★
		第92条【后合同义务】	★
		第97条【合同解除的法律后果】	★
		第212条【租赁合同的定义】	★
		第232条【不定期租赁】	★

	同时适用的法条	相关度	
农村土地承包法	第9条【集体土地所有者和承包方的合法权益受国家保护】	★	629
民通意见	第1条【公民的民事权利能力自出生时开始;户籍证明、医院出具的出生证明、其他证明】	★	692

第35条【权利人享有的排除妨害请求权与消除危险请求权】 ★★★★

妨害物权或者可能妨害物权的,权利人可以请求排除妨害或者消除危险。

一、主要适用的案由及其相关度

案由编号	主要适用的案由	相关度
M3.5.34	排除妨害纠纷	★★★★★
M3.5	物权保护纠纷	★★
M3.6.47	相邻关系纠纷	★

二、同时适用的法条及其相关度

	同时适用的法条	相关度	
物权法	第34条【权利人的返还原物请求权】	★★★★★	113
	第37条【侵害物权的民事责任竞合】	★★★★★	
	第39条【所有权的内容】	★★★★★	
	第84条【处理相邻关系的基本原则】	★★★★★	
	第4条【国家、集体和私人物权的平等保护原则】	★★★★	
	第9条【不动产物权变动的登记原则;国家的自然资源所有权登记的特殊规定】	★★★	
	第32条【物权遭受侵害的救济途径】	★★★	
	第36条【物权损害的救济方式;物权的债权保护方法】	★★★	
	第152条【宅基地使用权内容】	★★★	

		同时适用的法条	相关度
113	物权法	第17条【不动产权属证书与不动产登记簿的关系】	★★
		第125条【土地承包经营权内容】	★★
		第2条【物权法适用范围;物的概念;物的概念】	★
		第7条【物权取得与行使应遵守法律和公序良俗】	★
		第14条【不动产物权变动的生效时间】	★
		第33条【利害关系人的物权确认请求权】	★
		第66条【私人合法财产受法律保护】	★
		第70条【业主的建筑物区分所有权】	★
		第91条【禁止进行危及相邻不动产安全的活动】	★
		第117条【用益物权的界定及其内容】	★
		第135条【建设用地使用权的内容】	★
		第245条【占有保护的方法】	★
625	侵权责任法	第15条【侵权责任的主要承担方式】	★★★★★
		第6条【过错责任原则;过错推定责任原则】	★★★
		第2条【侵权责任一般条款;民事权益的范围】	★★
		第3条【侵权责任的当事人主义】	★★
		第21条【民事权益保全请求权:停止侵害、排除妨碍、消除危险】	★
616	民法通则	第134条【民事责任的主要承担方式】	★★★★★
		第5条【公民、法人的合法权益受法律保护】	★★★
		第83条【处理相邻关系的基本原则】	★★★
		第75条【个人财产:合法财产受法律保护】	★★
		第106条【民事责任归责原则:违约责任,无过错责任原则;侵权责任,过错责任、无过错责任】	★★
		第117条【侵害财产权的责任承担方式:返还财产、折价赔偿;恢复原状、折价赔偿;赔偿损失】	★★
		第71条【所有权的内容】	★

	同时适用的法条	相关度	
合同法	第60条【合同履行的原则】	★★	593
	第8条【合同约束力】	★	
土地管理法	第13条【依法登记的土地的所有权和使用权受法律保护】	★★	640
农村土地承包法	第9条【集体土地所有者和承包方的合法权益受国家保护】	★	629

第36条【物权损害的救济方式;物权的债权保护方法】　★★★

造成不动产或者动产毁损的,权利人可以请求修理、重作、更换或者恢复原状。

一、主要适用的案由及其相关度

案由编号	主要适用的案由	相关度
M3.5.37	恢复原状纠纷	★★★★★
M3.5.38	财产损害赔偿纠纷	★★★★
M3.5	物权保护纠纷	★★★
M3.5.34	排除妨害纠纷	★★
M4.10.104	委托合同纠纷	★★
M3.6.47	相邻关系纠纷	★★
M9.30.350	机动车交通事故责任纠纷	★★
M3.5.33	返还原物纠纷	★

二、同时适用的法条及其相关度

	同时适用的法条	相关度	
物权法	第35条【权利人享有的排除妨害请求权与消除危险请求权】	★★★★★	113
	第37条【侵害物权的民事责任竞合】	★★★★★	

		同时适用的法条	相关度
113	物权法	第4条【国家、集体和私人物权的平等保护原则】	★★★
		第34条【权利人的返还原物请求权】	★★★
		第32条【物权遭受侵害的救济途径】	★★
		第39条【所有权的内容】	★★
		第84条【处理相邻关系的基本原则】	★★
		第9条【不动产物权变动的登记原则;国家的自然资源所有权登记的特殊规定】	★
		第38条【物权保护方式的单用和并用;民事责任与行政责任和刑事责任的关系】	★
		第91条【禁止进行危及相邻不动产安全的活动】	★
		第92条【相邻权的限度】	★
625	侵权责任法	第6条【过错责任原则;过错推定责任原则】	★★★
		第15条【侵权责任的主要承担方式】	★★★
		第19条【侵害财产造成财产损失的计算方式】	★★
		第2条【侵权责任一般条款;民事权益的范围】	★
		第3条【侵权责任的当事人主义】	★
		第48条【机动车交通事故责任的法律适用】	★
616	民法通则	第117条【侵害财产权的责任承担方式:返还财产、折价赔偿,恢复原状、折价赔偿;赔偿损失】	★★★
		第134条【民事责任的主要承担方式】	★★★
		第83条【处理相邻关系的基本原则】	★★
		第106条【民事责任归责原则;违约责任,无过错责任原则;侵权责任,过错责任、无过错责任】	★★
		第5条【公民、法人的合法权益受法律保护】	★
		第75条【个人财产:合法财产受法律保护】	★

	同时适用的法条	相关度	
合同法	第8条【合同约束力】	★★	593
	第60条【合同履行的原则】	★★	
	第91条【合同权利义务终止的法定情形】	★★	
	第92条【后合同义务】	★★	
道路交通安全法	第76条【交通事故赔偿责任一般条款】	★	646
保险法	第65条【责任保险的赔偿规则】	★	652
民通意见	第1条【公民的民事权利能力自出生时开始；户籍证明、医院出具的出生证明、其他证明】	★★	692
道路交通事故司法解释	第15条【交通事故财产损失赔偿范围】	★	702
	第16条【交强险和商业三者险并存时的赔付规则】	★	

第37条【侵害物权的民事责任竞合】 ★★★★

侵害物权，造成权利人损害的，权利人可以请求损害赔偿，也可以请求承担其他民事责任。

一、主要适用的案由及其相关度

案由编号	主要适用的案由	相关度
M3.5.38	财产损害赔偿纠纷	★★★★★
M3.5.33	返还原物纠纷	★★★
M3.5	物权保护纠纷	★★★
M3.5.34	排除妨害纠纷	★★
M9.30.350	机动车交通事故责任纠纷	★★
M3.6.47	相邻关系纠纷	★

二、同时适用的法条及其相关度

	同时适用的法条	相关度
物权法	第34条【权利人的返还原物请求权】	★★★★★
	第35条【权利人享有的排除妨害请求权与消除危险请求权】	★★★★
	第4条【国家、集体和私人物权的平等保护原则】	★★★
	第32条【物权遭受侵害的救济途径】	★★★
	第36条【物权损害的救济方式;物权的债权保护方法】	★★★
	第39条【所有权的内容】	★★★
	第66条【私人合法财产受法律保护】	★★
	第84条【处理相邻关系的基本原则】	★★
	第9条【不动产物权变动的登记原则;国家的自然资源所有权登记的特殊规定】	★
	第125条【土地承包经营权内容】	★
侵权责任法	第6条【过错责任原则;过错推定责任原则】	★★★★
	第15条【侵权责任的主要承担方式】	★★★★
	第19条【侵害财产造成财产损失的计算方式】	★★★★
	第2条【侵权责任一般条款;民事权益的范围】	★★
	第3条【侵权责任的当事人主义】	★★
	第26条【过失相抵;被侵权人过错】	★★
	第48条【机动车交通事故责任的法律适用】	★★
	第8条【共同实施侵权行为人的连带责任】	★
	第16条【人身损害赔偿项目:一般人身损害赔偿项目、伤残赔偿项目、死亡赔偿项目】	★

	同时适用的法条	相关度	
民法通则	第117条【侵害财产权的责任承担方式:返还财产、折价赔偿;恢复原状、折价赔偿;赔偿损失】	★★★★	616
	第106条【民事责任归责原则:违约责任,无过错责任原则;侵权责任,过错责任,无过错责任】	★★★	
	第134条【民事责任的主要承担方式】	★★★	
	第75条【个人财产:合法财产受法律保护】	★★	
	第5条【公民、法人的合法权益受法律保护】	★	
	第83条【处理相邻关系的基本原则】	★	
道路交通安全法	第76条【交通事故赔偿责任一般条款】	★★	646
合同法	第60条【合同履行的原则】	★★	593
	第107条【合同约束力;违约责任】	★	
	第235条【租赁期间届满承租人租赁物返还义务;返还的租赁物应当具有的状态】	★	
道路交通事故司法解释	第15条【交通事故财产损失赔偿范围】	★	702
	第16条【交强险和商业三者险并存时的赔付规则】	★	

第38条【物权保护方式的单用和并用;民事责任与行政责任和刑事责任的关系】　★★

本章规定的物权保护方式,可以单独适用,也可以根据权利被侵害的情形合并适用。

侵害物权,除承担民事责任外,违反行政管理规定的,依法承担行政责任;构成犯罪的,依法追究刑事责任。

一、主要适用的案由及其相关度

案由编号	主要适用的案由	相关度
M3.5	物权保护纠纷	★★★★★
M3.5.34	排除妨害纠纷	★★★★
M3.5.33	返还原物纠纷	★★★★
M3.5.38	财产损害赔偿纠纷	★★★
M3.6.47	相邻关系纠纷	★★
M3.5.37	恢复原状纠纷	★

二、同时适用的法条及其相关度

	同时适用的法条	相关度
物权法	第34条【权利人的返还原物请求权】	★★★★★
	第35条【权利人享有的排除妨害请求权与消除危险请求权】	★★★★★
	第37条【侵害物权的民事责任竞合】	★★★★★
	第36条【物权损害的救济方式;物权的债权保护方法】	★★★
	第4条【国家、集体和私人物权的平等保护原则】	★★
	第32条【物权遭受侵害的救济途径】	★★
	第9条【不动产物权变动的登记原则;国家的自然资源所有权登记的特殊规定】	★
	第17条【不动产权属证书与不动产登记簿的关系】	★
	第33条【利害关系人的物权确认请求权】	★
	第39条【所有权的内容】	★
	第84条【处理相邻关系的基本原则】	★
	第117条【用益物权的界定及其内容】	★
	第125条【土地承包经营权内容】	★

	同时适用的法条	相关度	
侵权责任法	第15条【侵权责任的主要承担方式】	★★	625
	第3条【侵权责任的当事人主义】	★	
	第6条【过错责任原则;过错推定责任原则】	★	
民法通则	第117条【侵害财产权的责任承担方式;返还财产、折价赔偿;恢复原状、折价赔偿;赔偿损失】	★	616
	第134条【民事责任的主要承担方式】	★	
合同法	第60条【合同履行的原则】	★	593

第二编 所 有 权

第四章 一般规定

第39条【所有权的内容】 ★★★

所有权人对自己的不动产或者动产,依法享有占有、使用、收益和处分的权利。

一、主要适用的案由及其相关度

案由编号	主要适用的案由	相关度
M3.5.33	返还原物纠纷	★★★★★
M3.5.34	排除妨害纠纷	★★★★
M3.5	物权保护纠纷	★★★
M3.5.32.1	所有权确认纠纷	★★★
M4.10.97	租赁合同纠纷	★★
M4.10.97.2	房屋租赁合同纠纷	★★
M4.10.82	房屋买卖合同纠纷	★★
M9.30	侵权责任纠纷	★★
M3.5.38	财产损害赔偿纠纷	★

案由编号	主要适用的案由	相关度
M2.2.24	分家析产纠纷	★
M3.9.62	占有物返还纠纷	★
M3.6	所有权纠纷	★
M4.10.104	委托合同纠纷	★

二、同时适用的法条及其相关度

	同时适用的法条	相关度
物权法	第34条【权利人的返还原物请求权】	★★★★★
	第9条【不动产物权变动的登记原则;国家的自然资源所有权登记的特殊规定】	★★★
	第35条【权利人享有的排除妨害请求权与消除危险请求权】	★★★
	第4条【国家、集体和私人物权的平等保护原则】	★★
	第17条【不动产权属证书与不动产登记簿的关系】	★★
	第32条【物权遭受侵害的救济途径】	★★
	第33条【利害关系人的物权确认请求权】	★★
	第37条【侵害物权的民事责任竞合】	★★
	第66条【私人合法财产受法律保护】	★★
	第15条【设立、变更、转让、消灭不动产物权的合同的效力;合同成立时生效】	★
	第36条【物权损害的救济方式;物权的债权保护方法】	★
	第64条【私人所有权的范围】	★
	第71条【业主对专有部分的专有权】	★

	同时适用的法条	相关度	
合同法	第60条【合同履行的原则】	★★★	593
	第8条【合同约束力】	★★	
	第44条【合同成立条件与时间】	★	
	第107条【合同约束力;违约责任】	★	
侵权责任法	第15条【侵权责任的主要承担方式】	★★	625
	第6条【过错责任原则;过错推定责任原则】	★	
民法通则	第5条【公民、法人的合法权益受法律保护】	★★	616
	第71条【所有权的内容】	★★	
	第117条【侵害财产权的责任承担方式:返还财产、折价赔偿;恢复原状、折价赔偿;赔偿损失】	★★	
	第134条【民事责任的主要承担方式】	★★	
	第75条【个人财产:合法财产受法律保护】	★	
民通意见	第1条【公民的民事权利能力自出生时开始:户籍证明、医院出具的出生证明、其他证明】	★	692

第40条【所有权人设立他物权的规定】 ★★

所有权人有权在自己的不动产或者动产上设立用益物权和担保物权。用益物权人、担保物权人行使权利,不得损害所有权人的权益。

一、主要适用的案由及其相关度

案由编号	主要适用的案由	相关度
M4.10.97	租赁合同纠纷	★★★★★
M3.5.33	返还原物纠纷	★★★
M3.5	物权保护纠纷	★
M3.5.34	排除妨害纠纷	★
M4.10	合同纠纷	★
M4.10.89.1	金融借款合同纠纷	★
M4.10.89.4	民间借贷纠纷	★

案由编号	主要适用的案由	相关度
M4.10.82	房屋买卖合同纠纷	★
M3.5.32.2	用益物权确认纠纷	★

二、同时适用的法条及其相关度

	同时适用的法条	相关度
物权法	第39条【所有权的内容】	★★★★★
	第34条【权利人的返还原物请求权】	★★
	第179条【抵押权的界定】	★★
	第9条【不动产物权变动的登记原则;国家的自然资源所有权登记的特殊规定】	★
	第15条【设立、变更、转让、消灭不动产物权的合同的效力;合同成立时生效】	★
	第117条【用益物权的界定及其内容】	★
	第170条【担保财产优先受偿;债务人不履行到期债务、发生约定的实现担保物权的情形】	★
	第180条【可抵押财产的范围】	★
	第187条【不动产抵押的登记要件主义】	★
合同法	第54条【合同的变更和撤销】	★★★
	第60条【合同履行的原则】	★
	第107条【合同约束力;违约责任】	★
	第196条【借款合同定义】	★
	第205条【借款合同的利息支付义务】	★
	第206条【借款期限的认定】	★
	第207条【借款合同违约责任承担;支付利息】	★

	同时适用的法条	相关度	
民法通则	第71条【所有权的内容】	★	616
	第117条【侵害财产权的责任承担方式:返还财产、折价赔偿;恢复原状、折价赔偿;赔偿损失】	★	
	第134条【民事责任的主要承担方式】	★	
民通意见	第1条【公民的民事权利能力自出生时开始;户籍证明、医院出具的出生证明、其他证明】	★★★	692

第41条【国家的专有权】

法律规定专属于国家所有的不动产和动产,任何单位和个人不能取得所有权。①

第42条【不动产的征收及其补偿】　　　　　　　　　　★★★

为了公共利益的需要,依照法律规定的权限和程序可以征收集体所有的土地和单位、个人的房屋及其他不动产。

征收集体所有的土地,应当依法足额支付土地补偿费、安置补助费、地上附着物和青苗的补偿费等费用,安排被征地农民的社会保障费用,保障被征地农民的生活,维护被征地农民的合法权益。

征收单位、个人的房屋及其他不动产,应当依法给予拆迁补偿,维护被征收人的合法权益;征收个人住宅的,还应当保障被征收人的居住条件。

任何单位和个人不得贪污、挪用、私分、截留、拖欠征收补偿费等费用。

一、主要适用的案由及其相关度

案由编号	主要适用的案由	相关度
M3.6.39	侵害集体经济组织成员权益纠纷	★
M3.5.32.1	所有权确认纠纷	★
M4.10.83	房屋拆迁安置补偿合同纠纷	★
M3.7.55	土地承包经营权纠纷	★
M3.7.55.2	承包地征收补偿费用分配纠纷	★★★★★
M4.10.89.1	金融借款合同纠纷	

---

① 说明:本法条尚无足够数量判决书可供法律大数据分析。

210 物权纠纷

案由编号	主要适用的案由	相关度
M3.5	物权保护纠纷	
M4.10.67.2	确认合同无效纠纷	
M4.10	合同纠纷	

二、同时适用的法条及其相关度

		同时适用的法条	相关度
113	物权法	第132条【征收承包地的补偿规则】	★★★★★
		第33条【利害关系人的物权确认请求权】	★
		第34条【权利人的返还原物请求权】	★
		第39条【所有权的内容】	★
		第121条【征收征用影响或消灭用益物权时用益物权人的补偿请求权】	★
		第125条【土地承包经营权内容】	★
629	农村土地承包法	第16条【土地承包方的权利:使用、收益、流转、组织生产、获得补偿】	★★★★★
		第3条【国家实行农村土地承包经营制度;农村土地承包方式;农村集体经济组织内部的家庭承包方式、招标、拍卖、公开协商等承包方式】	★
		第5条【农村集体经济组织成员的土地承包权】	★
		第6条【妇女的土地承包经营权】	★
		第15条【家庭承包的承包方的认定】	★
		第22条【农村土地承包合同的生效日期和土地承包经营权的取得】	★
		第30条【妇女的土地承包经营权的保护:妇女婚姻状况发生改变不影响承包权】	★
647	村委会组织法	第27条【村民自治章程、村规民约的制定与备案;村民自治章程、村规民约及村民会议或村民代表会议的决定的限制】	★★

	同时适用的法条	相关度	
合同法	第60条【合同履行的原则】	★★	593
	第8条【合同约束力】	★	
	第44条【合同成立条件与时间】	★	
	第52条【合同无效的情形】	★	
	第107条【合同约束力;违约责任】	★	
民法通则	第4条【民事活动的基本原则:自愿、公平、等价有偿、诚实信用】	★	616
	第5条【公民、法人的合法权益受法律保护】	★	
	第75条【个人财产:合法财产受法律保护】	★	
	第117条【侵害财产权的责任承担方式:返还财产、折价赔偿;恢复原状、折价赔偿;赔偿损失】	★	
妇女权益保障法	第32条【妇女享有与男子平等的农村土地承包经营、集体经济组织收益分配、土地征收或者征用补偿费使用、宅基地使用等权利】	★	649
	第33条【不得因妇女婚姻状况变化侵害妇女在农村集体经济组织的权益;因结婚男方到女方住所落户的男方和子女享有与所在地农村集体经济组织成员平等的权益】	★	
土地管理法	第47条【按被征收土地的原用途给予补偿的原则;耕地的土地补偿费、安置补助费的计量标准及其增加限额的规定;征收其他土地的土地补偿费和安置补助费标准、被征收土地上的附着物和青苗的补偿标准的制定主体;新菜地开发建设基金】	★	640
土地管理法实施条例	第26条【土地补偿费和安置补助费】	★★	677

	同时适用的法条	相关度
685 农村土地承包纠纷司法解释	第24条【土地补偿费的分配办法】	★★★★★
	第22条【被依法征收的承包地的地上附着物和青苗的补偿费的给付规定;承包方将土地承包经营权流转给第三人时的青苗补偿费和地上附着物补偿费的所有的规定】	★★
	第1条【涉及农村土地承包纠纷案件的受案范围】	★

第43条【国家保护耕地与禁止违法征收土地】 ★

国家对耕地实行特殊保护,严格限制农用地转为建设用地,控制建设用地总量。不得违反法律规定的权限和程序征收集体所有的土地。

一、主要适用的案由及其相关度

案由编号	主要适用的案由	相关度
M3.5.33	返还原物纠纷	
M3.5.37	恢复原状纠纷	
M4.10.97	租赁合同纠纷	

二、同时适用的法条及其相关度

		同时适用的法条	相关度
640	土地管理法	第44条【农用地转为建设用地的审批】	
593	合同法	第44条【合同成立条件与时间】	
		第52条【合同无效的情形】	
113	物权法	第4条【国家、集体和私人物权的平等保护原则】	
		第38条【物权保护方式的单用和并用;民事责任与行政责任和刑事责任的关系】	
		第39条【所有权的内容】	

	同时适用的法条	相关度	
物权法	第42条【不动产的征收及其补偿】		113
	第46条【国家对矿藏、水流和海域的所有权】		
	第117条【用益物权的界定及其内容】		
	第125条【土地承包经营权内容】		
	第128条【土地承包经营权的流转】		
	第131条【承包期内发包人义务】		
	第151条【集体土地作为建设用地应当遵循法律规定】		
民法通则	第108条【债务清偿:分期偿还、强制偿还】		616
农村土地承包法	第33条【土地承包经营权流转应遵循的原则】		629

第44条【物的征用及其补偿】

因抢险、救灾等紧急需要,依照法律规定的权限和程序可以征用单位、个人的不动产或者动产。被征用的不动产或者动产使用后,应当返还被征用人。单位、个人的不动产或者动产被征用或者征用后毁损、灭失的,应当给予补偿。①

第五章 国家所有权和集体所有权、私人所有权

第45条【国家所有财产的范围;国家所有权的行使主体】

法律规定属于国家所有的财产,属于国家所有即全民所有。

国有财产由国务院代表国家行使所有权;法律另有规定的,依照其规定。

---

① 说明:本法条尚无足够数量判决书可供法律大数据分析。

一、主要适用的案由及其相关度

案由编号	主要适用的案由	相关度
M3.6.39	侵害集体经济组织成员权益纠纷	
M3.7.55.2	承包地征收补偿费用分配纠纷	

二、同时适用的法条及其相关度

		同时适用的法条	相关度
593	合同法	第52条【合同无效的情形】	
		第58条【合同无效或被撤销的法律后果】	
		第60条【合同履行的原则】	
		第107条【合同约束力;违约责任】	
113	物权法	第4条【国家、集体和私人物权的平等保护原则】	
		第33条【利害关系人的物权确认请求权】	
		第34条【权利人的返还原物请求权】	
		第37条【侵害物权的民事责任竞合】	
		第40条【所有权人设立他物权的规定】	
		第42条【不动产的征收及其补偿】	
		第46条【国家对矿藏、水流和海域的所有权】	
		第52条【国防资产的国家所有权;基础设施的国家所有权】	
		第53条【国家机关的物权内容】	
		第56条【国有财产的保护】	
		第60条【行使集体所有权的主体】	
		第66条【私人合法财产受法律保护】	
		第117条【用益物权的界定及其内容】	
		第132条【征收承包地的补偿规则】	

	同时适用的法条	相关度
物权法	第170条【担保财产优先受偿：债务人不履行到期债务、发生约定的实现担保物权的情形】	113
	第179条【抵押权的界定】	
	第195条【抵押权实现的方式和程序】	
	第243条【权利人返还原物请求权以及对善意占有人所支出必要费用的补偿义务】	
土地管理法	第43条【申请使用国有或集体土地的不同类别】	640

第46条【国家对矿藏、水流和海域的所有权】

矿藏、水流、海域属于国家所有。①

第47条【国家所有土地的范围】 ★

城市的土地，属于国家所有。法律规定属于国家所有的农村和城市郊区的土地，属于国家所有。

■ 一、主要适用的案由及其相关度

案由编号	主要适用的案由	相关度
M3.5	物权保护纠纷	
M4.10.67.2	确认合同无效纠纷	

■ 二、同时适用的法条及其相关度

	同时适用的法条	相关度
合同法	第44条【合同成立条件与时间】	593
	第60条【合同履行的原则】	

---

① 说明：本法条尚无足够数量判决书可供法律大数据分析。

	同时适用的法条	相关度
物权法	第4条【国家、集体和私人物权的平等保护原则】	
	第9条【不动产物权变动的登记原则;国家的自然资源所有权登记的特殊规定】	
	第17条【不动产权属证书与不动产登记簿的关系】	
	第35条【权利人享有的排除妨害请求权与消除危险请求权】	
	第41条【国家的专有权】	
	第46条【国家对矿藏、水流和海域的所有权】	
	第53条【国家机关的物权内容】	
	第56条【国有财产的保护】	
	第103条【没有约定、约定不明时共有物共有性质的认定】	
矿产资源法	第3条【矿产资源的归属:国家所有;勘查、开采矿产资源的条件】	

第48条【国家所有的自然资源的范围】 ★

森林、山岭、草原、荒地、滩涂等自然资源,属于国家所有,但法律规定属于集体所有的除外。

■ 一、主要适用的案由及其相关度

案由编号	主要适用的案由	相关度
M4.10	合同纠纷	
M4.10.115	农业承包合同纠纷	
M3.6	所有权纠纷	

二、同时适用的法条及其相关度

	同时适用的法条	相关度	
合同法	第44条【合同成立条件与时间】		593
	第51条【无权处分合同的效力:经追认或取得处分权的有效】		
	第52条【合同无效的情形】		
	第58条【合同无效或被撤销的法律后果】		
物权法	第4条【国家、集体和私人物权的平等保护原则】		113
	第5条【物权法定原则:物权种类、物权内容由法律规定】		
	第6条【物权公示原则:不动产登记、动产交付】		
	第7条【物权取得与行使应遵守法律和公序良俗】		
	第9条【不动产物权变动的登记原则;国家的自然资源所有权登记的特殊规定】		
	第16条【不动产登记簿的法律效力】		
	第17条【不动产权属证书与不动产登记簿的关系】		
	第22条【不动产登记收费标准的确定】		
	第30条【因事实行为设立或者消灭物权的生效时间确定】		
	第32条【物权遭受侵害的救济途径】		
	第37条【侵害物权的民事责任竞合】		
	第38条【物权保护方式的单用和并用;民事责任与行政责任和刑事责任的关系】		
	第42条【不动产的征收及其补偿】		
	第46条【国家对矿藏、水流和海域的所有权】		
	第56条【国有财产的保护】		
	第58条【集体所有的动产和不动产的范围】		

		同时适用的法条	相关度
113	物权法	第59条【农民集体所有的权利性质;集体物权的重大事项由集体决定】	
		第60条【行使集体所有权的主体】	
		第85条【处理相邻关系的法源依据】	
		第118条【国家所有和集体所有的自然资源的使用规则】	
		第123条【依法取得的探矿权、采矿权、取水权等准物权受法律保护】	
		第124条【农村集体经济经营体制;农村土地实行土地承包经营制度】	
		第125条【土地承包经营权内容】	
		第127条【土地承包经营权的设立时间;土地承包经营权的确权机关】	
665	渔业法	第11条【水域、滩涂的使用】	
640	土地管理法	第8条【城市市区的土地:国家所有;农村和城市郊区的土地:农民集体所有;宅基地和自留地、自留山:农民集体所有】	
		第11条【土地登记发证制度】	
647	村委会组织法	第5条【乡镇人民政府与村委会的关系】	
685	农村土地承包纠纷司法解释	第24条【土地补偿费的分配办法】	

第49条【国家所有的野生动植物资源的范围】
　　法律规定属于国家所有的野生动植物资源,属于国家所有。①
第50条【无线电频谱属于国家所有】
　　无线电频谱资源属于国家所有。②

---

① 说明:本法条尚无足够数量判决书可供法律大数据分析。
② 同上注。

第51条【国家所有的文物的规定】 ★

法律规定属于国家所有的文物,属于国家所有。

一、主要适用的案由及其相关度

案由编号	主要适用的案由	相关度
M3.5.38	财产损害赔偿纠纷	
M3.5.33	返还原物纠纷	

二、同时适用的法条及其相关度

	同时适用的法条	相关度	
物权法	第9条【不动产物权变动的登记原则;国家的自然资源所有权登记的特殊规定】		113
	第33条【利害关系人的物权确认请求权】		
	第35条【权利人享有的排除妨害请求权与消除危险请求权】		
	第106条【善意取得的构成条件】		
民法通则	第106条【民事责任归责原则:违约责任,无过错责任原则;侵权责任,过错责任、无过错责任】		616
	第117条【侵害财产权的责任承担方式:返还财产、折价赔偿;恢复原状、折价赔偿;赔偿损失】		

第52条【国防资产的国家所有权;基础设施的国家所有权】

国防资产属于国家所有。

铁路、公路、电力设施、电信设施和油气管道等基础设施,依照法律规定为国家所有的,属于国家所有。①

第53条【国家机关的物权内容】 ★

国家机关对其直接支配的不动产和动产,享有占有、使用以及依照法律和国务院的有关规定处分的权利。

---

① 说明:本法条尚无足够数量判决书可供法律大数据分析。

一、主要适用的案由及其相关度

案由编号	主要适用的案由	相关度
M4.10.89.1	金融借款合同纠纷	
M3.5.34	排除妨害纠纷	
M4.10.89.4	民间借贷纠纷	
M3.5.32.1	所有权确认纠纷	
M3.5.33	返还原物纠纷	
M3.5	物权保护纠纷	

二、同时适用的法条及其相关度

		同时适用的法条	相关度
593	合同法	第205条【借款合同的利息支付义务】	
		第206条【借款期限的认定】	
		第207条【借款合同违约责任承担:支付利息】	
113	物权法	第4条【国家、集体和私人物权的平等保护原则】	
		第9条【不动产物权变动的登记原则;国家的自然资源所有权登记的特殊规定】	
		第15条【设立、变更、转让、消灭不动产物权的合同的效力:合同成立时生效】	
		第23条【动产物权设立和转让的公示与生效条件】	
		第24条【船舶、航空器和机动车物权变动采取登记对抗主义】	
		第28条【因人民法院、仲裁委员会的法律文件或者人民政府的征收决定等法律文书致物权发生变动的生效时间确定】	
		第32条【物权遭受侵害的救济途径】	
		第33条【利害关系人的物权确认请求权】	
		第34条【权利人的返还原物请求权】	

	同时适用的法条	相关度
物权法	第 35 条【权利人享有的排除妨害请求权与消除危险请求权】	113
	第 37 条【侵害物权的民事责任竞合】	
	第 38 条【物权保护方式的单用和并用;民事责任与行政责任和刑事责任的关系】	
	第 39 条【所有权的内容】	
	第 41 条【国家的专有权】	
	第 42 条【不动产的征收及其补偿】	
	第 45 条【国家所有财产的范围;国家所有权的行使主体】	
	第 46 条【国家对矿藏、水流和海域的所有权】	
	第 47 条【国家所有土地的范围】	
	第 52 条【国防资产的国家所有权;基础设施的国家所有权】	
	第 54 条【事业单位的物权内容】	
	第 55 条【国家出资企业的出资人的确定及其权利义务行使】	
	第 56 条【国有财产的保护】	
	第 71 条【业主对专有部分的专有权】	
	第 92 条【相邻权的限度】	
	第 117 条【用益物权的界定及其内容】	
	第 118 条【国家所有和集体所有的自然资源的使用规则】	
	第 152 条【宅基地使用权内容】	
	第 170 条【担保财产优先受偿:债务人不履行到期债务、发生约定的实现担保物权的情形】	

	同时适用的法条	相关度
113 物权法	第176条【混合担保规则】	
	第180条【可抵押财产的范围】	
	第187条【不动产抵押的登记要件主义】	
	第195条【抵押权实现的方式和程序】	

第54条【事业单位的物权内容】 ★

国家举办的事业单位对其直接支配的不动产和动产,享有占有、使用以及依照法律和国务院的有关规定收益、处分的权利。

一、主要适用的案由及其相关度

案由编号	主要适用的案由	相关度
M3.5.34	排除妨害纠纷	
M3.5.33	返还原物纠纷	
M4.10.97.2	房屋租赁合同纠纷	
M4.10.67.2	确认合同无效纠纷	
M3.5.32	物权确认纠纷	
M3.5.32.1	所有权确认纠纷	
M3.5	物权保护纠纷	

二、同时适用的法条及其相关度

	同时适用的法条	相关度
113 物权法	第4条【国家、集体和私人物权的平等保护原则】	
	第6条【物权公示原则:不动产登记、动产交付】	
	第7条【物权取得与行使应遵守法律和公序良俗】	
	第15条【设立、变更、转让、消灭不动产物权的合同的效力:合同成立时生效】	
	第32条【物权遭受侵害的救济途径】	

	同时适用的法条	相关度	
物权法	第33条【利害关系人的物权确认请求权】		113
	第34条【权利人的返还原物请求权】		
	第35条【权利人享有的排除妨害请求权与消除危险请求权】		
	第36条【物权损害的救济方式；物权的债权保护方法】		
	第37条【侵害物权的民事责任竞合】		
	第52条【国防资产的国家所有权；基础设施的国家所有权】		
	第53条【国家机关的物权内容】		
	第55条【国家出资企业的出资人的确定及其权利义务行使】		
	第56条【国有财产的保护】		
	第57条【国有财产管理机构及其人员的义务与法律责任】		
	第125条【土地承包经营权内容】		
	第126条【不同土地类型的承包期】		
	第127条【土地承包经营权的设立时间；土地承包经营权的确权机关】		
	第142条【建设用地使用权人建造的建筑物、构筑物及其附属设施的归属】		
	第143条【建设用地使用权的流转】		
	第245条【占有保护的方法】		
合同法	第226条【租赁合同中承租人租金支付期限的确定规则】		593
	第232条【不定期租赁】		
	第236条【不定期租赁：租赁期满继续使用租赁物、出租人没有提出异议】		

第55条【国家出资企业的出资人的确定及其权利义务行使】 ★

国家出资的企业,由国务院、地方人民政府依照法律、行政法规规定分别代表国家履行出资人职责,享有出资人权益。

一、主要适用的案由及其相关度

案由编号	主要适用的案由	相关度
M3.5.33	返还原物纠纷	
M3	物权纠纷	
M3.5	物权保护纠纷	

二、同时适用的法条及其相关度

	同时适用的法条	相关度
物权法	第34条【权利人的返还原物请求权】	
	第37条【侵害物权的民事责任竞合】	
	第38条【物权保护方式的单用和并用;民事责任与行政责任和刑事责任的关系】	
	第52条【国防资产的国家所有权;基础设施的国家所有权】	
	第53条【国家机关的物权内容】	
	第54条【事业单位的物权内容】	
	第56条【国有财产的保护】	
	第241条【有权占有法律规则】	
合同法	第44条【合同成立条件与时间】	
	第51条【无权处分合同的效力;经追认或取得处分权的有效】	
担保法	第9条【不得为保证人的主体;以公益为目的的事业单位、社会团体】	

第56条【国有财产的保护】 ★

国家所有的财产受法律保护,禁止任何单位和个人侵占、哄抢、私分、截留、破坏。

■ 一、主要适用的案由及其相关度

案由编号	主要适用的案由	相关度
M3.5.34	排除妨害纠纷	
M3.5.33	返还原物纠纷	
M3.5.37	恢复原状纠纷	
M3.5	物权保护纠纷	

■ 二、同时适用的法条及其相关度

	同时适用的法条	相关度
物权法	第4条【国家、集体和私人物权的平等保护原则】	
	第6条【物权公示原则:不动产登记、动产交付】	
	第7条【物权取得与行使应遵守法律和公序良俗】	
	第9条【不动产物权变动的登记原则;国家的自然资源所有权登记的特殊规定】	
	第15条【设立、变更、转让、消灭不动产物权的合同的效力:合同成立时生效】	
	第28条【因人民法院、仲裁委员会的法律文件或者人民政府的征收决定等法律文书致物权发生变动的生效时间确定】	
	第31条【因法律行为之外的原因取得的不动产再次处分时的物权变动规则】	
	第32条【物权遭受侵害的救济途径】	
	第33条【利害关系人的物权确认请求权】	
	第34条【权利人的返还原物请求权】	

		同时适用的法条	相关度
113	物权法	第35条【权利人享有的排除妨害请求权与消除危险请求权】	
		第36条【物权损害的救济方式;物权的债权保护方法】	
		第37条【侵害物权的民事责任竞合】	
		第38条【物权保护方式的单用和并用;民事责任与行政责任和刑事责任的关系】	
		第39条【所有权的内容】	
		第41条【国家的专有权】	
		第45条【国家所有财产的范围;国家所有权的行使主体】	
		第46条【国家对矿藏、水流和海域的所有权】	
		第47条【国家所有土地的范围】	
		第48条【国家所有的自然资源的范围】	
		第53条【国家机关的物权内容】	
		第54条【事业单位的物权内容】	
		第55条【国家出资企业的出资人的确定及其权利义务行使】	
		第57条【国有财产管理机构及其人员的义务与法律责任】	
		第68条【企业法人财产权的内容】	
		第184条【禁止抵押的财产范围】	
		第241条【有权占有法律规则】	
		第245条【占有保护的方法】	
625	侵权责任法	第2条【侵权责任一般条款;民事权益的范围】	
		第15条【侵权责任的主要承担方式】	

	同时适用的法条	相关度
民法通则	第5条【公民、法人的合法权益受法律保护】	
	第73条【国家财产所有权：全民所有；国家财产权的效力：神圣不可侵犯】	
	第117条【侵害财产权的责任承担方式；返还财产、折价赔偿、恢复原状、折价赔偿；赔偿损失】	
	第134条【民事责任的主要承担方式】	

616

第57条【国有财产管理机构及其人员的义务与法律责任】 ★

履行国有财产管理、监督职责的机构及其工作人员，应当依法加强对国有财产的管理、监督，促进国有财产保值增值，防止国有财产损失；滥用职权，玩忽职守，造成国有财产损失的，应当依法承担法律责任。

违反国有财产管理规定，在企业改制、合并分立、关联交易等过程中，低价转让、合谋私分、擅自担保或者以其他方式造成国有财产损失的，应当依法承担法律责任。

一、主要适用的案由及其相关度

案由编号	主要适用的案由	相关度
M3.5.32	物权确认纠纷	
M3.5.32.1	所有权确认纠纷	
M3	物权纠纷	
M3.5.34	排除妨害纠纷	

二、同时适用的法条及其相关度

	同时适用的法条	相关度
物权法	第4条【国家、集体和私人物权的平等保护原则】	
	第31条【因法律行为之外的原因取得的不动产再次处分时的物权变动规则】	
	第32条【物权遭受侵害的救济途径】	

113

		同时适用的法条	相关度
113	物权法	第35条【权利人享有的排除妨害请求权与消除危险请求权】	
		第39条【所有权的内容】	
		第54条【事业单位的物权内容】	
		第56条【国有财产的保护】	
		第173条【担保物权担保的范围】	
		第176条【混合担保规则】	
		第179条【抵押权的界定】	
		第180条【可抵押财产的范围】	
		第182条【建筑物和相应的建设用地使用权一并抵押规则】	
		第187条【不动产抵押的登记要件主义】	
607	担保法	第18条【保证合同中连带责任的承担】	
593	合同法	第206条【借款期限的认定】	

第58条【集体所有的动产和不动产的范围】　★★

集体所有的不动产和动产包括：

（一）法律规定属于集体所有的土地和森林、山岭、草原、荒地、滩涂；

（二）集体所有的建筑物、生产设施、农田水利设施；

（三）集体所有的教育、科学、文化、卫生、体育等设施；

（四）集体所有的其他不动产和动产。

■ 一、主要适用的案由及其相关度

案由编号	主要适用的案由	相关度
M3.6.39	侵害集体经济组织成员权益纠纷	★★★★★
M3.7.55	土地承包经营权纠纷	★★★★
M3.7.55.2	承包地征收补偿费用分配纠纷	★★★
M3.5.34	排除妨害纠纷	★★★

案由编号	主要适用的案由	相关度
M3.5	物权保护纠纷	★★★
M4.10.119	农村土地承包合同纠纷	★★
M3.5.33	返还原物纠纷	★★
M4.10	合同纠纷	★
M4.10.82	房屋买卖合同纠纷	★
M4.11.128	不当得利纠纷	★
M9.30	侵权责任纠纷	★
M4.10.67.2	确认合同无效纠纷	★
M3.6	所有权纠纷	★

二、同时适用的法条及其相关度

	同时适用的法条	相关度	
物权法	第59条【农民集体所有的权利性质;集体物权的重大事项由集体决定】	★★★★★	113
	第60条【行使集体所有权的主体】	★★★★★	
	第63条【集体财产权受法律保护】	★★★★	
	第37条【侵害物权的民事责任竞合】	★★★	
	第34条【权利人的返还原物请求权】	★★	
	第39条【所有权的内容】	★★	
	第4条【国家、集体和私人物权的平等保护原则】	★	
	第35条【权利人享有的排除妨害请求权与消除危险请求权】	★	
民法通则	第74条【集体所有的财产包括的内容】	★★★★	616
	第4条【民事活动的基本原则:自愿、公平、等价有偿、诚实信用】	★★★	
	第5条【公民、法人的合法权益受法律保护】	★★★	

		同时适用的法条	相关度
616	民法通则	第134条【民事责任的主要承担方式】	★★★
		第117条【侵害财产权的责任承担方式:返还财产、折价赔偿;恢复原状、折价赔偿;赔偿损失】	★★
		第6条【民事活动应遵守国家政策】	★
		第106条【民事责任归责原则:违约责任,无过错责任原则;侵权责任,过错责任、无过错责任】	★
640	土地管理法	第8条【城市市区的土地:国家所有;农村和城市郊区的土地:农民集体所有;宅基地和自留地、自留山:农民集体所有】	★★★
		第47条【按被征收土地的原用途给予补偿的原则;耕地的土地补偿费、安置补助费的计量标准及其增加限额的规定;征收其他土地的土地补偿费和安置补助费标准、被征收土地上的附着物和青苗的补偿标准的制定主体;新菜地开发建设基金】	★★★
		第10条【农民集体所有土地的经营、管理规则】	★★
		第14条【农民的土地承包经营权;土地承包经营期限、承包合同、承包土地调整的审批】	★
		第63条【农民集体所有的土地使用权的用途限制】	★
593	合同法	第52条【合同无效的情形】	★★★
		第44条【合同成立条件与时间】	★★
		第58条【合同无效或被撤销的法律后果】	★★
		第60条【合同履行的原则】	★★
		第9条【合同当事人资格:民事权利能力、民事行为能力;可委托代理人订立合同的规定】	★
		第10条【合同订立形式;合同的形式】	★
		第51条【无权处分合同的效力;经追认或取得处分权的有效】	★

	同时适用的法条	相关度	
合同法	第93条【合同的意定解除;协商一致;约定条件成就】	★	593
	第94条【合同的法定解除;法定解除权】	★	
	第97条【合同解除的法律后果】	★	
	第113条【违约责任的承担;损失赔偿】	★	
	第212条【租赁合同的定义】	★	
	第235条【租赁期间届满承租人租赁物返还义务;返还的租赁物应当具有的状态】	★	
农村土地承包法	第15条【家庭承包的承包方的认定】	★★★	629
	第31条【承包收益与林地承包权的继承】	★★★	
	第3条【国家实行农村土地承包经营制度;农村土地承包方式;农村集体经济组织内部的家庭承包方式、招标、拍卖、公开协商等承包方式】	★	
	第12条【农村土地承包发包方的认定】	★	
	第16条【土地承包方的权利:使用、收益、流转、组织生产、获得补偿】	★	
	第32条【家庭土地承包经营权的流转】	★	
侵权责任法	第15条【侵权责任的主要承担方式】	★★★	625
	第2条【侵权责任一般条款;民事权益的范围】	★★	
	第6条【过错责任原则;过错推定责任原则】	★★	
	第3条【侵权责任的当事人主义】	★	
村委会组织法	第22条【召开村民会议的出席人员及决议通过规则:到会人员过半数】	★★	647
	第24条【经村民会议讨论决定方可办理的事项;村民代表会议需经村民会议授权】	★★	
	第28条【村民小组会议的召开规则及议事规则;村民小组组长的推选规则;村民小组会议对集体所有的土地、企业和其他财产的经营管理以及公益事项的决定权】	★★	
	第8条【村民委员会的职能】	★	

	同时适用的法条	相关度
677 土地管理法实施条例	第26条【土地补偿费和安置补助费】	★★★★
685 农村土地承包纠纷司法解释	第24条【土地补偿费的分配办法】	★★★★★
	第22条【被依法征收的承包地的地上附着物和青苗的补偿费的给付规定;承包方将土地承包经营权流转给第三人时的青苗补偿费和地上附着物补偿费的所有的规定】	★★

第59条【农民集体所有的权利性质;集体物权的重大事项由集体决定】

★★★★

农民集体所有的不动产和动产,属于本集体成员集体所有。

下列事项应当依照法定程序经本集体成员决定:

（一）土地承包方案以及将土地发包给本集体以外的单位或者个人承包;

（二）个别土地承包经营权人之间承包地的调整;

（三）土地补偿费等费用的使用、分配办法;

（四）集体出资的企业的所有权变动等事项;

（五）法律规定的其他事项。

■ 一、主要适用的案由及其相关度

案由编号	主要适用的案由	相关度
M3.6.39	侵害集体经济组织成员权益纠纷	★★★★★
M3.7.55.2	承包地征收补偿费用分配纠纷	★★

■ 二、同时适用的法条及其相关度

	同时适用的法条	相关度
113 物权法	第63条【集体财产权受法律保护】	★★★★
	第4条【国家、集体和私人物权的平等保护原则】	★★

	同时适用的法条	相关度	
物权法	第58条【集体所有的动产和不动产的范围】	★★	113
	第60条【行使集体所有权的主体】	★★	
	第117条【用益物权的界定及其内容】	★★	
	第118条【国家所有和集体所有的自然资源的使用规则】	★★	
村委会组织法	第27条【村民自治章程、村规民约的制定与备案；村民自治章程、村规民约及村民会议或村民代表会议的决定的限制】	★★★	647
	第24条【经村民会议讨论决定方可办理的事项；村民代表会议需经村民会议授权】	★★	
民法通则	第5条【公民、法人的合法权益受法律保护】	★★★	616
	第74条【集体所有的财产包括的内容】	★★	
妇女权益保障法	第32条【妇女享有与男子平等的农村土地承包经营、集体经济组织收益分配、土地征收或者征用补偿费使用、宅基地使用等权利】	★★★	649
	第33条【不得因妇女婚姻状况变化侵害妇女在农村集体经济组织的权益；因结婚男方到女方住所落户的男方和子女享有与所在地农村集体经济组织成员平等的权益】	★★★	
农村土地承包法	第16条【土地承包方的权利：使用、收益、流转、组织生产、获得补偿】	★	629
	第20条【土地的承包期：耕地为30年、草地为30年至50年、林地为30年至70年】	★	
	第27条【承包期内承包地的合理调整】	★	
土地管理法实施条例	第26条【土地补偿费和安置补助费】	★	677

		同时适用的法条	相关度
685	农村土地承包纠纷司法解释	第24条【土地补偿费的分配办法】	★★★★★

第60条【行使集体所有权的主体】　★★

对于集体所有的土地和森林、山岭、草原、荒地、滩涂等,依照下列规定行使所有权:

(一)属于村农民集体所有的,由村集体经济组织或者村民委员会代表集体行使所有权;

(二)分别属于村内两个以上农民集体所有的,由村内各该集体经济组织或者村民小组代表集体行使所有权;

(三)属于乡镇农民集体所有的,由乡镇集体经济组织代表集体行使所有权。

一、主要适用的案由及其相关度

案由编号	主要适用的案由	相关度
M3.5.34	排除妨害纠纷	★★★★★
M3.6.39	侵害集体经济组织成员权益纠纷	★★★★★
M3.7.55	土地承包经营权纠纷	★★★★
M3.7.55.2	承包地征收补偿费用分配纠纷	★★★
M3.5	物权保护纠纷	★★★
M4.10.115	农业承包合同纠纷	★★★
M3.5.33	返还原物纠纷	★★★
M4.10.119	农村土地承包合同纠纷	★★
M4.10.116	林业承包合同纠纷	★
M4.10	合同纠纷	★
M4.11.128	不当得利纠纷	★
M4.10.82	房屋买卖合同纠纷	★
M4.10.67.2	确认合同无效纠纷	★

案由编号	主要适用的案由	相关度
M3.5.37	恢复原状纠纷	★
M10.43.422	案外人执行异议之诉	★
M9.30	侵权责任纠纷	★

二、同时适用的法条及其相关度

	同时适用的法条	相关度	
物权法	第59条【农民集体所有的权利性质;集体物权的重大事项由集体决定】	★★★★★	113
	第63条【集体财产权受法律保护】	★★★★★	
	第37条【侵害物权的民事责任竞合】	★★★	
	第58条【集体所有的动产和不动产的范围】	★★★	
	第34条【权利人的返还原物请求权】	★★	
	第35条【权利人享有的排除妨害请求权与消除危险请求权】	★★	
	第39条【所有权的内容】	★★	
	第4条【国家、集体和私人物权的平等保护原则】	★	
民法通则	第74条【集体所有的财产包括的内容】	★★	616
	第134条【民事责任的主要承担方式】	★★	
	第4条【民事活动的基本原则:自愿、公平、等价有偿、诚实信用】	★	
	第5条【公民、法人的合法权益受法律保护】	★	
	第117条【侵害财产权的责任承担方式:返还财产、折价赔偿、恢复原状、折价赔偿;赔偿损失】	★	

		同时适用的法条	相关度
647	村委会组织法	第24条【经村民会议讨论决定方可办理的事项;村民代表会议需经村民会议授权】	★★
		第28条【村民小组会议的召开规则及议事规则;村民小组组长的推选规则;村民小组会议对集体所有的土地、企业和其他财产的经营管理以及公益事项的决定权】	★★
		第22条【召开村民会议的出席人员及决议通过规则:到会人员过半数】	★
629	农村土地承包法	第12条【农村土地承包发包方的认定】	★★
		第9条【集体土地所有者和承包方的合法权益受国家保护】	★
		第13条【农村土地发包方的权利】	★
		第15条【家庭承包的承包方的认定】	★
		第16条【土地承包方的权利:使用、收益、流转、组织生产、获得补偿】	★
		第18条【土地承包应遵循的原则】	★
		第19条【土地承包的程序】	★
		第21条【土地发包方应当与承包方签订书面承包合同;承包合同的条款】	★
		第22条【农村土地承包合同的生效日期和土地承包经营权的取得】	★
		第31条【承包收益与林地承包权的继承】	★
593	合同法	第52条【合同无效的情形】	★★
		第58条【合同无效或被撤销的法律后果】	★
		第60条【合同履行的原则】	★

	同时适用的法条	相关度	
土地管理法	第8条【城市市区的土地:国家所有;农村和城市郊区的土地:农民集体所有;宅基地和自留地、自留山:农民集体所有】	★	640
	第10条【农民集体所有土地的经营、管理规则】	★	
侵权责任法	第3条【侵权责任的当事人主义】	★	625
	第15条【侵权责任的主要承担方式】	★	
农村土地承包纠纷司法解释	第24条【土地补偿费的分配办法】	★★	685

第61条【城镇集体财产权利归属及权利内容】 ★

城镇集体所有的不动产和动产,依照法律、行政法规的规定由本集体享有占有、使用、收益和处分的权利。

■ 一、主要适用的案由及其相关度

案由编号	主要适用的案由	相关度
M3.6.39	侵害集体经济组织成员权益纠纷	★★★★★
M3.5.34	排除妨害纠纷	★
M3.5	物权保护纠纷	★
M3.7.55.2	承包地征收补偿费用分配纠纷	★

■ 二、同时适用的法条及其相关度

	同时适用的法条	相关度	
物权法	第59条【农民集体所有的权利性质;集体物权的重大事项由集体决定】	★★★★★	113
	第63条【集体财产权受法律保护】	★★★★	
	第60条【行使集体所有权的主体】	★★★	
	第58条【集体所有的动产和不动产的范围】	★★	

		同时适用的法条	相关度
113	物权法	第64条【私人所有权的范围】	★★
		第34条【权利人的返还原物请求权】	★
		第35条【权利人享有的排除妨害请求权与消除危险请求权】	★
		第37条【侵害物权的民事责任竞合】	★
616	民法通则	第5条【公民、法人的合法权益受法律保护】	★★★
		第6条【民事活动应遵守国家政策】	★
		第74条【集体所有的财产包括的内容】	★
625	侵权责任法	第15条【侵权责任的主要承担方式】	★★
		第6条【过错责任原则;过错推定责任原则】	★
593	合同法	第52条【合同无效的情形】	★
		第58条【合同无效或被撤销的法律后果】	★
640	土地管理法	第8条【城市市区的土地:国家所有;农村和城市郊区的土地:农民集体所有;宅基地和自留地、自留山:农民集体所有】	★
677	土地管理法实施条例	第26条【土地补偿费和安置补助费】	★
685	农村土地承包纠纷司法解释	第24条【土地补偿费的分配办法】	★★★

第62条【集体成员对集体财产状况的知情权】　　　　　　　　　★

集体经济组织或者村民委员会、村民小组应当依照法律、行政法规以及章程、村规民约向本集体成员公布集体财产的状况。

一、主要适用的案由及其相关度

案由编号	主要适用的案由	相关度
M3.6.39	侵害集体经济组织成员权益纠纷	
M4.11.128	不当得利纠纷	
M3.5	物权保护纠纷	

二、同时适用的法条及其相关度

	同时适用的法条	相关度	
物权法	第9条【不动产物权变动的登记原则;国家的自然资源所有权登记的特殊规定】		113
物权法	第59条【农民集体所有的权利性质;集体物权的重大事项由集体决定】		
物权法	第60条【行使集体所有权的主体】		
物权法	第61条【城镇集体财产权利归属及权利内容】		
物权法	第63条【集体财产权受法律保护】		
物权法	第153条【宅基地使用权取得、使用和流转遵循法律和国家规定】		
村委会组织法	第24条【经村民会议讨论决定方可办理的事项;村民代表会议需经村民会议授权】		647

第63条【集体财产权受法律保护】 ★★★

集体所有的财产受法律保护,禁止任何单位和个人侵占、哄抢、私分、破坏。

集体经济组织、村民委员会或者其负责人作出的决定侵害集体成员合法权益的,受侵害的集体成员可以请求人民法院予以撤销。

一、主要适用的案由及其相关度

案由编号	主要适用的案由	相关度
M3.6.39	侵害集体经济组织成员权益纠纷	★★★★★

240 物权纠纷

案由编号	主要适用的案由	相关度
M3.5.34	排除妨害纠纷	★
M3.7.55.2	承包地征收补偿费用分配纠纷	★

二、同时适用的法条及其相关度

		同时适用的法条	相关度
113	物权法	第59条【农民集体所有的权利性质;集体物权的重大事项由集体决定】	★★★★★
		第60条【行使集体所有权的主体】	★★
		第4条【国家、集体和私人物权的平等保护原则】	★
		第34条【权利人的返还原物请求权】	★
		第35条【权利人享有的排除妨害请求权与消除危险请求权】	★
		第37条【侵害物权的民事责任竞合】	★
		第39条【所有权的内容】	★
		第58条【集体所有的动产和不动产的范围】	★
647	村委会组织法	第27条【村民自治章程、村规民约的制定与备案;村民自治章程、村规民约及村民会议或村民代表会议的决定的限制】	★★★
		第24条【经村民会议讨论决定方可办理的事项;村民代表会议需经村民会议授权】	★
616	民法通则	第5条【公民、法人的合法权益受法律保护】	★★★
		第74条【集体所有的财产包括的内容】	★
		第117条【侵害财产权的责任承担方式:返还财产、折价赔偿;恢复原状、折价赔偿;赔偿损失】	★
		第134条【民事责任的主要承担方式】	★

	同时适用的法条	相关度	
妇女权益保障法	第33条【不得因妇女婚姻状况变化侵害妇女在农村集体经济组织的权益;因结婚男方到女方住所落户的男方和子女享有与所在地农村集体经济组织成员平等的权益】	★★	649
	第32条【妇女享有与男子平等的农村土地承包经营、集体经济组织收益分配、土地征收或者征用补偿费使用、宅基地使用等权利】	★	
侵权责任法	第15条【侵权责任的主要承担方式】	★	625
婚姻法	第9条【互为家庭成员】	★	649
农村土地承包纠纷司法解释	第24条【土地补偿费的分配办法】	★★★★	685

第64条【私人所有权的范围】 ★★

私人对其合法的收入、房屋、生活用品、生产工具、原材料等不动产和动产享有所有权。

一、主要适用的案由及其相关度

案由编号	主要适用的案由	相关度
M3.5.33	返还原物纠纷	★★★★
M3.5.38	财产损害赔偿纠纷	★★★
M3.5.34	排除妨害纠纷	★★
M3.5	物权保护纠纷	★★
M2.2.24	分家析产纠纷	★★
M8.20.236	挂靠经营合同纠纷	★
M3.5.32	物权确认纠纷	★
M3.5.32.1	所有权确认纠纷	★★★★★

案由编号	主要适用的案由	相关度
M2.2.12	离婚后财产纠纷	★
M3.5.37	恢复原状纠纷	★
M3.6	所有权纠纷	★
M4.10.82	房屋买卖合同纠纷	★
M2.3	继承纠纷	★

二、同时适用的法条及其相关度

	同时适用的法条	相关度
物权法	第66条【私人合法财产受法律保护】	★★★★★
	第39条【所有权的内容】	★★★★
	第33条【利害关系人的物权确认请求权】	★★★
	第34条【权利人的返还原物请求权】	★★★
	第4条【国家、集体和私人物权的平等保护原则】	★★
	第32条【物权遭受侵害的救济途径】	★★
	第37条【侵害物权的民事责任竞合】	★★
	第2条【物权法适用范围;物的概念;物权的概念】	★
	第9条【不动产物权变动的登记原则;国家的自然资源所有权登记的特殊规定】	★
	第15条【设立、变更、转让、消灭不动产物权的合同的效力;合同成立时生效】	★
	第17条【不动产权属证书与不动产登记簿的关系】	★
	第35条【权利人享有的排除妨害请求权与消除危险请求权】	★
	第65条【国家保护私人合法储蓄、投资和财产继承权等合法权益】	★
	第93条【共有的界定及其类型】	★
	第95条【共同共有权】	★

	同时适用的法条	相关度	
侵权责任法	第6条【过错责任原则;过错推定责任原则】	★★	625
	第15条【侵权责任的主要承担方式】	★★	
	第3条【侵权责任的当事人主义】	★	
	第8条【共同实施侵权行为人的连带责任】	★	
	第19条【侵害财产造成财产损失的计算方式】	★	
民法通则	第71条【所有权的内容】	★★	616
	第75条【个人财产;合法财产受法律保护】	★★	
	第117条【侵害财产权的责任承担方式:返还财产、折价赔偿;恢复原状、折价赔偿;赔偿损失】	★★	
	第134条【民事责任的主要承担方式】	★★	
	第5条【公民、法人的合法权益受法律保护】	★	
	第72条【财产所有权取得应符合法律规定;动产所有权自交付时转移】	★	
	第78条【财产共有制度:按份共有、共同共有;按份共有人的优先购买权】	★	
	第106条【民事责任归责原则:违约责任,无过错责任原则;侵权责任,过错责任、无过错责任】	★	
合同法	第8条【合同约束力】	★	593
	第44条【合同成立条件与时间】	★	
	第60条【合同履行的原则】	★	
	第107条【合同约束力;违约责任】	★	
继承法	第3条【遗产范围】	★	636
	第10条【继承人范围及继承顺序】	★	

第65条【国家保护私人合法储蓄、投资和财产继承权等合法权益】 ★★

私人合法的储蓄、投资及其收益受法律保护。

国家依照法律规定保护私人的继承权及其他合法权益。

一、主要适用的案由及其相关度

案由编号	主要适用的案由	相关度
M3.5.32.1	所有权确认纠纷	★★★★★
M3.5.33	返还原物纠纷	★★★
M3.6	所有权纠纷	★★
M3.5	物权保护纠纷	★★
M2.3	继承纠纷	★★
M4.10.67	确认合同效力纠纷	★
M4.11.128	不当得利纠纷	★
M4.10	合同纠纷	★
M3.5.38	财产损害赔偿纠纷	★
M3	物权纠纷	★
M2.3.25	法定继承纠纷	★
M2.2.24	分家析产纠纷	★
M3.6.48.2	共有物分割纠纷	★

二、同时适用的法条及其相关度

	同时适用的法条	相关度
物权法	第64条【私人所有权的范围】	★★★★★
	第66条【私人合法财产受法律保护】	★★★★
	第33条【利害关系人的物权确认请求权】	★★★
	第34条【权利人的返还原物请求权】	★★
	第4条【国家、集体和私人物权的平等保护原则】	★
	第17条【不动产权属证书与不动产登记簿的关系】	★
	第39条【所有权的内容】	★
	第93条【共有的界定及其类型】	★

	同时适用的法条	相关度	
民法通则	第75条【个人财产:合法财产受法律保护】	★★★	616
	第71条【所有权的内容】	★	
	第76条【财产继承权】	★	
	第92条【不当得利返还请求权】	★	
	第117条【侵害财产权的责任承担方式:返还财产、折价赔偿;恢复原状、折价赔偿;赔偿损失】	★	
	第134条【民事责任的主要承担方式】	★	
继承法	第10条【继承人范围及继承顺序】	★★★	636
	第13条【遗产分配】	★★	
	第3条【遗产范围】	★	
	第25条【继承和遗赠的接受与放弃】	★	
合同法	第8条【合同约束力】	★★	593
	第44条【合同成立条件与时间】	★	
	第45条【附条件的合同】	★	
	第52条【合同无效的情形】	★	
	第60条【合同履行的原则】	★	
侵权责任法	第15条【侵权责任的主要承担方式】	★	625
	第19条【侵害财产造成财产损失的计算方式】	★	
继承法问题的意见	第1条【继承开始时间】	★	708

第66条【私人合法财产受法律保护】 ★★★

私人的合法财产受法律保护,禁止任何单位和个人侵占、哄抢、破坏。

■ 一、主要适用的案由及其相关度

案由编号	主要适用的案由	相关度
M3.5.33	返还原物纠纷	★★★★★

案由编号	主要适用的案由	相关度
M3.5.38	财产损害赔偿纠纷	★★★★
M3.5.34	排除妨害纠纷	★★
M3.5	物权保护纠纷	★★
M3.5.32.1	所有权确认纠纷	★
M3.9.62	占有物返还纠纷	★
M3.6	所有权纠纷	★

二、同时适用的法条及其相关度

		同时适用的法条	相关度
物权法		第34条【权利人的返还原物请求权】	★★★★★
		第39条【所有权的内容】	★★★★
		第64条【私人所有权的范围】	★★★★
		第4条【国家、集体和私人物权的平等保护原则】	★★★
		第37条【侵害物权的民事责任竞合】	★★★
		第32条【物权遭受侵害的救济途径】	★★
		第35条【权利人享有的排除妨害请求权与消除危险请求权】	★★
		第9条【不动产物权变动的登记原则;国家的自然资源所有权登记的特殊规定】	★
		第33条【利害关系人的物权确认请求权】	★
民法通则		第117条【侵害财产权的责任承担方式:返还财产、折价赔偿、恢复原状、折价赔偿;赔偿损失】	★★★★
		第75条【个人财产:合法财产受法律保护】	★★★
		第134条【民事责任的主要承担方式】	★★★
		第71条【所有权的内容】	★
		第106条【民事责任归责原则:违约责任、无过错责任原则;侵权责任、过错责任、无过错责任】	★

	同时适用的法条	相关度
侵权责任法	第6条【过错责任原则;过错推定责任原则】	★★★
	第15条【侵权责任的主要承担方式】	★★★
	第19条【侵害财产造成财产损失的计算方式】	★★
	第2条【侵权责任一般条款;民事权益的范围】	★
	第3条【侵权责任的当事人主义】	★
	第8条【共同实施侵权行为人的连带责任】	★
合同法	第60条【合同履行的原则】	★

625

593

第67条【企业出资人的权利】

国家、集体和私人依法可以出资设立有限责任公司、股份有限公司或者其他企业。国家、集体和私人所有的不动产或者动产,投到企业的,由出资人按照约定或者出资比例享有资产收益、重大决策以及选择经营管理者等权利并履行义务。①

第68条【企业法人财产权的内容】 ★

企业法人对其不动产和动产依照法律、行政法规以及章程享有占有、使用、收益和处分的权利。

企业法人以外的法人,对其不动产和动产的权利,适用有关法律、行政法规以及章程的规定。

一、主要适用的案由及其相关度

案由编号	主要适用的案由	相关度
M3.5.33	返还原物纠纷	★★★★★
M4.10.67.2	确认合同无效纠纷	★★★
M3.5.34	排除妨害纠纷	★★
M3.6	所有权纠纷	★★
M3.5	物权保护纠纷	★★
M3.5.38	财产损害赔偿纠纷	★

---

① 说明:本法条尚无足够数量判决书可供法律大数据分析。

案由编号	主要适用的案由	相关度
M3.9.62	占有物返还纠纷	★
M3.5.32	物权确认纠纷	★
M3.5.32.1	所有权确认纠纷	★★
M8.21.252	公司证照返还纠纷	★
M8.20.228	企业出资人权益确认纠纷	

■ 二、同时适用的法条及其相关度

	同时适用的法条	相关度
物权法	第34条【权利人的返还原物请求权】	★★★★★
	第37条【侵害物权的民事责任竞合】	★★★
	第39条【所有权的内容】	★★★
	第35条【权利人享有的排除妨害请求权与消除危险请求权】	★★
	第2条【物权法适用范围;物的概念;物权的概念】	★
	第4条【国家、集体和私人物权的平等保护原则】	★
	第9条【不动产物权变动的登记原则;国家的自然资源所有权登记的特殊规定】	★
	第33条【利害关系人的物权确认请求权】	★
	第66条【私人合法财产受法律保护】	★
民法通则	第117条【侵害财产权的责任承担方式:返还财产、折价赔偿;恢复原状、折价赔偿;赔偿损失】	★★
	第5条【公民、法人的合法权益受法律保护】	★
	第71条【所有权的内容】	★
	第134条【民事责任的主要承担方式】	★

	同时适用的法条	相关度	
合同法	第52条【合同无效的情形】	★★	593
	第8条【合同约束力】	★	
	第58条【合同无效或被撤销的法律后果】	★	
	第60条【合同履行的原则】	★	
侵权责任法	第2条【侵权责任一般条款；民事权益的范围】	★	625
	第3条【侵权责任的当事人主义】	★	
	第6条【过错责任原则；过错推定责任原则】	★	
	第15条【侵权责任的主要承担方式】	★	
	第19条【侵害财产造成财产损失的计算方式】	★	

第69条【社会团体财产受法律保护】

社会团体依法所有的不动产和动产，受法律保护。①

第六章 业主的建筑物区分所有权

第70条【业主的建筑物区分所有权】 ★★★

业主对建筑物内的住宅、经营性用房等专有部分享有所有权，对专有部分以外的共有部分享有共有和共同管理的权利。

一、主要适用的案由及其相关度

案由编号	主要适用的案由	相关度
M3.6.47	相邻关系纠纷	★★★★★
M3.5.34	排除妨害纠纷	★★★★
M4.10.120.15	物业服务合同纠纷	★★
M3.5.37	恢复原状纠纷	★★
M3.6.40	建筑物区分所有权纠纷	★★
M3.6.40.2	业主共有权纠纷	★★
M3.5	物权保护纠纷	★★

---

① 说明：本法条尚无足够数量判决书可供法律大数据分析。

案由编号	主要适用的案由	相关度
M3.5.38	财产损害赔偿纠纷	★
M3.5.33	返还原物纠纷	

二、同时适用的法条及其相关度

	同时适用的法条	相关度
物权法	第84条【处理相邻关系的基本原则】	★★★★★
	第71条【业主对专有部分的专有权】	★★★★
	第72条【业主对共有部分的共有权及义务;共有权与管理权随同专有权一并转让】	★★★★
	第35条【权利人享有的排除妨害请求权与消除危险请求权】	★★★
	第73条【建筑区划内的道路、绿地等场所和设施属于业主共有财产】	★★★
	第76条【由业主共同决定的事项以及表决规则】	★★★
	第83条【业主义务;业主大会和业主委员会对于侵害建筑物的行为人的请求权】	★★★
	第85条【处理相邻关系的法源依据】	★★★
	第74条【建筑区划内车位、车库的归属规则】	★★
	第36条【物权损害的救济方式;物权的债权保护方法】	★
	第37条【侵害物权的民事责任竞合】	★
民法通则	第83条【处理相邻关系的基本原则】	★★
	第134条【民事责任的主要承担方式】	★★
	第117条【侵害财产权的责任承担方式;返还财产、折价赔偿;恢复原状、折价赔偿;赔偿损失】	★

	同时适用的法条	相关度	
合同法	第60条【合同履行的原则】	★★	593
	第8条【合同约束力】	★	
	第107条【合同约束力;违约责任】	★	
	第227条【出租人的租金支付请求权以及合同解除权】	★	
	第235条【租赁期间届满承租人租赁物返还义务;返还的租赁物应当具有的状态】	★	
侵权责任法	第15条【侵权责任的主要承担方式】	★★	625
	第6条【过错责任原则;过错推定责任原则】	★	
建筑物区分所有权司法解释	第3条【除法律、行政法规规定的共有部分外,建筑区划内也应当认定为共有部分的情形】	★★★★★	695
	第2条【建筑物区分所有权专有部分的认定标准】	★★★	
	第14条【擅自占用、处分业主共有部分、改变使用功能或进行经营性活动的处理】	★★★	
	第1条【业主的认定】	★★	
	第4条【业主合理无偿利用屋顶及专有部分相对应的外墙面等共有部分不应认定为侵权】	★★	
	第15条【损害他人合法权益行为的认定】	★★	
	第7条【其他重大事项的认定】	★	

第71条【业主对专有部分的专有权】 ★★

业主对其建筑物专有部分享有占有、使用、收益和处分的权利。业主行使权利不得危及建筑物的安全,不得损害其他业主的合法权益。

一、主要适用的案由及其相关度

案由编号	主要适用的案由	相关度
M4.10.97	租赁合同纠纷	★★★★★
M3.5.34	排除妨害纠纷	★★★

案由编号	主要适用的案由	相关度
M3.6.47	相邻关系纠纷	★★★
M4.10.82.2	商品房预售合同纠纷	★★★
M3.5.37	恢复原状纠纷	★
M3.5	物权保护纠纷	★
M4.10.120.15	物业服务合同纠纷	★
M3.5.38	财产损害赔偿纠纷	★
M3.5.33	返还原物纠纷	★

二、同时适用的法条及其相关度

	同时适用的法条	相关度
物权法	第39条【所有权的内容】	★★★★★
	第70条【业主的建筑物区分所有权】	★★★★
	第76条【由业主共同决定的事项以及表决规则】	★★★
	第84条【处理相邻关系的基本原则】	★★★
	第35条【权利人享有的排除妨害请求权与消除危险请求权】	★★
	第83条【业主义务;业主大会和业主委员会对于侵害建筑物的行为人的请求权】	★★
	第7条【物权取得与行使应遵守法律和公序良俗】	★
	第36条【物权损害的救济方式;物权的债权保护方法】	★
	第37条【侵害物权的民事责任竞合】	★
	第72条【业主对共有部分的共有权及义务;共有权与管理权随同专有权一并转让】	★
	第77条【住宅转变为经营性用房应当遵循的规则】	★
	第78条【业主大会和业主委员会决定的效力】	★
	第85条【处理相邻关系的法源依据】	★

	同时适用的法条	相关度	
合同法	第60条【合同履行的原则】	★★★	593
	第61条【合同内容约定不明确的处理规则;合同漏洞的填补】	★★★	
	第107条【合同约束力;违约责任】	★★	
	第114条【违约金的数额及其调整】	★★	
民法通则	第83条【处理相邻关系的基本原则】	★★	616
	第134条【民事责任的主要承担方式】	★	
侵权责任法	第6条【过错责任原则;过错推定责任原则】	★	625
	第15条【侵权责任的主要承担方式】	★	
商品房买卖合同纠纷司法解释	第16条【商品房买卖合同违约金的调整】	★★	705
建筑物区分所有权司法解释	第1条【业主的认定】	★	695
	第2条【建筑物区分所有权专有部分的认定标准】	★	
	第3条【除法律、行政法规规定的共有部分外,建筑区划内也应当认定为共有部分的情形】	★	
	第14条【擅自占用、处分业主共有部分、改变使用功能或进行经营性活动的处理】	★	
	第15条【损害他人合法权益行为的认定】	★	

第72条【业主对共有部分的共有权及义务;共有权与管理权随同专有权一并转让】 ★★

业主对建筑物专有部分以外的共有部分,享有权利,承担义务;不得以放弃权利不履行义务。

业主转让建筑物内的住宅、经营性用房,其对共有部分享有的共有和共同管理的权利一并转让。

254 物权纠纷

一、主要适用的案由及其相关度

案由编号	主要适用的案由	相关度
M4.10.120.15	物业服务合同纠纷	★★★★★
M3.6.47	相邻关系纠纷	★★
M3.5.34	排除妨害纠纷	★
M3.5.37	恢复原状纠纷	★
M3.6.40	建筑物区分所有权纠纷	★
M3.6.40.2	业主共有权纠纷	★★

二、同时适用的法条及其相关度

	同时适用的法条	相关度
物权法	第70条【业主的建筑物区分所有权】	★★★★★
	第83条【业主义务;业主大会和业委员会对于侵害建筑物的行为人的请求权】	★★★
	第35条【权利人享有的排除妨害请求权与消除危险请求权】	★★
	第71条【业主对专有部分的专有权】	★★
	第76条【由业主共同决定的事项以及表决规则】	★★
	第84条【处理相邻关系的基本原则】	★★
	第73条【建筑区划内的道路、绿地等场所和设施属于业主共有财产】	★
	第80条【建筑物及其附属设施的费用分摊和收益分配确定规则】	★
合同法	第8条【合同约束力】	★
	第60条【合同履行的原则】	★
	第107条【合同约束力;违约责任】	★

	同时适用的法条	相关度	
民法通则	第83条【处理相邻关系的基本原则】	★	616
	第106条【民事责任归责原则:违约责任,无过错责任原则;侵权责任,过错责任、无过错责任】	★	
	第117条【侵害财产权的责任承担方式:返还财产、折价赔偿;恢复原状、折价赔偿;赔偿损失】	★	
	第134条【民事责任的主要承担方式】	★	
侵权责任法	第15条【侵权责任的主要承担方式】	★	625
物业管理条例	第7条【物业管理中业主的义务】	★★★★★	673
	第6条【物业管理中业主的权利】	★★	
物业服务纠纷司法解释	第1条【物业服务合同的约束力】	★★★★★	693
	第6条【未交纳物业费的处理规则】	★★★★★	
建筑物区分所有权司法解释	第3条【除法律、行政法规规定的共有部分外,建筑区划内也应当认定为共有部分的情形】	★★★	695
	第14条【擅自占用、处分业主共有部分、改变使用功能或进行经营性活动的处理】	★★	
	第4条【业主合理无偿利用屋顶及专有部分相对应的外墙面等共有部分不应认定为侵权】	★	
	第7条【其他重大事项的认定】	★	
	第15条【损害他人合法权益行为的认定】	★	

第73条【建筑区划内的道路、绿地等场所和设施属于业主共有财产】★★

建筑区划内的道路,属于业主共有,但属于城镇公共道路的除外。建筑区划内的绿地,属于业主共有,但属于城镇公共绿地或者明示属于个人的除外。建筑区划内的其他公共场所、公用设施和物业服务用房,属于业主共有。

一、主要适用的案由及其相关度

案由编号	主要适用的案由	相关度
M3.5.34	排除妨害纠纷	★★★★★
M4.10.82.2	商品房预售合同纠纷	★★★★★
M4.10.120.15	物业服务合同纠纷	★★★★★
M4.10.97.2	房屋租赁合同纠纷	★★★
M3.6.47	相邻关系纠纷	★★★
M3.5	物权保护纠纷	★★★
M3.6.40	建筑物区分所有权纠纷	★★★
M3.6.40.2	业主共有权纠纷	★★★
M3.6.40.3	车位纠纷	★★
M3.5.37	恢复原状纠纷	★★
M3.5.32.1	所有权确认纠纷	★
M4.10.74	买卖合同纠纷	★
M3.5.33	返还原物纠纷	★
M4.10.82.3	商品房销售合同纠纷	★
M3.5.38	财产损害赔偿纠纷	★

二、同时适用的法条及其相关度

	同时适用的法条	相关度
物权法	第70条【业主的建筑物区分所有权】	★★★★★
	第74条【建筑区划内车位、车库的归属规则】	★★★
	第83条【业主义务；业主大会和业主委员会对于侵害建筑物的行为人的请求权】	★★★
	第35条【权利人享有的排除妨害请求权与消除危险请求权】	★★
	第72条【业主对共有部分的共有权及义务；共有权与管理权随同专有权一并转让】	★★

	同时适用的法条	相关度	
物权法	第76条【由业主共同决定的事项以及表决规则】	★★	113
	第34条【权利人的返还原物请求权】	★	
	第37条【侵害物权的民事责任竞合】	★	
	第71条【业主对专有部分的专有权】	★	
合同法	第60条【合同履行的原则】	★★	593
	第58条【合同无效或被撤销的法律后果】	★	
	第107条【合同约束力;违约责任】	★	
	第226条【租赁合同中承租人租金支付期限的确定规则】	★	
	第227条【出租人的租金支付请求权以及合同解除权】	★	
	第235条【租赁期间届满承租人租赁物返还义务;返还的租赁物应当具有的状态】	★	
侵权责任法	第6条【过错责任原则;过错推定责任原则】	★	625
	第15条【侵权责任的主要承担方式】	★	
民法通则	第83条【处理相邻关系的基本原则】	★	616
物业管理条例	第50条【业主、物业服务企业不得擅自占用、挖掘物业管理区域内的道路、场地;业主、物业服务企业应当将临时占用、挖掘的道路、场地在约定期限内恢复原状】	★	673
建筑物区分所有权司法解释	第2条【建筑物区分所有权专有部分的认定标准】	★★★	695
	第3条【除法律、行政法规规定的共有部分外,建筑区划内也应当认定为共有部分的情形】	★★★	
	第14条【擅自占用、处分业主共有部分、改变使用功能或进行经营性活动的处理】	★★★	

	同时适用的法条	相关度
693 物业服务纠纷司法解释	第4条【业主实施妨害物业服务与管理的行为时应承担的责任】	★

第74条【建筑区划内车位、车库的归属规则】 ★★

建筑区划内,规划用于停放汽车的车位、车库应当首先满足业主的需要。

建筑区划内,规划用于停放汽车的车位、车库的归属,由当事人通过出售、附赠或者出租等方式约定。

占用业主共有的道路或者其他场地用于停放汽车的车位,属于业主共有。

一、主要适用的案由及其相关度

案由编号	主要适用的案由	相关度
M4.10.120.15	物业服务合同纠纷	★★★★
M4.10.82	房屋买卖合同纠纷	★★★
M4.10.82.2	商品房预售合同纠纷	★
M4.10.82.3	商品房销售合同纠纷	★★
M4.10.74	买卖合同纠纷	★★
M3.6.40	建筑物区分所有权纠纷	★★
M3.6.40.3	车位纠纷	★★★★★
M3.6.40.4	车库纠纷	★
M3.5	物权保护纠纷	★
M4.10	合同纠纷	★
M3.5.34	排除妨害纠纷	★

二、同时适用的法条及其相关度

	同时适用的法条	相关度	
物权法	第70条【业主的建筑物区分所有权】	★★★★★	113
	第73条【建筑区划内的道路、绿地等场所和设施属于业主共有财产】	★★★★★	
	第76条【由业主共同决定的事项以及表决规则】	★★★	
	第72条【业主对共有部分的共有权及义务;共有权与管理权随同专有权一并转让】	★★	
	第15条【设立、变更、转让、消灭不动产物权的合同的效力:合同成立时生效】	★	
	第33条【利害关系人的物权确认请求权】	★	
	第39条【所有权的内容】	★	
	第71条【业主对专有部分的专有权】	★	
	第83条【业主义务;业主大会和业主委员会对于侵害建筑物的行为人的请求权】	★	
	第106条【善意取得的构成条件】	★	
合同法	第60条【合同履行的原则】	★★★★★	593
	第8条【合同约束力】	★★★★	
	第44条【合同成立条件与时间】	★★★	
	第107条【合同约束力:违约责任】	★★★	
	第114条【违约金的数额及其调整】	★★★	
	第51条【无权处分合同的效力:经追认或取得处分权的有效】	★★	
	第52条【合同无效的情形】	★★	
	第54条【合同的变更和撤销】	★★	
	第58条【合同无效或被撤销的法律后果】	★★	
	第56条【合同无效或被撤销的溯及力;部分无效不影响其他独立部分的效力】	★	

		同时适用的法条	相关度
625	侵权责任法	第6条【过错责任原则;过错推定责任原则】	★
		第15条【侵权责任的主要承担方式】	★
616	民法通则	第5条【公民、法人的合法权益受法律保护】	★
673	物业管理条例	第7条【物业管理中业主的义务】	★
		第11条【由业主共同决定的事项以及表决规则】	★
		第15条【业主委员会的职责】	★
		第31条【建设单位的物业保修责任】	★
		第42条【物业服务费用的缴纳主体】	★
695	建筑物区分所有权司法解释	第6条【占用业主共有道路或其他场地增设的车位应当认定为车位】	★★★★
		第2条【建筑物区分所有权专有部分的认定标准】	★★★
		第1条【业主的认定】	★★
		第3条【除法律、行政法规规定的共有部分外,建筑区划内也应当认定为共有部分的情形】	★★
		第5条【建设单位处分车库、车位的行为符合首先满足业主的需要的认定;配置比例的定义】	★
		第14条【擅自占用、处分业主共有部分、改变使用功能或进行经营性活动的处理】	★
705	商品房买卖合同纠纷司法解释	第18条【在法定期限内商品房买受人未取得房屋权属证书的出卖人应承担违约责任】	★
693	物业服务纠纷司法解释	第1条【物业服务合同的约束力】	★
		第6条【未交纳物业费的处理规则】	★
		第8条【物业服务企业的解聘】	★
		第9条【物业服务合同终止后物业费的处理】	★

第75条【业主大会和业主委员会的设立】 ★★

业主可以设立业主大会,选举业主委员会。

地方人民政府有关部门应当对设立业主大会和选举业主委员会给予指导和协助。

一、主要适用的案由及其相关度

案由编号	主要适用的案由	相关度
M4.10.120.15	物业服务合同纠纷	★★★★★
M3.6.41	业主撤销权纠纷	★

二、同时适用的法条及其相关度

	同时适用的法条	相关度	
物权法	第78条【业主大会和业主委员会决定的效力】	★★★★★	113
	第76条【由业主共同决定的事项以及表决规则】	★★★★	
	第71条【业主对专有部分的专有权】	★	
	第83条【业主义务;业主大会和业主委员会对于侵害建筑物的行为人的请求权】	★	
合同法	第8条【合同约束力】	★★★★★	593
	第60条【合同履行的原则】	★★★★★	
	第6条【诚实信用原则】	★★★	
	第107条【合同约束力;违约责任】	★★★	
	第109条【违约责任的承担:付款义务的继续履行】	★★★	
	第44条【合同成立条件与时间】	★★	
	第80条【债权人转让债权的通知义务】	★	
民法通则	第135条【诉讼时效期间:两年】	★	616

		同时适用的法条	相关度
673	物业管理条例	第42条【物业服务费用的缴纳主体】	★★★★
		第7条【物业管理中业主的义务】	★★★
		第11条【由业主共同决定的事项以及表决规则】	★
		第12条【业主大会的议事章程】	★
		第25条【建设单位与物业买受人签订的买卖合同应当包含前期物业服务合同约定的内容】	★
693	物业服务纠纷司法解释	第1条【物业服务合同的约束力】	★★★★★
		第6条【未交纳物业费的处理规则】	★★
695	建筑物区分所有权司法解释	第13条【应当向业主公开的情况和资料；建筑物及其附属设施的维修资金的筹集、使用情况、管理规约、业主大会议事规则、业主大会或业主委员会的决定及会议记录、物业服务合同、共有部分的使用和收益情况、停车位车库的处分情况】	★

第76条【由业主共同决定的事项以及表决规则】　★★

下列事项由业主共同决定：

（一）制定和修改业主大会议事规则；

（二）制定和修改建筑物及其附属设施的管理规约；

（三）选举业主委员会或者更换业主委员会成员；

（四）选聘和解聘物业服务企业或者其他管理人；

（五）筹集和使用建筑物及其附属设施的维修资金；

（六）改建、重建建筑物及其附属设施；

（七）有关共有和共同管理权利的其他重大事项。

决定前款第五项和第六项规定的事项，应当经专有部分占建筑物总面积三分之二以上的业主且占总人数三分之二以上的业主同意。决定前款其他事项，应当经专有部分占建筑物总面积过半数的业主且占总人数过半数的业主同意。

一、主要适用的案由及其相关度

案由编号	主要适用的案由	相关度
M4.10.120.15	物业服务合同纠纷	★★★★★
M4.10.82.2	商品房预售合同纠纷	★★
M3.6.41	业主撤销权纠纷	★★
M3.6.47	相邻关系纠纷	★
M3.5.34	排除妨害纠纷	★

二、同时适用的法条及其相关度

	同时适用的法条	相关度
物权法	第78条【业主大会和业主委员会决定的效力】	★★★★★
物权法	第70条【业主的建筑物区分所有权】	★★★
物权法	第71条【业主对专有部分的专有权】	★★★
物权法	第75条【业主大会和业主委员会的设立】	★★★
物权法	第83条【业主义务;业主大会和业主委员会对于侵害建筑物的行为人的请求权】	★★
物权法	第35条【权利人享有的排除妨害请求权与消除危险请求权】	★
物权法	第39条【所有权的内容】	★
物权法	第72条【业主对共有部分的共有权及义务;共有权与管理权随同专有权一并转让】	★
物权法	第73条【建筑区划内的道路、绿地等场所和设施属于业主共有财产】	★
物权法	第74条【建筑区划内车位、车库的归属规则】	★
物权法	第81条【业主对建筑物及其附属设施的管理权及行使规则】	★
物权法	第84条【处理相邻关系的基本原则】	★

		同时适用的法条	相关度
593	合同法	第60条【合同履行的原则】	★★★★★
		第107条【合同约束力;违约责任】	★★★★★
		第8条【合同约束力】	★★★
		第114条【违约金的数额及其调整】	★★★
		第5条【合同公平原则;合同权利义务确定的原则】	★
		第6条【诚实信用原则】	★
		第44条【合同成立条件与时间】	★
		第52条【合同无效的情形】	★
		第61条【合同内容约定不明确的处理规则;合同漏洞的填补】	★
		第62条【合同内容约定不明确的处理规则;合同漏洞的填补】	★
		第109条【违约责任的承担:付款义务的继续履行】	★
		第120条【双方违约应各自承担违约责任】	★
		第405条【有偿委托合同的报酬支付】	★
607	担保法	第31条【保证人的追偿权】	★
673	物业管理条例	第12条【业主大会的议事章程】	★★★★
		第7条【物业管理中业主的义务】	★★★
		第11条【由业主共同决定的事项以及表决规则】	★★★
		第42条【物业服务费用的缴纳主体】	★★★
		第15条【业主委员会的职责】	★
		第26条【前期物业服务合同的期限】	★
693	物业服务纠纷司法解释	第1条【物业服务合同的约束力】	★★★
		第6条【未交纳物业费的处理规则】	★★
		第8条【物业服务企业的解聘】	★
		第10条【物业服务合同的权利义务终止后双方的权利义务】	★

	同时适用的法条	相关度	
商品房买卖合同纠纷司法解释	第16条【商品房买卖合同违约金的调整】	★★★	705
建筑物区分所有权司法解释	第3条【除法律、行政法规规定的共有部分外,建筑区划内也应当认定为共有部分的情形】	★★★	695
	第7条【其他重大事项的认定】	★★	
	第14条【擅自占用、处分业主共有部分、改变使用功能或进行经营性活动的处理】	★★	
	第12条【业主大会或业主委员会作出侵害业主合法权益或违反法定程序的决定的业主行使撤销权期限】	★	

第77条【住宅转变为经营性用房应当遵循的规则】 ★

业主不得违反法律、法规以及管理规约,将住宅改变为经营性用房。业主将住宅改变为经营性用房的,除遵守法律、法规以及管理规约外,应当经有利害关系的业主同意。

一、主要适用的案由及其相关度

案由编号	主要适用的案由	相关度
M4.10.82	房屋买卖合同纠纷	
M3.5.34	排除妨害纠纷	
M4.10.120.15	物业服务合同纠纷	
M3.6.47	相邻关系纠纷	
M3.6.40	建筑物区分所有权纠纷	
M3.5.37	恢复原状纠纷	

■ 二、同时适用的法条及其相关度

	同时适用的法条	相关度
物权法	第35条【权利人享有的排除妨害请求权与消除危险请求权】	★★★
	第71条【业主对专有部分的专有权】	★★★
	第83条【业主义务;业主大会和业主委员会对于侵害建筑物的行为人的请求权】	★★
	第37条【侵害物权的民事责任竞合】	★
	第70条【业主的建筑物区分所有权】	★
	第73条【建筑区划内的道路、绿地等场所和设施属于业主共有财产】	★
	第82条【物业服务企业或其他接受业主委托的管理人的管理义务】	★
	第84条【处理相邻关系的基本原则】	★
建筑物区分所有权司法解释	第10条【业主将住宅改变为经营性用房有利害关系的业主的权利】	★★★★★
	第11条【物权法第七十七条所称"有利害关系的业主"的认定】	★★★

第78条【业主大会和业主委员会决定的效力】　　　★★★★

业主大会或者业主委员会的决定,对业主具有约束力。

业主大会或者业主委员会作出的决定侵害业主合法权益的,受侵害的业主可以请求人民法院予以撤销。

■ 一、主要适用的案由及其相关度

案由编号	主要适用的案由	相关度
M4.10.120.15	物业服务合同纠纷	★★★★★

■ 二、同时适用的法条及其相关度

	同时适用的法条	相关度	
合同法	第60条【合同履行的原则】	★★★★★	593
	第107条【合同约束力:违约责任】	★★★★	
	第8条【合同约束力】	★★★	
	第109条【违约责任的承担:付款义务的继续履行】	★★★	
	第44条【合同成立条件与时间】	★★	
	第114条【违约金的数额及其调整】	★★	
	第80条【债权人转让债权的通知义务】	★	
物权法	第75条【业主大会和业委员会的设立】	★★	113
	第76条【由业主共同决定的事项以及表决规则】	★★	
	第81条【业主对建筑物及其附属设施的管理权及行使规则】	★	
	第83条【业主义务;业主大会和业主委员会对于侵害建筑物的行为人的请求权】	★	
民法通则	第84条【债的界定】	★	616
物业管理条例	第41条【物业服务费用的缴纳主体】	★★★★★	673
	第7条【物业管理中业主的义务】	★★★★	
	第15条【业主委员会的职责】	★★	
	第65条【业主逾期不交纳物业服务费用的处理:督促限期交纳、起诉】	★★	
	第12条【业主大会的议事章程】	★	
	第34条【物业服务合同的订立与内容】	★	
	第40条【物业服务收费标准的确定原则】	★	
物业服务纠纷司法解释	第1条【物业服务合同的约束力】	★★★★	693
	第6条【未交纳物业费的处理规则】	★★★★	

第79条【建筑物及其附属设施的维修基金的筹集和使用规则】
建筑物及其附属设施的维修资金,属于业主共有。经业主共同决定,可以用于电梯、水箱等共有部分的维修。维修资金的筹集、使用情况应当公布。①

第80条【建筑物及其附属设施的费用分摊和收益分配确定规则】 ★★
建筑物及其附属设施的费用分摊、收益分配等事项,有约定的,按照约定;没有约定或者约定不明确的,按照业主专有部分占建筑物总面积的比例确定。

一、主要适用的案由及其相关度

案由编号	主要适用的案由	相关度
M3.6.40	建筑物区分所有权纠纷	★
M3.6.40.2	业主共有权纠纷	★
M4.11.128	不当得利纠纷	★
M4.10.120	服务合同纠纷	★
M4.10.120.15	物业服务合同纠纷	★★★★★
M4.10.126	追偿权纠纷	★
M3.6.48	共有纠纷	★
M4.10.89.1	金融借款合同纠纷	★

二、同时适用的法条及其相关度

	同时适用的法条	相关度
物权法	第72条【业主对共有部分的共有权及义务;共有权与管理权随同专有权一并转让】	★★★★★
	第70条【业主的建筑物区分所有权】	★★★
	第76条【由业主共同决定的事项以及表决规则】	★★★
	第78条【业主大会和业主委员会决定的效力】	★★★
	第81条【业主对建筑物及其附属设施的管理权及行使规则】	★★★

---

① 说明:本法条尚无足够数量判决书可供法律大数据分析。

	同时适用的法条	相关度	
物权法	第83条【业主义务;业主大会和业主委员会对于侵害建筑物的行为人的请求权】	★★★	113
	第79条【建筑物及其附属设施的维修基金的筹集和使用规则】	★★	
	第7条【物权取得与行使应遵守法律和公序良俗】	★	
	第173条【担保物权担保的范围】	★	
	第176条【混合担保规则】	★	
	第179条【抵押权的界定】	★	
合同法	第8条【合同约束力】	★★★	593
	第60条【合同履行的原则】	★★★	
	第107条【合同约束力;违约责任】	★★★	
	第398条【处理委托事务的费用】	★★★	
	第44条【合同成立条件与时间】	★	
	第109条【违约责任的承担:付款义务的继续履行】	★	
	第114条【违约金的数额及其调整】	★	
	第173条【拍卖合同】	★	
	第192条【赠与人的法定撤销情形及撤销权行使期间】	★	
	第205条【借款合同的利息支付义务】	★	
	第206条【借款期限的认定】	★	
	第207条【借款合同违约责任承担:支付利息】	★	
	第210条【自然人之间借款合同的生效:提供借款时】	★	
	第211条【自然人之间借款合同利息的规制】	★	

		同时适用的法条	相关度
616	民法通则	第106条【民事责任归责原则:违约责任,无过错责任原则】;侵权责任,过错责任、无过错责任】	★★★
		第4条【民事活动的基本原则:自愿、公平、等价有偿、诚实信用】	★
		第5条【公民、法人的合法权益受法律保护】	★
		第84条【债的界定】	★
		第92条【不当得利返还请求权】	★
		第108条【债务清偿:分期偿还、强制偿还】	★
		第111条【不履行合同义务的后果:继续履行;补救;赔偿损失】	★
		第135条【诉讼时效期间:两年】	★
607	担保法	第21条【保证担保的范围;没有约定、约定不明时的担保范围】	★
673	物业管理条例	第7条【物业管理中业主的义务】	★★★
		第42条【物业服务费用的缴纳主体】	★★★
		第17条【管理规约的内容、原则及效力】	★★
693	物业服务纠纷司法解释	第6条【未交纳物业费的处理规则】	★★★★★
		第1条【物业服务合同的约束力】	★★★★
695	建筑物区分所有权司法解释	第3条【除法律、行政法规规定的共有部分外,建筑区划内也应当认定为共有部分的情形】	★★★
715	合同法司法解释二	第29条【违约金的数额及其调整】	★

第81条【业主对建筑物及其附属设施的管理权及行使规则】 ★★★

业主可以自行管理建筑物及其附属设施,也可以委托物业服务企业或者其他管理人管理。

对建设单位聘请的物业服务企业或者其他管理人,业主有权依法更换。

一、主要适用的案由及其相关度

案由编号	主要适用的案由	相关度
M4.10.120.15	物业服务合同纠纷	★★★★★

二、同时适用的法条及其相关度

	同时适用的法条	相关度	
合同法	第107条【合同约束力;违约责任】	★★★★★	593
	第60条【合同履行的原则】	★★★★	
	第8条【合同约束力】	★★★	
	第114条【违约金的数额及其调整】	★★★	
	第113条【违约责任的承担:损失赔偿】	★★	
	第5条【合同公平原则;合同权利义务确定的原则】	★	
	第44条【合同成立条件与时间】	★	
	第52条【合同无效的情形】	★	
	第73条【债权人代位权】	★	
	第109条【违约责任的承担:付款义务的继续履行】	★	
物权法	第78条【业主大会和业主委员会决定的效力】	★★★	113
	第82条【物业服务企业或其他接受业主委托的管理人的管理义务】	★★★	
	第83条【业主义务;业主大会和业主委员会对于侵害建筑物的行为人的请求权】	★★	
	第76条【由业主共同决定的事项以及表决规则】	★	
民法通则	第84条【债的界定】	★	616
	第108条【债务清偿:分期偿还、强制偿还】	★	
	第140条【诉讼时效期间的中断】	★	

	同时适用的法条	相关度
673 物业管理条例	第7条【物业管理中业主的义务】	★★★★★
	第42条【物业服务费用的缴纳主体】	★★★★
	第32条【对物业管理企业实行资质管理制度】	★
	第67条【业主逾期不交纳物业服务费用的处理:督促限期交纳、起诉】	★
693 物业服务纠纷司法解释	第6条【未交纳物业费的处理规则】	★★★★★
	第1条【物业服务合同的约束力】	★★★
	第10条【物业服务合同的权利义务终止后双方的权利义务】	★
	第11条【业主对建筑物及其附属设施的管理权及行使规则】	★

第82条【物业服务企业或其他接受业主委托的管理人的管理义务】 ★★

物业服务企业或者其他管理人根据业主的委托管理建筑区划内的建筑物及其附属设施,并接受业主的监督。

一、主要适用的案由及其相关度

案由编号	主要适用的案由	相关度
M4.10.120.15	物业服务合同纠纷	★★★★★

二、同时适用的法条及其相关度

	同时适用的法条	相关度
113 物权法	第81条【业主对建筑物及其附属设施的管理权及行使规则】	★★★★★
	第83条【业主义务;业主大会和业主委员会对于侵害建筑物的行为人的请求权】	★★★
	第78条【业主大会和业主委员会决定的效力】	★★
	第70条【业主的建筑物区分所有权】	★

	同时适用的法条	相关度	
合同法	第60条【合同履行的原则】	★★★★★	593
	第107条【合同约束力;违约责任】	★★★	
	第52条【合同无效的情形】	★★	
	第73条【债权人代位权】	★★	
	第5条【合同公平原则;合同权利义务确定的原则】	★	
	第8条【合同约束力】	★	
	第109条【违约责任的承担:付款义务的继续履行】	★	
	第114条【违约金的数额及其调整】	★	
民法通则	第106条【民事责任归责原则:违约责任,无过错责任原则;侵权责任,过错责任、无过错责任】	★★	616
	第5条【公民、法人的合法权益受法律保护】	★	
	第84条【债的界定】	★	
	第108条【债务清偿:分期偿还、强制偿还】	★	
	第140条【诉讼时效期间的中断】	★	
物业管理条例	第7条【物业管理中业主的义务】	★★★★★	673
	第32条【对物业管理企业实行资质管理制度】	★★★	
	第42条【物业服务费用的缴纳主体】	★★★	
	第67条【业主逾期不交纳物业服务费用的处理:督促限期交纳、起诉】	★★★	
	第6条【物业管理中业主的权利】	★	
	第36条【物业服务企业服务提供义务与责任】	★	
	第41条【物业服务收费标准的确定原则】	★	
物业服务纠纷司法解释	第6条【未交纳物业费的处理规则】	★★★★★	693
	第1条【物业服务合同的约束力】	★★★★	
	第11条【业主对建筑物及其附属设施的管理权及行使规则】	★★	

	同时适用的法条	相关度
建筑物区分所有权司法解释	第13条【应当向业主公开的情况和资料;建筑物及其附属设施的维修资金的筹集、使用情况、管理规约、业主大会议事规则、业主大会或业主委员会的决定及会议记录、物业服务合同、共有部分的使用和收益情况、停车位车库的处分情况】	★

695

第83条【业主义务;业主大会和业主委员会对于侵害建筑物的行为人的请求权】 ★★

业主应当遵守法律、法规以及管理规约。

业主大会和业主委员会,对任意弃置垃圾、排放污染物或者噪声、违反规定饲养动物、违章搭建、侵占通道、拒付物业费等损害他人合法权益的行为,有权依照法律、法规以及管理规约,要求行为人停止侵害、消除危险、排除妨害、赔偿损失。业主对侵害自己合法权益的行为,可以依法向人民法院提起诉讼。

■ 一、主要适用的案由及其相关度

案由编号	主要适用的案由	相关度
M4.10.120.15	物业服务合同纠纷	★★★★★
M3.5.34	排除妨害纠纷	★★
M3.6.47	相邻关系纠纷	★★
M3.6.40.2	业主共有权纠纷	★

■ 二、同时适用的法条及其相关度

	同时适用的法条	相关度
合同法	第60条【合同履行的原则】	★★★★★
	第107条【合同约束力;违约责任】	★★★★★
	第8条【合同约束力】	★★★
	第44条【合同成立条件与时间】	★★

593

	同时适用的法条	相关度	
合同法	第114条【违约金的数额及其调整】	★★	593
	第109条【违约责任的承担:付款义务的继续履行】	★	
物权法	第70条【业主的建筑物区分所有权】	★★★★	113
	第78条【业主大会和业主委员会决定的效力】	★★★	
	第84条【处理相邻关系的基本原则】	★★★	
	第35条【权利人享有的排除妨害请求权与消除危险请求权】	★★	
	第71条【业主对专有部分的专有权】	★★	
	第72条【业主对共有部分的共有权及义务;共有权与管理权随同专有权一并转让】	★★	
	第76条【由业主共同决定的事项以及表决规则】	★★	
	第81条【业主对建筑物及其附属设施的管理权及行使规则】	★★	
	第82条【物业服务企业或其他接受业主委托的管理人的管理义务】	★★	
	第73条【建筑区划内的道路、绿地等场所和设施属于业主共有财产】	★	
民法通则	第5条【公民、法人的合法权益受法律保护】	★	616
	第83条【处理相邻关系的基本原则】	★	
	第84条【债的界定】	★	
	第106条【民事责任归责原则:违约责任,无过错责任原则;侵权责任,过错责任、无过错责任】	★	
	第108条【债务清偿:分期偿还、强制偿还】	★	
	第117条【侵害财产权的责任承担方式:返还财产、折价赔偿;恢复原状、折价赔偿;赔偿损失】	★	
	第134条【民事责任的主要承担方式】	★	

		同时适用的法条	相关度
625	侵权责任法	第15条【侵权责任的主要承担方式】	★
673	物业管理条例	第7条【物业管理中业主的义务】	★★★★★
		第42条【物业服务费用的缴纳主体】	★★★★★
		第21条【前期物业服务合同的签订】	★★
		第41条【物业服务收费标准的确定原则】	★★
		第15条【业主委员会的职责】	★
		第36条【物业服务企业服务提供义务与责任】	★
		第45条【物业服务企业对违反有关治安、环保、物业装饰装修和使用等方面法律、法规规定的行为的报告义务】	★
		第67条【业主逾期不交纳物业服务费用的处理：督促限期交纳、起诉】	★
693	物业服务纠纷司法解释	第1条【物业服务合同的约束力】	★★★★★
		第4条【业主实施妨害物业服务与管理的行为时应承担的责任】	★★★
		第6条【未交纳物业费的处理规则】	★★★
695	建筑物区分所有权司法解释	第15条【损害他人合法权益行为的认定】	★★★
		第3条【除法律、行政法规规定的共有部分外，建筑区划内也应当认定为共有部分的情形】	★★
		第14条【擅自占用、处分业主共有部分、改变使用功能或进行经营性活动的处理】	★★
		第4条【业主合理无偿利用屋顶及专有部分相对应的外墙面等共有部分不应认定为侵权】	★

第七章 相邻关系

第84条【处理相邻关系的基本原则】 ★★★★

不动产的相邻权利人应当按照有利生产、方便生活、团结互助、公平合理的原则,正确处理相邻关系。

一、主要适用的案由及其相关度

案由编号	主要适用的案由	相关度
M3.6.47	相邻关系纠纷	★★★★★
M3.6.47.2	相邻通行纠纷	★★
M3.5.34	排除妨害纠纷	★★★

二、同时适用的法条及其相关度

	同时适用的法条	相关度	
民法通则	第83条【处理相邻关系的基本原则】	★★★★★	616
	第134条【民事责任的主要承担方式】	★★★	
	第5条【公民、法人的合法权益受法律保护】	★★	
物权法	第35条【权利人享有的排除妨害请求权与消除危险请求权】	★★★	113
	第85条【处理相邻关系的法源依据】	★★★	
	第87条【相邻关系人通行权规则】	★★★	
	第37条【侵害物权的民事责任竞合】	★★	
	第86条【相邻权利人用水、排水权】	★★	
	第89条【建造建筑物不得妨碍相邻建筑物】	★★	
	第92条【相邻权的限度】	★★	
	第70条【业主的建筑物区分所有权】	★	
	第91条【禁止进行危及相邻不动产安全的活动】	★	
侵权责任法	第15条【侵权责任的主要承担方式】	★★	625
	第6条【过错责任原则;过错推定责任原则】	★	

第85条【处理相邻关系的法源依据】 ★★★★

法律、法规对处理相邻关系有规定的,依照其规定;法律、法规没有规定的,可以按照当地习惯。

一、主要适用的案由及其相关度

案由编号	主要适用的案由	相关度
M3.6.47	相邻关系纠纷	★★★★★
M3.6.47.2	相邻通行纠纷	★
M3.5.34	排除妨害纠纷	★★★

二、同时适用的法条及其相关度

	同时适用的法条	相关度
物权法	第84条【处理相邻关系的基本原则】	★★★★★
	第70条【业主的建筑物区分所有权】	★
	第86条【相邻权利人用水、排水权】	★
	第87条【相邻关系人通行权规则】	★
	第89条【建造建筑物不得妨碍相邻建筑物】	★
民法通则	第83条【处理相邻关系的基本原则】	★★★
	第134条【民事责任的主要承担方式】	★

113

616

第86条【相邻权利人用水、排水权】 ★★★

不动产权利人应当为相邻权利人用水、排水提供必要的便利。

对自然流水的利用,应当在不动产的相邻权利人之间合理分配。对自然流水的排放,应当尊重自然流向。

一、主要适用的案由及其相关度

案由编号	主要适用的案由	相关度
M3.6.47	相邻关系纠纷	★★★★★
M3.6.47.1	相邻用水、排水纠纷	★★★
M3.5.34	排除妨害纠纷	★★★★

案由编号	主要适用的案由	相关度
M3.5.37	恢复原状纠纷	★

二、同时适用的法条及其相关度

	同时适用的法条	相关度	
物权法	第84条【处理相邻关系的基本原则】	★★★★★	113
	第85条【处理相邻关系的法源依据】	★★	
	第35条【权利人享有的排除妨害请求权与消除危险请求权】	★	
	第87条【相邻关系人通行权规则】	★	
	第92条【相邻权的限度】	★	
民法通则	第83条【处理相邻关系的基本原则】	★★★	616
	第134条【民事责任的主要承担方式】	★	

第87条【相邻关系人通行权规则】　　★★★

不动产权利人对相邻权利人因通行等必须利用其土地的,应当提供必要的便利。

一、主要适用的案由及其相关度

案由编号	主要适用的案由	相关度
M3.5.34	排除妨害纠纷	★★★★
M3.6.47	相邻关系纠纷	★★★★
M3.6.47.2	相邻通行纠纷	★★★★★

二、同时适用的法条及其相关度

	同时适用的法条	相关度	
物权法	第84条【处理相邻关系的基本原则】	★★★★	113
	第35条【权利人享有的排除妨害请求权与消除危险请求权】	★	

		同时适用的法条	相关度
113	物权法	第85条【处理相邻关系的法源依据】	★
		第86条【相邻权利人用水、排水权】	★
		第92条【相邻权的限度】	★
616	民法通则	第83条【处理相邻关系的基本原则】	★★★★
		第134条【民事责任的主要承担方式】	★
625	侵权责任法	第15条【侵权责任的主要承担方式】	★
692	民通意见	第1条【公民的民事权利能力自出生时开始：户籍证明、医院出具的出生证明、其他证明】	★
		第101条【建筑物通道的规定】	★

第88条【相邻关系人利用相邻土地的权利】 ★★

不动产权利人因建造、修缮建筑物以及铺设电线、电缆、水管、暖气和燃气管线等必须利用相邻土地、建筑物的,该土地、建筑物的权利人应当提供必要的便利。

■ 一、主要适用的案由及其相关度

案由编号	主要适用的案由	相关度
M3.6.47	相邻关系纠纷	★★★★★
M3.6.47.2	相邻通行纠纷	★
M3.6.47.3	相邻土地、建筑物利用关系纠纷	★
M3.5.34	排除妨害纠纷	★★★★
M3.5.38	财产损害赔偿纠纷	★
M3.5	物权保护纠纷	★

二、同时适用的法条及其相关度

	同时适用的法条	相关度	
物权法	第84条【处理相邻关系的基本原则】	★★★★★	113
	第86条【相邻权利人用水、排水权】	★★	
	第35条【权利人享有的排除妨害请求权与消除危险请求权】	★	
	第85条【处理相邻关系的法源依据】	★	
	第87条【相邻关系人通行权规则】	★	
	第91条【禁止进行危及相邻不动产安全的活动】	★	
	第92条【相邻权的限度】	★	
民法通则	第83条【处理相邻关系的基本原则】	★★★	616
	第134条【民事责任的主要承担方式】	★	
侵权责任法	第6条【过错责任原则;过错推定责任原则】	★	625
	第15条【侵权责任的主要承担方式】	★	

第89条【建造建筑物不得妨碍相邻建筑物】 ★★★

建造建筑物,不得违反国家有关工程建设标准,妨碍相邻建筑物的通风、采光和日照。

一、主要适用的案由及其相关度

案由编号	主要适用的案由	相关度
M3.6.47	相邻关系纠纷	★★★★★
M3.6.47.5	相邻采光、日照纠纷	★★★★★
M3.5.34	排除妨害纠纷	★★

二、同时适用的法条及其相关度

	同时适用的法条	相关度	
物权法	第84条【处理相邻关系的基本原则】	★★★★★	113
	第85条【处理相邻关系的法源依据】	★★	

	同时适用的法条	相关度
民法通则	第83条【处理相邻关系的基本原则】	★★★★
	第5条【公民、法人的合法权益受法律保护】	★★★

第90条【不动产权利人不得弃置废物和排放污染物】 ★★

不动产权利人不得违反国家规定弃置固体废物,排放大气污染物、水污染物、噪声、光、电磁波辐射等有害物质。

一、主要适用的案由及其相关度

案由编号	主要适用的案由	相关度
M3.6.47	相邻关系纠纷	★★★★★
M3.6.47.6	相邻污染侵害纠纷	★★★
M3.6.47.7	相邻损害防免关系纠纷	★
M3.5.34	排除妨害纠纷	★★★★

二、同时适用的法条及其相关度

	同时适用的法条	相关度
物权法	第84条【处理相邻关系的基本原则】	★★★★★
	第66条【私人合法财产受法律保护】	★
	第85条【处理相邻关系的法源依据】	★
	第87条【相邻关系人通行权规则】	★
	第89条【建造建筑物不得妨碍相邻建筑物】	★
	第91条【禁止进行危及相邻不动产安全的活动】	★
	第92条【相邻权的限度】	★
	第100条【共有物分割的方式】	★
	第176条【混合担保规则】	★
	第179条【抵押权的界定】	★

	同时适用的法条	相关度	
物权法	第185条【抵押合同的书面形式要件及其应包含的内容】	★	113
	第187条【不动产抵押的登记要件主义】	★	
民法通则	第83条【处理相邻关系的基本原则】	★★★★★	616
	第134条【民事责任的主要承担方式】	★	
侵权责任法	第6条【过错责任原则;过错推定责任原则】	★★	625
	第15条【侵权责任的主要承担方式】	★★	
	第2条【侵权责任一般条款;民事权益的范围】	★	
	第3条【侵权责任的当事人主义】	★	
	第19条【侵害财产造成财产损失的计算方式】	★	
	第22条【侵害人身权益的精神损害赔偿】	★	
	第65条【污染环境无过错责任】	★	
大气污染防治法	第32条【国务院有关部门和地方各级人民政府的大气污染防治义务】	★★	659
环境保护法	第49条【农业、农村环境污染防治】	★★	663
合同法	第205条【借款合同的利息支付义务】	★	593
	第206条【借款期限的认定】	★	
	第207条【借款合同违约责任承担:支付利息】	★	
	第210条【自然人之间借款合同的生效:提供借款时】	★	

第91条【禁止进行危及相邻不动产安全的活动】 ★★

不动产权利人挖掘土地、建造建筑物、铺设管线以及安装设备等,不得危及相邻不动产的安全。

一、主要适用的案由及其相关度

案由编号	主要适用的案由	相关度
M3.6.47	相邻关系纠纷	★★★★★
M3.6.47.7	相邻损害防免关系纠纷	★★★
M3.5.38	财产损害赔偿纠纷	★★★★★
M3.5.34	排除妨害纠纷	★★★
M3.5.37	恢复原状纠纷	★
M3.5	物权保护纠纷	★

二、同时适用的法条及其相关度

	同时适用的法条	相关度
物权法	第84条【处理相邻关系的基本原则】	★★★★★
	第35条【权利人享有的排除妨害请求权与消除危险请求权】	★★★
	第92条【相邻权的限度】	★★★
	第36条【物权损害的救济方式;物权的债权保护方法】	★★
	第37条【侵害物权的民事责任竞合】	★★
民法通则	第83条【处理相邻关系的基本原则】	★★★★
	第106条【民事责任归责原则:违约责任,无过错责任原则;侵权责任,过错责任、无过错责任】	★
	第117条【侵害财产权的责任承担方式;返还财产、折价赔偿,恢复原状、折价赔偿;赔偿损失】	★
	第123条【高度危险行为致害无过错责任及抗辩事由】	★
	第134条【民事责任的主要承担方式】	★
侵权责任法	第15条【侵权责任的主要承担方式】	★★
	第6条【过错责任原则;过错推定责任原则】	★
	第19条【侵害财产造成财产损失的计算方式】	★

第92条【相邻权的限度】 ★★★

不动产权利人因用水、排水、通行、铺设管线等利用相邻不动产的,应当尽量避免对相邻的不动产权利人造成损害;造成损害的,应当给予赔偿。

一、主要适用的案由及其相关度

案由编号	主要适用的案由	相关度
M3.6.47	相邻关系纠纷	★★★★★
M3.6.47.1	相邻用水、排水纠纷	★
M3.6.47.2	相邻通行纠纷	★
M3.6.47.3	相邻土地、建筑物利用关系纠纷	★
M3.6.47.7	相邻损害防免关系纠纷	★
M3.5.38	财产损害赔偿纠纷	★★★
M3.5.34	排除妨害纠纷	★★★

二、同时适用的法条及其相关度

	同时适用的法条	相关度	
物权法	第84条【处理相邻关系的基本原则】	★★★★★	113
	第91条【禁止进行危及相邻不动产安全的活动】	★★	
	第35条【权利人享有的排除妨害请求权与消除危险请求权】	★	
	第36条【物权损害的救济方式;物权的债权保护方法】	★	
	第37条【侵害物权的民事责任竞合】	★	
	第86条【相邻权利人用水、排水权】	★	
	第87条【相邻关系人通行权规则】	★	
民法通则	第83条【处理相邻关系的基本原则】	★★★	616
	第134条【民事责任的主要承担方式】	★	
侵权责任法	第6条【过错责任原则;过错推定责任原则】	★	625
	第15条【侵权责任的主要承担方式】	★	

第八章　共有

第93条【共有的界定及其类型】　★★★

不动产或者动产可以由两个以上单位、个人共有。共有包括按份共有和共同共有。

一、主要适用的案由及其相关度

案由编号	主要适用的案由	相关度
M2.2.24	分家析产纠纷	★★★★★
M3.6.48	共有纠纷	★★★★★
M3.6.48.1	共有权确认纠纷	★★
M3.6.48.2	共有物分割纠纷	★★★★★
M2.3	继承纠纷	★★
M2.3.25	法定继承纠纷	★
M2.2.12	离婚后财产纠纷	★
M3.5.32	物权确认纠纷	★
M3.5.32.1	所有权确认纠纷	★★★

二、同时适用的法条及其相关度

	同时适用的法条	相关度
物权法	第94条【按份共有人对共有物的权利】	★★★★★
	第95条【共同共有权】	★★★★★
	第99条【共有物的分割规则】	★★★★★
	第100条【共有物分割的方式】	★★★★
	第33条【利害关系人的物权确认请求权】	★★★
	第103条【没有约定、约定不明时共有物共有性质的认定】	★★★

	同时适用的法条	相关度	
物权法	第104条【按份共有人共有份额的认定规则】	★★	113
	第9条【不动产物权变动的登记原则;国家的自然资源所有权登记的特殊规定】	★	
	第39条【所有权的内容】	★	
	第96条【共有人对共有财产的管理权利与义务】	★	
	第97条【共有人对于共有财产重大事项的表决权规则】	★	
民法通则	第78条【财产共有制度:按份共有、共同共有;按份共有人的优先购买权】	★★★★★	616
	第4条【民事活动的基本原则:自愿、公平、等价有偿、诚实信用】	★	
	第5条【公民、法人的合法权益受法律保护】	★	
	第71条【所有权的内容】	★	
	第72条【财产所有权取得应符合法律规定;动产所有权自交付时转移】	★	
	第75条【个人财产:合法财产受法律保护】	★	
继承法	第10条【继承人范围及继承顺序】	★★★★★	636
	第13条【遗产分配】	★★★★	
	第3条【遗产范围】	★★★	
	第5条【继承方式】	★★★	
	第26条【遗产的认定】	★★★	
	第2条【继承开始】	★★	
	第9条【继承权男女平等】	★	
	第11条【代位继承】	★	
	第16条【遗嘱与遗赠的一般规定】	★	
	第17条【遗嘱的形式】	★	

288 物权纠纷

		同时适用的法条	相关度
636	继承法	第25条【继承和遗赠的接受与放弃】	★
		第29条【遗产分割的规则和方法】	★
649	婚姻法	第17条【夫妻共有财产的范围】	★★★
		第39条【离婚时夫妻共同财产的处理】	★★
593	合同法	第44条【合同成立条件与时间】	★
		第60条【合同履行的原则】	★
692	民通意见	第1条【公民的民事权利能力自出生时开始；户籍证明、医院出具的出生证明、其他证明】	★★
		第90条【共有财产的分割】	★

第94条【按份共有人对共有物的权利】　　★★★

按份共有人对共有的不动产或者动产按照其份额享有所有权。

一、主要适用的案由及其相关度

案由编号	主要适用的案由	相关度
M3.6.48	共有纠纷	★★★★★
M3.6.48.1	共有权确认纠纷	★
M3.6.48.2	共有物分割纠纷	★★★★
M2.2.24	分家析产纠纷	★★
M3.5.32.1	所有权确认纠纷	★
M2.3	继承纠纷	★

二、同时适用的法条及其相关度

		同时适用的法条	相关度
113	物权法	第93条【共有的界定及其类型】	★★★★★
		第99条【共有物的分割规则】	★★★★
		第100条【共有物分割的方式】	★★★

	同时适用的法条	相关度	
物权法	第33条【利害关系人的物权确认请求权】	★★	113
	第39条【所有权的内容】	★★	
	第103条【没有约定、约定不明时共有物共有性质的认定】	★★	
	第104条【按份共有人共有份额的认定规则】	★★	
	第9条【不动产物权变动的登记原则；国家的自然资源所有权登记的特殊规定】	★	
	第95条【共同共有权】	★	
	第96条【共有人对共有财产的管理权利与义务】	★	
	第97条【共有人对于共有财产重大事项的表决权规则】	★	
民法通则	第78条【财产共有制度：按份共有、共同共有；按份共有人的优先购买权】	★★	616
	第5条【公民、法人的合法权益受法律保护】	★	
继承法	第10条【继承人范围及继承顺序】	★★	636
	第2条【继承开始】	★	
	第3条【遗产范围】	★	
	第5条【继承方式】	★	
	第13条【遗产分配】	★	
	第26条【遗产的认定】	★	
合同法	第60条【合同履行的原则】	★	593

第95条【共同共有权】 ★★★

共同共有人对共有的不动产或者动产共同享有所有权。

一、主要适用的案由及其相关度

案由编号	主要适用的案由	相关度
M2.2.24	分家析产纠纷	★★★★★

案由编号	主要适用的案由	相关度
M3.6.48	共有纠纷	★★★★
M3.6.48.1	共有权确认纠纷	★
M3.6.48.2	共有物分割纠纷	★★★★★
M3.5.32.1	所有权确认纠纷	★★
M2.2.12	离婚后财产纠纷	★
M2.3	继承纠纷	★
M2.3.25	法定继承纠纷	★
M4.10.82	房屋买卖合同纠纷	★
M3.5.33	返还原物纠纷	★
M4.10.67.2	确认合同无效纠纷	★

二、同时适用的法条及其相关度

	同时适用的法条	相关度
物权法	第93条【共有的界定及其类型】	★★★★★
	第99条【共有物的分割规则】	★★★★★
	第100条【共有物分割的方式】	★★★★
	第103条【没有约定、约定不明时共有物共有性质的认定】	★★★
	第33条【利害关系人的物权确认请求权】	★★
	第39条【所有权的内容】	★★
	第97条【共有人对于共有财产重大事项的表决权规则】	★★
	第9条【不动产物权变动的登记原则;国家的自然资源所有权登记的特殊规定】	★
	第94条【按份共有人对共有物的权利】	★
	第96条【共有人对共有财产的管理权利与义务】	★
	第104条【按份共有人共有份额的认定规则】	★

	同时适用的法条	相关度	
民法通则	第78条【财产共有制度：按份共有、共同共有；按份共有人的优先购买权】	★★★	616
继承法	第10条【继承人范围及继承顺序】	★★★	636
	第13条【遗产分配】	★★	
	第2条【继承开始】	★	
	第3条【遗产范围】	★	
	第5条【继承方式】	★	
	第25条【继承和遗赠的接受与放弃】	★	
	第26条【遗产的认定】	★	
婚姻法	第17条【夫妻共有财产的范围】	★★★	649
	第39条【离婚时夫妻共同财产的处理】	★	
合同法	第52条【合同无效的情形】	★	593
民通意见	第1条【公民的民事权利能力自出生时开始：户籍证明、医院出具的出生证明、其他证明】	★★	692
	第90条【共有财产的分割】	★★	
民事执行查封扣押冻结财产规定	第14条【对与他人共有的财产进行查封、扣押、冻结】	★	704
人身损害赔偿司法解释	第28条【被扶养人生活费数额的确定】	★	698

第96条【共有人对共有财产的管理权利与义务】 ★★

共有人按照约定管理共有的不动产或者动产；没有约定或者约定不明确的，各共有人都有管理的权利和义务。

292 物权纠纷

一、主要适用的案由及其相关度

案由编号	主要适用的案由	相关度
M3.6.48	共有纠纷	★★★★★
M3.6.48.1	共有权确认纠纷	★
M3.6.48.2	共有物分割纠纷	★★★
M3.5.33	返还原物纠纷	★★★★
M2.2.24	分家析产纠纷	★★★
M3.5	物权保护纠纷	★★★
M3.5.34	排除妨害纠纷	★★★
M4.10.97.2	房屋租赁合同纠纷	★★
M3.5.38	财产损害赔偿纠纷	★★
M3.5.32.1	所有权确认纠纷	★★
M3	物权纠纷	★
M4.10.67.2	确认合同无效纠纷	★
M4.10.82	房屋买卖合同纠纷	★
M3.6.47	相邻关系纠纷	★
M4.10.111	合伙协议纠纷	★
M2.3	继承纠纷	★
M4.11.128	不当得利纠纷	★

二、同时适用的法条及其相关度

	同时适用的法条	相关度
物权法	第95条【共同共有权】	★★★★★
	第93条【共有的界定及其类型】	★★★★
	第39条【所有权的内容】	★★★
	第94条【按份共有人对共有物的权利】	★★★

	同时适用的法条	相关度	
物权法	第97条【共有人对于共有财产重大事项的表决权规则】	★★★	113
	第99条【共有物的分割规则】	★★★	
	第100条【共有物分割的方式】	★★	
	第103条【没有约定、约定不明时共有物共有性质的认定】	★★	
	第9条【不动产物权变动的登记原则;国家的自然资源所有权登记的特殊规定】	★	
	第33条【利害关系人的物权确认请求权】	★	
	第34条【权利人的返还原物请求权】	★	
	第35条【权利人享有的排除妨害请求权与消除危险请求权】	★	
	第84条【处理相邻关系的基本原则】	★	
	第98条【共有物的管理费用分担规则】	★	
	第104条【按份共有人共有份额的认定规则】	★	
民法通则	第78条【财产共有制度:按份共有、共同共有;按份共有人的优先购买权】	★★★	616
	第5条【公民、法人的合法权益受法律保护】	★	
继承法	第10条【继承人范围及继承顺序】	★	636
婚姻法	第17条【夫妻共有财产的范围】	★	649
侵权责任法	第6条【过错责任原则;过错推定责任原则】	★	625
民通意见	第1条【公民的民事权利能力自出生时开始:户籍证明、医院出具的出生证明、其他证明】	★	692

第97条【共有人对于共有财产重大事项的表决权规则】 ★★★

处分共有的不动产或者动产以及对共有的不动产或者动产作重大修

缮的,应当经占份额三分之二以上的按份共有人或者全体共同共有人同意,但共有人之间另有约定的除外。

一、主要适用的案由及其相关度

案由编号	主要适用的案由	相关度
M4.10.82	房屋买卖合同纠纷	★★★★★
M3.6.48	共有纠纷	★★
M3.6.48.2	共有物分割纠纷	★★
M4.10.67	确认合同效力纠纷	★★
M4.10.67.2	确认合同无效纠纷	★★★★
M3.5.32.1	所有权确认纠纷	★
M3.5	物权保护纠纷	★
M3.5.38	财产损害赔偿纠纷	★
M4.10	合同纠纷	★
M2.2.24	分家析产纠纷	★
M2.3.25	法定继承纠纷	★
M4.10.83	房屋拆迁安置补偿合同纠纷	★
M4.10.88	赠与合同纠纷	★
M3.5.33	返还原物纠纷	★
M2.3	继承纠纷	★
M4.10.97.2	房屋租赁合同纠纷	★

二、同时适用的法条及其相关度

	同时适用的法条	相关度
物权法	第95条【共同共有权】	★★★★★
	第93条【共有的界定及其类型】	★★★
	第94条【按份共有人对共有物的权利】	★★★
	第103条【没有约定、约定不明时共有物共有性质的认定】	★★★

	同时适用的法条	相关度	
物权法	第106条【善意取得的构成条件】	★★★	113
	第96条【共有人对共有财产的管理权利与义务】	★★	
	第99条【共有物的分割规则】	★★	
	第100条【共有物分割的方式】	★★	
	第7条【物权取得与行使应遵守法律和公序良俗】	★	
	第9条【不动产物权变动的登记原则;国家的自然资源所有权登记的特殊规定】	★	
	第15条【设立、变更、转让、消灭不动产物权的合同的效力;合同成立时生效】	★	
	第33条【利害关系人的物权确认请求权】	★	
	第34条【权利人的返还原物请求权】	★	
	第36条【物权损害的救济方式;物权的债权保护方法】	★	
	第37条【侵害物权的民事责任竞合】	★	
	第39条【所有权的内容】	★	
	第104条【按份共有人共有份额的认定规则】	★	
合同法	第51条【无权处分合同的效力:经追认或取得处分权的有效】	★★★★★	593
	第52条【合同无效的情形】	★★★★★	
	第58条【合同无效或被撤销的法律后果】	★★★	
	第8条【合同约束力】	★★	
	第44条【合同成立条件与时间】	★★	
	第56条【合同无效或被撤销的溯及力;部分无效不影响其他独立部分的效力】	★★	
	第60条【合同履行的原则】	★★	
	第107条【合同约束力:违约责任】	★★	
	第114条【违约金的数额及其调整】	★	

		同时适用的法条	相关度
593	合同法	第185条【赠与合同的概念】	★
		第206条【借款期限的认定】	★
		第207条【借款合同违约责任承担:支付利息】	★
649	婚姻法	第17条【夫妻共有财产的范围】	★★★
636	继承法	第10条【继承人范围及继承顺序】	★★★
		第13条【遗产分配】	★★
		第2条【继承开始】	★
		第3条【遗产范围】	★
		第5条【继承方式】	★
		第25条【继承和遗赠的接受与放弃】	★
		第26条【遗产的认定】	★
616	民法通则	第78条【财产共有制度:按份共有、共同共有;按份共有人的优先购买权】	★★
		第5条【公民、法人的合法权益受法律保护】	★
		第58条【民事行为无效的法定情形】	★
625	侵权责任法	第6条【过错责任原则;过错推定责任原则】	★
		第15条【侵权责任的主要承担方式】	★
		第19条【侵害财产造成财产损失的计算方式】	★
692	民通意见	第1条【公民的民事权利能力自出生时开始:户籍证明、医院出具的出生证明、其他证明】	★★
		第89条【共同共有人擅自处分共有财产的效力及赔偿责任】	★
704	买卖合同司法解释	第3条【不能以出卖人在缔约时对标的物没有所有权或处分权为由主张合同无效;出卖人未取得所有权或处分权致使标的物所有权不能转移买受人可以要求出卖人承担违约责任或解除合同主张损害赔偿】	★★

	同时适用的法条	相关度
婚姻法司法解释一	第17条【夫妻对共有财产有平等处理权的理解】	★

第98条【共有物的管理费用分担规则】 ★

对共有物的管理费用以及其他负担,有约定的,按照约定;没有约定或者约定不明确的,按份共有人按照其份额负担,共同共有人共同负担。

一、主要适用的案由及其相关度

案由编号	主要适用的案由	相关度
M3.6.48	共有纠纷	★★★★★
M3.6.48.2	共有物分割纠纷	★★★★
M2.2.24	分家析产纠纷	★★
M2.2.12	离婚后财产纠纷	★
M4.10.120.15	物业服务合同纠纷	★
M3.6.40.2	业主共有权纠纷	★
M2.3	继承纠纷	★
M3.5.38	财产损害赔偿纠纷	★
M4.10.126	追偿权纠纷	★
M3.5.32.1	所有权确认纠纷	★
M2.3.25	法定继承纠纷	★
M3	物权纠纷	★
M3.5	物权保护纠纷	★

二、同时适用的法条及其相关度

	同时适用的法条	相关度
物权法	第94条【按份共有人对共有物的权利】	★★★★★
	第99条【共有物的分割规则】	★★★★★
	第100条【共有物分割的方式】	★★★★

		同时适用的法条	相关度
113	物权法	第39条【所有权的内容】	★★★
		第93条【共有的界定及其类型】	★★★
		第95条【共同共有权】	★★★
		第96条【共有人对共有财产的管理权利与义务】	★★★
		第97条【共有人对于共有财产重大事项的表决权规则】	★★★
		第103条【没有约定、约定不明时共有物共有性质的认定】	★★★
		第102条【因共有产生的债权债务承担规则:对外享有连带债权、对外承担连带债务、对内按份享有债权、对内按份承担债务】	★★
		第104条【按份共有人共有份额的认定规则】	★★
		第4条【国家、集体和私人物权的平等保护原则】	★
		第9条【不动产物权变动的登记原则;国家的自然资源所有权登记的特殊规定】	★
		第17条【不动产权属证书与不动产登记簿的关系】	★
		第70条【业主的建筑物区分所有权】	★
		第72条【业主对共有部分的共有权及义务;共有权与管理权随同专有权一并转让】	★
616	民法通则	第78条【财产共有制度:按份共有、共同共有;按份共有人的优先购买权】	★★★
		第4条【民事活动的基本原则:自愿、公平、等价有偿、诚实信用】	★
		第5条【公民、法人的合法权益受法律保护】	★

	同时适用的法条	相关度	
继承法	第13条【遗产分配】	★★	636
	第10条【继承人范围及继承顺序】	★	
	第16条【遗嘱与遗赠的一般规定】	★	
	第26条【遗产的认定】	★	
	第33条【继承遗产与清偿债务】	★	
婚姻法	第39条【离婚时夫妻共同财产的处理】	★	649
合同法	第60条【合同履行的原则】	★	593
	第107条【合同约束力；违约责任】	★	
民通意见	第1条【公民的民事权利能力自出生时开始：户籍证明、医院出具的出生证明、其他证明】	★	692
建筑物区分所有权司法解释	第3条【除法律、行政法规规定的共有部分外，建筑区划内也应当认定为共有部分的情形】	★	695

第99条【共有物的分割规则】 ★★★

共有人约定不得分割共有的不动产或者动产，以维持共有关系的，应当按照约定，但共有人有重大理由需要分割的，可以请求分割；没有约定或者约定不明确的，按份共有人可以随时请求分割，共同共有人在共有的基础丧失或者有重大理由需要分割时可以请求分割。因分割对其他共有人造成损害的，应当给予赔偿。

一、主要适用的案由及其相关度

案由编号	主要适用的案由	相关度
M2.2.24	分家析产纠纷	★★★★★
M3.6.48	共有纠纷	★★★★
M3.6.48.2	共有物分割纠纷	★★★★★
M2.2.12	离婚后财产纠纷	★★
M2.3.25	法定继承纠纷	★

案由编号	主要适用的案由	相关度
M2.3	继承纠纷	★
M3.5.32.1	所有权确认纠纷	★

二、同时适用的法条及其相关度

		同时适用的法条	相关度
113	物权法	第100条【共有物分割的方式】	★★★★★
		第93条【共有的界定及其类型】	★★★
		第94条【按份共有人对共有物的权利】	★★★
		第95条【共同共有权】	★★★
		第103条【没有约定、约定不明时共有物共有性质的认定】	★★★
		第33条【利害关系人的物权确认请求权】	★
		第104条【按份共有人共有份额的认定规则】	★
616	民法通则	第78条【财产共有制度:按份共有、共同共有;按份共有人的优先购买权】	★★★
		第5条【公民、法人的合法权益受法律保护】	★★
636	继承法	第10条【继承人范围及继承顺序】	★★★
		第13条【遗产分配】	★★★
		第3条【遗产范围】	★★
		第5条【继承方式】	★★
		第2条【继承开始】	★
		第26条【遗产的认定】	★
		第29条【遗产分割的规则和方法】	★
649	婚姻法	第17条【夫妻共有财产的范围】	★★
		第39条【离婚时夫妻共同财产的处理】	★

	同时适用的法条	相关度	
民通意见	第1条【公民的民事权利能力自出生时开始;户籍证明、医院出具的出生证明、其他证明】	★★★	692
	第90条【共有财产的分割】	★★	
民事执行查封扣押冻结财产规定	第14条【对与他人共有的财产进行查封、扣押、冻结】	★	704

第100条【共有物分割的方式】 ★★★

共有人可以协商确定分割方式。达不成协议,共有的不动产或者动产可以分割并且不会因分割减损价值的,应当对实物予以分割;难以分割或者因分割会减损价值的,应当对折价或者拍卖、变卖取得的价款予以分割。

共有人分割所得的不动产或者动产有瑕疵的,其他共有人应当分担损失。

一、主要适用的案由及其相关度

案由编号	主要适用的案由	相关度
M2.2.24	分家析产纠纷	★★★★★
M3.6.48	共有纠纷	★★★
M3.6.48.2	共有物分割纠纷	★★★★★
M2.2.12	离婚后财产纠纷	★
M2.3.25	法定继承纠纷	★
M2.3	继承纠纷	★
M3.5.32.1	所有权确认纠纷	★

二、同时适用的法条及其相关度

	同时适用的法条	相关度	
物权法	第99条【共有物的分割规则】	★★★★★	113
	第93条【共有的界定及其类型】	★★★	

		同时适用的法条	相关度
113	物权法	第95条【共同共有权】	★★★
		第94条【按份共有人对共有物的权利】	★★
		第103条【没有约定、约定不明时共有物共有性质的认定】	★★
636	继承法	第10条【继承人范围及继承顺序】	★★
		第13条【遗产分配】	★★
		第5条【继承方式】	★
616	民法通则	第78条【财产共有制度:按份共有、共同共有;按份共有人的优先购买权】	★★
649	婚姻法	第39条【离婚时夫妻共同财产的处理】	★
692	民通意见	第1条【公民的民事权利能力自出生时开始:户籍证明、医院出具的出生证明、其他证明】	★
		第90条【共有财产的分割】	★

第101条【按份共有人的优先购买权】　　★

按份共有人可以转让其享有的共有的不动产或者动产份额。其他共有人在同等条件下享有优先购买的权利。

■ 一、主要适用的案由及其相关度

案由编号	主要适用的案由	相关度
M4.10.82	房屋买卖合同纠纷	
M3.6.48	共有纠纷	
M3.6.48.2	共有物分割纠纷	
M2.2.24	分家析产纠纷	
M2.3	继承纠纷	
M4.10.111	合伙协议纠纷	

二、同时适用的法条及其相关度

	同时适用的法条	相关度	
物权法	第94条【按份共有人对共有物的权利】	★★★★★	113
	第100条【共有物分割的方式】	★★★★★	
	第99条【共有物的分割规则】	★★★★	
	第39条【所有权的内容】	★★★	
	第93条【共有的界定及其类型】	★★★	
	第97条【共有人对于共有财产重大事项的表决权规则】	★★★	
	第15条【设立、变更、转让、消灭不动产物权的合同的效力:合同成立时生效】	★★	
	第103条【没有约定、约定不明时共有物共有性质的认定】	★★	
	第6条【物权公示原则:不动产登记、动产交付】	★	
	第7条【物权取得与行使应遵守法律和公序良俗】	★	
	第9条【不动产物权变动的登记原则;国家的自然资源所有权登记的特殊规定】	★	
	第17条【不动产权属证书与不动产登记簿的关系】	★	
	第24条【船舶、航空器和机动车物权变动采取登记对抗主义】	★	
	第33条【利害关系人的物权确认请求权】	★	
合同法	第60条【合同履行的原则】	★★★★	593

第102条【因共有产生的债权债务承担规则:对外享有连带债权、对外承担连带债务、对内按份享有债权、对内按份承担债务】 ★★

因共有的不动产或者动产产生的债权债务,在对外关系上,共有人享有连带债权、承担连带债务,但法律另有规定或者第三人知道共有人不具有连带债权债务关系的除外;在共有人内部关系上,除共有人另有约定外,按份共有人按照份额享有债权、承担债务,共同共有人共同享有债权、承担债务。偿还债务超过自己应当承担份额的按份共有人,有权向其他共有人追偿。

一、主要适用的案由及其相关度

案由编号	主要适用的案由	相关度
M9.30.350	机动车交通事故责任纠纷	★★★★★
M3.6.48	共有纠纷	★★
M3.6.48.2	共有物分割纠纷	★★
M4.10.82	房屋买卖合同纠纷	★★
M4.10.74	买卖合同纠纷	★★
M4.10.120.15	物业服务合同纠纷	★
M2.2.24	分家析产纠纷	★
M4.10.89.4	民间借贷纠纷	★
M4.10.89.1	金融借款合同纠纷	★
M3.5.38	财产损害赔偿纠纷	★

二、同时适用的法条及其相关度

	同时适用的法条	相关度
侵权责任法	第16条【人身损害赔偿项目:一般人身损害赔偿项目、伤残赔偿项目、死亡赔偿项目】	★★★★★
	第6条【过错责任原则;过错推定责任原则】	★★★★
	第22条【侵害人身权益的精神损害赔偿】	★★★★
	第48条【机动车交通事故责任的法律适用】	★★★
	第26条【过失相抵:被侵权人过错】	★★
	第2条【侵权责任一般条款;民事权益的范围】	★
	第13条【连带责任形态的对外承担规则】	★
	第14条【连带责任的对内最终责任分担规则;连带责任人的追偿权】	★

	同时适用的法条	相关度	
侵权责任法	第15条【侵权责任的主要承担方式】	★	625
	第18条【被侵权人死亡、单位分立合并的请求权继受;支付被侵权人医疗费、丧葬费等合理费用的人】	★	
	第19条【侵害财产造成财产损失的计算方式】	★	
	第35条【个人劳务责任:提供劳务者致害责任、提供劳务者受害责任】	★	
道路交通安全法	第76条【交通事故赔偿责任一般条款】	★★★★★	646
合同法	第60条【合同履行的原则】	★★★	593
	第107条【合同约束力;违约责任】	★★	
	第8条【合同约束力】	★	
	第44条【合同成立条件与时间】	★	
	第109条【违约责任的承担:付款义务的继续履行】	★	
	第114条【违约金的数额及其调整】	★	
	第159条【买受人应支付价款的数额认定】	★	
	第161条【买受人支付价款的时间】	★	
	第205条【借款合同的利息支付义务】	★	
	第206条【借款期限的认定】	★	
	第207条【借款合同违约责任承担:支付利息】	★	
保险法	第65条【责任保险的赔偿规则】	★★★	652
	第64条【查明保险事故的费用由保险人承担】	★	
物权法	第99条【共有物的分割规则】	★★★	113
	第100条【共有物分割的方式】	★★★	
	第93条【共有的界定及其类型】	★★	
	第94条【按份共有人对共有物的权利】	★★	
	第95条【共同共有权】	★★	

		同时适用的法条	相关度
113	物权法	第103条【没有约定、约定不明时共有物共有性质的认定】	★★
		第97条【共有人对于共有财产重大事项的表决权规则】	★
		第104条【按份共有人共有份额的认定规则】	★
		第147条【建设用地使用权流转之地随房走】	★
616	民法通则	第78条【财产共有制度:按份共有、共同共有;按份共有人的优先购买权】	★
		第84条【债的界定】	★
		第87条【连带债权与连带债务】	★
		第106条【民事责任归责原则:违约责任、无过错责任原则;侵权责任、过错责任、无过错责任】	★
		第108条【债务清偿:分期偿还、强制偿还】	★
649	婚姻法	第17条【夫妻共有财产的范围】	★
702	道路交通事故司法解释	第16条【交强险和商业三者险并存时的赔付规则】	★★★
		第15条【交通事故财产损失赔偿范围】	★
698	人身损害赔偿司法解释	第17条【人身损害赔偿项目:一般人身损害赔偿项目、伤残赔偿项目、死亡赔偿项目】	★★★
		第19条【医疗费计算标准】	★★★
		第20条【误工费计算标准】	★★★
		第21条【人身损害赔偿:护理费计算】	★★★
		第22条【交通费计算标准】	★★★
		第23条【伙食费、住宿费计算标准】	★★★
		第25条【人身损害赔偿项目:残疾赔偿金计算标准】	★★★
		第18条【精神损害抚慰金的请求权】	★★

	同时适用的法条	相关度	
人身损害赔偿司法解释	第28条【被扶养人生活费数额的确定】	★★	698
	第24条【营养费计算标准】	★	
	第27条【人身损害赔偿:丧葬费计算标准】	★	
	第29条【人身损害赔偿项目:死亡赔偿金计算标准】	★	
	第35条【人身损害赔偿相关概念的界定】	★	
精神损害赔偿司法解释	第8条【致人精神损害的责任方式】	★	706
	第10条【精神损害赔偿数额的确定标准】	★	
民通意见	第1条【公民的民事权利能力自出生时开始:户籍证明、医院出具的出生证明、其他证明】	★	692
婚姻法司法解释二	第24条【离婚时夫妻共同债务的清偿】	★	684

第103条【没有约定、约定不明时共有物共有性质的认定】 ★★★

共有人对共有的不动产或者动产没有约定为按份共有或者共同共有,或者约定不明确的,除共有人具有家庭关系等外,视为按份共有。

■ 一、主要适用的案由及其相关度

案由编号	主要适用的案由	相关度
M3.6.48	共有纠纷	★★★★★
M3.6.48.1	共有权确认纠纷	★★
M3.6.48.2	共有物分割纠纷	★★★★★
M2.2.24	分家析产纠纷	★★★★★
M3.5.32.1	所有权确认纠纷	★★★
M2.3.25	法定继承纠纷	★★
M2.2.12	离婚后财产纠纷	★★

案由编号	主要适用的案由	相关度
M2.3	继承纠纷	★
M2.2.17.1	同居关系析产纠纷	★
M4.10.89.1	金融借款合同纠纷	★
M4.10.67.2	确认合同无效纠纷	★
M3.5	物权保护纠纷	★
M4.10.111	合伙协议纠纷	★

二、同时适用的法条及其相关度

		同时适用的法条	相关度
113	物权法	第95条【共同共有权】	★★★★★
		第99条【共有物的分割规则】	★★★★★
		第104条【按份共有人共有份额的认定规则】	★★★★★
		第93条【共有的界定及其类型】	★★★★
		第100条【共有物分割的方式】	★★★★
		第33条【利害关系人的物权确认请求权】	★★
		第94条【按份共有人对共有物的权利】	★★
		第97条【共有人对于共有财产重大事项的表决权规则】	★★
		第9条【不动产物权变动的登记原则;国家的自然资源所有权登记的特殊规定】	★
		第39条【所有权的内容】	★
		第96条【共有人对共有财产的管理权利与义务】	★
616	民法通则	第78条【财产共有制度:按份共有、共同共有;按份共有人的优先购买权】	★★★
		第5条【公民、法人的合法权益受法律保护】	★

	同时适用的法条	相关度	
继承法	第10条【继承人范围及继承顺序】	★★	636
	第13条【遗产分配】	★★	
	第2条【继承开始】	★	
	第3条【遗产范围】	★	
	第5条【继承方式】	★	
	第26条【遗产的认定】	★	
婚姻法	第17条【夫妻共有财产的范围】	★	649
	第39条【离婚时夫妻共同财产的处理】	★	
民通意见	第1条【公民的民事权利能力自出生时开始;户籍证明、医院出具的出生证明、其他证明】	★★	692
	第90条【共有财产的分割】	★	
民事执行查封扣押冻结财产规定	第14条【对与他人共有的财产进行查封、扣押、冻结】	★	704

第104条【按份共有人共有份额的认定规则】　★★

按份共有人对共有的不动产或者动产享有的份额,没有约定或者约定不明确的,按照出资额确定;不能确定出资额的,视为等额享有。

一、主要适用的案由及其相关度

案由编号	主要适用的案由	相关度
M3.6.48	共有纠纷	★★★★★
M3.6.48.1	共有权确认纠纷	★★
M3.6.48.2	共有物分割纠纷	★★★★★
M2.2.24	分家析产纠纷	★★★★
M3.5.32.1	所有权确认纠纷	★★★
M2.2.17.1	同居关系析产纠纷	★★★
M2.3	继承纠纷	★

310　物权纠纷

案由编号	主要适用的案由	相关度
M2.2.12	离婚后财产纠纷	★
M4.10.111	合伙协议纠纷	★
M2.3.25	法定继承纠纷	★
M3.5	物权保护纠纷	★

二、同时适用的法条及其相关度

		同时适用的法条	相关度
113	物权法	第103条【没有约定、约定不明时共有物共有性质的认定】	★★★★★
		第93条【共有的界定及其类型】	★★★
		第94条【按份共有人对共有物的权利】	★★★
		第99条【共有物的分割规则】	★★★
		第95条【共同共有权】	★★
		第100条【共有物分割的方式】	★★
		第33条【利害关系人的物权确认请求权】	★
616	民法通则	第78条【财产共有制度：按份共有、共同共有；按份共有人的优先购买权】	★★
636	继承法	第5条【继承方式】	★
		第10条【继承人范围及继承顺序】	★
		第13条【遗产分配】	★

第105条【用益物权、担保物权的共有参照适用共同所有的规则】 ★

两个以上单位、个人共同享有用益物权、担保物权的，参照本章规定。

一、主要适用的案由及其相关度

案由编号	主要适用的案由	相关度
M3.7.55	土地承包经营权纠纷	
M3.6.48	共有纠纷	

案由编号	主要适用的案由	相关度
M3.6.48.2	共有物分割纠纷	
M4.10.67.2	确认合同无效纠纷	
M3.5.32.2	用益物权确认纠纷	
M3.5.34	排除妨害纠纷	

■ 二、同时适用的法条及其相关度

	同时适用的法条	相关度
物权法	第93条【共有的界定及其类型】	★★★★★
	第94条【按份共有人对共有物的权利】	★★★★★
	第97条【共有人对于共有财产重大事项的表决权规则】	★★★★
	第99条【共有物的分割规则】	★★★★
	第103条【没有约定、约定不明时共有物共有性质的认定】	★★★★
	第95条【共同共有权】	★★★
	第96条【共有人对共有财产的管理权利与义务】	★★★
	第100条【共有物分割的方式】	★★★
	第104条【按份共有人共有份额的认定规则】	★★★
	第33条【利害关系人的物权确认请求权】	★★
	第132条【征收承包地的补偿规则】	★★
	第152条【宅基地使用权内容】	★★
	第4条【国家、集体和私人物权的平等保护原则】	★
	第7条【物权取得与行使应遵守法律和公序良俗】	★
	第32条【物权遭受侵害的救济途径】	★
	第42条【不动产的征收及其补偿】	★
	第98条【共有物的管理费用分担规则】	★

	同时适用的法条	相关度
物权法	第106条【善意取得的构成条件】	★
	第118条【国家所有和集体所有的自然资源的使用规则】	★
	第125条【土地承包经营权内容】	★
	第127条【土地承包经营权的设立时间；土地承包经营权的确权机关】	★
	第153条【宅基地使用权取得、使用和流转遵循法律和国家规定】	★
	第155条【宅基地使用权转让或消灭时的变更登记与注销登记】	★
	第176条【混合担保规则】	★
	第179条【抵押权的界定】	★
	第182条【建筑物和相应的建设用地使用权一并抵押规则】	★
	第187条【不动产抵押的登记要件主义】	★
合同法	第52条【合同无效的情形】	★★★★
	第51条【无权处分合同的效力：经追认或取得处分权的有效】	★★★
农村土地承包法	第15条【家庭承包的承包方的认定】	★★★
民法通则	第78条【财产共有制度：按份共有、共同共有；按份共有人的优先购买权】	★★★

（行号：113、593、629、616）

第九章 所有权取得的特别规定

第106条【善意取得的构成条件】　　★★★

无处分权人将不动产或者动产转让给受让人的,所有权人有权追回；除法律另有规定外,符合下列情形的,受让人取得该不动产或者动产的所有权：

（一）受让人受让该不动产或者动产时是善意的；

（二）以合理的价格转让；

（三）转让的不动产或者动产依照法律规定应当登记的已经登记，不需要登记的已经交付给受让人。

受让人依照前款规定取得不动产或者动产的所有权的，原所有权人有权向无处分权人请求赔偿损失。

当事人善意取得其他物权的，参照前两款规定。

一、主要适用的案由及其相关度

案由编号	主要适用的案由	相关度
M4.10.82	房屋买卖合同纠纷	★★★★★
M3.5.33	返还原物纠纷	★★★★★
M4.10.89.1	金融借款合同纠纷	★★
M3.5.32.1	所有权确认纠纷	★★
M4.10.74	买卖合同纠纷	★★
M3.5.38	财产损害赔偿纠纷	★★
M4.10	合同纠纷	★★
M4.10.67	确认合同效力纠纷	★
M4.10.67.2	确认合同无效纠纷	★★★★★
M3.5.34	排除妨害纠纷	★
M4.10.89.4	民间借贷纠纷	★
M3.5	物权保护纠纷	★
M10.43.422	案外人执行异议之诉	★

■ 二、同时适用的法条及其相关度

		同时适用的法条	相关度
593	合同法	第52条【合同无效的情形】	★★★★★
		第51条【无权处分合同的效力:经追认或取得处分权的有效】	★★★★
		第8条【合同约束力】	★★★
		第44条【合同成立条件与时间】	★★★
		第58条【合同无效或被撤销的法律后果】	★★★
		第60条【合同履行的原则】	★★★
		第107条【合同约束力:违约责任】	★★★
		第205条【借款合同的利息支付义务】	★★★
		第206条【借款期限的认定】	★★★
		第207条【借款合同违约责任承担:支付利息】	★★★
		第6条【诚实信用原则】	★
		第48条【无权代理人订立合同的法律后果】	★
		第49条【表见代理的构成及其效力】	★
		第54条【合同的变更和撤销】	★
		第56条【合同无效或被撤销的溯及力;部分无效不影响其他独立部分的效力】	★
		第114条【违约金的数额及其调整】	★
		第130条【买卖合同的定义】	★
		第132条【买卖合同的标的物】	★
		第196条【借款合同定义】	★
113	物权法	第9条【不动产物权变动的登记原则;国家的自然资源所有权登记的特殊规定】	★★★
		第34条【权利人的返还原物请求权】	★★★
		第97条【共有人对于共有财产重大事项的表决权规则】	★★★

	同时适用的法条	相关度	
物权法	第 15 条【设立、变更、转让、消灭不动产物权的合同的效力；合同成立时生效】	★★	113
	第 39 条【所有权的内容】	★★	
	第 195 条【抵押权实现的方式和程序】	★★	
	第 4 条【国家、集体和私人物权的平等保护原则】	★	
	第 6 条【物权公示原则：不动产登记、动产交付】	★	
	第 7 条【物权取得与行使应遵守法律和公序良俗】	★	
	第 14 条【不动产物权变动的生效时间】	★	
	第 17 条【不动产权属证书与不动产登记簿的关系】	★	
	第 28 条【因人民法院、仲裁委员会的法律文件或者人民政府的征收决定等法律文书致物权发生变动的生效时间确定】	★	
	第 32 条【物权遭受侵害的救济途径】	★	
	第 33 条【利害关系人的物权确认请求权】	★	
	第 37 条【侵害物权的民事责任竞合】	★	
	第 95 条【共同共有权】	★	
	第 108 条【善意取得的动产上原有的权利负担消灭及其例外】	★	
	第 176 条【混合担保规则】	★	
	第 179 条【抵押权的界定】	★	
	第 180 条【可抵押财产的范围】	★	
	第 187 条【不动产抵押的登记要件主义】	★	
	第 198 条【抵押权实现后价款大于或小于所担保债权的处理规则】	★	
婚姻法	第 17 条【夫妻共有财产的范围】	★★	649
	第 24 条【继承遗产】	★	

		同时适用的法条	相关度
607	担保法	第18条【保证合同中连带责任的承担】	★★
		第21条【保证担保的范围；没有约定、约定不明时的担保范围】	★
		第31条【保证人的追偿权】	★
		第33条【抵押、抵押权人、抵押人以及抵押物的概念】	★
		第53条【抵押权的实现】	★
616	民法通则	第5条【公民、法人的合法权益受法律保护】	★
		第58条【民事行为无效的法定情形】	★
		第72条【财产所有权取得应符合法律规定；动产所有权自交付时转移】	★
		第75条【个人财产；合法财产受法律保护】	★
		第117条【侵害财产权的责任承担方式；返还财产、折价赔偿；恢复原状、折价赔偿；赔偿损失】	★
625	侵权责任法	第6条【过错责任原则；过错推定责任原则】	★
		第15条【侵权责任的主要承担方式】	★
		第19条【侵害财产造成财产损失的计算方式】	★
636	继承法	第10条【继承人范围及继承顺序】	★
704	买卖合同司法解释	第3条【不能以出卖人在缔约时对标的物没有所有权或处分权为由主张合同无效；出卖人未取得所有权或处分权致使标的物所有权不能转移买受人可以要求出卖人承担违约责任或解除合同主张损害赔偿】	★★
692	民通意见	第1条【公民的民事权利能力自出生时开始；户籍证明、医院出具的出生证明、其他证明】	★
		第89条【共同共有人擅自处分共有财产的效力及赔偿责任】	★

	同时适用的法条	相关度	
婚姻法司法解释一	第17条【夫妻对共有财产有平等处理权的理解】	★	709
婚姻法司法解释三	第11条【擅自处分夫妻共有房屋的善意取得及损害赔偿】	★	711
审理房屋登记案件规定	第11条【房屋登记案件的判决类型】	★	712

第107条【遗失物的处理规则】 ★

所有权人或者其他权利人有权追回遗失物。该遗失物通过转让被他人占有的,权利人有权向无处分权人请求损害赔偿,或者自知道或者应当知道受让人之日起二年内向受让人请求返还原物,但受让人通过拍卖或者向具有经营资格的经营者购得该遗失物的,权利人请求返还原物时应当支付受让人所付的费用。权利人向受让人支付所付费用后,有权向无处分权人追偿。

■ 一、主要适用的案由及其相关度

案由编号	主要适用的案由	相关度
M4.11.128	不当得利纠纷	
M3.5.33	返还原物纠纷	
M3.6.43	遗失物返还纠纷	

■ 二、同时适用的法条及其相关度

	同时适用的法条	相关度	
物权法	第2条【物权法适用范围;物的概念;物权的概念】		113
	第4条【国家、集体和私人物权的平等保护原则】		
	第6条【物权公示原则:不动产登记、动产交付】		
	第8条【物权特别法优先规则】		

		同时适用的法条	相关度
113	物权法	第9条【不动产物权变动的登记原则;国家的自然资源所有权登记的特殊规定】	
		第10条【不动产登记机构的确定;国家实行统一登记制度】	
		第18条【权利人和利害关系人对登记资料享有的权利】	
		第34条【权利人的返还原物请求权】	
		第37条【侵害物权的民事责任竞合】	
		第39条【所有权的内容】	
		第44条【物的征用及其补偿】	
		第66条【私人合法财产受法律保护】	
		第106条【善意取得的构成条件】	
		第108条【善意取得的动产上原有的权利负担消灭及其例外】	
		第109条【遗失物拾得人的返还义务】	
		第110条【遗失物受领部门的义务】	
		第111条【遗失物拾得人的妥善保管义务】	
		第112条【权利人领取遗失物时的费用支付义务】	
		第114条【拾得漂流物、发现埋藏物或者隐藏物的参照适用拾得遗失物的规则】	
		第115条【从物随主物转让规则】	
		第117条【用益物权的界定及其内容】	
		第124条【农村集体经济经营体制;农村土地实行土地承包经营制度】	
		第125条【土地承包经营权内容】	
		第172条【担保合同的界定及其与主债权合同的关系;担保合同无效的责任承担规则】	

	同时适用的法条	相关度	
物权法	第 173 条【担保物权担保的范围】		113
	第 177 条【担保物权消灭的情形】		
	第 179 条【抵押权的界定】		
	第 180 条【可抵押财产的范围】		
	第 182 条【建筑物和相应的建设用地使用权一并抵押规则】		
	第 185 条【抵押合同的书面形式要件及其应包含的内容】		
	第 186 条【抵押权的禁止流质条款】		
	第 187 条【不动产抵押的登记要件主义】		
	第 188 条【动产抵押的登记对抗主义】		
	第 199 条【同一财产上多个抵押权的效力顺序】		
	第 203 条【最高额抵押规则】		
	第 207 条【最高额抵押的法律适用】		
	第 208 条【质权的概念与质权的实现;质押双方的概念】		
	第 210 条【质权设立需要订立书面质权合同与质权合同的内容】		
	第 221 条【质押财产变现数额多于或少于债权数额的法律后果】		
民法通则	第 79 条【无人认领的遗失物的处理规则】		616
	第 92 条【不当得利返还请求权】		

第 108 条【善意取得的动产上原有的权利负担消灭及其例外】 ★

善意受让人取得动产后,该动产上的原有权利消灭,但善意受让人在受让时知道或者应当知道该权利的除外。

一、主要适用的案由及其相关度

案由编号	主要适用的案由	相关度
M3.5.33	返还原物纠纷	
M4.10.74	买卖合同纠纷	
M3.5.34	排除妨害纠纷	

二、同时适用的法条及其相关度

		同时适用的法条	相关度
物权法		第106条【善意取得的构成条件】	★★★★★
		第23条【动产物权设立和转让的公示与生效条件】	★★
		第9条【不动产物权变动的登记原则；国家的自然资源所有权登记的特殊规定】	★
		第24条【船舶、航空器和机动车物权变动采取登记对抗主义】	★
		第34条【权利人的返还原物请求权】	★
		第35条【权利人享有的排除妨害请求权与消除危险请求权】	★
		第39条【所有权的内容】	★
		第66条【私人合法财产受法律保护】	★
侵权责任法		第15条【侵权责任的主要承担方式】	★★

第109条【遗失物拾得人的返还义务】 ★

拾得遗失物,应当返还权利人。拾得人应当及时通知权利人领取,或者送交公安等有关部门。

一、主要适用的案由及其相关度

案由编号	主要适用的案由	相关度
M3.6.43	遗失物返还纠纷	
M3.5.33	返还原物纠纷	
M4.11.128	不当得利纠纷	

二、同时适用的法条及其相关度

	同时适用的法条	相关度	
物权法	第37条【侵害物权的民事责任竞合】		113
	第107条【遗失物的处理规则】		
	第110条【遗失物受领部门的义务】		
	第111条【遗失物拾得人的妥善保管义务】		
	第112条【权利人领取遗失物时的费用支付义务】		
民法通则	第79条【无人认领的遗失物的处理规则】		616
	第117条【侵害财产权的责任承担方式:返还财产、折价赔偿;恢复原状、折价赔偿;赔偿损失】		
侵权责任法	第15条【侵权责任的主要承担方式】		625
	第19条【侵害财产造成财产损失的计算方式】		

第110条【遗失物受领部门的义务】 ★

有关部门收到遗失物,知道权利人的,应当及时通知其领取;不知道的,应当及时发布招领公告。

一、主要适用的案由及其相关度

案由编号	主要适用的案由	相关度
M3.6.43	遗失物返还纠纷	

二、同时适用的法条及其相关度

		同时适用的法条	相关度
113	物权法	第 2 条【物权法适用范围;物的概念;物权的概念】	
		第 107 条【遗失物的处理规则】	
		第 109 条【遗失物拾得人的返还义务】	
		第 111 条【遗失物拾得人的妥善保管义务】	
		第 112 条【权利人领取遗失物时的费用支付义务】	
		第 179 条【抵押权的界定】	
		第 185 条【抵押合同的书面形式要件及其应包含的内容】	
		第 187 条【不动产抵押的登记要件主义】	
		第 188 条【动产抵押的登记对抗主义】	
616	民法通则	第 117 条【侵害财产权的责任承担方式:返还财产、折价赔偿;恢复原状、折价赔偿;赔偿损失】	
625	侵权责任法	第 3 条【侵权责任的当事人主义】	

第 111 条【遗失物拾得人的妥善保管义务】 ★

拾得人在遗失物送交有关部门前,有关部门在遗失物被领取前,应当妥善保管遗失物。因故意或者重大过失致使遗失物毁损、灭失的,应当承担民事责任。

一、主要适用的案由及其相关度

案由编号	主要适用的案由	相关度
M3.6.43	遗失物返还纠纷	
M3.5.33	返还原物纠纷	
M3.5.38	财产损害赔偿纠纷	
M4.11.128	不当得利纠纷	

二、同时适用的法条及其相关度

	同时适用的法条	相关度	
物权法	第109条【遗失物拾得人的返还义务】	★★★★★	113
	第37条【侵害物权的民事责任竞合】	★★★	
	第107条【遗失物的处理规则】	★★★	
	第4条【国家、集体和私人物权的平等保护原则】	★	
	第110条【遗失物受领部门的义务】	★	
侵权责任法	第19条【侵害财产造成财产损失的计算方式】	★★	625
民法通则	第79条【无人认领的遗失物的处理规则】	★	616
	第117条【侵害财产权的责任承担方式：返还财产、折价赔偿；恢复原状、折价赔偿；赔偿损失】	★	

第112条【权利人领取遗失物时的费用支付义务】 ★

权利人领取遗失物时，应当向拾得人或者有关部门支付保管遗失物等支出的必要费用。

权利人悬赏寻找遗失物的，领取遗失物时应当按照承诺履行义务。

拾得人侵占遗失物的，无权请求保管遗失物等支出的费用，也无权请求权利人按照承诺履行义务。

一、主要适用的案由及其相关度

案由编号	主要适用的案由	相关度
M3.6.43	遗失物返还纠纷	
M3.6.44	漂流物返还纠纷	
M3.5.33	返还原物纠纷	

二、同时适用的法条及其相关度

		同时适用的法条	相关度
113	物权法	第2条【物权法适用范围；物的概念；物权的概念】	
		第107条【遗失物的处理规则】	
		第109条【遗失物拾得人的返还义务】	
		第110条【遗失物受领部门的义务】	
		第114条【拾得漂流物、发现埋藏或者隐藏物的参照适用拾得遗失物的规则】	
		第116条【物的孳息归属确认】	
		第187条【不动产抵押的登记要件主义】	
		第208条【质权的概念与质权的实现；质押双方的概念】	
616	民法通则	第79条【无人认领的遗失物的处理规则】	

第113条【无人认领的遗失物的处理规则】

遗失物自发布招领公告之日起六个月内无人认领的,归国家所有。①

第114条【拾得漂流物、发现埋藏物或者隐藏物的参照适用拾得遗失物的规则】

拾得漂流物、发现埋藏物或者隐藏物的,参照拾得遗失物的有关规定。文物保护法等法律另有规定的,依照其规定。

一、主要适用的案由及其相关度

案由编号	主要适用的案由	相关度
M4.10.89	借款合同纠纷	
M4.10.89.1	金融借款合同纠纷	

---

① 说明:本法条尚无足够数量判决书可供法律大数据分析。

二、同时适用的法条及其相关度

	同时适用的法条	相关度	
物权法	第 14 条【不动产物权变动的生效时间】		113
	第 60 条【行使集体所有权的主体】		
	第 107 条【遗失物的处理规则】		
	第 109 条【遗失物拾得人的返还义务】		
	第 112 条【权利人领取遗失物时的费用支付义务】		
	第 173 条【担保物权担保的范围】		
	第 226 条【基金份额、股权出质的权利质权设立；出质人处分基金份额、股权的限制】		
	第 227 条【知识产权中财产权出质的质权设立；出质人处分知识产权的限制】		
	第 235 条【留置财产的孳息收取】		
合同法	第 19 条【不得撤销要约的情形】		593

第 115 条【从物随主物转让规则】 ★

主物转让的，从物随主物转让，但当事人另有约定的除外。

一、主要适用的案由及其相关度

案由编号	主要适用的案由	相关度
M4.10.74	买卖合同纠纷	
M4.10.82	房屋买卖合同纠纷	
M3.5.32.1	所有权确认纠纷	
M3.5.33	返还原物纠纷	
M3.5	物权保护纠纷	

二、同时适用的法条及其相关度

	同时适用的法条	相关度
合同法	第60条【合同履行的原则】	
	第136条【出卖人义务:交付单证、交付资料】	
物权法	第6条【物权公示原则:不动产登记、动产交付】	
	第9条【不动产物权变动的登记原则;国家的自然资源所有权登记的特殊规定】	
	第14条【不动产物权变动的生效时间】	
	第15条【设立、变更、转让、消灭不动产物权的合同的效力;合同成立时生效】	
	第16条【不动产登记簿的法律效力】	
	第32条【物权遭受侵害的救济途径】	
	第33条【利害关系人的物权确认请求权】	
	第34条【权利人的返还原物请求权】	
	第39条【所有权的内容】	
	第44条【物的征用及其补偿】	
	第93条【共有的界定及其类型】	
	第95条【共同共有权】	
	第107条【遗失物的处理规则】	
	第117条【用益物权的界定及其内容】	
	第125条【土地承包经营权内容】	
	第152条【宅基地使用权内容】	

593 合同法
113 物权法

第116条【物的孳息归属确认】 ★

天然孳息,由所有权人取得;既有所有权人又有用益物权人的,由用益物权人取得。当事人另有约定的,按照约定。

法定孳息,当事人有约定的,按照约定取得;没有约定或者约定不明确的,按照交易习惯取得。

一、主要适用的案由及其相关度

案由编号	主要适用的案由	相关度
M3.5.33	返还原物纠纷	
M4.11.128	不当得利纠纷	

二、同时适用的法条及其相关度

	同时适用的法条	相关度	
合同法	第8条【合同约束力】		593
	第60条【合同履行的原则】		
	第107条【合同约束力:违约责任】		
物权法	第6条【物权公示原则:不动产登记、动产交付】		113
	第9条【不动产物权变动的登记原则;国家的自然资源所有权登记的特殊规定】		
	第14条【不动产物权变动的生效时间】		
	第15条【设立、变更、转让、消灭不动产物权的合同的效力:合同成立时生效】		
	第28条【因人民法院、仲裁委员会的法律文件或者人民政府的征收决定等法律文书致物权发生变动的生效时间确定】		
	第33条【利害关系人的物权确认请求权】		
	第34条【权利人的返还原物请求权】		
	第35条【权利人享有的排除妨害请求权与消除危险请求权】		
	第36条【物权损害的救济方式;物权的债权保护方法】		
	第37条【侵害物权的民事责任竞合】		
	第39条【所有权的内容】		
	第42条【不动产的征收及其补偿】		

		同时适用的法条	相关度
113	物权法	第 59 条【农民集体所有的权利性质;集体物权的重大事项由集体决定】	
		第 64 条【私人所有权的范围】	
		第 94 条【按份共有人对共有物的权利】	
		第 95 条【共同共有权】	
		第 97 条【共有人对于共有财产重大事项的表决权规则】	
		第 98 条【共有物的管理费用分担规则】	
		第 99 条【共有物的分割规则】	
		第 100 条【共有物分割的方式】	
		第 103 条【没有约定、约定不明时共有物共有性质的认定】	
		第 105 条【用益物权、担保物权的共有参照适用共同所有的规则】	
		第 106 条【善意取得的构成条件】	
		第 109 条【遗失物拾得人的返还义务】	
		第 112 条【权利人领取遗失物时的费用支付义务】	
		第 117 条【用益物权的界定及其内容】	
		第 176 条【混合担保规则】	
		第 179 条【抵押权的界定】	
		第 208 条【质权的概念与质权的实现;质押双方的概念】	
		第 213 条【质权设立期间的孳息收取】	
		第 223 条【可出质的权利的范围】	
		第 226 条【基金份额、股权出质的权利质权设立;出质人处分基金份额、股权的限制】	

	同时适用的法条	相关度	
物权法	第229条【权利质权的法律适用】		113
	第243条【权利人返还原物请求权以及对善意占有人所支出必要费用的补偿义务】		
民法通则	第92条【不当得利返还请求权】		616

第三编 用益物权

第十章 一般规定

第117条【用益物权的界定及其内容】 ★★

用益物权人对他人所有的不动产或者动产,依法享有占有、使用和收益的权利。

一、主要适用的案由及其相关度

案由编号	主要适用的案由	相关度
M3.6.39	侵害集体经济组织成员权益纠纷	★★★★★
M3.5.34	排除妨害纠纷	★★★★
M3.5.33	返还原物纠纷	★★
M3.5	物权保护纠纷	★★
M3.7	用益物权纠纷	★
M3.5.38	财产损害赔偿纠纷	★
M3.7.55	土地承包经营权纠纷	★
M3.5.32.2	用益物权确认纠纷	★
M4.10.97.2	房屋租赁合同纠纷	★
M4.10.119	农村土地承包合同纠纷	★
M3.9.62	占有物返还纠纷	★

二、同时适用的法条及其相关度

	同时适用的法条	相关度
物权法	第4条【国家、集体和私人物权的平等保护原则】	★★★★★
	第59条【农民集体所有的权利性质;集体物权的重大事项由集体决定】	★★★★★
	第118条【国家所有和集体所有的自然资源的使用规则】	★★★★
	第35条【权利人享有的排除妨害请求权与消除危险请求权】	★★★
	第34条【权利人的返还原物请求权】	★★
	第37条【侵害物权的民事责任竞合】	★★
	第125条【土地承包经营权内容】	★★
	第2条【物权法适用范围;物的概念;物权的概念】	★
	第9条【不动产物权变动的登记原则;国家的自然资源所有权登记的特殊规定】	★
	第32条【物权遭受侵害的救济途径】	★
	第39条【所有权的内容】	★
	第121条【征收征用影响或消灭用益物权时用益物权人的补偿请求权】	★
	第245条【占有保护的方法】	★
农村土地承包法	第20条【土地的承包期:耕地为30年、草地为30年至50年、林地为30年至70年】	★★★
	第27条【承包期内承包地的合理调整】	★★★
	第53条【侵害承包方土地承包经营权的责任;承担民事责任】	★

(页边标注:113,629)

	同时适用的法条	相关度	
民法通则	第5条【公民、法人的合法权益受法律保护】	★★	616
	第4条【民事活动的基本原则:自愿、公平、等价有偿、诚实信用】	★	
	第117条【侵害财产权的责任承担方式:返还财产、折价赔偿;恢复原状、折价赔偿;赔偿损失】	★	
	第134条【民事责任的主要承担方式】	★	
侵权责任法	第15条【侵权责任的主要承担方式】	★★	625
	第2条【侵权责任一般条款;民事权益的范围】	★	
	第3条【侵权责任的当事人主义】	★	
	第6条【过错责任原则;过错推定责任原则】	★	
合同法	第44条【合同成立条件与时间】	★	593
	第60条【合同履行的原则】	★	
	第107条【合同约束力;违约责任】	★	

第118条【国家所有和集体所有的自然资源的使用规则】 ★★

国家所有或者国家所有由集体使用以及法律规定属于集体所有的自然资源,单位、个人依法可以占有、使用和收益。

■ 一、主要适用的案由及其相关度

案由编号	主要适用的案由	相关度
M3.6.39	侵害集体经济组织成员权益纠纷	★★★★★
M3.5.34	排除妨害纠纷	★

■ 二、同时适用的法条及其相关度

	同时适用的法条	相关度	
物权法	第4条【国家、集体和私人物权的平等保护原则】	★★★★★	113
	第59条【农民集体所有的权利性质;集体物权的重大事项由集体决定】	★★★★★	

	同时适用的法条	相关度
物权法	第117条【用益物权的界定及其内容】	★★★★★
	第35条【权利人享有的排除妨害请求权与消除危险请求权】	★
629 农村土地承包法	第20条【土地的承包期：耕地为30年、草地为30年至50年、林地为30年至70年】	★★★★
	第27条【承包期内承包地的合理调整】	★★★★
625 侵权责任法	第15条【侵权责任的主要承担方式】	★

第119条【自然资源有偿使用规则】

国家实行自然资源有偿使用制度，但法律另有规定的除外。①

第120条【用益物权的行使规范】 ★

用益物权人行使权利，应当遵守法律有关保护和合理开发利用资源的规定。所有权人不得干涉用益物权人行使权利。

■ 一、主要适用的案由及其相关度

案由编号	主要适用的案由	相关度
M3.5.38	财产损害赔偿纠纷	
M3.5.34	排除妨害纠纷	
M3.7.49	海域使用权纠纷	
M3.5	物权保护纠纷	
M3.7	用益物权纠纷	

---

① 说明：本法条尚无足够数量判决书可供法律大数据分析。

■ 二、同时适用的法条及其相关度

	同时适用的法条	相关度
物权法	第4条【国家、集体和私人物权的平等保护原则】	
	第6条【物权公示原则:不动产登记、动产交付】	
	第7条【物权取得与行使应遵守法律和公序良俗】	
	第28条【因人民法院、仲裁委员会的法律文书或者人民政府的征收决定等法律文书致物权发生变动的生效时间确定】	
	第30条【因事实行为设立或者消灭物权的生效时间确定】	
	第32条【物权遭受侵害的救济途径】	
	第33条【利害关系人的物权确认请求权】	
	第34条【权利人的返还原物请求权】	
	第35条【权利人享有的排除妨害请求权与消除危险请求权】	
	第37条【侵害物权的民事责任竞合】	
	第40条【所有权人设立他物权的规定】	
	第84条【处理相邻关系的基本原则】	
	第85条【处理相邻关系的法源依据】	
	第87条【相邻关系人通行权规则】	
	第93条【共有的界定及其类型】	
	第95条【共同共有权】	
	第106条【善意取得的构成条件】	
	第117条【用益物权的界定及其内容】	
	第118条【国家所有和集体所有的自然资源的使用规则】	
	第123条【依法取得的探矿权、采矿权、取水权等准物权受法律保护】	

		同时适用的法条	相关度
113	物权法	第125条【土地承包经营权内容】	
		第127条【土地承包经营权的设立时间；土地承包经营权的确权机关】	
		第131条【承包期内发包人义务】	
		第156条【地役权的概念】	
		第157条【设立地役权的形式要件与地役权合同的内容】	
		第159条【供役地权利人的义务】	
625	侵权责任法	第19条【侵害财产造成财产损失的计算方式】	

第121条【征收征用影响或消灭用益物权时用益物权人的补偿请求权】 ★

因不动产或者动产被征收、征用致使用益物权消灭或者影响用益物权行使的，用益物权人有权依照本法第四十二条、第四十四条的规定获得相应补偿。

一、主要适用的案由及其相关度

案由编号	主要适用的案由	相关度
M3.7.55.2	承包地征收补偿费用分配纠纷	★★★★★
M3.6	所有权纠纷	★★★
M3.7	用益物权纠纷	★★★
M4.11.128	不当得利纠纷	★★
M4.10.83	房屋拆迁安置补偿合同纠纷	★
M3.5	物权保护纠纷	★
M3.5.38	财产损害赔偿纠纷	★
M3.5.33	返还原物纠纷	★
M3.6.39	侵害集体经济组织成员权益纠纷	★
M3.6.48.2	共有物分割纠纷	★

二、同时适用的法条及其相关度

	同时适用的法条	相关度	
物权法	第42条【不动产的征收及其补偿】	★★★★★	113
	第117条【用益物权的界定及其内容】	★★★	
	第132条【征收承包地的补偿规则】	★★★	
	第34条【权利人的返还原物请求权】	★	
	第37条【侵害物权的民事责任竞合】	★	
	第39条【所有权的内容】	★	
	第66条【私人合法财产受法律保护】	★	
	第125条【土地承包经营权内容】	★	
侵权责任法	第3条【侵权责任的当事人主义】	★	625
	第6条【过错责任原则;过错推定责任原则】	★	
	第15条【侵权责任的主要承担方式】	★	
民法通则	第92条【不当得利返还请求权】	★	616
	第106条【民事责任归责原则:违约责任,无过错责任原则;侵权责任,过错责任,无过错责任】	★	
	第117条【侵害财产权的责任承担方式:返还财产、折价赔偿;恢复原状、折价赔偿;赔偿损失】	★	
农村土地承包法	第16条【土地承包方的权利:使用、收益、流转、组织生产、获得补偿】	★	629
农村土地承包纠纷司法解释	第24条【土地补偿费的分配办法】	★	685

第122条【法律保护海域使用权】
依法取得的海域使用权受法律保护。①

第123条【依法取得的探矿权、采矿权、取水权等准物权受法律保护】 ★
依法取得的探矿权、采矿权、取水权和使用水域、滩涂从事养殖、捕捞

---

① 说明:本法条尚无足够数量判决书可供法律大数据分析。

的权利受法律保护。

一、主要适用的案由及其相关度

案由编号	主要适用的案由	相关度
M3.7.49	海域使用权纠纷	
M3.5.32	物权确认纠纷	
M3.5.34	排除妨害纠纷	
M3.5.38	财产损害赔偿纠纷	
M3.5	物权保护纠纷	
M3.7	用益物权纠纷	
M4.10.117	渔业承包合同纠纷	
M3.7.53	养殖权纠纷	
M3.5.37	恢复原状纠纷	

二、同时适用的法条及其相关度

	同时适用的法条	相关度
物权法	第4条【国家、集体和私人物权的平等保护原则】	
	第9条【不动产物权变动的登记原则;国家的自然资源所有权登记的特殊规定】	
	第15条【设立、变更、转让、消灭不动产物权的合同的效力:合同成立时生效】	
	第28条【因人民法院、仲裁委员会的法律文件或者人民政府的征收决定等法律文书致物权发生变动的生效时间确定】	
	第30条【因事实行为设立或者消灭物权的生效时间确定】	
	第32条【物权遭受侵害的救济途径】	
	第34条【权利人的返还原物请求权】	

	同时适用的法条	相关度
物权法	第35条【权利人享有的排除妨害请求权与消除危险请求权】	113
	第36条【物权损害的救济方式;物权的债权保护方法】	
	第37条【侵害物权的民事责任竞合】	
	第38条【物权保护方式的单用和并用;民事责任与行政责任和刑事责任的关系】	
	第40条【所有权人设立他物权的规定】	
	第46条【国家对矿藏、水流和海域的所有权】	
	第48条【国家所有的自然资源的范围】	
	第58条【集体所有的动产和不动产的范围】	
	第60条【行使集体所有权的主体】	
	第84条【处理相邻关系的基本原则】	
	第85条【处理相邻关系的法源依据】	
	第86条【相邻权利人用水、排水权】	
	第87条【相邻关系人通行权规则】	
	第88条【相邻关系人利用相邻土地的权利】	
	第117条【用益物权的界定及其内容】	
	第118条【国家所有和集体所有的自然资源的使用规则】	
	第120条【用益物权的行使规范】	
	第170条【担保财产优先受偿:债务人不履行到期债务、发生约定的实现担保物权的情形】	
	第176条【混合担保规则】	
	第194条【抵押权人放弃抵押权或抵押权顺位的法律后果】	

		同时适用的法条	相关度
113	物权法	第199条【同一财产上多个抵押权的效力顺序】	
		第208条【质权的概念与质权的实现;质押双方的概念】	
		第212条【质权的设立】	
		第223条【可出质的权利的范围】	
		第226条【基金份额、股权出质的权利质权设立;出质人处分基金份额、股权的限制】	
625	侵权责任法	第6条【过错责任原则;过错推定责任原则】	
		第15条【侵权责任的主要承担方式】	
616	民法通则	第81条【森林、山岭、草原、荒地、滩涂、水面、矿藏等自然资源的归属】	
658	矿产资源法	第3条【矿产资源的归属:国家所有;勘查、开采矿产资源的条件】	

第十一章 土地承包经营权

第124条【农村集体经济经营体制;农村土地实行土地承包经营制度】

★★

农村集体经济组织实行家庭承包经营为基础、统分结合的双层经营体制。

农民集体所有和国家所有由农民集体使用的耕地、林地、草地以及其他用于农业的土地,依法实行土地承包经营制度。

一、主要适用的案由及其相关度

案由编号	主要适用的案由	相关度
M3.7.55	土地承包经营权纠纷	★★★★★
M3.7.55.2	承包地征收补偿费用分配纠纷	★
M4.10.119	农村土地承包合同纠纷	★★★

案由编号	主要适用的案由	相关度
M3.5	物权保护纠纷	★★
M3.5.34	排除妨害纠纷	★★
M3.5.33	返还原物纠纷	★
M2.2.24	分家析产纠纷	★
M4.11.128	不当得利纠纷	★
M4.10	合同纠纷	★

二、同时适用的法条及其相关度

	同时适用的法条	相关度
物权法	第125条【土地承包经营权内容】	★★★★★
	第127条【土地承包经营权的设立时间；土地承包经营权的确权机关】	★★★
	第126条【不同土地类型的承包期】	★★
	第4条【国家、集体和私人物权的平等保护原则】	★
	第34条【权利人的返还原物请求权】	★
	第35条【权利人享有的排除妨害请求权与消除危险请求权】	★
	第37条【侵害物权的民事责任竞合】	★
	第39条【所有权的内容】	★
	第59条【农民集体所有的权利性质；集体物权的重大事项由集体决定】	★
	第128条【土地承包经营权的流转】	★
	第130条【承包期内承包地调整的原则禁止与特别例外】	★
	第132条【征收承包地的补偿规则】	★

	同时适用的法条	相关度
农村土地承包法	第3条【国家实行农村土地承包经营制度;农村土地承包方式:农村集体经济组织内部的家庭承包方式、招标、拍卖、公开协商等承包方式】	★★★★★
	第5条【农村集体经济组织成员的土地承包权】	★★★★★
	第15条【家庭承包的承包方的认定】	★★★★★
	第9条【集体土地所有者和承包方的合法权益受国家保护】	★★★★
	第16条【土地承包方的权利:使用、收益、流转、组织生产、获得补偿】	★★★★
	第32条【家庭土地承包经营权的流转】	★★★★
	第53条【侵害承包方土地承包经营权的责任:承担民事责任】	★★★★
	第6条【妇女的土地承包经营权】	★★★
	第12条【农村土地承包发包方的认定】	★★★
	第21条【土地发包方应当与承包方签订书面承包合同;承包合同的条款】	★★★
	第22条【农村土地承包合同的生效日期和土地承包经营权的取得】	★★★
	第30条【妇女的土地承包经营权的保护:妇女婚姻状况发生改变不影响承包权】	★★★
	第34条【土地承包经营权流转的主体】	★★★
	第35条【土地承包期内发包方恪守合同的义务】	★★★
	第51条【因土地承包经营发生纠纷的争议解决办法】	★★★
	第54条【农村土地发包方承担民事责任的法定情形】	★★★
	第57条【被强迫的土地承包经营权流转无效】	★★★

	同时适用的法条	相关度	
农村土地承包法	第23条【土地承包经营权证或林权证等证书的颁发、登记和费用收取】	★★	629
	第26条【承包期内承包地的合理收回】	★★	
	第31条【承包收益与林地承包权的继承】	★★	
	第1条【农村土地承包法立法目的】	★	
	第2条【农村土地的范围】	★	
	第10条【合法的土地承包经营权流转受法律保护】	★	
	第18条【土地承包应遵循的原则】	★	
	第44条【采用其他承包方式承包的农村用地的法律适用】	★	
	第45条【土地承包的方式和程序】	★	
	第61条【国家机关及其工作人员侵害土地承包经营权的法律责任】	★	
民法通则	第134条【民事责任的主要承担方式】	★★★★★	616
	第71条【所有权的内容】	★★★	
	第81条【森林、山岭、草原、荒地、滩涂、水面、矿藏等自然资源的归属】	★★★	
	第85条【合同的定义】	★★★	
	第106条【民事责任归责原则:违约责任,无过错责任原则;侵权责任,过错责任,无过错责任】	★★★	
	第115条【合同的变更或解除不影响损失赔偿责任】	★★★	
	第5条【公民、法人的合法权益受法律保护】	★★	
	第80条【土地使用权与承包经营权】	★	
	第92条【不当得利返还请求权】	★	
	第117条【侵害财产权的责任承担方式:返还财产、折价赔偿;恢复原状、折价赔偿;赔偿损失】	★	

		同时适用的法条	相关度
593	合同法	第44条【合同成立条件与时间】	★★★★
		第36条【应当采用书面形式而未采用书面形式合同成立的条件】	★★★
		第60条【合同履行的原则】	★★★
		第52条【合同无效的情形】	★★
		第6条【诚实信用原则】	★
		第8条【合同约束力】	★
		第58条【合同无效或被撤销的法律后果】	★
		第97条【合同解除的法律后果】	★
		第107条【合同约束力;违约责任】	★
640	土地管理法	第14条【农民的土地承包经营权:土地承包经营期限、承包合同、承包土地调整的审批】	★★★
		第16条【土地所有权和使用权争议的纠纷处理规定】	★
		第62条【农村村民的宅基地权及其限制】	★
625	侵权责任法	第15条【侵权责任的主要承担方式】	★★★
		第6条【过错责任原则;过错推定责任原则】	★
649	婚姻法	第39条【离婚时夫妻共同财产的处理】	★★
666	草原法	第13条【草原承包经营审批】	★
685	农村土地承包纠纷司法解释	第1条【涉及农村土地承包纠纷案件的受案范围】	★
684	婚姻法司法解释二	第8条【离婚财产分割协议的效力】	★

第125条【土地承包经营权内容】 ★★★

土地承包经营权人依法对其承包经营的耕地、林地、草地等享有占有、使用和收益的权利,有权从事种植业、林业、畜牧业等农业生产。

一、主要适用的案由及其相关度

案由编号	主要适用的案由	相关度
M3.7.55	土地承包经营权纠纷	★★★★★
M3.7.55.1	土地承包经营权确认纠纷	★
M3.5.34	排除妨害纠纷	★★★
M3.5	物权保护纠纷	★★
M4.10.119	农村土地承包合同纠纷	★
M4.10.115	农业承包合同纠纷	★
M3.5.38	财产损害赔偿纠纷	★
M3.5.33	返还原物纠纷	★

二、同时适用的法条及其相关度

	同时适用的法条	相关度	
侵权责任法	第15条【侵权责任的主要承担方式】	★★★★★	625
	第6条【过错责任原则;过错推定责任原则】	★★★	
	第3条【侵权责任的当事人主义】	★★	
	第2条【侵权责任一般条款;民事权益的范围】	★	
农村土地承包法	第9条【集体土地所有者和承包方的合法权益受国家保护】	★★★★★	629
	第53条【侵害承包方土地承包经营权的责任;承担民事责任】	★★★★	
	第16条【土地承包方的权利:使用、收益、流转、组织生产、获得补偿】	★★★	
	第5条【农村集体经济组织成员的土地承包权】	★★	
	第10条【合法的土地承包经营权流转受法律保护】	★★	

		同时适用的法条	相关度
629	农村土地承包法	第22条【农村土地承包合同的生效日期和土地承包经营权的取得】	★★
		第32条【家庭土地承包经营权的流转】	★★
		第34条【土地承包经营权流转的主体】	★★
		第37条【土地承包经营流转合同的签订条件;土地承包经营流转合同主要条款】	★★
		第3条【国家实行农村土地承包经营制度;农村土地承包方式:农村集体经济组织内部的家庭承包方式、招标、拍卖、公开协商等承包方式】	★
		第6条【妇女的土地承包经营权】	★
		第15条【家庭承包的承包方的认定】	★
		第23条【土地承包经营权证或林权证等证书的颁发、登记和费用收取】	★
		第26条【承包期内承包地的合理收回】	★
		第30条【妇女的土地承包经营权的保护:妇女婚姻状况发生改变不影响承包权】	★
		第54条【农村土地发包方承担民事责任的法定情形】	★
113	物权法	第34条【权利人的返还原物请求权】	★★★★★
		第35条【权利人享有的排除妨害请求权与消除危险请求权】	★★★★
		第37条【侵害物权的民事责任竞合】	★★★★
		第127条【土地承包经营权的设立时间;土地承包经营权的确权机关】	★★★★
		第4条【国家、集体和私人物权的平等保护原则】	★★
		第124条【农村集体经济经营体制;农村土地实行土地承包经营制度】	★★
		第128条【土地承包经营权的流转】	★★

	同时适用的法条	相关度	
物权法	第132条【征收承包地的补偿规则】	★★	113
	第32条【物权遭受侵害的救济途径】	★	
	第42条【不动产的征收及其补偿】	★	
	第66条【私人合法财产受法律保护】	★	
	第117条【用益物权的界定及其内容】	★	
	第126条【不同土地类型的承包期】	★	
	第131条【承包期内发包人义务】	★	
民法通则	第117条【侵害财产权的责任承担方式:返还财产、折价赔偿;恢复原状、折价赔偿;赔偿损失】	★★★	616
	第134条【民事责任的主要承担方式】	★★★	
	第5条【公民、法人的合法权益受法律保护】	★	
	第80条【土地使用权与承包经营权】	★	
	第106条【民事责任归责原则:违约责任,无过错责任原则;侵权责任,过错责任、无过错责任】	★	
合同法	第60条【合同履行的原则】	★★	593
	第8条【合同约束力】	★	
	第44条【合同成立条件与时间】	★	
	第88条【合同权利义务的概括转移;概括承受】	★	

第126条【不同土地类型的承包期】 ★

耕地的承包期为三十年。草地的承包期为三十年至五十年。林地的承包期为三十年至七十年;特殊林木的林地承包期,经国务院林业行政主管部门批准可以延长。

前款规定的承包期届满,由土地承包经营权人按照国家有关规定继续承包。

■ 一、主要适用的案由及其相关度

案由编号	主要适用的案由	相关度
M4.10.119	农村土地承包合同纠纷	

案由编号	主要适用的案由	相关度
M3.7.55	土地承包经营权纠纷	
M3.7.55.1	土地承包经营权确认纠纷	
M3.7.55.2	承包地征收补偿费用分配纠纷	

二、同时适用的法条及其相关度

	同时适用的法条	相关度
物权法 (113)	第125条【土地承包经营权内容】	★★★★★
	第124条【农村集体经济经营体制;农村土地实行土地承包经营制度】	★★★★
	第127条【土地承包经营权的设立时间;土地承包经营权的确权机关】	★★★
	第128条【土地承包经营权的流转】	★★
	第130条【承包期内承包地调整的原则禁止与特别例外】	★★
	第131条【承包期内发包人义务】	★★
	第42条【不动产的征收及其补偿】	★
	第132条【征收承包地的补偿规则】	★
合同法 (593)	第44条【合同成立条件与时间】	★★★
	第60条【合同履行的原则】	★★★
农村土地承包法 (629)	第9条【集体土地所有者和承包方的合法权益受国家保护】	★★★
	第26条【承包期内承包地的合理收回】	★★★
	第27条【承包期内承包地的合理调整】	★★★
	第15条【家庭承包的承包方的认定】	★★
	第20条【土地的承包期:耕地为30年、草地为30年至50年、林地为30年至70年】	★★
	第21条【土地发包方应当与承包方签订书面承包合同;承包合同的条款】	★★

	同时适用的法条	相关度
民法通则	第134条【民事责任的主要承担方式】	★★★
	第71条【所有权的内容】	★★
	第81条【森林、山岭、草原、荒地、滩涂、水面、矿藏等自然资源的归属】	★★
	第106条【民事责任归责原则：违约责任，无过错责任原则；侵权责任，过错责任、无过错责任】	★★

616

第127条【土地承包经营权的设立时间；土地承包经营权的确权机关】 ★★

土地承包经营权自土地承包经营权合同生效时设立。

县级以上地方人民政府应当向土地承包经营权人发放土地承包经营权证、林权证、草原使用权证，并登记造册，确认土地承包经营权。

一、主要适用的案由及其相关度

案由编号	主要适用的案由	相关度
M3.7.55	土地承包经营权纠纷	★★★★★
M3.7.55.1	土地承包经营权确认纠纷	★★
M3.7.55.2	承包地征收补偿费用分配纠纷	★
M4.10.119	农村土地承包合同纠纷	★★
M3.5.34	排除妨害纠纷	★
M3.5	物权保护纠纷	★

二、同时适用的法条及其相关度

	同时适用的法条	相关度
物权法	第125条【土地承包经营权内容】	★★★★★
	第34条【权利人的返还原物请求权】	★★
	第124条【农村集体经济经营体制；农村土地实行土地承包经营制度】	★★

113

		同时适用的法条	相关度
113	物权法	第128条【土地承包经营权的流转】	★★
		第4条【国家、集体和私人物权的平等保护原则】	★
		第35条【权利人享有的排除妨害请求权与消除危险请求权】	★
		第37条【侵害物权的民事责任竞合】	★
		第42条【不动产的征收及其补偿】	★
		第126条【不同土地类型的承包期】	★
		第129条【土地承包经营权流转要件】	★
		第132条【征收承包地的补偿规则】	★
629	农村土地承包法	第22条【农村土地承包合同的生效日期和土地承包经营权的取得】	★★★★
		第9条【集体土地所有者和承包方的合法权益受国家保护】	★★★
		第16条【土地承包方的权利：使用、收益、流转、组织生产、获得补偿】	★★
		第23条【土地承包经营权证或林权证等证书的颁发、登记和费用收取】	★★
		第37条【土地承包经营流转合同的签订条件；土地承包经营流转合同主要条款】	★★
		第53条【侵害承包方土地承包经营权的责任：承担民事责任】	★★
		第3条【国家实行农村土地承包经营制度；农村土地承包方式；农村集体经济组织内部的家庭承包方式、招标、拍卖、公开协商等承包方式】	★
		第5条【农村集体经济组织成员的土地承包权】	★
		第12条【农村土地承包发包方的认定】	★
		第15条【家庭承包的承包方的认定】	★

	同时适用的法条	相关度	
农村土地承包法	第21条【土地发包方应当与承包方签订书面承包合同;承包合同的条款】	★	629
	第26条【承包期内承包地的合理收回】	★	
	第32条【家庭土地承包经营权的流转】	★	
	第34条【土地承包经营权流转的主体】	★	
	第45条【土地承包的方式和程序】	★	
	第54条【农村土地发包方承担民事责任的法定情形】	★	
侵权责任法	第15条【侵权责任的主要承担方式】	★★	625
	第6条【过错责任原则;过错推定责任原则】	★	
合同法	第44条【合同成立条件与时间】	★★	593
	第8条【合同约束力】	★	
	第52条【合同无效的情形】	★	
	第60条【合同履行的原则】	★	
民法通则	第80条【土地使用权与承包经营权】	★	616
	第106条【民事责任归责原则:违约责任,无过错责任原则;侵权责任,过错责任、无过错责任】	★	
	第117条【侵害财产权的责任承担方式:返还财产、折价赔偿;恢复原状、折价赔偿;赔偿损失】	★	
	第134条【民事责任的主要承担方式】	★	

第128条【土地承包经营权的流转】　★★

土地承包经营权人依照农村土地承包法的规定,有权将土地承包经营权采取转包、互换、转让等方式流转。流转的期限不得超过承包期的剩余期限。未经依法批准,不得将承包地用于非农建设。

一、主要适用的案由及其相关度

案由编号	主要适用的案由	相关度
M3.7.55	土地承包经营权纠纷	★★★★★
M3.7.55.2	承包地征收补偿费用分配纠纷	★
M4.10.119	农村土地承包合同纠纷	★★★★
M4.10.119.1	土地承包经营权转包合同纠纷	★★★★
M4.10.119.2	土地承包经营权转让合同纠纷	★★★★
M4.10.119.3	土地承包经营权互换合同纠纷	★★★
M4.10.119.6	土地承包经营权出租合同纠纷	★★
M3.5.34	排除妨害纠纷	★★★
M4.10.67.2	确认合同无效纠纷	★★★
M4.10	合同纠纷	★★★
M3.5	物权保护纠纷	★★
M4.10.97	租赁合同纠纷	★
M3.5.38	财产损害赔偿纠纷	★
M3.5.33	返还原物纠纷	★
M4.10.115	农业承包合同纠纷	★
M4.10.67.1	确认合同有效纠纷	★

二、同时适用的法条及其相关度

	同时适用的法条	相关度
农村土地承包法	第32条【家庭土地承包经营权的流转】	★★★★★
	第37条【土地承包经营流转合同的签订条件；土地承包经营流转合同主要条款】	★★★★
	第33条【土地承包经营权流转应遵循的原则】	★★★
	第34条【土地承包经营权流转的主体】	★★★
	第40条【土地承包经营权的互换】	★★★

	同时适用的法条	相关度
农村土地承包法	第10条【合法的土地承包经营权流转受法律保护】	★★
	第16条【土地承包方的权利：使用、收益、流转、组织生产、获得补偿】	★★
	第4条【农村土地承包后所有权性质不变、禁止承包地买卖】	★
	第8条【农村土地承包应遵守的原则；国家鼓励农民和农村集体经济组织增加土地投入】	★
	第9条【集体土地所有者和承包方的合法权益受国家保护】	★
	第22条【农村土地承包合同的生效日期和土地承包经营权的取得】	★
	第36条【土地承包中相关费用由双方当事人协商确定】	★
	第39条【土地承包经营权的转包和转租】	★
	第53条【侵害承包方土地承包经营权的责任：承担民事责任】	★
物权法	第125条【土地承包经营权内容】	★★★★
	第127条【土地承包经营权的设立时间；土地承包经营权的确权机关】	★★★
	第35条【权利人享有的排除妨害请求权与消除危险请求权】	★★
	第129条【土地承包经营权流转要件】	★★
	第4条【国家、集体和私人物权的平等保护原则】	★
	第34条【权利人的返还原物请求权】	★
	第37条【侵害物权的民事责任竞合】	★
	第117条【用益物权的界定及其内容】	★
	第124条【农村集体经济经营体制；农村土地实行土地承包经营制度】	★

629

113

		同时适用的法条	相关度
113	物权法	第126条【不同土地类型的承包期】	★
		第132条【征收承包地的补偿规则】	★
593	合同法	第60条【合同履行的原则】	★★★★
		第8条【合同约束力】	★★★
		第44条【合同成立条件与时间】	★★★
		第52条【合同无效的情形】	★★★
		第107条【合同约束力;违约责任】	★★★
		第58条【合同无效或被撤销的法律后果】	★★
		第114条【违约金的数额及其调整】	★★
		第6条【诚实信用原则】	★
		第7条【公序良俗原则】	★
		第36条【应当采用书面形式而未采用书面形式合同成立的条件】	★
		第56条【合同无效或被撤销的溯及力;部分无效不影响其他独立部分的效力】	★
		第94条【合同的法定解除;法定解除权】	★
		第97条【合同解除的法律后果】	★
616	民法通则	第117条【侵害财产权的责任承担方式;返还财产、折价赔偿;恢复原状、折价赔偿;赔偿损失】	★
		第134条【民事责任的主要承担方式】	★
625	侵权责任法	第15条【侵权责任的主要承担方式】	★
607	担保法	第21条【保证担保的范围;没有约定、约定不明时的担保范围】	★
640	土地管理法	第63条【农民集体所有的土地使用权的用途限制】	★

	同时适用的法条	相关度	
担保法司法解释	第22条【保证合同的成立】	★	687
农村土地承包纠纷司法解释	第14条【承包方依法采取转包、出租、互换或其他方式流转土地承包经营权的合同未报发包方备案不当然无效】	★	685
	第17条【对转包、出租地流转期限与承包地交回时间的规定；承包方对提高土地生产能力的投入的相应补偿】	★	

第129条【土地承包经营权流转要件】 ★

土地承包经营权人将土地承包经营权互换、转让，当事人要求登记的，应当向县级以上地方人民政府申请土地承包经营权变更登记；未经登记，不得对抗善意第三人。

一、主要适用的案由及其相关度

案由编号	主要适用的案由	相关度
M3.7.55	土地承包经营权纠纷	
M3.7.55.1	土地承包经营权确认纠纷	
M4.10.119.3	土地承包经营权互换合同纠纷	
M4.10.119.2	土地承包经营权转让合同纠纷	
M4.10	合同纠纷	

二、同时适用的法条及其相关度

	同时适用的法条	相关度	
物权法	第127条【土地承包经营权的设立时间；土地承包经营权的确权机关】	★★★★★	113
	第128条【土地承包经营权的流转】	★★★★★	

		同时适用的法条	相关度
113	物权法	第35条【权利人享有的排除妨害请求权与消除危险请求权】	★
		第106条【善意取得的构成条件】	★
		第124条【农村集体经济经营体制;农村土地实行土地承包经营制度】	★
		第125条【土地承包经营权内容】	★
		第132条【征收承包地的补偿规则】	★
629	农村土地承包法	第40条【土地承包经营权的互换】	★★★★
		第32条【家庭土地承包经营权的流转】	★★★
		第37条【土地承包经营流转合同的签订条件;土地承包经营流转合同主要条款】	★★★
		第38条【土地承包经营权流转的方式、登记的效力】	★★★
		第10条【合法的土地承包经营权流转受法律保护】	★
		第22条【农村土地承包合同的生效日期和土地承包经营权的取得】	★
		第23条【土地承包经营权证或林权证等证书的颁发、登记和费用收取】	★
		第33条【土地承包经营权流转应遵循的原则】	★
		第34条【土地承包经营权流转的主体】	★
		第41条【土地承包经营权重新承包】	★
593	合同法	第44条【合同成立条件与时间】	★★★
		第60条【合同履行的原则】	★★★
		第8条【合同约束力】	★
		第36条【应当采用书面形式而未采用书面形式合同成立的条件】	★
		第52条【合同无效的情形】	★

	同时适用的法条	相关度	
侵权责任法	第2条【侵权责任一般条款;民事权益的范围】	★	625
	第15条【侵权责任的主要承担方式】	★	
农村土地承包纠纷司法解释	第14条【承包方依法采取转包、出租、互换或其他方式流转土地承包经营权的合同未报发包方备案不当然无效】	★★	685

第130条【承包期内承包地调整的原则禁止与特别例外】 ★★

承包期内发包人不得调整承包地。

因自然灾害严重毁损承包地等特殊情形,需要适当调整承包的耕地和草地的,应当依照农村土地承包法等法律规定办理。

■ 一、主要适用的案由及其相关度

案由编号	主要适用的案由	相关度
M3.7.55	土地承包经营权纠纷	★★★★★
M3.7.55.1	土地承包经营权确认纠纷	★
M3.7.55.2	承包地征收补偿费用分配纠纷	★
M4.10.119	农村土地承包合同纠纷	★★★★★
M4.10.89.1	金融借款合同纠纷	★
M3.5.38	财产损害赔偿纠纷	★
M3.5	物权保护纠纷	★
M4.10.115	农业承包合同纠纷	★

■ 二、同时适用的法条及其相关度

	同时适用的法条	相关度	
物权法	第131条【承包期内发包人义务】	★★★★★	113
	第125条【土地承包经营权内容】	★★★	
	第126条【不同土地类型的承包期】	★★	

		同时适用的法条	相关度
113	物权法	第127条【土地承包经营权的设立时间;土地承包经营权的确权机关】	★★
		第4条【国家、集体和私人物权的平等保护原则】	★
		第34条【权利人的返还原物请求权】	★
		第124条【农村集体经济经营体制;农村土地实行土地承包经营制度】	★
		第128条【土地承包经营权的流转】	★
629	农村土地承包法	第27条【承包期内承包地的合理调整】	★★★★★
		第5条【农村集体经济组织成员的土地承包权】	★★★
		第20条【土地的承包期:耕地为30年、草地为30年至50年、林地为30年至70年】	★★★
		第26条【承包期内承包地的合理收回】	★★★
		第53条【侵害承包方土地承包经营权的责任;承担民事责任】	★★★
		第54条【农村土地发包方承担民事责任的法定情形】	★★★
		第9条【集体土地所有者和承包方的合法权益受国家保护】	★★
		第29条【承包地自愿交回的规则】	★★
		第3条【国家实行农村土地承包经营制度;农村土地承包方式:农村集体经济组织内部的家庭承包方式、招标、拍卖、公开协商等承包方式】	★
		第28条【调整或新增承包的土地】	★
		第30条【妇女的土地承包经营权的保护;妇女婚姻状况发生改变不影响承包权】	★
		第32条【家庭土地承包经营权的流转】	★
		第57条【被强迫的土地承包经营权流转无效】	★

	同时适用的法条	相关度	
合同法	第60条【合同履行的原则】	★★★	593
	第52条【合同无效的情形】	★★	
	第61条【合同内容约定不明确的处理规则;合同漏洞的填补】	★★	
	第107条【合同约束力;违约责任】	★★	
	第56条【合同无效或被撤销的溯及力;部分无效不影响其他独立部分的效力】	★	
	第108条【预期违约责任】	★	
	第109条【违约责任的承担:付款义务的继续履行】	★	
民法通则	第80条【土地使用权与承包经营权】	★★	616
农村土地承包纠纷司法解释	第6条【因发包方违法收回、调整承包地,或者因发包方收回承包方弃耕、撂荒的承包地产生的纠纷的处理规则】	★★★	685
	第1条【涉及农村土地承包纠纷案件的受案范围】	★★	

第131条【承包期内发包人义务】 ★★

承包期内发包人不得收回承包地。农村土地承包法等法律另有规定的,依照其规定。

■ 一、主要适用的案由及其相关度

案由编号	主要适用的案由	相关度
M3.7.55	土地承包经营权纠纷	★★★★★
M3.7.55.2	承包地征收补偿费用分配纠纷	★
M4.10.119	农村土地承包合同纠纷	★★★★★
M4.10.67.2	确认合同无效纠纷	★

二、同时适用的法条及其相关度

	同时适用的法条	相关度
物权法	第130条【承包期内承包地调整的原则禁止与特别例外】	★★★★★
	第125条【土地承包经营权内容】	★★★
	第4条【国家、集体和私人物权的平等保护原则】	★
	第34条【权利人的返还原物请求权】	★
	第37条【侵害物权的民事责任竞合】	★
	第42条【不动产的征收及其补偿】	★
	第124条【农村集体经济经营体制；农村土地实行土地承包经营制度】	★
	第126条【不同土地类型的承包期】	★
	第127条【土地承包经营权的设立时间；土地承包经营权的确权机关】	★
	第132条【征收承包地的补偿规则】	★
农村土地承包法	第26条【承包期内承包地的合理收回】	★★★★
	第5条【农村集体经济组织成员的土地承包权】	★★★
	第27条【承包期内承包地的合理调整】	★★★
	第9条【集体土地所有者和承包方的合法权益受国家保护】	★★
	第29条【承包地自愿交回的规则】	★★
	第30条【妇女的土地承包经营权的保护；妇女婚姻状况发生改变不影响承包权】	★★
	第53条【侵害承包方土地承包经营权的责任；承担民事责任】	★★
	第54条【农村土地发包方承担民事责任的法定情形】	★★

	同时适用的法条	相关度	
农村土地承包法	第4条【农村土地承包后所有权性质不变、禁止承包地买卖】	★	629
	第16条【土地承包方的权利:使用、收益、流转、组织生产、获得补偿】	★	
	第20条【土地的承包期:耕地为30年、草地为30年至50年、林地为30年至70年】	★	
	第32条【家庭土地承包经营权的流转】	★	
	第34条【土地承包经营权流转的主体】	★	
	第35条【土地承包期内发包方恪守合同的义务】	★	
	第57条【被强迫的土地承包经营权流转无效】	★	
合同法	第60条【合同履行的原则】	★★★	593
	第52条【合同无效的情形】	★★	
	第56条【合同无效或被撤销的溯及力;部分无效不影响其他独立部分的效力】	★	
	第61条【合同内容约定不明确的处理规则;合同漏洞的填补】	★	
	第107条【合同约束力:违约责任】	★	
	第108条【预期违约责任】	★	
	第109条【违约责任的承担:付款义务的继续履行】	★	
民法通则	第80条【土地使用权与承包经营权】	★	616
农村土地承包纠纷司法解释	第6条【因发包方违法收回、调整承包地,或者因发包方收回承包方弃耕、撂荒的承包地产生的纠纷的处理规则】	★★★	685
	第1条【涉及农村土地承包纠纷案件的受案范围】	★★	
	第10条【土地承包经营权优先权的例外】	★	

第132条【征收承包地的补偿规则】 ★★★

承包地被征收的,土地承包经营权人有权依照本法第四十二条第二款的规定获得相应补偿。

一、主要适用的案由及其相关度

案由编号	主要适用的案由	相关度
M3.7.55	土地承包经营权纠纷	★
M3.7.55.2	承包地征收补偿费用分配纠纷	★★★★★

二、同时适用的法条及其相关度

		同时适用的法条	相关度
113	物权法	第42条【不动产的征收及其补偿】	★★★★★
		第125条【土地承包经营权内容】	★
629	农村土地承包法	第16条【土地承包方的权利:使用、收益、流转、组织生产、获得补偿】	★★★
		第5条【农村集体经济组织成员的土地承包权】	★
		第15条【家庭承包的承包方的认定】	★
677	土地管理法实施条例	第26条【土地补偿费和安置补助费】	★
685	农村土地承包纠纷司法解释	第24条【土地补偿费的分配办法】	★★
		第22条【被依法征收的承包地的地上附着物和青苗的补偿费的给付规定;承包方将土地承包经营权流转给第三人时的青苗补偿费和地上附着物补偿费的所有的规定】	★

第133条【通过招标、拍卖和公开协商等方式承包农村土地的流转方式】 ★

通过招标、拍卖、公开协商等方式承包荒地等农村土地,依照农村土地承包法等法律和国务院的有关规定,其土地承包经营权可以转让、入股、抵押或者以其他方式流转。

一、主要适用的案由及其相关度

案由编号	主要适用的案由	相关度
M4.10.67.1	确认合同有效纠纷	
M3.7.55	土地承包经营权纠纷	
M4.10	合同纠纷	
M4.10.119	农村土地承包合同纠纷	

二、同时适用的法条及其相关度

	同时适用的法条	相关度	
农村土地承包法	第3条【国家实行农村土地承包经营制度;农村土地承包方式;农村集体经济组织内部的家庭承包方式、招标、拍卖、公开协商等承包方式】		629
农村土地承包法	第37条【土地承包经营流转合同的签订条件;土地承包经营流转合同主要条款】		
农村土地承包法	第49条【农村土地承包经营权流转的条件与方式】		
民法通则	第55条【民事法律行为的有效条件】		616
合同法	第8条【合同约束力】		593
合同法	第52条【合同无效的情形】		
合同法	第60条【合同履行的原则】		
合同法	第107条【合同约束力:违约责任】		
合同法	第207条【借款合同违约责任承担:支付利息】		
物权法	第4条【国家、集体和私人物权的平等保护原则】		113
物权法	第33条【利害关系人的物权确认请求权】		
物权法	第42条【不动产的征收及其补偿】		
物权法	第58条【集体所有的动产和不动产的范围】		
物权法	第96条【共有人对共有财产的管理权利与义务】		

	同时适用的法条	相关度
物权法	第105条【用益物权、担保物权的共有参照适用共同所有的规则】	
	第124条【农村集体经济经营体制;农村土地实行土地承包经营制度】	
	第125条【土地承包经营权内容】	
	第127条【土地承包经营权的设立时间;土地承包经营权的确权机关】	
	第128条【土地承包经营权的流转】	
	第129条【土地承包经营权流转要件】	
	第140条【建设用地使用权的土地用途限定规则】	
	第176条【混合担保规则】	
	第203条【最高额抵押规则】	
	第206条【最高额抵押所担保债权的确定时间】	

第134条【国家所有土地承包经营参照适用集体土地承包的有关规定】 ★
国家所有的农用地实行承包经营的,参照本法的有关规定。

一、主要适用的案由及其相关度

案由编号	主要适用的案由	相关度
M3.5	物权保护纠纷	
M4.10	合同纠纷	
M3.5.34	排除妨害纠纷	
M3.7.55	土地承包经营权纠纷	
M3.7.55.2	承包地征收补偿费用分配纠纷	
M4.10.97.1	土地租赁合同纠纷	

■ 二、同时适用的法条及其相关度

	同时适用的法条	相关度
物权法	第 1 条【物权法的立法目的】	
	第 2 条【物权法适用范围;物的概念;物权的概念】	
	第 4 条【国家、集体和私人物权的平等保护原则】	
	第 9 条【不动产物权变动的登记原则;国家的自然资源所有权登记的特殊规定】	
	第 15 条【设立、变更、转让、消灭不动产物权的合同的效力;合同成立时生效】	
	第 32 条【物权遭受侵害的救济途径】	
	第 33 条【利害关系人的物权确认请求权】	
	第 34 条【权利人的返还原物请求权】	
	第 35 条【权利人享有的排除妨害请求权与消除危险请求权】	
	第 36 条【物权损害的救济方式;物权的债权保护方法】	
	第 37 条【侵害物权的民事责任竞合】	
	第 38 条【物权保护方式的单用和并用;民事责任与行政责任和刑事责任的关系】	
	第 39 条【所有权的内容】	
	第 42 条【不动产的征收及其补偿】	
	第 66 条【私人合法财产受法律保护】	
	第 83 条【业主义务;业主大会和业主委员会对于侵害建筑物的行为人的请求权】	
	第 97 条【共有人对于共有财产重大事项的表决权规则】	
	第 106 条【善意取得的构成条件】	
	第 108 条【善意取得的动产上原有的权利负担消灭及其例外】	

113

		同时适用的法条	相关度
113	物权法	第117条【用益物权的界定及其内容】	
		第124条【农村集体经济经营体制;农村土地实行土地承包经营制度】	
		第125条【土地承包经营权内容】	
		第126条【不同土地类型的承包期】	
		第127条【土地承包经营权的设立时间;土地承包经营权的确权机关】	
		第128条【土地承包经营权的流转】	
		第129条【土地承包经营权流转要件】	
		第132条【征收承包地的补偿规则】	
		第142条【建设用地使用权人建造的建筑物、构筑物及其附属设施的归属】	
		第152条【宅基地使用权内容】	
		第153条【宅基地使用权取得、使用和流转遵循法律和国家规定】	
616	民法通则	第117条【侵害财产权的责任承担方式:返还财产、折价赔偿;恢复原状、折价赔偿;赔偿损失】	
593	合同法	第60条【合同履行的原则】	

第十二章 建设用地使用权

第135条【建设用地使用权的内容】 ★★

建设用地使用权人依法对国家所有的土地享有占有、使用和收益的权利,有权利用该土地建造建筑物、构筑物及其附属设施。

■ 一、主要适用的案由及其相关度

案由编号	主要适用的案由	相关度
M3.5.34	排除妨害纠纷	★★★★★

案由编号	主要适用的案由	相关度
M3.5	物权保护纠纷	★
M3.7.56	建设用地使用权纠纷	★
M3.5.37	恢复原状纠纷	★
M3.5.38	财产损害赔偿纠纷	★

二、同时适用的法条及其相关度

	同时适用的法条	相关度	
物权法	第35条【权利人享有的排除妨害请求权与消除危险请求权】	★★★★★	113
	第37条【侵害物权的民事责任竞合】	★★★	
	第4条【国家、集体和私人物权的平等保护原则】	★★	
	第34条【权利人的返还原物请求权】	★★	
	第139条【建设用地使用权的设立要件】	★★	
	第2条【物权法适用范围;物的概念;物权的概念】	★	
	第9条【不动产物权变动的登记原则;国家的自然资源所有权登记的特殊规定】	★	
	第32条【物权遭受侵害的救济途径】	★	
	第36条【物权损害的救济方式;物权的债权保护方法】	★	
	第39条【所有权的内容】	★	
侵权责任法	第15条【侵权责任的主要承担方式】	★★★★★	625
	第2条【侵权责任一般条款;民事权益的范围】	★★★	
	第3条【侵权责任的当事人主义】	★★★	
	第6条【过错责任原则;过错推定责任原则】	★★★	
土地管理法	第13条【依法登记的土地的所有权和使用权受法律保护】	★★	640

		同时适用的法条	相关度
616	民法通则	第134条【民事责任的主要承担方式】	★★
		第5条【公民、法人的合法权益受法律保护】	★
		第106条【民事责任归责原则:违约责任、无过错责任原则;侵权责任、过错责任、无过错责任】	★
		第117条【侵害财产权的责任承担方式:返还财产、折价赔偿、恢复原状、折价赔偿;赔偿损失】	★
593	合同法	第60条【合同履行的原则】	★

第136条【建设用地使用权的设立范围】 ★

建设用地使用权可以在土地的地表、地上或者地下分别设立。新设立的建设用地使用权,不得损害已设立的用益物权。

一、主要适用的案由及其相关度

案由编号	主要适用的案由	相关度
M3.5.34	排除妨害纠纷	
M3.5.38	财产损害赔偿纠纷	

二、同时适用的法条及其相关度

		同时适用的法条	相关度
113	物权法	第4条【国家、集体和私人物权的平等保护原则】	
		第35条【权利人享有的排除妨害请求权与消除危险请求权】	
		第135条【建设用地使用权的内容】	
593	合同法	第34条【合同成立的地点】	

第137条【建设用地使用权的设立方式】 ★

设立建设用地使用权,可以采取出让或者划拨等方式。

工业、商业、旅游、娱乐和商品住宅等经营性用地以及同一土地有两个以上意向用地者的,应当采取招标、拍卖等公开竞价的方式出让。

严格限制以划拨方式设立建设用地使用权。采取划拨方式的,应当遵守法律、行政法规关于土地用途的规定。

一、主要适用的案由及其相关度

案由编号	主要适用的案由	相关度
M3.5.34	排除妨害纠纷	
M4.10.77.1	建设用地使用权出让合同纠纷	

二、同时适用的法条及其相关度

	同时适用的法条	相关度	
合同法	第52条【合同无效的情形】		593
物权法	第2条【物权法适用范围;物的概念;物权的概念】		113
	第4条【国家、集体和私人物权的平等保护原则】		
	第5条【物权法定原则:物权种类、物权内容由法律规定】		
	第9条【不动产物权变动的登记原则;国家的自然资源所有权登记的特殊规定】		
	第14条【不动产物权变动的生效时间】		
	第16条【不动产登记簿的法律效力】		
	第17条【不动产权属证书与不动产登记簿的关系】		
	第30条【因事实行为设立或者消灭物权的生效时间确定】		
	第33条【利害关系人的物权确认请求权】		
	第34条【权利人的返还原物请求权】		
	第35条【权利人享有的排除妨害请求权与消除危险请求权】		
	第36条【物权损害的救济方式;物权的债权保护方法】		

		同时适用的法条	相关度
113	物权法	第39条【所有权的内容】	
		第125条【土地承包经营权内容】	
		第127条【土地承包经营权的设立时间;土地承包经营权的确权机关】	
		第135条【建设用地使用权的内容】	
		第138条【建设用地使用权出让合同的书面形式要求;建设用地使用权出让合同应包括的条款】	
		第139条【建设用地使用权的设立要件】	
		第140条【建设用地使用权的土地用途限定规则】	
		第141条【建设用地使用权人的出让金支付义务】	
		第142条【建设用地使用权人建造的建筑物、构筑物及其附属设施的归属】	
		第143条【建设用地使用权的流转】	
		第146条【建设用地使用权流转之房随地走】	
		第150条【建设用地使用权消灭时的注销登记】	
		第153条【宅基地使用权取得、使用和流转遵循法律和国家规定】	
		第180条【可抵押财产的范围】	
		第202条【抵押权的行使期间】	
		第245条【占有保护的方法】	
709	国有土地使用权合同纠纷司法解释	第1条【土地使用权出让合同的定义】	

第138条【建设用地使用权出让合同的书面形式要求;建设用地使用权出让合同应包括的条款】 ★

采取招标、拍卖、协议等出让方式设立建设用地使用权的,当事人应当采取书面形式订立建设用地使用权出让合同。

建设用地使用权出让合同一般包括下列条款：
（一）当事人的名称和住所；
（二）土地界址、面积等；
（三）建筑物、构筑物及其附属设施占用的空间；
（四）土地用途；
（五）使用期限；
（六）出让金等费用及其支付方式；
（七）解决争议的方法。

一、主要适用的案由及其相关度

案由编号	主要适用的案由	相关度
M4.10.77.1	建设用地使用权出让合同纠纷	
M4.10	合同纠纷	

二、同时适用的法条及其相关度

	同时适用的法条	相关度	
合同法	第8条【合同约束力】		593
	第44条【合同成立条件与时间】		
	第60条【合同履行的原则】		
	第94条【合同的法定解除；法定解除权】		
	第97条【合同解除的法律后果】		
	第107条【合同约束力；违约责任】		
	第114条【违约金的数额及其调整】		
物权法	第9条【不动产物权变动的登记原则；国家的自然资源所有权登记的特殊规定】		113
	第14条【不动产物权变动的生效时间】		
	第127条【土地承包经营权的设立时间；土地承包经营权的确权机关】		
	第135条【建设用地使用权的内容】		

370 物权纠纷

	同时适用的法条	相关度
物权法	第137条【建设用地使用权的设立方式】	
	第139条【建设用地使用权的设立要件】	
	第140条【建设用地使用权的土地用途限定规则】	
	第141条【建设用地使用权人的出让金支付义务】	
	第150条【建设用地使用权消灭时的注销登记】	

第139条【建设用地使用权的设立要件】 ★

设立建设用地使用权的，应当向登记机构申请建设用地使用权登记。建设用地使用权自登记时设立。登记机构应当向建设用地使用权人发放建设用地使用权证书。

一、主要适用的案由及其相关度

案由编号	主要适用的案由	相关度
M3.5.34	排除妨害纠纷	★★★★★
M3.5	物权保护纠纷	★
M4.10	合同纠纷	★
M4.10.77.1	建设用地使用权出让合同纠纷	★
M3.7.56	建设用地使用权纠纷	★

二、同时适用的法条及其相关度

	同时适用的法条	相关度
物权法	第135条【建设用地使用权的内容】	★★★★★
	第4条【国家、集体和私人物权的平等保护原则】	★★★
	第9条【不动产物权变动的登记原则；国家的自然资源所有权登记的特殊规定】	★★★
	第35条【权利人享有的排除妨害请求权与消除危险请求权】	★★★
	第6条【物权公示原则：不动产登记、动产交付】	★★

	同时适用的法条	相关度	
物权法	第14条【不动产物权变动的生效时间】	★★	113
	第137条【建设用地使用权的设立方式】	★★	
	第7条【物权取得与行使应遵守法律和公序良俗】	★	
	第17条【不动产权属证书与不动产登记簿的关系】	★	
	第34条【权利人的返还原物请求权】	★	
	第36条【物权损害的救济方式;物权的债权保护方法】	★	
	第39条【所有权的内容】	★	
	第138条【建设用地使用权出让合同的书面形式要求;建设用地使用权出让合同应包括的条款】	★	
	第143条【建设用地使用权的流转】	★	
	第145条【建设用地使用权流转登记】	★	
土地管理法	第13条【依法登记的土地的所有权和使用权受法律保护】	★★★	640
	第9条【土地使用权和土地使用权人的义务】	★	
	第11条【土地登记发证制度】	★	
侵权责任法	第15条【侵权责任的主要承担方式】	★★★	625
	第2条【侵权责任一般条款;民事权益的范围】	★	
	第3条【侵权责任的当事人主义】	★	
	第6条【过错责任原则;过错推定责任原则】	★	
合同法	第60条【合同履行的原则】	★★	593
	第8条【合同约束力】	★	
	第44条【合同成立条件与时间】	★	
	第52条【合同无效的情形】	★	
民法通则	第117条【侵害财产权的责任承担方式:返还财产、折价赔偿;恢复原状、折价赔偿;赔偿损失】	★	616
	第134条【民事责任的主要承担方式】	★	

第140条【建设用地使用权的土地用途限定规则】

建设用地使用权人应当合理利用土地,不得改变土地用途;需要改变土地用途的,应当依法经有关行政主管部门批准。①

第141条【建设用地使用权人的出让金支付义务】 ★

建设用地使用权人应当依照法律规定以及合同约定支付出让金等费用。

■ 一、主要适用的案由及其相关度

案由编号	主要适用的案由	相关度
M4.10.77.1	建设用地使用权出让合同纠纷	
M3.7.56	建设用地使用权纠纷	
M4.10.77.2	建设用地使用权转让合同纠纷	

■ 二、同时适用的法条及其相关度

		同时适用的法条	相关度
593	合同法	第60条【合同履行的原则】	
		第107条【合同约束力:违约责任】	
		第109条【违约责任的承担:付款义务的继续履行】	
		第114条【违约金的数额及其调整】	
654	房地产管理法	第16条【土地使用权出让金的支付】	
113	物权法	第6条【物权公示原则:不动产登记、动产交付】	
		第9条【不动产物权变动的登记原则;国家的自然资源所有权登记的特殊规定】	
		第14条【不动产物权变动的生效时间】	
		第15条【设立、变更、转让、消灭不动产物权的合同的效力:合同成立时生效】	

---

① 说明:本法条尚无足够数量判决书可供法律大数据分析。

	同时适用的法条	相关度
物权法	第28条【因人民法院、仲裁委员会的法律文件或者人民政府的征收决定等法律文书致物权发生变动的生效时间确定】	113
	第35条【权利人享有的排除妨害请求权与消除危险请求权】	
	第106条【善意取得的构成条件】	
	第117条【用益物权的界定及其内容】	
	第127条【土地承包经营权的设立时间；土地承包经营权的确权机关】	
	第135条【建设用地使用权的内容】	
	第137条【建设用地使用权的设立方式】	
	第138条【建设用地使用权出让合同的书面形式要求；建设用地使用权出让合同应包括的条款】	
	第139条【建设用地使用权的设立要件】	
	第140条【建设用地使用权的土地用途限定规则】	
	第143条【建设用地使用权的流转】	
	第144条【建设用地使用权流转的形式要件与期限限制】	
	第145条【建设用地使用权流转登记】	
	第152条【宅基地使用权内容】	
	第153条【宅基地使用权取得、使用和流转遵循法律和国家规定】	
	第180条【可抵押财产的范围】	
	第187条【不动产抵押的登记要件主义】	
土地管理法	第55条【土地有偿使用费】	640

第142条【建设用地使用权人建造的建筑物、构筑物及其附属设施的归属】 ★★

建设用地使用权人建造的建筑物、构筑物及其附属设施的所有权属于建设用地使用权人,但有相反证据证明的除外。

一、主要适用的案由及其相关度

案由编号	主要适用的案由	相关度
M2.2.24	分家析产纠纷	★★★★★
M2.3.25	法定继承纠纷	★★
M3.5.32	物权确认纠纷	★
M3.5.32.1	所有权确认纠纷	★★
M3.6.48.1	共有权确认纠纷	★
M3.5.34	排除妨害纠纷	★
M3.5.37	恢复原状纠纷	★
M4.10.77.2	建设用地使用权转让合同纠纷	★
M3.5.33	返还原物纠纷	★
M3.6.48.2	共有物分割纠纷	★

二、同时适用的法条及其相关度

	同时适用的法条	相关度
继承法	第10条【继承人范围及继承顺序】	★★★★★
	第2条【继承开始】	★★★
	第3条【遗产范围】	★★★
	第5条【继承方式】	★★★
	第13条【遗产分配】	★★★
	第25条【继承和遗赠的接受与放弃】	★★★
	第26条【遗产的认定】	★★★
	第29条【遗产分割的规则和方法】	★★

	同时适用的法条	相关度	
继承法	第11条【代位继承】	★	636
	第17条【遗嘱的形式】	★	
	第27条【法定继承的适用范围】	★	
物权法	第33条【利害关系人的物权确认请求权】	★★★★★	113
	第152条【宅基地使用权内容】	★★★★	
	第9条【不动产物权变动的登记原则；国家的自然资源所有权登记的特殊规定】	★★★	
	第39条【所有权的内容】	★★★	
	第93条【共有的界定及其类型】	★★★	
	第95条【共同共有权】	★★★	
	第99条【共有物的分割规则】	★★★	
	第100条【共有物分割的方式】	★★★	
	第135条【建设用地使用权的内容】	★★★	
	第30条【因事实行为设立或者消灭物权的生效时间确定】	★★	
	第34条【权利人的返还原物请求权】	★★	
	第35条【权利人享有的排除妨害请求权与消除危险请求权】	★★	
	第143条【建设用地使用权的流转】	★★	
	第146条【建设用地使用权流转之房随地走】	★★	
	第14条【不动产物权变动的生效时间】	★	
	第17条【不动产权属证书与不动产登记簿的关系】	★	
	第36条【物权损害的救济方式；物权的债权保护方法】	★	
	第64条【私人所有权的范围】	★	
	第106条【善意取得的构成条件】	★	

		同时适用的法条	相关度
113	物权法	第147条【建设用地使用权流转之地随房走】	★
		第153条【宅基地使用权取得、使用和流转遵循法律和国家规定】	★
640	土地管理法	第62条【农村村民的宅基地权及其限制】	★★★★
593	合同法	第8条【合同约束力】	★★
		第60条【合同履行的原则】	★★
		第107条【合同约束力:违约责任】	★★
		第44条【合同成立条件与时间】	★
625	侵权责任法	第15条【侵权责任的主要承担方式】	★
616	民法通则	第72条【财产所有权取得应符合法律规定;动产所有权自交付时转移】	★
692	民通意见	第1条【公民的民事权利能力自出生时开始:户籍证明、医院出具的出生证明、其他证明】	★★

第143条【建设用地使用权的流转】 ★★

建设用地使用权人有权将建设用地使用权转让、互换、出资、赠与或者抵押,但法律另有规定的除外。

一、主要适用的案由及其相关度

案由编号	主要适用的案由	相关度
M4.10.82	房屋买卖合同纠纷	★★
M4.10.82.6	农村房屋买卖合同纠纷	★
M3.7.56	建设用地使用权纠纷	★★
M4.10	合同纠纷	★
M4.10.77	建设用地使用权合同纠纷	★
M4.10.77.2	建设用地使用权转让合同纠纷	★★★★★

案由编号	主要适用的案由	相关度
M4.10.89.1	金融借款合同纠纷	★
M4.10.67	确认合同效力纠纷	★
M3.5.32.1	所有权确认纠纷	★

二、同时适用的法条及其相关度

	同时适用的法条	相关度
合同法	第60条【合同履行的原则】	★★★★★
	第8条【合同约束力】	★★★★
	第44条【合同成立条件与时间】	★★★
	第107条【合同约束力；违约责任】	★★★
	第6条【诚实信用原则】	★
	第52条【合同无效的情形】	★
	第114条【违约金的数额及其调整】	★
	第130条【买卖合同的定义】	★
	第135条【出卖人义务：交付、移转所有权】	★
	第198条【借款合同中的担保及法律适用】	★
物权法	第9条【不动产物权变动的登记原则；国家的自然资源所有权登记的特殊规定】	★★★
	第144条【建设用地使用权流转的形式要件与期限限制】	★★★
	第145条【建设用地使用权流转登记】	★★★
	第15条【设立、变更、转让、消灭不动产物权的合同的效力；合同成立时生效】	★★
	第135条【建设用地使用权的内容】	★★
	第146条【建设用地使用权流转之房随地走】	★★
	第147条【建设用地使用权流转之地随房走】	★★

		同时适用的法条	相关度
113	物权法	第4条【国家、集体和私人物权的平等保护原则】	★
		第6条【物权公示原则:不动产登记、动产交付】	★
		第14条【不动产物权变动的生效时间】	★
		第17条【不动产权属证书与不动产登记簿的关系】	★
		第139条【建设用地使用权的设立要件】	★
		第142条【建设用地使用权人建造的建筑物、构筑物及其附属设施的归属】	★
		第153条【宅基地使用权取得、使用和流转遵循法律和国家规定】	★
616	民法通则	第4条【民事活动的基本原则:自愿、公平、等价有偿、诚实信用】	★
709	国有土地使用权合同纠纷司法解释	第7条【土地使用权转让合同的定义】	★★

第144条【建设用地使用权流转的形式要件与期限限制】　★

建设用地使用权转让、互换、出资、赠与或者抵押的,当事人应当采取书面形式订立相应的合同。使用期限由当事人约定,但不得超过建设用地使用权的剩余期限。

一、主要适用的案由及其相关度

案由编号	主要适用的案由	相关度
M4.10.89.1	金融借款合同纠纷	
M4.10.77	建设用地使用权合同纠纷	

二、同时适用的法条及其相关度

	同时适用的法条	相关度	
合同法	第 60 条【合同履行的原则】	★★★★★	593
	第 107 条【合同约束力;违约责任】	★★★★★	
物权法	第 143 条【建设用地使用权的流转】	★★★★	113
	第 64 条【私人所有权的范围】	★★★	
	第 145 条【建设用地使用权流转登记】	★★★	
	第 179 条【抵押权的界定】	★★	
	第 6 条【物权公示原则:不动产登记、动产交付】	★	
	第 9 条【不动产物权变动的登记原则;国家的自然资源所有权登记的特殊规定】	★	
	第 15 条【设立、变更、转让、消灭不动产物权的合同的效力:合同成立时生效】	★	
	第 141 条【建设用地使用权人的出让金支付义务】	★	
	第 142 条【建设用地使用权人建造的建筑物、构筑物及其附属设施的归属】	★	
	第 146 条【建设用地使用权流转之房随地走】	★	
	第 147 条【建设用地使用权流转之地随房走】	★	
	第 152 条【宅基地使用权内容】	★	
	第 180 条【可抵押财产的范围】	★	
	第 187 条【不动产抵押的登记要件主义】	★	

第 145 条【建设用地使用权流转登记】 ★★

建设用地使用权转让、互换、出资或者赠与的,应当向登记机构申请变更登记。

一、主要适用的案由及其相关度

案由编号	主要适用的案由	相关度
M4.10.82	房屋买卖合同纠纷	★★★

案由编号	主要适用的案由	相关度
M3.7.56	建设用地使用权纠纷	★★
M3.5.34	排除妨害纠纷	★★
M4.10	合同纠纷	★
M4.10.77	建设用地使用权合同纠纷	★
M4.10.77.2	建设用地使用权转让合同纠纷	★★★★★
M3.5.32	物权确认纠纷	★
M3.5.32.1	所有权确认纠纷	★
M4.10.67	确认合同效力纠纷	★
M4.10.67.1	确认合同有效纠纷	★

■ 二、同时适用的法条及其相关度

	同时适用的法条	相关度
合同法	第60条【合同履行的原则】	★★★★★
	第107条【合同约束力;违约责任】	★★★★★
	第8条【合同约束力】	★★★★
	第135条【出卖人义务:交付、移转所有权】	★★★
	第5条【合同公平原则;合同权利义务确定的原则】	★
	第6条【诚实信用原则】	★
	第44条【合同成立条件与时间】	★
	第52条【合同无效的情形】	★
	第54条【合同的变更和撤销】	★
	第114条【违约金的数额及其调整】	★
	第186条【赠与的任意撤销及限制】	★
	第187条【赠与的财产应依法办理登记等手续】	★

同时适用的法条	相关度	
第9条【不动产物权变动的登记原则；国家的自然资源所有权登记的特殊规定】	★★★★★	113
第143条【建设用地使用权的流转】	★★★★★	
第14条【不动产物权变动的生效时间】	★★★	
第15条【设立、变更、转让、消灭不动产物权的合同的效力；合同成立时生效】	★★★	
第35条【权利人享有的排除妨害请求权与消除危险请求权】	★★★	
第144条【建设用地使用权流转的形式要件与期限限制】	★★★	
第146条【建设用地使用权流转之房随地走】	★★★	
第147条【建设用地使用权流转之地随房走】	★★★	
第139条【建设用地使用权的设立要件】	★★	
第4条【国家、集体和私人物权的平等保护原则】	★	
第6条【物权公示原则：不动产登记、动产交付】	★	
第30条【因事实行为设立或者消灭物权的生效时间确定】	★	
第33条【利害关系人的物权确认请求权】	★	
第84条【处理相邻关系的基本原则】	★	
第135条【建设用地使用权的内容】	★	
第141条【建设用地使用权人的出让金支付义务】	★	
第153条【宅基地使用权取得、使用和流转遵循法律和国家规定】	★	
第155条【宅基地使用权转让或消灭时的变更登记与注销登记】	★	
第187条【不动产抵押的登记要件主义】	★	

（物权法）

		同时适用的法条	相关度
654	房地产管理法	第37条【房地产转让的定义】	★★
		第61条【房地产权属的申请登记】	★★
640	土地管理法	第11条【土地登记发证制度】	★
		第12条【改变土地权属和用途的程序:办理土地变更登记手续】	★
		第16条【土地所有权和使用权争议的纠纷处理规定】	★
		第62条【农村村民的宅基地权及其限制】	★
616	民法通则	第30条【个人合伙】	★
		第32条【合伙财产的归属、管理和使用】	★
		第134条【民事责任的主要承担方式】	★
625	侵权责任法	第2条【侵权责任一般条款;民事权益的范围】	★
		第15条【侵权责任的主要承担方式】	★
682	国有土地使用权出让转让条例	第4条【国家保障城镇国有土地使用权转让、出租、抵押等合法权益】	★
692	民通意见	第54条【个人合伙合伙人退伙时合伙财产的分割规定】	★
		第55条【合伙终止时合伙财产处理规则】	★
709	国有土地使用权合同纠纷司法解释	第9条【转让前未取得土地使用权证书的转让合同的效力】	★
704	买卖合同司法解释	第3条【不能以出卖人在缔约时对标的物没有所有权或处分权为由主张合同无效;出卖人未取得所有权或处分权致使标的物所有权不能转移买受人可以要求出卖人承担违约责任或解除合同主张损害赔偿】	★

第146条【建设用地使用权流转之房随地走】 ★

建设用地使用权转让、互换、出资或者赠与的,附着于该土地上的建筑物、构筑物及其附属设施一并处分。

一、主要适用的案由及其相关度

案由编号	主要适用的案由	相关度
M3.5.33	返还原物纠纷	
M4.10	合同纠纷	
M4.10.77.2	建设用地使用权转让合同纠纷	
M4.10.82	房屋买卖合同纠纷	

二、同时适用的法条及其相关度

	同时适用的法条	相关度
物权法	第4条【国家、集体和私人物权的平等保护原则】	
	第9条【不动产物权变动的登记原则;国家的自然资源所有权登记的特殊规定】	
	第15条【设立、变更、转让、消灭不动产物权的合同的效力;合同成立时生效】	
	第17条【不动产权属证书与不动产登记簿的关系】	
	第30条【因事实行为设立或者消灭物权的生效时间确定】	
	第33条【利害关系人的物权确认请求权】	
	第34条【权利人的返还原物请求权】	
	第35条【权利人享有的排除妨害请求权与消除危险请求权】	
	第100条【共有物分割的方式】	
	第135条【建设用地使用权的内容】	
	第137条【建设用地使用权的设立方式】	

	同时适用的法条	相关度
113 物权法	第142条【建设用地使用权人建造的建筑物、构筑物及其附属设施的归属】	
	第143条【建设用地使用权的流转】	
	第144条【建设用地使用权流转的形式要件与期限限制】	
	第145条【建设用地使用权流转登记】	
	第147条【建设用地使用权流转之地随房走】	
	第153条【宅基地使用权取得、使用和流转遵循法律和国家规定】	
593 合同法	第8条【合同约束力】	
	第44条【合同成立条件与时间】	
	第60条【合同履行的原则】	
	第107条【合同约束力:违约责任】	

第147条【建设用地使用权流转之地随房走】 ★★

建筑物、构筑物及其附属设施转让、互换、出资或者赠与的,该建筑物、构筑物及其附属设施占用范围内的建设用地使用权一并处分。

一、主要适用的案由及其相关度

案由编号	主要适用的案由	相关度
M4.10.82	房屋买卖合同纠纷	★★★★★

二、同时适用的法条及其相关度

	同时适用的法条	相关度
593 合同法	第60条【合同履行的原则】	★★★★★
	第8条【合同约束力】	★★★
	第107条【合同约束力:违约责任】	★★★
	第44条【合同成立条件与时间】	★★

	同时适用的法条	相关度	
合同法	第52条【合同无效的情形】	★★	593
	第58条【合同无效或被撤销的法律后果】	★★	
	第130条【买卖合同的定义】	★	
	第135条【出卖人义务:交付、移转所有权】	★	
物权法	第152条【宅基地使用权内容】	★★★	113
	第153条【宅基地使用权取得、使用和流转遵循法律和国家规定】	★★★	
	第9条【不动产物权变动的登记原则;国家的自然资源所有权登记的特殊规定】	★	
	第15条【设立、变更、转让、消灭不动产物权的合同的效力:合同成立时生效】	★	
	第146条【建设用地使用权流转之房随地走】	★	
土地管理法	第62条【农村村民的宅基地权及其限制】	★★★	640
	第8条【城市市区的土地:国家所有;农村和城市郊区的土地:农民集体所有;宅基地和自留地、自留山:农民集体所有】	★	
	第63条【农民集体所有的土地使用权的用途限制】	★	
房地产管理法	第8条【土地使用权出让的定义】	★★	654
	第23条【土地使用权划拨的界定】	★★	
	第32条【房地一体主义:房地产转让、抵押时房屋的所有权和土地使用权同时转让、抵押】	★★	

第148条【建设用地使用权期间的提前终止】 ★

建设用地使用权期间届满前,因公共利益需要提前收回该土地的,应当依照本法第四十二条的规定对该土地上的房屋及其他不动产给予补偿,并退还相应的出让金。

一、主要适用的案由及其相关度

案由编号	主要适用的案由	相关度
M4.10.83	房屋拆迁安置补偿合同纠纷	
M4.10.74	买卖合同纠纷	

二、同时适用的法条及其相关度

		同时适用的法条	相关度
113	物权法	第42条【不动产的征收及其补偿】	
		第85条【处理相邻关系的法源依据】	
640	土地管理法	第58条【可以收回国有土地使用权的法定情形】	

第149条【住宅与非住宅建设用地使用权期间届满的处理规则】

住宅建设用地使用权期间届满的,自动续期。

非住宅建设用地使用权期间届满后的续期,依照法律规定办理。该土地上的房屋及其他不动产的归属,有约定的,按照约定;没有约定或者约定不明确的,依照法律、行政法规的规定办理。①

第150条【建设用地使用权消灭时的注销登记】 ★

建设用地使用权消灭的,出让人应当及时办理注销登记。登记机构应当收回建设用地使用权证书。

一、主要适用的案由及其相关度

案由编号	主要适用的案由	相关度
M4.10.82	房屋买卖合同纠纷	
M4.10.82.3	商品房销售合同纠纷	
M3.7.55.2	承包地征收补偿费用分配纠纷	
M4.10	合同纠纷	

---

① 说明:本法条尚无足够数量判决书可供法律大数据分析。

二、同时适用的法条及其相关度

	同时适用的法条	相关度
合同法	第8条【合同约束力】	593
	第52条【合同无效的情形】	
	第60条【合同履行的原则】	
	第107条【合同约束力;违约责任】	
	第205条【借款合同的利息支付义务】	
	第206条【借款期限的认定】	
	第207条【借款合同违约责任承担:支付利息】	
	第215条【租赁合同的书面形式要求】	
	第226条【租赁合同中承租人租金支付期限的确定规则】	
	第236条【不定期租赁:租赁期满继续使用租赁物、出租人没有提出异议】	
物权法	第42条【不动产的征收及其补偿】	113
	第135条【建设用地使用权的内容】	
	第137条【建设用地使用权的设立方式】	
	第138条【建设用地使用权出让合同的书面形式要求;建设用地使用权出让合同应包括的条款】	
	第139条【建设用地使用权的设立要件】	
	第152条【宅基地使用权内容】	
	第180条【可抵押财产的范围】	
	第184条【禁止抵押的财产范围】	
民法通则	第80条【土地使用权与承包经营权】	616
	第136条【短期诉讼时效:一年】	
	第137条【诉讼时效期间的起算日和最长保护期限】	

		同时适用的法条	相关度
640	土地管理法	第62条【农村村民的宅基地权及其限制】	
629	农村土地承包法	第4条【农村土地承包后所有权性质不变、禁止承包地买卖】	
		第6条【妇女的土地承包经营权】	
		第16条【土地承包方的权利：使用、收益、流转、组织生产、获得补偿】	
607	担保法	第18条【保证合同中连带责任的承担】	
		第31条【保证人的追偿权】	

第151条【集体土地作为建设用地应当遵循法律规定】 ★

集体所有的土地作为建设用地的,应当依照土地管理法等法律规定办理。

一、主要适用的案由及其相关度

案由编号	主要适用的案由	相关度
M3.5.34	排除妨害纠纷	
M3.7.56	建设用地使用权纠纷	
M3.7.57	宅基地使用权纠纷	

二、同时适用的法条及其相关度

		同时适用的法条	相关度
640	土地管理法	第4条【土地用途管制制度】	
		第8条【城市市区的土地：国家所有；农村和城市郊区的土地：农民集体所有；宅基地和自留地、自留山：农民集体所有】	
		第9条【土地使用权和土地使用权人的义务】	

	同时适用的法条	相关度
土地管理法	第11条【土地登记发证制度】	640
	第12条【改变土地权属和用途的程序:办理土地变更登记手续】	
	第13条【依法登记的土地的所有权和使用权受法律保护】	
	第14条【农民的土地承包经营权:土地承包经营期限、承包合同、承包土地调整的审批】	
	第15条【对国有土地和集体所有的土地承包经营的规定:主体、方式、期限、权利与义务;农民集体所有的土地由本集体经济组织以外的单位或个人承包经营的特殊规定】	
	第16条【土地所有权和使用权争议的纠纷处理规定】	
	第43条【申请使用国有或集体土地的不同类别】	
	第44条【农用地转为建设用地的审批】	
	第57条【临时使用土地的报批;不得改变临时用地的用途;临时使用土地的期限】	
	第59条【乡(镇)村建设的原则;建设用地的报批】	
	第60条【乡镇企业用地审批】	
	第62条【农村村民的宅基地权及其限制】	
	第63条【农民集体所有的土地使用权的用途限制】	
合同法	第44条【合同成立条件与时间】	593
	第52条【合同无效的情形】	
	第56条【合同无效或被撤销的溯及力;部分无效不影响其他独立部分的效力】	
	第58条【合同无效或被撤销的法律后果】	
	第91条【合同权利义务终止的法定情形】	

		同时适用的法条	相关度
113	物权法	第2条【物权法适用范围;物的概念;物权的概念】	
		第4条【国家、集体和私人物权的平等保护原则】	
		第9条【不动产物权变动的登记原则;国家的自然资源所有权登记的特殊规定】	
		第17条【不动产权属证书与不动产登记簿的关系】	
		第43条【国家保护耕地与禁止违法征收土地】	
		第66条【私人合法财产受法律保护】	
		第106条【善意取得的构成条件】	
		第127条【土地承包经营权的设立时间;土地承包经营权的确权机关】	
		第128条【土地承包经营权的流转】	
		第135条【建设用地使用权的内容】	
		第139条【建设用地使用权的设立要件】	
		第145条【建设用地使用权流转登记】	
		第153条【宅基地使用权取得、使用和流转遵循法律和国家规定】	
		第155条【宅基地使用权转让或消灭时的变更登记与注销登记】	
625	侵权责任法	第6条【过错责任原则;过错推定责任原则】	
		第15条【侵权责任的主要承担方式】	
616	民法通则	第4条【民事活动的基本原则:自愿、公平、等价有偿、诚实信用】	
		第5条【公民、法人的合法权益受法律保护】	
		第6条【民事活动应遵守国家政策】	
		第58条【民事行为无效的法定情形】	

	同时适用的法条	相关度	
民法通则	第71条【所有权的内容】		616
	第75条【个人财产:合法财产受法律保护】		
	第85条【合同的定义】		
	第135条【诉讼时效期间:两年】		
农村土地承包法	第48条【集体经济组织以外的单位或者个人承包的规定】		629
土地管理法实施条例	第3条【土地登记发证制度】		677
	第4条【农民集体所有土地的登记】		
	第5条【国有土地的登记】		
民通意见	第196条【民法通则的溯及力】		692
合同法司法解释一	第9条【未办批准、登记手续的合同效力】		715

第十三章 宅基地使用权

第152条【宅基地使用权内容】 ★★★

宅基地使用权人依法对集体所有的土地享有占有和使用的权利,有权依法利用该土地建造住宅及其附属设施。

一、主要适用的案由及其相关度

案由编号	主要适用的案由	相关度
M3.5.34	排除妨害纠纷	★★★★★
M3.7.57	宅基地使用权纠纷	★★★
M4.10.82	房屋买卖合同纠纷	★★
M3.5	物权保护纠纷	★
M2.2.24	分家析产纠纷	★
M3.5.32.1	所有权确认纠纷	★

案由编号	主要适用的案由	相关度
M3.5.37	恢复原状纠纷	★
M3.5.33	返还原物纠纷	★

二、同时适用的法条及其相关度

	同时适用的法条	相关度
物权法	第35条【权利人享有的排除妨害请求权与消除危险请求权】	★★★★★
	第153条【宅基地使用权取得、使用和流转遵循法律和国家规定】	★★★★★
	第4条【国家、集体和私人物权的平等保护原则】	★★
	第84条【处理相邻关系的基本原则】	★★
	第9条【不动产物权变动的登记原则;国家的自然资源所有权登记的特殊规定】	★
	第17条【不动产权属证书与不动产登记簿的关系】	★
	第32条【物权遭受侵害的救济途径】	★
	第33条【利害关系人的物权确认请求权】	★
	第34条【权利人的返还原物请求权】	★
	第36条【物权损害的救济方式;物权的债权保护方法】	★
	第37条【侵害物权的民事责任竞合】	★
	第39条【所有权的内容】	★
	第64条【私人所有权的范围】	★
	第95条【共同共有权】	★
	第147条【建设用地使用权流转之地随房走】	★
	第155条【宅基地使用权转让或消灭时的变更登记与注销登记】	★

	同时适用的法条	相关度	
土地管理法	第62条【农村村民的宅基地权及其限制】	★★★★	640
	第13条【依法登记的土地的所有权和使用权受法律保护】	★★★	
	第8条【城市市区的土地:国家所有;农村和城市郊区的土地:农民集体所有;宅基地和自留地、自留山:农民集体所有】	★★	
	第11条【土地登记发证制度】	★	
	第63条【农民集体所有的土地使用权的用途限制】	★	
侵权责任法	第15条【侵权责任的主要承担方式】	★★★★	625
	第6条【过错责任原则;过错推定责任原则】	★★	
	第2条【侵权责任一般条款;民事权益的范围】	★	
	第3条【侵权责任的当事人主义】	★	
民法通则	第134条【民事责任的主要承担方式】	★★★	616
	第5条【公民、法人的合法权益受法律保护】	★	
	第83条【处理相邻关系的基本原则】	★	
	第106条【民事责任归责原则;违约责任,无过错责任原则;侵权责任,过错责任,无过错责任】	★	
	第117条【侵害财产权的责任承担方式:返还财产、折价赔偿;恢复原状、折价赔偿;赔偿损失】	★	
合同法	第52条【合同无效的情形】	★★★	593
	第58条【合同无效或被撤销的法律后果】	★★	
	第8条【合同约束力】	★	
	第60条【合同履行的原则】	★	
房地产管理法	第8条【土地使用权出让的定义】	★	654
	第23条【土地使用权划拨的界定】	★	
继承法	第3条【遗产范围】	★	636
	第10条【继承人范围及继承顺序】	★	

第153条【宅基地使用权取得、使用和流转遵循法律和国家规定】 ★★

宅基地使用权的取得、行使和转让,适用土地管理法等法律和国家有关规定。

一、主要适用的案由及其相关度

案由编号	主要适用的案由	相关度
M4.10.82	房屋买卖合同纠纷	★★★★★
M4.10.82.6	农村房屋买卖合同纠纷	★★★
M3.7.57	宅基地使用权纠纷	★★★
M3.5.34	排除妨害纠纷	★★★
M3.5.32.1	所有权确认纠纷	★★★
M3.5	物权保护纠纷	★
M4.10.74	买卖合同纠纷	★
M4.10	合同纠纷	★
M4.10.67	确认合同效力纠纷	★
M4.10.67.2	确认合同无效纠纷	★★★★
M2.2.24	分家析产纠纷	★
M3.5.33	返还原物纠纷	★

二、同时适用的法条及其相关度

	同时适用的法条	相关度
土地管理法	第62条【农村村民的宅基地权及其限制】	★★★★★
	第8条【城市市区的土地:国家所有;农村和城市郊区的土地:农民集体所有;宅基地和自留地、自留山:农民集体所有】	★★★
	第63条【农民集体所有的土地使用权的用途限制】	★★★
	第10条【农民集体所有土地的经营、管理规则】	★

	同时适用的法条	相关度	
土地管理法	第12条【改变土地权属和用途的程序：办理土地变更登记手续】	★	640
	第13条【依法登记的土地的所有权和使用权受法律保护】	★	
合同法	第52条【合同无效的情形】	★★★★★	593
	第58条【合同无效或被撤销的法律后果】	★★★★	
	第8条【合同约束力】	★★	
	第60条【合同履行的原则】	★★	
	第44条【合同成立条件与时间】	★	
	第56条【合同无效或被撤销的溯及力；部分无效不影响其他独立部分的效力】	★	
物权法	第152条【宅基地使用权内容】	★★★★★	113
	第9条【不动产物权变动的登记原则；国家的自然资源所有权登记的特殊规定】	★★	
	第35条【权利人享有的排除妨害请求权与消除危险请求权】	★	
	第147条【建设用地使用权流转之地随房走】	★	
	第155条【宅基地使用权转让或消灭时的变更登记与注销登记】	★	
房地产管理法	第8条【土地使用权出让的定义】	★	654
	第23条【土地使用权划拨的界定】	★	

第154条【宅基地消灭后的重新分配】 ★

宅基地因自然灾害等原因灭失的，宅基地使用权消灭。对失去宅基地的村民，应当重新分配宅基地。

■ 一、主要适用的案由及其相关度

案由编号	主要适用的案由	相关度
M3.7.57	宅基地使用权纠纷	
M3.5.32.1	所有权确认纠纷	
M3.5	物权保护纠纷	
M3	物权纠纷	

■ 二、同时适用的法条及其相关度

	同时适用的法条	相关度
物权法	第4条【国家、集体和私人物权的平等保护原则】	
	第9条【不动产物权变动的登记原则;国家的自然资源所有权登记的特殊规定】	
	第30条【因事实行为设立或者消灭物权的生效时间确定】	
	第37条【侵害物权的民事责任竞合】	
	第59条【农民集体所有的权利性质;集体物权的重大事项由集体决定】	
	第128条【土地承包经营权的流转】	
	第152条【宅基地使用权内容】	
	第153条【宅基地使用权取得、使用和流转遵循法律和国家规定】	
	第155条【宅基地使用权转让或消灭时的变更登记与注销登记】	
土地管理法	第10条【农民集体所有土地的经营、管理规则】	

第155条【宅基地使用权转让或消灭时的变更登记与注销登记】 ★

已经登记的宅基地使用权转让或者消灭的,应当及时办理变更登记或者注销登记。

一、主要适用的案由及其相关度

案由编号	主要适用的案由	相关度
M4.10.82	房屋买卖合同纠纷	
M4.10.82.6	农村房屋买卖合同纠纷	
M4.10.67.2	确认合同无效纠纷	
M3.5.32.1	所有权确认纠纷	
M3.5	物权保护纠纷	
M3.7.57	宅基地使用权纠纷	

二、同时适用的法条及其相关度

	同时适用的法条	相关度
物权法	第153条【宅基地使用权取得、使用和流转遵循法律和国家规定】	★★★★★
物权法	第152条【宅基地使用权内容】	★★★★
物权法	第9条【不动产物权变动的登记原则;国家的自然资源所有权登记的特殊规定】	★★★
物权法	第15条【设立、变更、转让、消灭不动产物权的合同的效力;合同成立时生效】	★★★
物权法	第6条【物权公示原则:不动产登记、动产交付】	★
物权法	第7条【物权取得与行使应遵守法律和公序良俗】	★
物权法	第14条【不动产物权变动的生效时间】	★
物权法	第35条【权利人享有的排除妨害请求权与消除危险请求权】	★
物权法	第39条【所有权的内容】	★
物权法	第106条【善意取得的构成条件】	★
物权法	第154条【宅基地消灭后的重新分配】	★

	同时适用的法条	相关度
土地管理法	第62条【农村村民的宅基地权及其限制】	★★★
	第8条【城市市区的土地:国家所有;农村和城市郊区的土地:农民集体所有;宅基地和自留地、自留山:农民集体所有】	★
	第12条【改变土地权属和用途的程序;办理土地变更登记手续】	★
	第13条【依法登记的土地的所有权和使用权受法律保护】	★
合同法	第8条【合同约束力】	★★★
	第44条【合同成立条件与时间】	★★★
	第60条【合同履行的原则】	★★★
	第52条【合同无效的情形】	★★
	第130条【买卖合同的定义】	★★
	第107条【合同约束力;违约责任】	★
	第135条【出卖人义务:交付、移转所有权】	★

第十四章　地役权

第156条【地役权的概念】　　　　　　　　　　　　★

地役权人有权按照合同约定,利用他人的不动产,以提高自己的不动产的效益。

前款所称他人的不动产为供役地,自己的不动产为需役地。

一、主要适用的案由及其相关度

案由编号	主要适用的案由	相关度
M3.7.58	地役权纠纷	
M4.10	合同纠纷	
M3.5.34	排除妨害纠纷	
M9.30	侵权责任纠纷	

案由编号	主要适用的案由	相关度
M3.5	物权保护纠纷	
M3.5.37	恢复原状纠纷	

二、同时适用的法条及其相关度

	同时适用的法条	相关度
物权法	第 2 条【物权法适用范围；物的概念；物权的概念】	
	第 7 条【物权取得与行使应遵守法律和公序良俗】	
	第 32 条【物权遭受侵害的救济途径】	
	第 34 条【权利人的返还原物请求权】	
	第 35 条【权利人享有的排除妨害请求权与消除危险请求权】	
	第 36 条【物权损害的救济方式；物权的债权保护方法】	
	第 37 条【侵害物权的民事责任竞合】	
	第 84 条【处理相邻关系的基本原则】	
	第 87 条【相邻关系人通行权规则】	
	第 89 条【建造建筑物不得妨碍相邻建筑物】	
	第 117 条【用益物权的界定及其内容】	
	第 120 条【用益物权的行使规范】	
	第 157 条【设立地役权的形式要件与地役权合同的内容】	
	第 158 条【地役权的生效时间与登记效力】	
	第 159 条【供役地权利人的义务】	
	第 168 条【供役地权利人有权解除地役权合同的情形】	

400　物权纠纷

		同时适用的法条	相关度
593	合同法	第8条【合同约束力】	
		第52条【合同无效的情形】	
		第60条【合同履行的原则】	
616	民法通则	第135条【诉讼时效期间：两年】	
		第137条【诉讼时效期间的起算日和最长保护期限】	

第157条【设立地役权的形式要件与地役权合同的内容】　★

设立地役权,当事人应当采取书面形式订立地役权合同。

地役权合同一般包括下列条款：

（一）当事人的姓名或者名称和住所；

（二）供役地和需役地的位置；

（三）利用目的和方法；

（四）利用期限；

（五）费用及其支付方式；

（六）解决争议的方法。

■ 一、主要适用的案由及其相关度

案由编号	主要适用的案由	相关度
M3.7.58	地役权纠纷	
M3.5.34	排除妨害纠纷	
M3.6.47	相邻关系纠纷	
M3.7	用益物权纠纷	

■ 二、同时适用的法条及其相关度

		同时适用的法条	相关度
113	物权法	第7条【物权取得与行使应遵守法律和公序良俗】	
		第15条【设立、变更、转让、消灭不动产物权的合同的效力：合同成立时生效】	

	同时适用的法条	相关度	
物权法	第 32 条【物权遭受侵害的救济途径】		113
	第 35 条【权利人享有的排除妨害请求权与消除危险请求权】		
	第 39 条【所有权的内容】		
	第 84 条【处理相邻关系的基本原则】		
	第 85 条【处理相邻关系的法源依据】		
	第 87 条【相邻关系人通行权规则】		
	第 90 条【不动产权利人不得弃置废物和排放污染物】		
	第 117 条【用益物权的界定及其内容】		
	第 120 条【用益物权的行使规范】		
	第 156 条【地役权的概念】		
	第 158 条【地役权的生效时间与登记效力】		
	第 159 条【供役地权利人的义务】		
	第 171 条【担保物权的设立；反担保的设立】		
民法通则	第 83 条【处理相邻关系的基本原则】		616

第 158 条【地役权的生效时间与登记效力】　★

地役权自地役权合同生效时设立。当事人要求登记的,可以向登记机构申请地役权登记;未经登记,不得对抗善意第三人。

一、主要适用的案由及其相关度

案由编号	主要适用的案由	相关度
M3.7.58	地役权纠纷	

二、同时适用的法条及其相关度

		同时适用的法条	相关度
	物权法	第 7 条【物权取得与行使应遵守法律和公序良俗】	
		第 9 条【不动产物权变动的登记原则；国家的自然资源所有权登记的特殊规定】	
		第 32 条【物权遭受侵害的救济途径】	
		第 35 条【权利人享有的排除妨害请求权与消除危险请求权】	
		第 37 条【侵害物权的民事责任竞合】	
		第 39 条【所有权的内容】	
		第 84 条【处理相邻关系的基本原则】	
		第 87 条【相邻关系人通行权规则】	
		第 117 条【用益物权的界定及其内容】	
		第 156 条【地役权的概念】	
		第 157 条【设立地役权的形式要件与地役权合同的内容】	
		第 159 条【供役地权利人的义务】	
		第 179 条【抵押权的界定】	
		第 180 条【可抵押财产的范围】	
		第 189 条【动产浮动抵押权设立的登记对抗主义】	
		第 195 条【抵押权实现的方式和程序】	
	合同法	第 8 条【合同约束力】	

第 159 条【供役地权利人的义务】

供役地权利人应当按照合同约定，允许地役权人利用其土地，不得妨害地役权人行使权利。

一、主要适用的案由及其相关度

案由编号	主要适用的案由	相关度
M3.7.58	地役权纠纷	
M3.5.34	排除妨害纠纷	
M3.5.37	恢复原状纠纷	

二、同时适用的法条及其相关度

	同时适用的法条	相关度
物权法	第7条【物权取得与行使应遵守法律和公序良俗】	
	第9条【不动产物权变动的登记原则；国家的自然资源所有权登记的特殊规定】	
	第32条【物权遭受侵害的救济途径】	
	第35条【权利人享有的排除妨害请求权与消除危险请求权】	
	第37条【侵害物权的民事责任竞合】	
	第87条【相邻关系人通行权规则】	
	第97条【共有人对于共有财产重大事项的表决权规则】	
	第101条【按份共有人的优先购买权】	
	第106条【善意取得的构成条件】	
	第117条【用益物权的界定及其内容】	
	第120条【用益物权的行使规范】	
	第156条【地役权的概念】	
	第157条【设立地役权的形式要件与地役权合同的内容】	
	第158条【地役权的生效时间与登记效力】	
	第168条【供役地权利人有权解除地役权合同的情形】	

	同时适用的法条	相关度
物权法	第179条【抵押权的界定】	
	第187条【不动产抵押的登记要件主义】	
	第203条【最高额抵押规则】	
	第206条【最高额抵押所担保债权的确定时间】	

第160条【地役权人利用供役地应当遵循的规制】

地役权人应当按照合同约定的利用目的和方法利用供役地,尽量减少对供役地权利人物权的限制。①

第161条【地役权期间的确定】

地役权的期限由当事人约定,但不得超过土地承包经营权、建设用地使用权等用益物权的剩余期限。②

第162条【在享有或者负担地役权的土地上设立土地承包经营权和宅基地使用权的规则】

土地所有权人享有地役权或者负担地役权的,设立土地承包经营权、宅基地使用权时,该土地承包经营权人、宅基地使用权人继续享有或者负担已设立的地役权。③

第163条【土地所有权人在已设立用益物权的土地上设立地役权的规则】

土地上已设立土地承包经营权、建设用地使用权、宅基地使用权等权利的,未经用益物权人同意,土地所有权人不得设立地役权。④

第164条【地役权的转让规则】

地役权不得单独转让。土地承包经营权、建设用地使用权等转让的,地役权一并转让,但合同另有约定的除外。⑤

第165条【地役权不得单独抵押】

地役权不得单独抵押。土地承包经营权、建设用地使用权等抵押的,在实现抵押权时,地役权一并转让。⑥

---

① 说明:本法条尚无足够数量判决书可供法律大数据分析。
② 同上注。
③ 同上注。
④ 同上注。
⑤ 同上注。
⑥ 同上注。

第166条【需役地及其上用益物权部分转让时受让人同时享有地役权】

需役地以及需役地上的土地承包经营权、建设用地使用权部分转让时,转让部分涉及地役权的,受让人同时享有地役权。①

第167条【供役地上土地承包经营权和建设用地使用权部分转让时地役权约束受让人】 ★★

供役地以及供役地上的土地承包经营权、建设用地使用权部分转让时,转让部分涉及地役权的,地役权对受让人具有约束力。

一、主要适用的案由及其相关度

案由编号	主要适用的案由	相关度
M4.10.89.1	金融借款合同纠纷	★★★★★
M4.10.89.4	民间借贷纠纷	★
M4.10.126	追偿权纠纷	★
M3.5.34	排除妨害纠纷	
M3.7.57	宅基地使用权纠纷	
M3.5.34	排除妨害纠纷	
M3.5.33	返还原物纠纷	

二、同时适用的法条及其相关度

	同时适用的法条	相关度
合同法	第107条【合同约束力:违约责任】	★★★★★
	第206条【借款期限的认定】	★★★★★
	第207条【借款合同违约责任承担:支付利息】	★★★★★
	第205条【借款合同的利息支付义务】	★★★★
	第60条【合同履行的原则】	★
	第93条【合同的意定解除:协商一致;约定条件成就】	★

---

① 说明:本法条尚无足够数量判决书可供法律大数据分析。

		同时适用的法条	相关度
593	合同法	第97条【合同解除的法律后果】	★
		第108条【预期违约责任】	★
		第114条【违约金的数额及其调整】	★
		第196条【借款合同定义】	★
607	担保法	第18条【保证合同中连带责任的承担】	★★★★★
		第21条【保证担保的范围；没有约定、约定不明时的担保范围】	★★★
		第31条【保证人的追偿权】	★★★
		第53条【抵押权的实现】	★★
		第12条【多人保证责任的承担】	★
		第33条【抵押、抵押权人、抵押人以及抵押物的概念】	★
		第59条【最高额抵押的定义】	★
113	物权法	第179条【抵押权的界定】	★★★
		第203条【最高额抵押规则】	★★
		第180条【可抵押财产的范围】	★
		第187条【不动产抵押的登记要件主义】	★
687	担保法司法解释	第23条【最高额保证合同的担保范围】	★
		第42条【保证人追偿权的行使与诉讼时效】	★
		第83条【最高额抵押抵押限额的确定】	★

第168条【供役地权利人有权解除地役权合同的情形】 ★

地役权人有下列情形之一的，供役地权利人有权解除地役权合同，地役权消灭：

（一）违反法律规定或者合同约定，滥用地役权；

（二）有偿利用供役地，约定的付款期间届满后在合理期限内经两次催告未支付费用。

一、主要适用的案由及其相关度

案由编号	主要适用的案由	相关度
M3.7.58	地役权纠纷	
M3.5.37	恢复原状纠纷	

二、同时适用的法条及其相关度

	同时适用的法条	相关度
物权法	第156条【地役权的概念】	113
	第159条【供役地权利人的义务】	
侵权责任法	第15条【侵权责任的主要承担方式】	625

第169条【地役权变动后的登记】

已经登记的地役权变更、转让或者消灭的,应当及时办理变更登记或者注销登记。①

第四编　担 保 物 权

第十五章　一般规定

第170条【担保财产优先受偿:债务人不履行到期债务、发生约定的实现担保物权的情形】　　　　　　　　　　　　　　★★★★

担保物权人在债务人不履行到期债务或者发生当事人约定的实现担保物权的情形,依法享有就担保财产优先受偿的权利,但法律另有规定的除外。

---

① 说明:本法条尚无足够数量判决书可供法律大数据分析。

■ 一、主要适用的案由及其相关度

案由编号	主要适用的案由	相关度
M4.10.89	借款合同纠纷	★★
M4.10.89.1	金融借款合同纠纷	★★★★★
M4.10.89.4	民间借贷纠纷	★★

■ 二、同时适用的法条及其相关度

	同时适用的法条	相关度
合同法	第205条【借款合同的利息支付义务】	★★★★★
	第206条【借款期限的认定】	★★★★★
	第207条【借款合同违约责任承担:支付利息】	★★★★★
	第107条【合同约束力:违约责任】	★★★★
	第60条【合同履行的原则】	★★★
	第196条【借款合同定义】	★★★
	第8条【合同约束力】	★★
	第44条【合同成立条件与时间】	★
	第93条【合同的意定解除:协商一致;约定条件成就】	★
物权法	第173条【担保物权担保的范围】	★★★★
	第176条【混合担保规则】	★★★
	第179条【抵押权的界定】	★★★
	第180条【可抵押财产的范围】	★★
	第187条【不动产抵押的登记要件主义】	★★
	第195条【抵押权实现的方式和程序】	★★
	第203条【最高额抵押规则】	★★
	第171条【担保物权的设立;反担保的设立】	★

	同时适用的法条	相关度	
担保法	第18条【保证合同中连带责任的承担】	★★★★	607
	第21条【保证担保的范围;没有约定、约定不明时的担保范围】	★★★	
	第31条【保证人的追偿权】	★★★	
	第33条【抵押、抵押权人、抵押人以及抵押物的概念】	★★★	
	第46条【抵押担保的范围】	★★	
	第53条【抵押权的实现】	★★	
	第6条【保证的定义】	★	
婚姻法司法解释二	第24条【离婚时夫妻共同债务的清偿】	★★	684

第171条【担保物权的设立;反担保的设立】 ★★★

债权人在借贷、买卖等民事活动中,为保障实现其债权,需要担保的,可以依照本法和其他法律的规定设立担保物权。

第三人为债务人向债权人提供担保的,可以要求债务人提供反担保。反担保适用本法和其他法律的规定。

■ 一、主要适用的案由及其相关度

案由编号	主要适用的案由	相关度
M4.10.126	追偿权纠纷	★★★★★
M4.10.89	借款合同纠纷	★
M4.10.89.1	金融借款合同纠纷	★★★★★
M4.10.89.4	民间借贷纠纷	★
M4.10.90	保证合同纠纷	★

二、同时适用的法条及其相关度

		同时适用的法条	相关度
113	物权法	第170条【担保财产优先受偿:债务人不履行到期债务、发生约定的实现担保物权的情形】	★★★★★
		第173条【担保物权担保的范围】	★★★★★
		第176条【混合担保规则】	★★★★
		第179条【抵押权的界定】	★★★★
		第187条【不动产抵押的登记要件主义】	★★★
		第203条【最高额抵押规则】	★★★
		第180条【可抵押财产的范围】	★★
		第172条【担保合同的界定及其与主债权合同的关系;担保合同无效的责任承担规则】	★
		第188条【动产抵押的登记对抗主义】	★
		第195条【抵押权实现的方式和程序】	★
		第198条【抵押权实现后价款大于或小于所担保债权的处理规则】	★
593	合同法	第206条【借款期限的认定】	★★★★★
		第207条【借款合同违约责任承担:支付利息】	★★★★★
		第107条【合同约束力;违约责任】	★★★★
		第205条【借款合同的利息支付义务】	★★★★
		第60条【合同履行的原则】	★★★
		第8条【合同约束力】	★★
		第196条【借款合同定义】	★★
		第44条【合同成立条件与时间】	★
		第114条【违约金的数额及其调整】	★
		第198条【借款合同中的担保及法律适用】	★

	同时适用的法条	相关度	
担保法	第18条【保证合同中连带责任的承担】	★★★★	607
	第31条【保证人的追偿权】	★★★★	
	第21条【保证担保的范围;没有约定、约定不明时的担保范围】	★★★	
	第4条【担保物权的设立;反担保的设立】	★★	
	第33条【抵押、抵押权人、抵押人以及抵押物的概念】	★★	
	第6条【保证的定义】	★	
	第12条【多人保证责任的承担】	★	
	第14条【保证合同的订立;分别订立;合并订立】	★	
	第46条【抵押担保的范围】	★	
	第53条【抵押权的实现】	★	
婚姻法司法解释二	第24条【离婚时夫妻共同债务的清偿】	★	684

第172条【担保合同的界定及其与主债权合同的关系;担保合同无效的责任承担规则】 ★★★

设立担保物权,应当依照本法和其他法律的规定订立担保合同。担保合同是主债权债务合同的从合同。主债权债务合同无效,担保合同无效,但法律另有规定的除外。

担保合同被确认无效后,债务人、担保人、债权人有过错的,应当根据其过错各自承担相应的民事责任。

一、主要适用的案由及其相关度

案由编号	主要适用的案由	相关度
M4.10.89	借款合同纠纷	★
M4.10.89.1	金融借款合同纠纷	★★★★★
M4.10.89.4	民间借贷纠纷	★★

案由编号	主要适用的案由	相关度
M4.10.126	追偿权纠纷	★
M4.10.91	抵押合同纠纷	★

二、同时适用的法条及其相关度

	同时适用的法条	相关度
合同法	第205条【借款合同的利息支付义务】	★★★★★
	第206条【借款期限的认定】	★★★★★
	第207条【借款合同违约责任承担:支付利息】	★★★★★
	第196条【借款合同定义】	★★★
	第52条【合同无效的情形】	★★★
	第60条【合同履行的原则】	★★★
	第107条【合同约束力:违约责任】	★★★
	第44条【合同成立条件与时间】	★★
	第58条【合同无效或被撤销的法律后果】	★★
	第8条【合同约束力】	★
	第197条【借款合同的形式和内容】	★
	第198条【借款合同中的担保及法律适用】	★
	第204条【金融机构贷款业务的利率确定】	★
物权法	第173条【担保物权担保的范围】	★★★★★
	第170条【担保财产优先受偿:债务人不履行到期债务、发生约定的实现担保物权的情形】	★★★
	第179条【抵押权的界定】	★★★★
	第180条【可抵押财产的范围】	★★★★
	第171条【担保物权的设立;反担保的设立】	★★★
	第176条【混合担保规则】	★★★

	同时适用的法条	相关度	
物权法	第187条【不动产抵押的登记要件主义】	★★★	113
	第182条【建筑物和相应的建设用地使用权一并抵押规则】	★	
	第195条【抵押权实现的方式和程序】	★	
	第203条【最高额抵押规则】	★	
担保法	第18条【保证合同中连带责任的承担】	★★	607
	第21条【保证担保的范围;没有约定、约定不明时的担保范围】	★★	
	第31条【保证人的追偿权】	★★	
	第33条【抵押、抵押权人、抵押人以及抵押物的概念】	★★	
	第4条【担保物权的设立;反担保的设立】	★	
	第5条【担保合同的界定及其与主债权合同的关系;担保合同无效的责任承担规则】	★	
	第6条【保证的定义】	★	
	第41条【特殊财产的抵押物登记】	★	
	第46条【抵押担保的范围】	★	
	第53条【抵押权的实现】	★	
担保法司法解释	第8条【主合同无效导致担保合同无效时担保人责任】	★	687
婚姻法司法解释二	第24条【离婚时夫妻共同债务的清偿】	★	684

第173条【担保物权担保的范围】 ★★★★

担保物权的担保范围包括主债权及其利息、违约金、损害赔偿金、保管担保财产和实现担保物权的费用。当事人另有约定的,按照约定。

■ 一、主要适用的案由及其相关度

案由编号	主要适用的案由	相关度
M4.10.89	借款合同纠纷	★
M4.10.89.1	金融借款合同纠纷	★★★★★
M4.10.89.4	民间借贷纠纷	★

■ 二、同时适用的法条及其相关度

	同时适用的法条	相关度
合同法	第205条【借款合同的利息支付义务】	★★★★★
	第206条【借款期限的认定】	★★★★★
	第207条【借款合同违约责任承担:支付利息】	★★★★★
	第107条【合同约束力:违约责任】	★★★★
	第60条【合同履行的原则】	★★★
	第8条【合同约束力】	★★
	第44条【合同成立条件与时间】	★★
	第196条【借款合同定义】	★★
	第93条【合同的意定解除:协商一致;约定条件成就】	★
	第97条【合同解除的法律后果】	★
	第114条【违约金的数额及其调整】	★
	第198条【借款合同中的担保及法律适用】	★
物权法	第179条【抵押权的界定】	★★★★
	第170条【担保财产优先受偿:债务人不履行到期债务、发生约定的实现担保物权的情形】	★★★
	第176条【混合担保规则】	★★★
	第187条【不动产抵押的登记要件主义】	★★★
	第195条【抵押权实现的方式和程序】	★★★

	同时适用的法条	相关度	
物权法	第203条【最高额抵押规则】	★★★	113
	第180条【可抵押财产的范围】	★★	
	第198条【抵押权实现后价款大于或小于所担保债权的处理规则】	★★	
	第171条【担保物权的设立;反担保的设立】	★	
	第188条【动产抵押的登记对抗主义】	★	
	第207条【最高额抵押的法律适用】	★	
担保法	第18条【保证合同中连带责任的承担】	★★★	607
	第21条【保证担保的范围;没有约定、约定不明时的担保范围】	★★★	
	第31条【保证人的追偿权】	★★★	
	第12条【多人保证责任的承担】	★★	
	第14条【保证合同的订立:分别订立;合并订立】	★★	
	第33条【抵押、抵押权人、抵押人以及抵押物的概念】	★★	
	第46条【抵押担保的范围】	★★	
	第53条【抵押权的实现】	★★	
	第6条【保证的定义】	★	
婚姻法司法解释二	第24条【离婚时夫妻共同债务的清偿】	★★	684
担保法司法解释	第42条【保证人追偿权的行使与诉讼时效】	★	687

第174条【担保物权的物上代位性】 ★★

担保期间,担保财产毁损、灭失或者被征收等,担保物权人可以就获得的保险金、赔偿金或者补偿金等优先受偿。被担保债权的履行期未届满的,也可以提存该保险金、赔偿金或者补偿金等。

416 物权纠纷

一、主要适用的案由及其相关度

案由编号	主要适用的案由	相关度
M4.10.126	追偿权纠纷	★★
M8.27.317	财产保险合同纠纷	★★
M4.10.89	借款合同纠纷	★
M4.10.89.1	金融借款合同纠纷	★★★★★
M4.10.89.4	民间借贷纠纷	★
M4.10	合同纠纷	★

二、同时适用的法条及其相关度

	同时适用的法条	相关度
合同法	第206条【借款期限的认定】	★★★★★
	第207条【借款合同违约责任承担:支付利息】	★★★★★
	第205条【借款合同的利息支付义务】	★★★★
	第60条【合同履行的原则】	★★★
	第107条【合同约束力:违约责任】	★★★
	第44条【合同成立条件与时间】	★★
	第196条【借款合同定义】	★★
	第8条【合同约束力】	★
	第94条【合同的法定解除;法定解除权】	★
	第114条【违约金的数额及其调整】	★
物权法	第179条【抵押权的界定】	★★★
	第176条【混合担保规则】	★★
	第187条【不动产抵押的登记要件主义】	★★
	第170条【担保财产优先受偿:债务人不履行到期债务、发生约定的实现担保物权的情形】	★

	同时适用的法条	相关度	
物权法	第173条【担保物权担保的范围】	★	113
	第180条【可抵押财产的范围】	★	
	第188条【动产抵押的登记对抗主义】	★	
	第203条【最高额抵押规则】	★	
担保法	第18条【保证合同中连带责任的承担】	★★★	607
	第21条【保证担保的范围;没有约定、约定不明时的担保范围】	★★★	
	第31条【保证人的追偿权】	★★	
	第4条【担保物权的设立;反担保的设立】	★	
	第14条【保证合同的订立:分别订立;合并订立】	★	
	第33条【抵押、抵押权人、抵押人以及抵押物的概念】	★	
	第46条【抵押担保的范围】	★	
	第58条【抵押物灭失及物上代位权】	★	
保险法	第14条【投保人和保险人的义务】	★★	652
	第10条【保险合同的界定;投保人;保险人】	★	
	第23条【保险人赔付义务的履行及程序】	★	
	第24条【保险人拒绝理赔的通知义务】	★	
民法通则	第106条【民事责任归责原则:违约责任,无过错责任原则;侵权责任,过错责任、无过错责任】	★	616
物权法	第170条【担保财产优先受偿:债务人不履行到期债务、发生约定的实现担保物权的情形】	★	113
	第173条【担保物权担保的范围】	★	
担保法司法解释	第80条【抵押物灭失及物上代位权】	★★	687

		同时适用的法条	相关度
684	婚姻法司法解释二	第24条【离婚时夫妻共同债务的清偿】	★

第175条【未经担保人书面许可的债务转移免除担保人相应担保责任】 ★

第三人提供担保,未经其书面同意,债权人允许债务人转移全部或者部分债务的,担保人不再承担相应的担保责任。

一、主要适用的案由及其相关度

案由编号	主要适用的案由	相关度
M4.10.89	借款合同纠纷	
M4.10.89.1	金融借款合同纠纷	
M4.10.89.4	民间借贷纠纷	

二、同时适用的法条及其相关度

		同时适用的法条	相关度
593	合同法	第8条【合同约束力】	
		第60条【合同履行的原则】	
		第93条【合同的意定解除:协商一致;约定条件成就】	
		第94条【合同的法定解除;法定解除权】	
		第107条【合同约束力;违约责任】	
		第196条【借款合同定义】	
		第205条【借款合同的利息支付义务】	
		第206条【借款期限的认定】	
		第207条【借款合同违约责任承担:支付利息】	

	同时适用的法条	相关度	
担保法	第6条【保证的定义】		607
	第18条【保证合同中连带责任的承担】		
	第21条【保证担保的范围;没有约定、约定不明时的担保范围】		
	第31条【保证人的追偿权】		
	第34条【可抵押财产的范围】		
物权法	第7条【物权取得与行使应遵守法律和公序良俗】		113
	第15条【设立、变更、转让、消灭不动产物权的合同的效力;合同成立时生效】		
	第34条【权利人的返还原物请求权】		
	第172条【担保合同的界定及其与主债权合同的关系;担保合同无效的责任承担规则】		
	第173条【担保物权担保的范围】		
	第176条【混合担保规则】		
	第178条【担保法与物权法冲突时的法律适用】		
	第179条【抵押权的界定】		
	第185条【抵押合同的书面形式要件及其应包含的内容】		
	第187条【不动产抵押的登记要件主义】		
	第194条【抵押权人放弃抵押权或抵押权顺位的法律后果】		
	第195条【抵押权实现的方式和程序】		
	第198条【抵押权实现后价款大于或小于所担保债权的处理规则】		
	第203条【最高额抵押规则】		

第176条【混合担保规则】 ★★★★★

被担保的债权既有物的担保又有人的担保的,债务人不履行到期债务或者发生当事人约定的实现担保物权的情形,债权人应当按照约定实现债权;没有约定或者约定不明确,债务人自己提供物的担保的,债权人应当先就该物的担保实现债权;第三人提供物的担保的,债权人可以就物的担保实现债权,也可以要求保证人承担保证责任。提供担保的第三人承担担保责任后,有权向债务人追偿。

一、主要适用的案由及其相关度

案由编号	主要适用的案由	相关度
M4.10.89	借款合同纠纷	★★
M4.10.89.1	金融借款合同纠纷	★★★★★
M4.10.89.4	民间借贷纠纷	★
M4.10.126	追偿权纠纷	★★

二、同时适用的法条及其相关度

	同时适用的法条	相关度
合同法	第205条【借款合同的利息支付义务】	★★★★★
	第206条【借款期限的认定】	★★★★
	第207条【借款合同违约责任承担;支付利息】	★★★★★
	第107条【合同约束力;违约责任】	★★★★
	第60条【合同履行的原则】	★★★
	第196条【借款合同定义】	★★★
	第8条【合同约束力】	★★
	第44条【合同成立条件与时间】	★★
	第93条【合同的意定解除;协商一致;约定条件成就】	★★
	第198条【借款合同中的担保及法律适用】	★★
	第97条【合同解除的法律后果】	★
	第114条【违约金的数额及其调整】	★

	同时适用的法条	相关度	
担保法	第18条【保证合同中连带责任的承担】	★★★★★	607
	第21条【保证担保的范围;没有约定、约定不明时的担保范围】	★★★★	
	第31条【保证人的追偿权】	★★★★	
	第33条【抵押、抵押权人、抵押人以及抵押物的概念】	★★★	
	第6条【保证的定义】	★★	
	第12条【多人保证责任的承担】	★★	
	第14条【保证合同的订立:分别订立;合并订立】	★★	
	第46条【抵押担保的范围】	★★	
	第53条【抵押权的实现】	★★	
	第41条【特殊财产的抵押物登记】	★	
	第57条【担保人的追偿权】	★	
	第59条【最高额抵押的定义】	★	
物权法	第179条【抵押权的界定】	★★★	113
	第195条【抵押权实现的方式和程序】	★★★	
	第203条【最高额抵押规则】	★★★	
	第170条【担保财产优先受偿:债务人不履行到期债务、发生约定的实现担保物权的情形】	★★	
	第173条【担保物权担保的范围】	★★	
	第180条【可抵押财产的范围】	★★	
	第187条【不动产抵押的登记要件主义】	★★	
	第188条【动产抵押的登记对抗主义】	★	
婚姻法司法解释二	第24条【离婚时夫妻共同债务的清偿】	★	684

		同时适用的法条	相关度
687	担保法司法解释	第42条【保证人追偿权的行使与诉讼时效】	★

第177条【担保物权消灭的情形】 ★★

有下列情形之一的,担保物权消灭:

(一)主债权消灭;

(二)担保物权实现;

(三)债权人放弃担保物权;

(四)法律规定担保物权消灭的其他情形。

一、主要适用的案由及其相关度

案由编号	主要适用的案由	相关度
M4.10.91	抵押合同纠纷	★★★★★
M3.8.59	抵押权纠纷	★★★★
M4.10.126	追偿权纠纷	★★★
M4.10.82	房屋买卖合同纠纷	★★
M4.10.82.2	商品房预售合同纠纷	★★
M4.10.89	借款合同纠纷	★
M4.10.89.1	金融借款合同纠纷	★★★★
M4.10.89.4	民间借贷纠纷	★★★
M4.10.74	买卖合同纠纷	★
M4.10.92	质押合同纠纷	★
M4.10	合同纠纷	★
M3.5.33	返还原物纠纷	★

■ 二、同时适用的法条及其相关度

	同时适用的法条	相关度	
合同法	第60条【合同履行的原则】	★★★★★	593
	第205条【借款合同的利息支付义务】	★★★★★	
	第206条【借款期限的认定】	★★★★★	
	第207条【借款合同违约责任承担:支付利息】	★★★★★	
	第8条【合同约束力】	★★★	
	第107条【合同约束力:违约责任】	★★★	
	第196条【借款合同定义】	★★★	
	第44条【合同成立条件与时间】	★★	
	第210条【自然人之间借款合同的生效:提供借款时】	★★	
	第52条【合同无效的情形】	★	
	第61条【合同内容约定不明确的处理规则;合同漏洞的填补】	★	
	第91条【合同权利义务终止的法定情形】	★	
	第93条【合同的意定解除:协商一致;约定条件成就】	★	
	第94条【合同的法定解除;法定解除权】	★	
	第114条【违约金的数额及其调整】	★	
	第200条【借款利息不得预先扣除;预先扣除后按实际数额计算借款额度】	★	
	第211条【自然人之间借款合同利息的规制】	★	
物权法	第179条【抵押权的界定】	★★★★★	113
	第195条【抵押权实现的方式和程序】	★★★★	
	第170条【担保财产优先受偿;债务人不履行到期债务、发生约定的实现担保物权的情形】	★★★	

		同时适用的法条	相关度
113	物权法	第176条【混合担保规则】	★★★
		第180条【可抵押财产的范围】	★★★
		第187条【不动产抵押的登记要件主义】	★★★
		第188条【动产抵押的登记对抗主义】	★★★
		第202条【抵押权的行使期间】	★★★
		第35条【权利人享有的排除妨害请求权与消除危险请求权】	★★
		第9条【不动产物权变动的登记原则;国家的自然资源所有权登记的特殊规定】	★
		第33条【利害关系人的物权确认请求权】	★
		第34条【权利人的返还原物请求权】	★
		第106条【善意取得的构成条件】	★
		第171条【担保物权的设立;反担保的设立】	★
		第173条【担保物权担保的范围】	★
		第182条【建筑物和相应的建设用地使用权一并抵押规则】	★
		第185条【抵押合同的书面形式要件及其应包含的内容】	★
		第191条【抵押期间抵押财产转让应当遵循的规则】	★
		第208条【质权的概念与质权的实现;质押双方的概念】	★
		第219条【质物返还与质权实现】	★

	同时适用的法条	相关度	
担保法	第21条【保证担保的范围;没有约定、约定不明时的担保范围】	★★★★	607
	第31条【保证人的追偿权】	★★★★	
	第52条【抵押权的从属性】	★★★★	
	第4条【担保物权的设立;反担保的设立】	★★★	
	第18条【保证合同中连带责任的承担】	★★★	
	第19条【保证方式不明时;连带责任担保】	★★	
	第33条【抵押、抵押权人、抵押人以及抵押物的概念】	★★	
民法通则	第90条【借贷关系】	★★	616
	第108条【债务清偿;分期偿还、强制偿还】	★★	
	第134条【民事责任的主要承担方式】	★★	
	第87条【连带债权与连带债务】	★	
	第135条【诉讼时效期间:两年】	★	
婚姻法司法解释二	第24条【离婚时夫妻共同债务的清偿】	★★★	684
担保法司法解释	第2条【担保物权的设立;第三人的反担保】	★★	687
	第12条【当事人约定的或登记部门要求登记的担保期间对担保物权的存续不具有法律约束力;担保物权的行使期限】	★	
	第23条【最高额保证合同的担保范围】	★	
	第30条【债权人与债务人对主合同内容变动的保证人保证责任的承担规则】	★	

第178条【担保法与物权法冲突时的法律适用】 ★★
担保法与本法的规定不一致的,适用本法。

一、主要适用的案由及其相关度

案由编号	主要适用的案由	相关度
M4.10.89	借款合同纠纷	★★
M4.10.89.1	金融借款合同纠纷	★★★★★
M4.10.89.4	民间借贷纠纷	★★★
M4.10.126	追偿权纠纷	★

二、同时适用的法条及其相关度

		同时适用的法条	相关度
113	物权法	第176条【混合担保规则】	★★★★★
		第173条【担保物权担保的范围】	★★★
		第187条【不动产抵押的登记要件主义】	★★★
		第15条【设立、变更、转让、消灭不动产物权的合同的效力；合同成立时生效】	★★
		第170条【担保财产优先受偿；债务人不履行到期债务、发生约定的实现担保物权的情形】	★★
		第179条【抵押权的界定】	★★
		第180条【可抵押财产的范围】	★★
		第195条【抵押权实现的方式和程序】	★
		第203条【最高额抵押规则】	★
593	合同法	第205条【借款合同的利息支付义务】	★★★★★
		第206条【借款期限的认定】	★★★★★
		第207条【借款合同违约责任承担：支付利息】	★★★★★
		第107条【合同约束力；违约责任】	★★★★
		第60条【合同履行的原则】	★★★
		第196条【借款合同定义】	★★★
		第8条【合同约束力】	★

	同时适用的法条	相关度	
合同法	第44条【合同成立条件与时间】	★	593
	第114条【违约金的数额及其调整】	★	
	第198条【借款合同中的担保及法律适用】	★	
	第211条【自然人之间借款合同利息的规制】	★	
担保法	第18条【保证合同中连带责任的承担】	★★★★★	607
	第21条【保证担保的范围;没有约定、约定不明时的担保范围】	★★★★	
	第31条【保证人的追偿权】	★★★	
	第33条【抵押、抵押权人、抵押人以及抵押物的概念】	★★★	
	第46条【抵押担保的范围】	★★	
	第4条【担保物权的设立;反担保的设立】	★	
	第6条【保证的定义】	★	
	第12条【多人保证责任的承担】	★	
	第14条【保证合同的订立:分别订立;合并订立】	★	
	第19条【保证方式不明时:连带责任担保】	★	
	第26条【连带保证的保证期间】	★	
	第28条【混合担保规则】	★	
	第41条【特殊财产的抵押物登记】	★	
	第53条【抵押权的实现】	★	
民法通则	第84条【债的界定】	★	616
	第90条【借贷关系】	★	
	第108条【债务清偿:分期偿还、强制偿还】	★	
婚姻法司法解释二	第24条【离婚时夫妻共同债务的清偿】	★	684

	同时适用的法条	相关度
687 担保法司法解释	第42条【保证人追偿权的行使与诉讼时效】	★

第十六章 抵押权

第一节 一般抵押权

第179条【抵押权的界定】 ★★★★★

为担保债务的履行,债务人或者第三人不转移财产的占有,将该财产抵押给债权人的,债务人不履行到期债务或者发生当事人约定的实现抵押权的情形,债权人有权就该财产优先受偿。

前款规定的债务人或者第三人为抵押人,债权人为抵押权人,提供担保的财产为抵押财产。

一、主要适用的案由及其相关度

案由编号	主要适用的案由	相关度
M4.10.89	借款合同纠纷	★★
M4.10.89.1	金融借款合同纠纷	★★★★★
M4.10.89.4	民间借贷纠纷	★★
M4.10.126	追偿权纠纷	★

二、同时适用的法条及其相关度

	同时适用的法条	相关度
593 合同法	第205条【借款合同的利息支付义务】	★★★★★
	第206条【借款期限的认定】	★★★★★
	第207条【借款合同违约责任承担:支付利息】	★★★★★
	第107条【合同约束力:违约责任】	★★★★
	第60条【合同履行的原则】	★★★

	同时适用的法条	相关度	
合同法	第196条【借款合同定义】	★★★	593
	第8条【合同约束力】	★★	
	第44条【合同成立条件与时间】	★★	
	第93条【合同的意定解除：协商一致；约定条件成就】	★★	
	第97条【合同解除的法律后果】	★★	
	第198条【借款合同中的担保及法律适用】	★★	
担保法	第18条【保证合同中连带责任的承担】	★★★	607
	第21条【保证担保的范围；没有约定、约定不明时的担保范围】	★★★	
	第31条【保证人的追偿权】	★★★	
	第14条【保证合同的订立：分别订立；合并订立】	★★	
	第33条【抵押、抵押权人、抵押人以及抵押物的概念】	★★	
	第46条【抵押担保的范围】	★★	
	第6条【保证的定义】	★	
	第12条【多人保证责任的承担】	★	
	第53条【抵押权的实现】	★	
物权法	第176条【混合担保规则】	★★★	113
	第180条【可抵押财产的范围】	★★★	
	第187条【不动产抵押的登记要件主义】	★★★	
	第195条【抵押权实现的方式和程序】	★★★	
	第170条【担保财产优先受偿；债务人不履行到期债务、发生约定的实现担保物权的情形】	★★	
	第173条【担保物权担保的范围】	★★	
	第203条【最高额抵押规则】	★★	

	同时适用的法条	相关度
113 物权法	第185条【抵押合同的书面形式要件及其应包含的内容】	★
	第188条【动产抵押的登记对抗主义】	★
	第198条【抵押权实现后价款大于或小于所担保债权的处理规则】	★
684 婚姻法司法解释二	第24条【离婚时夫妻共同债务的清偿】	★★

第180条【可抵押财产的范围】 ★★★★

债务人或者第三人有权处分的下列财产可以抵押：

（一）建筑物和其他土地附着物；

（二）建设用地使用权；

（三）以招标、拍卖、公开协商等方式取得的荒地等土地承包经营权；

（四）生产设备、原材料、半成品、产品；

（五）正在建造的建筑物、船舶、航空器；

（六）交通运输工具；

（七）法律、行政法规未禁止抵押的其他财产。

抵押人可以将前款所列财产一并抵押。

■ 一、主要适用的案由及其相关度

案由编号	主要适用的案由	相关度
M4.10.89	借款合同纠纷	★★
M4.10.89.1	金融借款合同纠纷	★★★★★
M4.10.89.4	民间借贷纠纷	★★

二、同时适用的法条及其相关度

	同时适用的法条	相关度	
合同法	第205条【借款合同的利息支付义务】	★★★★★	593
	第206条【借款期限的认定】	★★★★★	
	第207条【借款合同违约责任承担:支付利息】	★★★★★	
	第60条【合同履行的原则】	★★★	
	第107条【合同约束力:违约责任】	★★★	
	第196条【借款合同定义】	★★★	
	第8条【合同约束力】	★★	
	第44条【合同成立条件与时间】	★★	
	第93条【合同的意定解除:协商一致;约定条件成就】	★★	
	第97条【合同解除的法律后果】	★★	
	第198条【借款合同中的担保及法律适用】	★★	
	第96条【合同解除权的行使规则】	★	
	第114条【违约金的数额及其调整】	★	
	第211条【自然人之间借款合同利息的规制】	★	
物权法	第179条【抵押权的界定】	★★★★★	113
	第187条【不动产抵押的登记要件主义】	★★★★★	
	第176条【混合担保规则】	★★★	
	第188条【动产抵押的登记对抗主义】	★★★	
	第195条【抵押权实现的方式和程序】	★★★	
	第203条【最高额抵押规则】	★★★	
	第170条【担保财产优先受偿:债务人不履行到期债务、发生约定的实现担保物权的情形】	★★	
	第173条【担保物权担保的范围】	★★	

		同时适用的法条	相关度
113	物权法	第185条【抵押合同的书面形式要件及其应包含的内容】	★★
		第182条【建筑物和相应的建设用地使用权一并抵押规则】	★
		第198条【抵押权实现后价款大于或小于所担保债权的处理规则】	★
607	担保法	第18条【保证合同中连带责任的承担】	★★★★
		第21条【保证担保的范围;没有约定、约定不明时的担保范围】	★★★
		第31条【保证人的追偿权】	★★★
		第6条【保证的定义】	★★
		第14条【保证合同的订立;分别订立;合并订立】	★★
		第33条【抵押、抵押权人、抵押人以及抵押物的概念】	★★
		第46条【抵押担保的范围】	★★
		第53条【抵押权的实现】	★★
		第12条【多人保证责任的承担】	★
		第41条【特殊财产的抵押物登记】	★
		第42条【办理抵押物登记的部门】	★
616	民法通则	第90条【借贷关系】	★
		第108条【债务清偿:分期偿还、强制偿还】	★
684	婚姻法司法解释二	第24条【离婚时夫妻共同债务的清偿】	★★
687	担保法司法解释	第10条【主合同解除后担保人的责任】	★

第181条【动产浮动抵押规则】 ★★★

经当事人书面协议,企业、个体工商户、农业生产经营者可以将现有的以及将有的生产设备、原材料、半成品、产品抵押,债务人不履行到期债务或者发生当事人约定的实现抵押权的情形,债权人有权就实现抵押权时的动产优先受偿。

一、主要适用的案由及其相关度

案由编号	主要适用的案由	相关度
M4.10.126	追偿权纠纷	★★
M4.10.89	借款合同纠纷	★
M4.10.89.1	金融借款合同纠纷	★★★★★
M4.10.89.4	民间借贷纠纷	★★★
M4.10.74	买卖合同纠纷	★

二、同时适用的法条及其相关度

	同时适用的法条	相关度
担保法	第18条【保证合同中连带责任的承担】	★★★★★
	第21条【保证担保的范围;没有约定、约定不明时的担保范围】	★★★★
	第31条【保证人的追偿权】	★★★★
	第33条【抵押、抵押权人、抵押人以及抵押物的概念】	★★
	第4条【担保物权的设立;反担保的设立】	★
	第6条【保证的定义】	★
	第12条【多人保证责任的承担】	★
	第14条【保证合同的订立;分别订立;合并订立】	★
	第46条【抵押担保的范围】	★
	第53条【抵押权的实现】	★

		同时适用的法条	相关度
593	合同法	第206条【借款期限的认定】	★★★★★
		第207条【借款合同违约责任承担:支付利息】	★★★★★
		第107条【合同约束力:违约责任】	★★★★
		第205条【借款合同的利息支付义务】	★★★★
		第60条【合同履行的原则】	★★★
		第114条【违约金的数额及其调整】	★★
		第196条【借款合同定义】	★★
		第8条【合同约束力】	★
		第44条【合同成立条件与时间】	★
		第159条【买受人应支付价款的数额认定】	★
		第211条【自然人之间借款合同利息的规制】	★
113	物权法	第189条【动产浮动抵押权设立的登记对抗主义】	★★★★★
		第179条【抵押权的界定】	★★★★
		第176条【混合担保规则】	★★★
		第180条【可抵押财产的范围】	★★★
		第187条【不动产抵押的登记要件主义】	★★
		第188条【动产抵押的登记对抗主义】	★★
		第195条【抵押权实现的方式和程序】	★★
		第203条【最高额抵押规则】	★★
		第170条【担保财产优先受偿:债务人不履行到期债务、发生约定的实现担保物权的情形】	★
		第173条【担保物权担保的范围】	★
		第196条【动产浮动抵押的抵押财产价值的确定时间】	★

第182条【建筑物和相应的建设用地使用权一并抵押规则】 ★★★★

以建筑物抵押的,该建筑物占用范围内的建设用地使用权一并抵押。以建设用地使用权抵押的,该土地上的建筑物一并抵押。

抵押人未依照前款规定一并抵押的,未抵押的财产视为一并抵押。

一、主要适用的案由及其相关度

案由编号	主要适用的案由	相关度
M4.10.89	借款合同纠纷	★
M4.10.89.1	金融借款合同纠纷	★★★★★
M4.10.89.4	民间借贷纠纷	★

二、同时适用的法条及其相关度

	同时适用的法条	相关度
合同法	第205条【借款合同的利息支付义务】	★★★★★
	第206条【借款期限的认定】	★★★★★
	第207条【借款合同违约责任承担:支付利息】	★★★★★
	第107条【合同约束力:违约责任】	★★★★
	第60条【合同履行的原则】	★★★
	第8条【合同约束力】	★★
	第196条【借款合同定义】	★★
物权法	第179条【抵押权的界定】	★★★★★
	第187条【不动产抵押的登记要件主义】	★★★★
	第173条【担保物权担保的范围】	★★★
	第176条【混合担保规则】	★★★
	第180条【可抵押财产的范围】	★★★
	第195条【抵押权实现的方式和程序】	★★★
	第203条【最高额抵押规则】	★★★
	第170条【担保财产优先受偿:债务人不履行到期债务、发生约定的实现担保物权的情形】	★

		同时适用的法条	相关度
607	担保法	第18条【保证合同中连带责任的承担】	★★★★
		第21条【保证担保的范围;没有约定、约定不明时的担保范围】	★★★★
		第31条【保证人的追偿权】	★★★
		第12条【多人保证责任的承担】	★★
		第14条【保证合同的订立:分别订立;合并订立】	★★
		第33条【抵押、抵押权人、抵押人以及抵押物的概念】	★★
		第46条【抵押担保的范围】	★★
		第6条【保证的定义】	★
		第53条【抵押权的实现】	★
687	担保法司法解释	第19条【连带共同保证的认定】	★
		第20条【连带共同保证的责任承担】	★
		第23条【最高额保证合同的担保范围】	★
684	婚姻法司法解释二	第24条【离婚时夫妻共同债务的清偿】	★

第183条【土地使用权应与其上房屋一并抵押规则】　　★

乡镇、村企业的建设用地使用权不得单独抵押。以乡镇、村企业的厂房等建筑物抵押的,其占用范围内的建设用地使用权一并抵押。

一、主要适用的案由及其相关度

案由编号	主要适用的案由	相关度
M4.10.89	借款合同纠纷	
M4.10.89.1	金融借款合同纠纷	
M4.10.89.4	民间借贷纠纷	
M4.10.126	追偿权纠纷	

二、同时适用的法条及其相关度

	同时适用的法条	相关度	
合同法	第206条【借款期限的认定】	★★★★★	593
	第207条【借款合同违约责任承担:支付利息】	★★★★★	
	第107条【合同约束力:违约责任】	★★★★	
	第196条【借款合同定义】	★★★★	
	第205条【借款合同的利息支付义务】	★★★★	
	第60条【合同履行的原则】	★★★	
	第114条【违约金的数额及其调整】	★★★	
	第8条【合同约束力】	★★	
物权法	第179条【抵押权的界定】	★★★★	113
	第176条【混合担保规则】	★★★	
	第184条【禁止抵押的财产范围】	★★★	
	第187条【不动产抵押的登记要件主义】	★★★	
	第180条【可抵押财产的范围】	★★	
	第182条【建筑物和相应的建设用地使用权一并抵押规则】	★★	
	第170条【担保财产优先受偿;债务人不履行到期债务、发生约定的实现担保物权的情形】	★	
	第173条【担保物权担保的范围】	★	
	第203条【最高额抵押规则】	★	

		同时适用的法条	相关度
713	审理民间借贷案件规定	第30条【同时约定逾期利率、违约金、其他费用的适用规则】	★★
687	担保法司法解释	第7条【担保合同的界定及其与主债权合同的关系；担保合同无效的责任承担规则】	★★

第184条【禁止抵押的财产范围】 ★★

下列财产不得抵押：

（一）土地所有权；

（二）耕地、宅基地、自留地、自留山等集体所有的土地使用权，但法律规定可以抵押的除外；

（三）学校、幼儿园、医院等以公益为目的的事业单位、社会团体的教育设施、医疗卫生设施和其他社会公益设施；

（四）所有权、使用权不明或者有争议的财产；

（五）依法被查封、扣押、监管的财产；

（六）法律、行政法规规定不得抵押的其他财产。

■ 一、主要适用的案由及其相关度

案由编号	主要适用的案由	相关度
M4.10.89	借款合同纠纷	★★★
M4.10.89.1	金融借款合同纠纷	★★★
M4.10.89.4	民间借贷纠纷	★★★★★
M4.10.126	追偿权纠纷	★

二、同时适用的法条及其相关度

	同时适用的法条	相关度	
合同法	第206条【借款期限的认定】	★★★★★	593
	第207条【借款合同违约责任承担:支付利息】	★★★★	
	第52条【合同无效的情形】	★★★	
	第107条【合同约束力;违约责任】	★★★	
	第205条【借款合同的利息支付义务】	★★★	
	第60条【合同履行的原则】	★★	
	第196条【借款合同定义】	★★	
	第211条【自然人之间借款合同利息的规制】	★★	
	第8条【合同约束力】	★	
	第44条【合同成立条件与时间】	★	
	第56条【合同无效或被撤销的溯及力;部分无效不影响其他独立部分的效力】	★	
	第114条【违约金的数额及其调整】	★	
	第198条【借款合同中的担保及法律适用】	★	
	第210条【自然人之间借款合同的生效:提供借款时】	★	
担保法	第18条【保证合同中连带责任的承担】	★★★	607
	第21条【保证担保的范围;没有约定、约定不明时的担保范围】	★★★	
	第31条【保证人的追偿权】	★★	
	第37条【不得设定抵押的财产】	★★	
	第19条【保证方式不明时:连带责任担保】	★	
	第26条【连带保证的保证期间】	★	
	第33条【抵押、抵押权人、抵押人以及抵押物的概念】	★	

	同时适用的法条	相关度
113 物权法	第180条【可抵押财产的范围】	★★
	第187条【不动产抵押的登记要件主义】	★★
	第15条【设立、变更、转让、消灭不动产物权的合同的效力:合同成立时生效】	★
	第176条【混合担保规则】	★
	第179条【抵押权的界定】	★
	第182条【建筑物和相应的建设用地使用权一并抵押规则】	★
	第186条【抵押权的禁止流质条款】	★
616 民法通则	第90条【借贷关系】	★
	第108条【债务清偿:分期偿还、强制偿还】	★
687 担保法司法解释	第7条【担保合同的界定及其与主债权合同的关系;担保合同无效的责任承担规则】	★★
684 婚姻法司法解释二	第24条【离婚时夫妻共同债务的清偿】	★

第185条【抵押合同的书面形式要件及其应包含的内容】 ★★★★

设立抵押权,当事人应当采取书面形式订立抵押合同。

抵押合同一般包括下列条款:

(一)被担保债权的种类和数额;

(二)债务人履行债务的期限;

(三)抵押财产的名称、数量、质量、状况、所在地、所有权归属或者使用权归属;

(四)担保的范围。

■ 一、主要适用的案由及其相关度

案由编号	主要适用的案由	相关度
M4.10.89	借款合同纠纷	★★★★★

案由编号	主要适用的案由	相关度
M4.10.89.1	金融借款合同纠纷	★★★★
M4.10.89.4	民间借贷纠纷	★★

二、同时适用的法条及其相关度

	同时适用的法条	相关度	
物权法	第179条【抵押权的界定】	★★★★★	113
	第180条【可抵押财产的范围】	★★★★★	
	第176条【混合担保规则】	★★★	
合同法	第60条【合同履行的原则】	★★★★★	593
	第207条【借款合同违约责任承担:支付利息】	★★★★★	
	第44条【合同成立条件与时间】	★★★★	
	第107条【合同约束力:违约责任】	★★★★	
	第196条【借款合同定义】	★★★★	
	第206条【借款期限的认定】	★★★★	
	第93条【合同的意定解除:协商一致;约定条件成就】	★★★	
	第96条【合同解除权的行使规则】	★★★	
	第97条【合同解除的法律后果】	★★★	
	第198条【借款合同中的担保及法律适用】	★★★	
	第205条【借款合同的利息支付义务】	★★★	
	第8条【合同约束力】	★★	
担保法	第18条【保证合同中连带责任的承担】	★★★★	607
	第6条【保证的定义】	★★★	
	第21条【保证担保的范围;没有约定、约定不明时的担保范围】	★★★	

	同时适用的法条	相关度
687 担保法司法解释	第10条【主合同解除后担保人的责任】	★★★

第186条【抵押权的禁止流质条款】　　★★★

抵押权人在债务履行期届满前,不得与抵押人约定债务人不履行到期债务时抵押财产归债权人所有。

一、主要适用的案由及其相关度

案由编号	主要适用的案由	相关度
M4.10.89	借款合同纠纷	★★★
M4.10.89.4	民间借贷纠纷	★★★★★
M8.23.274	请求确认债务人行为无效纠纷	★★
M4.10	合同纠纷	★★
M4.10.82	房屋买卖合同纠纷	★
M4.10.67.2	确认合同无效纠纷	★
M4.10.74	买卖合同纠纷	★

二、同时适用的法条及其相关度

	同时适用的法条	相关度
113 物权法	第179条【抵押权的界定】	★★★★★
	第180条【可抵押财产的范围】	★★★★★
	第195条【抵押权实现的方式和程序】	★★★★
	第176条【混合担保规则】	★★★
	第187条【不动产抵押的登记要件主义】	★★★
	第188条【动产抵押的登记对抗主义】	★★★
	第198条【抵押权实现后价款大于或小于所担保债权的处理规则】	★

	同时适用的法条	相关度	
合同法	第206条【借款期限的认定】	★★★★★	593
	第207条【借款合同违约责任承担:支付利息】	★★★★★	
	第52条【合同无效的情形】	★★★★	
	第8条【合同约束力】	★★★	
	第44条【合同成立条件与时间】	★★★	
	第60条【合同履行的原则】	★★★	
	第58条【合同无效或被撤销的法律后果】	★★	
	第107条【合同约束力:违约责任】	★★	
	第196条【借款合同定义】	★★	
	第205条【借款合同的利息支付义务】	★★	
	第211条【自然人之间借款合同利息的规制】	★★	
	第210条【自然人之间借款合同的生效:提供借款时】	★	
担保法	第40条【流质契约的绝对禁止】	★★★★	607
	第18条【保证合同中连带责任的承担】	★	
	第19条【保证方式不明时:连带责任担保】	★	
	第21条【保证担保的范围;没有约定、约定不明时的担保范围】	★	
	第26条【连带保证的保证期间】	★	
	第31条【保证人的追偿权】	★	
民法通则	第55条【民事法律行为的有效条件】	★	616
	第84条【债的界定】	★	
	第90条【借贷关系】	★	
	第108条【债务清偿:分期偿还、强制偿还】	★	
担保法司法解释	第57条【流质契约的绝对禁止】	★	687

第 187 条【不动产抵押的登记要件主义】　　★★★★★

以本法第一百八十条第一款第一项至第三项规定的财产或者第五项规定的正在建造的建筑物抵押的,应当办理抵押登记。抵押权自登记时设立。

一、主要适用的案由及其相关度

案由编号	主要适用的案由	相关度
M4.10.89	借款合同纠纷	★★
M4.10.89.1	金融借款合同纠纷	★★★★★
M4.10.89.4	民间借贷纠纷	★★★

二、同时适用的法条及其相关度

	同时适用的法条	相关度
合同法	第 205 条【借款合同的利息支付义务】	★★★★★
	第 206 条【借款期限的认定】	★★★★★
	第 207 条【借款合同违约责任承担:支付利息】	★★★★
	第 60 条【合同履行的原则】	★★★
	第 107 条【合同约束力:违约责任】	★★★
	第 196 条【借款合同定义】	★★★
	第 8 条【合同约束力】	★★
	第 44 条【合同成立条件与时间】	★
	第 93 条【合同的意定解除:协商一致;约定条件成就】	★
	第 114 条【违约金的数额及其调整】	★
	第 211 条【自然人之间借款合同利息的规制】	★

	同时适用的法条	相关度	
物权法	第179条【抵押权的界定】	★★★★	113
	第173条【担保物权担保的范围】	★★★	
	第176条【混合担保规则】	★★★	
	第180条【可抵押财产的范围】	★★★	
	第195条【抵押权实现的方式和程序】	★★★	
	第203条【最高额抵押规则】	★★★	
	第170条【担保财产优先受偿;债务人不履行到期债务、发生约定的实现担保物权的情形】	★★	
	第182条【建筑物和相应的建设用地使用权一并抵押规则】	★	
	第185条【抵押合同的书面形式要件及其应包含的内容】	★	
	第198条【抵押权实现后价款大于或小于所担保债权的处理规则】	★	
担保法	第18条【保证合同中连带责任的承担】	★★★	607
	第21条【保证担保的范围;没有约定、约定不明时的担保范围】	★★★	
	第31条【保证人的追偿权】	★★★	
	第12条【多人保证责任的承担】	★★	
	第14条【保证合同的订立:分别订立;合并订立】	★★	
	第33条【抵押、抵押权人、抵押人以及抵押物的概念】	★★	
	第46条【抵押担保的范围】	★★	
	第6条【保证的定义】	★	
	第53条【抵押权的实现】	★	
	第57条【担保人的追偿权】	★	

		同时适用的法条	相关度
616	民法通则	第90条【借贷关系】	★
		第108条【债务清偿:分期偿还、强制偿还】	★
684	婚姻法司法解释二	第24条【离婚时夫妻共同债务的清偿】	★★
687	担保法司法解释	第42条【保证人追偿权的行使与诉讼时效】	★

第188条【动产抵押的登记对抗主义】 ★★★★

以本法第一百八十条第一款第四项、第六项规定的财产或者第五项规定的正在建造的船舶、航空器抵押的,抵押权自抵押合同生效时设立;未经登记,不得对抗善意第三人。

一、主要适用的案由及其相关度

案由编号	主要适用的案由	相关度
M4.10.89	借款合同纠纷	★★★★★
M4.10.89.1	金融借款合同纠纷	★★★★
M4.10.89.4	民间借贷纠纷	★★★
M4.10.126	追偿权纠纷	★★
M4.10.96.2	信用卡纠纷	★★

二、同时适用的法条及其相关度

		同时适用的法条	相关度
593	合同法	第107条【合同约束力:违约责任】	★★★★★
		第206条【借款期限的认定】	★★★★★
		第207条【借款合同违约责任承担:支付利息】	★★★★★
		第60条【合同履行的原则】	★★★★

	同时适用的法条	相关度	
合同法	第205条【借款合同的利息支付义务】	★★★★	593
	第44条【合同成立条件与时间】	★★★	
	第93条【合同的意定解除：协商一致；约定条件成就】	★★★	
	第97条【合同解除的法律后果】	★★★	
	第196条【借款合同定义】	★★★	
	第198条【借款合同中的担保及法律适用】	★★★	
	第8条【合同约束力】	★★	
	第96条【合同解除权的行使规则】	★★	
	第114条【违约金的数额及其调整】	★	
物权法	第179条【抵押权的界定】	★★★★★	113
	第180条【可抵押财产的范围】	★★★★★	
	第176条【混合担保规则】	★★★★	
	第195条【抵押权实现的方式和程序】	★★★★	
	第185条【抵押合同的书面形式要件及其应包含的内容】	★★★	
	第173条【担保物权担保的范围】	★★	
	第170条【担保财产优先受偿：债务人不履行到期债务、发生约定的实现担保物权的情形】	★	
	第187条【不动产抵押的登记要件主义】	★	
	第203条【最高额抵押规则】	★	
担保法	第18条【保证合同中连带责任的承担】	★★★★	607
	第21条【保证担保的范围；没有约定、约定不明时的担保范围】	★★★★	
	第6条【保证的定义】	★★★	
	第31条【保证人的追偿权】	★★★	

448 物权纠纷

		同时适用的法条	相关度
607	担保法	第33条【抵押、抵押权人、抵押人以及抵押物的概念】	★★
		第53条【抵押权的实现】	★
687	担保法司法解释	第10条【主合同解除后担保人的责任】	★★
684	婚姻法司法解释二	第24条【离婚时夫妻共同债务的清偿】	★

第189条【动产浮动抵押权设立的登记对抗主义】 ★★

企业、个体工商户、农业生产经营者以本法第一百八十一条规定的动产抵押的,应当向抵押人住所地的工商行政管理部门办理登记。抵押权自抵押合同生效时设立;未经登记,不得对抗善意第三人。

依照本法第一百八十一条规定抵押的,不得对抗正常经营活动中已支付合理价款并取得抵押财产的买受人。

一、主要适用的案由及其相关度

案由编号	主要适用的案由	相关度
M4.10.126	追偿权纠纷	★★★
M4.10.89	借款合同纠纷	★★
M4.10.89.1	金融借款合同纠纷	★★★★★
M4.10.89.4	民间借贷纠纷	★★★

二、同时适用的法条及其相关度

		同时适用的法条	相关度
113	物权法	第181条【动产浮动抵押规则】	★★★★★
		第179条【抵押权的界定】	★★★★
		第176条【混合担保规则】	★★★

	同时适用的法条	相关度	
物权法	第180条【可抵押财产的范围】	★★★	113
	第187条【不动产抵押的登记要件主义】	★★	
	第188条【动产抵押的登记对抗主义】	★★	
	第195条【抵押权实现的方式和程序】	★★	
	第203条【最高额抵押规则】	★★	
	第170条【担保财产优先受偿;债务人不履行到期债务、发生约定的实现担保物权的情形】	★	
	第173条【担保物权担保的范围】	★	
	第196条【动产浮动抵押的抵押财产价值的确定时间】	★	
	第208条【质权的概念与质权的实现;质押双方的概念】	★	
	第223条【可出质的权利的范围】	★	
担保法	第18条【保证合同中连带责任的承担】	★★★★★	607
	第21条【保证担保的范围;没有约定、约定不明时的担保范围】	★★★	
	第31条【保证人的追偿权】	★★★	
	第4条【担保物权的设立;反担保的设立】	★	
	第6条【保证的定义】	★	
	第12条【多人保证责任的承担】	★	
	第14条【保证合同的订立:分别订立;合并订立】	★	
	第33条【抵押、抵押权人、抵押人以及抵押物的概念】	★	
	第46条【抵押担保的范围】	★	
	第53条【抵押权的实现】	★	

450 物权纠纷

		同时适用的法条	相关度
593	合同法	第206条【借款期限的认定】	★★★★★
		第207条【借款合同违约责任承担:支付利息】	★★★★★
		第107条【合同约束力:违约责任】	★★★★
		第205条【借款合同的利息支付义务】	★★★★
		第60条【合同履行的原则】	★★★
		第196条【借款合同定义】	★★
		第8条【合同约束力】	★
		第44条【合同成立条件与时间】	★
		第114条【违约金的数额及其调整】	★
		第159条【买受人应支付价款的数额认定】	★
		第211条【自然人之间借款合同利息的规制】	★
616	民法通则	第108条【债务清偿:分期偿还、强制偿还】	★

第190条【抵押权和租赁关系之间的效力等级】 ★★

订立抵押合同前抵押财产已出租的,原租赁关系不受该抵押权的影响。抵押权设立后抵押财产出租的,该租赁关系不得对抗已登记的抵押权。

一、主要适用的案由及其相关度

案由编号	主要适用的案由	相关度
M10.43.422	案外人执行异议之诉	★★★★★
M3.5.34	排除妨害纠纷	★★★
M3.5.38	财产损害赔偿纠纷	★★★
M10.43.423	申请执行人执行异议之诉	★★★
M3.5	物权保护纠纷	★★
M3.5.33	返还原物纠纷	★
M4.10.89.1	金融借款合同纠纷	★

案由编号	主要适用的案由	相关度
M4.10.82	房屋买卖合同纠纷	★
M4.10.89.4	民间借贷纠纷	★
M4.10.126	追偿权纠纷	★
M4.10.97	租赁合同纠纷	★
M4.10.97.2	房屋租赁合同纠纷	★★★★

■ 二、同时适用的法条及其相关度

	同时适用的法条	相关度
合同法	第107条【合同约束力;违约责任】	★★★
	第229条【买卖不破租赁;租赁物发生所有权变动时不影响租赁合同效力】	★★★
	第8条【合同约束力】	★★
	第60条【合同履行的原则】	★★
	第205条【借款合同的利息支付义务】	★★
	第206条【借款期限的认定】	★★
	第212条【租赁合同的定义】	★★
	第52条【合同无效的情形】	★
	第58条【合同无效或被撤销的法律后果】	★
	第94条【合同的法定解除;法定解除权】	★
	第97条【合同解除的法律后果】	★
	第114条【违约金的数额及其调整】	★
	第207条【借款合同违约责任承担;支付利息】	★
	第226条【租赁合同中承租人租金支付期限的确定规则】	★
	第230条【房屋承租人的优先购买权】	★

		同时适用的法条	相关度
607	担保法	第18条【保证合同中连带责任的承担】	★★★
		第31条【保证人的追偿权】	★★
		第4条【担保物权的设立；反担保的设立】	★
		第33条【抵押、抵押权人、抵押人以及抵押物的概念】	★
		第46条【抵押担保的范围】	★
		第52条【抵押权的从属性】	★
		第65条【质权设立需要订立书面质权合同与质权合同的内容】	★
113	物权法	第34条【权利人的返还原物请求权】	★★
		第35条【权利人享有的排除妨害请求权与消除危险请求权】	★★
		第37条【侵害物权的民事责任竞合】	★★
		第179条【抵押权的界定】	★★
		第180条【可抵押财产的范围】	★★
		第187条【不动产抵押的登记要件主义】	★★
		第9条【不动产物权变动的登记原则；国家的自然资源所有权登记的特殊规定】	★
		第28条【因人民法院、仲裁委员会的法律文件或者人民政府的征收决定等法律文书致物权发生变动的生效时间确定】	★
		第39条【所有权的内容】	★
		第135条【建设用地使用权的内容】	★
		第176条【混合担保规则】	★
		第188条【动产抵押的登记对抗主义】	★
		第191条【抵押期间抵押财产转让应当遵循的规则】	★
		第195条【抵押权实现的方式和程序】	★

	同时适用的法条	相关度	
民法通则	第55条【民事法律行为的有效条件】	★	616
担保法司法解释	第66条【抵押权和租赁关系之间的效力等级】	★★★★★	687
	第1条【担保法定方式设定的效力】	★	
城镇房屋租赁合同纠纷司法解释	第20条【买卖不破租赁及其特例】	★★★	710
民事执行拍卖变卖财产规定	第31条【拍卖财产的优先受偿权和用益物权】	★★	714
婚姻法司法解释二	第24条【离婚时夫妻共同债务的清偿】	★	684

第191条【抵押期间抵押财产转让应当遵循的规则】 ★★★

抵押期间,抵押人经抵押权人同意转让抵押财产的,应当将转让所得的价款向抵押权人提前清偿债务或者提存。转让的价款超过债权数额的部分归抵押人所有,不足部分由债务人清偿。

抵押期间,抵押人未经抵押权人同意,不得转让抵押财产,但受让人代为清偿债务消灭抵押权的除外。

一、主要适用的案由及其相关度

案由编号	主要适用的案由	相关度
M4.10.82	房屋买卖合同纠纷	★★★★★
M4.10.74	买卖合同纠纷	★
M10.43.422	案外人执行异议之诉	★
M3.5.32.1	所有权确认纠纷	★

二、同时适用的法条及其相关度

		同时适用的法条	相关度
593	合同法	第60条【合同履行的原则】	★★★★★
		第107条【合同约束力；违约责任】	★★★★
		第8条【合同约束力】	★★★
		第44条【合同成立条件与时间】	★★★
		第52条【合同无效的情形】	★★★
		第6条【诚实信用原则】	★
		第58条【合同无效或被撤销的法律后果】	★
		第94条【合同的法定解除；法定解除权】	★
		第97条【合同解除的法律后果】	★
		第110条【继续履行及其例外；债权人不得要求对方继续履行的情形】	★
		第114条【违约金的数额及其调整】	★
		第130条【买卖合同的定义】	★
		第135条【出卖人义务：交付、移转所有权】	★
		第205条【借款合同的利息支付义务】	★
		第206条【借款期限的认定】	★
		第207条【借款合同违约责任承担：支付利息】	★
113	物权法	第15条【设立、变更、转让、消灭不动产物权的合同的效力：合同成立时生效】	★★★
		第9条【不动产物权变动的登记原则；国家的自然资源所有权登记的特殊规定】	★★
		第179条【抵押权的界定】	★
607	担保法	第49条【抵押期间抵押财产转让应当遵循的规则】	★★
		第18条【保证合同中连带责任的承担】	★
654	房地产管理法	第38条【房地产禁止转让的情形】	★

	同时适用的法条	相关度	
担保法司法解释	第67条【抵押期间抵押财产转让应当遵循的规则】	★	687
民事执行查封扣押冻结财产规定	第17条【被执行人将其所有的需要办理过户登记的财产出卖给第三人时查封、扣押、冻结的执行】	★	704

第192条【抵押权的从属性】 ★★

抵押权不得与债权分离而单独转让或者作为其他债权的担保。债权转让的,担保该债权的抵押权一并转让,但法律另有规定或者当事人另有约定的除外。

一、主要适用的案由及其相关度

案由编号	主要适用的案由	相关度
M4.10.70	债权转让合同纠纷	★★★★
M4.10.126	追偿权纠纷	★★★
M4.10.89	借款合同纠纷	★★
M4.10.89.1	金融借款合同纠纷	★★★★★
M4.10.89.4	民间借贷纠纷	★★★
M4.10.89.7	金融不良债权追偿纠纷	★★★
M7.19.191	船舶抵押合同纠纷	★

二、同时适用的法条及其相关度

	同时适用的法条	相关度	
合同法	第79条【债权人不得转让合同权利的情形】	★★★★★	593
	第80条【债权人转让债权的通知义务】	★★★★★	
	第81条【债权转让从权利一并转让】	★★★★★	
	第205条【借款合同的利息支付义务】	★★★★★	

		同时适用的法条	相关度
593	合同法	第206条【借款期限的认定】	★★★★★
		第207条【借款合同违约责任承担:支付利息】	★★★★★
		第60条【合同履行的原则】	★★★
		第107条【合同约束力:违约责任】	★★★
		第8条【合同约束力】	★
		第196条【借款合同定义】	★
113	物权法	第179条【抵押权的界定】	★★★★
		第176条【混合担保规则】	★★★
		第195条【抵押权实现的方式和程序】	★★★
		第203条【最高额抵押规则】	★★★
		第187条【不动产抵押的登记要件主义】	★★
		第170条【担保财产优先受偿:债务人不履行到期债务、发生约定的实现担保物权的情形】	★
		第173条【担保物权担保的范围】	★
		第180条【可抵押财产的范围】	★
		第188条【动产抵押的登记对抗主义】	★
		第199条【同一财产上多个抵押权的效力顺序】	★
607	担保法	第18条【保证合同中连带责任的承担】	★★★★
		第21条【保证担保的范围;没有约定、约定不明时的担保范围】	★★★★
		第22条【主债权转让时保证人的保证责任】	★★★
		第14条【保证合同的订立:分别订立;合并订立】	★★
		第31条【保证人的追偿权】	★★
		第33条【抵押、抵押权人、抵押人以及抵押物的概念】	★★
		第12条【多人保证责任的承担】	★

	同时适用的法条	相关度	
担保法	第46条【抵押担保的范围】	★	607
	第50条【抵押权转移的从属性】	★	
	第53条【抵押权的实现】	★	
收购、管理、处置国有银行不良贷款形成的资产案件规定	第6条【金融资产管理公司受让国有银行债权后原债权银行履行通知义务的方式；债务人以原债权银行转让债权未履行通知义务为由进行抗辩的处理】	★	707
	第9条【金融资产管理公司受让有抵押担保的债权：原抵押权继续有效】	★	
婚姻法司法解释二	第24条【离婚时夫妻共同债务的清偿】	★	684

第193条【抵押财产价值减少时抵押权人的补救措施】　★

抵押人的行为足以使抵押财产价值减少的，抵押权人有权要求抵押人停止其行为。抵押财产价值减少的，抵押权人有权要求恢复抵押财产的价值，或者提供与减少的价值相应的担保。抵押人不恢复抵押财产的价值也不提供担保的，抵押权人有权要求债务人提前清偿债务。

■ 一、主要适用的案由及其相关度

案由编号	主要适用的案由	相关度
M4.10.89	借款合同纠纷	
M4.10.89.1	金融借款合同纠纷	
M4.10.89.4	民间借贷纠纷	
M4.10	合同纠纷	
M3.8.59	抵押权纠纷	

二、同时适用的法条及其相关度

		同时适用的法条	相关度
593	合同法	第107条【合同约束力:违约责任】	
		第196条【借款合同定义】	
		第198条【借款合同中的担保及法律适用】	
		第205条【借款合同的利息支付义务】	
		第206条【借款期限的认定】	
607	担保法	第18条【保证合同中连带责任的承担】	
		第19条【保证方式不明时:连带责任担保】	
		第51条【抵押财产价值减少时抵押权人的补救措施】	
		第53条【抵押权的实现】	
113	物权法	第174条【担保物权的物上代位性】	
		第176条【混合担保规则】	
		第179条【抵押权的界定】	
		第181条【动产浮动抵押规则】	
		第188条【动产抵押的登记对抗主义】	
		第189条【动产浮动抵押权设立的登记对抗主义】	
		第191条【抵押期间抵押财产转让应当遵循的规则】	
		第194条【抵押权人放弃抵押权或抵押权顺位的法律后果】	
		第195条【抵押权实现的方式和程序】	
		第203条【最高额抵押规则】	
		第206条【最高额抵押所担保债权的确定时间】	
616	民法通则	第108条【债务清偿:分期偿还、强制偿还】	

第194条【抵押权人放弃抵押权或抵押权顺位的法律后果】 ★★

抵押权人可以放弃抵押权或者抵押权的顺位。抵押权人与抵押人可以协议变更抵押权顺位以及被担保的债权数额等内容,但抵押权的变更,未经其他抵押权人书面同意,不得对其他抵押权人产生不利影响。

债务人以自己的财产设定抵押,抵押权人放弃该抵押权、抵押权顺位或者变更抵押权的,其他担保人在抵押权人丧失优先受偿权益的范围内免除担保责任,但其他担保人承诺仍然提供担保的除外。

一、主要适用的案由及其相关度

案由编号	主要适用的案由	相关度
M4.10.89	借款合同纠纷	★★
M4.10.89.1	金融借款合同纠纷	★★★★★
M4.10.89.4	民间借贷纠纷	★★★
M4.10.89.5	小额借款合同纠纷	★
M4.10.126	追偿权纠纷	★★
M4.10.82.2	商品房预售合同纠纷	★

二、同时适用的法条及其相关度

	同时适用的法条	相关度
担保法	第18条【保证合同中连带责任的承担】	★★★★★
	第21条【保证担保的范围;没有约定、约定不明时的担保范围】	★★★★
	第31条【保证人的追偿权】	★★★★
	第33条【抵押、抵押权人、抵押人以及抵押物的概念】	★★
	第6条【保证的定义】	★
	第12条【多人保证责任的承担】	★
	第46条【抵押担保的范围】	★
	第53条【抵押权的实现】	★

		同时适用的法条	相关度
593	合同法	第206条【借款期限的认定】	★★★★★
		第207条【借款合同违约责任承担:支付利息】	★★★★★
		第107条【合同约束力:违约责任】	★★★★
		第205条【借款合同的利息支付义务】	★★★★
		第60条【合同履行的原则】	★★★
		第196条【借款合同定义】	★★★
		第44条【合同成立条件与时间】	★★
		第8条【合同约束力】	★
		第93条【合同的意定解除:协商一致;约定条件成就】	★
		第97条【合同解除的法律后果】	★
		第114条【违约金的数额及其调整】	★
113	物权法	第176条【混合担保规则】	★★★
		第179条【抵押权的界定】	★★★
		第187条【不动产抵押的登记要件主义】	★★
		第195条【抵押权实现的方式和程序】	★★
		第173条【担保物权担保的范围】	★
		第178条【担保法与物权法冲突时的法律适用】	★
		第198条【抵押权实现后价款大于或小于所担保债权的处理规则】	★
684	婚姻法司法解释二	第24条【离婚时夫妻共同债务的清偿】	★

第195条【抵押权实现的方式和程序】 ★★★★★

债务人不履行到期债务或者发生当事人约定的实现抵押权的情形,抵押权人可以与抵押人协议以抵押财产折价或者以拍卖、变卖该抵押财产所得的价款优先受偿。协议损害其他债权人利益的,其他债权人可以在知道或者应当知道撤销事由之日起一年内请求人民法院撤销该协议。

抵押权人与抵押人未就抵押权实现方式达成协议的,抵押权人可以请求人民法院拍卖、变卖抵押财产。

抵押财产折价或者变卖的,应当参照市场价格。

一、主要适用的案由及其相关度

案由编号	主要适用的案由	相关度
M4.10.89	借款合同纠纷	★★
M4.10.89.1	金融借款合同纠纷	★★★★★
M4.10.89.4	民间借贷纠纷	★★

二、同时适用的法条及其相关度

	同时适用的法条	相关度
合同法	第205条【借款合同的利息支付义务】	★★★★★
	第206条【借款期限的认定】	★★★★★
	第207条【借款合同违约责任承担:支付利息】	★★★★★
	第60条【合同履行的原则】	★★★
	第107条【合同约束力:违约责任】	★★★
	第196条【借款合同定义】	★★★
	第8条【合同约束力】	★★
	第44条【合同成立条件与时间】	★★
	第93条【合同的意定解除:协商一致;约定条件成就】	★★
	第97条【合同解除的法律后果】	★★
	第198条【借款合同中的担保及法律适用】	★★
	第96条【合同解除权的行使规则】	★

		同时适用的法条	相关度
113	物权法	第179条【抵押权的界定】	★★★★
		第173条【担保物权担保的范围】	★★★
		第176条【混合担保规则】	★★★
		第180条【可抵押财产的范围】	★★★
		第187条【不动产抵押的登记要件主义】	★★★
		第203条【最高额抵押规则】	★★★
		第188条【动产抵押的登记对抗主义】	★★
		第198条【抵押权实现后价款大于或小于所担保债权的处理规则】	★★
		第170条【担保财产优先受偿:债务人不履行到期债务、发生约定的实现担保物权的情形】	★
		第185条【抵押合同的书面形式要件及其应包含的内容】	★
		第207条【最高额抵押的法律适用】	★
607	担保法	第18条【保证合同中连带责任的承担】	★★★
		第21条【保证担保的范围;没有约定、约定不明时的担保范围】	★★★
		第31条【保证人的追偿权】	★★★
		第14条【保证合同的订立:分别订立;合并订立】	★★
		第6条【保证的定义】	★
		第12条【多人保证责任的承担】	★
		第33条【抵押、抵押权人、抵押人以及抵押物的概念】	★
		第46条【抵押担保的范围】	★
		第53条【抵押权的实现】	★
684	婚姻法司法解释二	第24条【离婚时夫妻共同债务的清偿】	★★

第196条【动产浮动抵押的抵押财产价值的确定时间】 ★★
依照本法第一百八十一条规定设定抵押的,抵押财产自下列情形之一发生时确定:
（一）债务履行期届满,债权未实现;
（二）抵押人被宣告破产或者被撤销;
（三）当事人约定的实现抵押权的情形;
（四）严重影响债权实现的其他情形。

■ 一、主要适用的案由及其相关度

案由编号	主要适用的案由	相关度
M4.10.89	借款合同纠纷	★
M4.10.89.1	金融借款合同纠纷	★★★★★
M4.10.89.4	民间借贷纠纷	★

■ 二、同时适用的法条及其相关度

	同时适用的法条	相关度
合同法	第205条【借款合同的利息支付义务】	★★★★★
	第206条【借款期限的认定】	★★★★★
	第207条【借款合同违约责任承担:支付利息】	★★★★★
	第107条【合同约束力:违约责任】	★★★★
	第60条【合同履行的原则】	★★★
	第196条【借款合同定义】	★★★
	第8条【合同约束力】	★
	第44条【合同成立条件与时间】	★
	第210条【自然人之间借款合同的生效:提供借款时】	★
	第211条【自然人之间借款合同利息的规制】	★

		同时适用的法条	相关度
113	物权法	第179条【抵押权的界定】	★★★★
		第176条【混合担保规则】	★★★
		第180条【可抵押财产的范围】	★★★
		第181条【动产浮动抵押规则】	★★★
		第187条【不动产抵押的登记要件主义】	★★★
		第195条【抵押权实现的方式和程序】	★★★
		第170条【担保财产优先受偿；债务人不履行到期债务、发生约定的实现担保物权的情形】	★★
		第189条【动产浮动抵押权设立的登记对抗主义】	★★
		第203条【最高额抵押规则】	★★
		第173条【担保物权担保的范围】	★
		第185条【抵押合同的书面形式要件及其应包含的内容】	★
		第188条【动产抵押的登记对抗主义】	★
		第198条【抵押权实现后价款大于或小于所担保债权的处理规则】	★
607	担保法	第18条【保证合同中连带责任的承担】	★★★★
		第21条【保证担保的范围；没有约定、约定不明时的担保范围】	★★★
		第31条【保证人的追偿权】	★★★
		第6条【保证的定义】	★
		第12条【多人保证责任的承担】	★
		第14条【保证合同的订立：分别订立；合并订立】	★
		第33条【抵押、抵押权人、抵押人以及抵押物的概念】	★
		第46条【抵押担保的范围】	★
		第53条【抵押权的实现】	★

	同时适用的法条	相关度	
婚姻法司法解释二	第24条【离婚时夫妻共同债务的清偿】	★	684

第197条【抵押权实现时抵押财产被扣押期间的孳息由抵押权人收取】

★★

债务人不履行到期债务或者发生当事人约定的实现抵押权的情形,致使抵押财产被人民法院依法扣押的,自扣押之日起抵押权人有权收取该抵押财产的天然孳息或者法定孳息,但抵押权人未通知应当清偿法定孳息的义务人的除外。

前款规定的孳息应当先充抵收取孳息的费用。

■ 一、主要适用的案由及其相关度

案由编号	主要适用的案由	相关度
M4.10.89	借款合同纠纷	★★
M4.10.89.1	金融借款合同纠纷	★★★★★
M4.10.89.4	民间借贷纠纷	★★
M4.10.126	追偿权纠纷	★

■ 二、同时适用的法条及其相关度

	同时适用的法条	相关度	
合同法	第205条【借款合同的利息支付义务】	★★★★★	593
	第206条【借款期限的认定】	★★★★★	
	第207条【借款合同违约责任承担:支付利息】	★★★★★	
	第107条【合同约束力:违约责任】	★★★	
	第196条【借款合同定义】	★★★	
	第60条【合同履行的原则】	★★	
	第8条【合同约束力】	★	

		同时适用的法条	相关度
593	合同法	第44条【合同成立条件与时间】	★
		第93条【合同的意定解除:协商一致;约定条件成就】	★
		第97条【合同解除的法律后果】	★
		第114条【违约金的数额及其调整】	★
		第198条【借款合同中的担保及法律适用】	★
113	物权法	第203条【最高额抵押规则】	★★★
		第176条【混合担保规则】	★★
		第187条【不动产抵押的登记要件主义】	★★
		第179条【抵押权的界定】	★
		第182条【建筑物和相应的建设用地使用权一并抵押规则】	★
		第206条【最高额抵押所担保债权的确定时间】	★
607	担保法	第18条【保证合同中连带责任的承担】	★★★
		第21条【保证担保的范围;没有约定、约定不明时的担保范围】	★★
		第33条【抵押、抵押权人、抵押人以及抵押物的概念】	★★
		第46条【抵押担保的范围】	★★
		第53条【抵押权的实现】	★★
		第59条【最高额抵押的定义】	★★
		第6条【保证的定义】	★
		第31条【保证人的追偿权】	★
		第57条【担保人的追偿权】	★

第198条【抵押权实现后价款大于或小于所担保债权的处理规则】

★★★★

抵押财产折价或者拍卖、变卖后,其价款超过债权数额的部分归抵押人所有,不足部分由债务人清偿。

一、主要适用的案由及其相关度

案由编号	主要适用的案由	相关度
M4.10.89	借款合同纠纷	★
M4.10.89.1	金融借款合同纠纷	★★★★★
M4.10.89.4	民间借贷纠纷	★

二、同时适用的法条及其相关度

	同时适用的法条	相关度
合同法	第205条【借款合同的利息支付义务】	★★★★★
	第206条【借款期限的认定】	★★★★★
	第207条【借款合同违约责任承担:支付利息】	★★★★★
	第60条【合同履行的原则】	★★★
	第107条【合同约束力:违约责任】	★★★
	第8条【合同约束力】	★★
	第93条【合同的意定解除:协商一致;约定条件成就】	★★
	第97条【合同解除的法律后果】	★★
	第44条【合同成立条件与时间】	★
	第196条【借款合同定义】	★
物权法	第179条【抵押权的界定】	★★★★
	第195条【抵押权实现的方式和程序】	★★★★
	第173条【担保物权担保的范围】	★★★
	第187条【不动产抵押的登记要件主义】	★★★
	第176条【混合担保规则】	★★
	第180条【可抵押财产的范围】	★★
	第203条【最高额抵押规则】	★★

		同时适用的法条	相关度
113	物权法	第170条【担保财产优先受偿:债务人不履行到期债务、发生约定的实现担保物权的情形】	★
607	担保法	第18条【保证合同中连带责任的承担】	★★★
		第21条【保证担保的范围;没有约定、约定不明时的担保范围】	★★★
		第31条【保证人的追偿权】	★★★
		第14条【保证合同的订立:分别订立;合并订立】	★
684	婚姻法司法解释二	第24条【离婚时夫妻共同债务的清偿】	★★

第199条【同一财产上多个抵押权的效力顺序】　★★★

同一财产向两个以上债权人抵押的,拍卖、变卖抵押财产所得的价款依照下列规定清偿:

（一）抵押权已登记的,按照登记的先后顺序清偿;顺序相同的,按照债权比例清偿;

（二）抵押权已登记的先于未登记的受偿;

（三）抵押权未登记的,按照债权比例清偿。

一、主要适用的案由及其相关度

案由编号	主要适用的案由	相关度
M4.10.126	追偿权纠纷	★★
M4.10.89	借款合同纠纷	★
M4.10.89.1	金融借款合同纠纷	★★★★★
M4.10.89.4	民间借贷纠纷	★★★★★

二、同时适用的法条及其相关度

	同时适用的法条	相关度	
合同法	第205条【借款合同的利息支付义务】	★★★★★	593
	第206条【借款期限的认定】	★★★★★	
	第207条【借款合同违约责任承担:支付利息】	★★★★★	
	第107条【合同约束力:违约责任】	★★★★	
	第60条【合同履行的原则】	★★★	
	第8条【合同约束力】	★	
	第44条【合同成立条件与时间】	★	
	第114条【违约金的数额及其调整】	★	
	第196条【借款合同定义】	★	
	第211条【自然人之间借款合同利息的规制】	★	
物权法	第179条【抵押权的界定】	★★★★★	113
	第176条【混合担保规则】	★★★	
	第195条【抵押权实现的方式和程序】	★★★	
	第180条【可抵押财产的范围】	★★	
	第187条【不动产抵押的登记要件主义】	★★	
	第203条【最高额抵押规则】	★★	
	第170条【担保财产优先受偿:债务人不履行到期债务、发生约定的实现担保物权的情形】	★	
	第173条【担保物权担保的范围】	★	
	第188条【动产抵押的登记对抗主义】	★	
	第198条【抵押权实现后价款大于或小于所担保债权的处理规则】	★	

		同时适用的法条	相关度
607	担保法	第18条【保证合同中连带责任的承担】	★★★★
		第21条【保证担保的范围;没有约定、约定不明时的担保范围】	★★★
		第31条【保证人的追偿权】	★★★
		第4条【担保物权的设立;反担保的设立】	★
		第14条【保证合同的订立:分别订立;合并订立】	★
		第33条【抵押、抵押权人、抵押人以及抵押物的概念】	★
		第46条【抵押担保的范围】	★
		第53条【抵押权的实现】	★
616	民法通则	第90条【借贷关系】	★
		第108条【债务清偿:分期偿还、强制偿还】	★
684	婚姻法司法解释二	第24条【离婚时夫妻共同债务的清偿】	★

第200条【以建设用地使用权抵押后新增建筑物不属于抵押财产】 ★★

建设用地使用权抵押后,该土地上新增的建筑物不属于抵押财产。该建设用地使用权实现抵押权时,应当将该土地上新增的建筑物与建设用地使用权一并处分,但新增建筑物所得的价款,抵押权人无权优先受偿。

一、主要适用的案由及其相关度

案由编号	主要适用的案由	相关度
M4.10.89.1	金融借款合同纠纷	★★★★★
M4.10.89.4	民间借贷纠纷	★

二、同时适用的法条及其相关度

	同时适用的法条	相关度	
合同法	第206条【借款期限的认定】	★★★★★	593
	第207条【借款合同违约责任承担:支付利息】	★★★★★	
	第205条【借款合同的利息支付义务】	★★★★	
	第8条【合同约束力】	★★★	
	第107条【合同约束力:违约责任】	★★★	
	第5条【合同公平原则;合同权利义务确定的原则】	★★	
	第60条【合同履行的原则】	★★	
	第196条【借款合同定义】	★★	
	第52条【合同无效的情形】	★	
担保法	第18条【保证合同中连带责任的承担】	★★★★	607
	第21条【保证担保的范围;没有约定、约定不明时的担保范围】	★★★★	
	第6条【保证的定义】	★★	
	第31条【保证人的追偿权】	★★	
	第33条【抵押、抵押权人、抵押人以及抵押物的概念】	★★	
	第11条【禁止强令提供担保】	★	
	第12条【多人保证责任的承担】	★	
	第14条【保证合同的订立:分别订立;合并订立】	★	
	第41条【特殊财产的抵押物登记】	★	
	第46条【抵押担保的范围】	★	
	第59条【最高额抵押的定义】	★	

		同时适用的法条	相关度
113	物权法	第179条【抵押权的界定】	★★★★
		第182条【建筑物和相应的建设用地使用权一并抵押规则】	★★★
		第176条【混合担保规则】	★★
		第187条【不动产抵押的登记要件主义】	★★
		第170条【担保财产优先受偿:债务人不履行到期债务、发生约定的实现担保物权的情形】	★
		第195条【抵押权实现的方式和程序】	★
		第202条【抵押权的行使期间】	★
		第203条【最高额抵押规则】	★
670	企业破产法	第46条【破产时的债权期限与利息:未到期视为到期;停止计息】	★
687	担保法司法解释	第20条【连带共同保证的责任承担】	★
		第23条【最高额保证合同的担保范围】	★

第201条【以农村土地承包经营权和乡镇、村企业的建设用地使用权抵押的实现抵押权后不得改变土地用途】 ★

依照本法第一百八十条第一款第三项规定的土地承包经营权抵押的,或者依照本法第一百八十三条规定以乡镇、村企业的厂房等建筑物占用范围内的建设用地使用权一并抵押的,实现抵押权后,未经法定程序,不得改变土地所有权的性质和土地用途。

■ 一、主要适用的案由及其相关度

案由编号	主要适用的案由	相关度
M4.10.89	借款合同纠纷	
M4.10.89.1	金融借款合同纠纷	
M4.10.89.4	民间借贷纠纷	

二、同时适用的法条及其相关度

	同时适用的法条	相关度	
民法通则	第90条【借贷关系】		616
	第108条【债务清偿：分期偿还、强制偿还】		
物权法	第173条【担保物权担保的范围】		113
	第176条【混合担保规则】		
	第179条【抵押权的界定】		
	第180条【可抵押财产的范围】		
	第181条【动产浮动抵押规则】		
	第187条【不动产抵押的登记要件主义】		
	第188条【动产抵押的登记对抗主义】		
	第189条【动产浮动抵押权设立的登记对抗主义】		
	第195条【抵押权实现的方式和程序】		
	第203条【最高额抵押规则】		
	第209条【禁止出质的动产范围】		
担保法	第33条【抵押、抵押权人、抵押人以及抵押物的概念】		607
	第41条【特殊财产的抵押物登记】		
合同法	第207条【借款合同违约责任承担：支付利息】		593
	第211条【自然人之间借款合同利息的规制】		

第202条【抵押权的行使期间】 ★★★

抵押权人应当在主债权诉讼时效期间行使抵押权；未行使的，人民法院不予保护。

一、主要适用的案由及其相关度

案由编号	主要适用的案由	相关度
M4.10.89	借款合同纠纷	★★
M4.10.89.1	金融借款合同纠纷	★★★★★

案由编号	主要适用的案由	相关度
M4.10.89.4	民间借贷纠纷	★★★
M4.10.91	抵押合同纠纷	★
M3.8.59	抵押权纠纷	★

二、同时适用的法条及其相关度

	同时适用的法条	相关度
合同法	第205条【借款合同的利息支付义务】	★★★★★
	第206条【借款期限的认定】	★★★★★
	第207条【借款合同违约责任承担：支付利息】	★★★★★
	第60条【合同履行的原则】	★★★
	第107条【合同约束力：违约责任】	★★★
	第196条【借款合同定义】	★★★
	第8条【合同约束力】	★
	第44条【合同成立条件与时间】	★
	第198条【借款合同中的担保及法律适用】	★
	第211条【自然人之间借款合同利息的规制】	★
物权法	第179条【抵押权的界定】	★★★
	第187条【不动产抵押的登记要件主义】	★★★
	第195条【抵押权实现的方式和程序】	★★★
	第173条【担保物权担保的范围】	★★
	第180条【可抵押财产的范围】	★★
	第203条【最高额抵押规则】	★★
	第170条【担保财产优先受偿：债务人不履行到期债务、发生约定的实现担保物权的情形】	★
	第176条【混合担保规则】	★

	同时适用的法条	相关度	
担保法	第18条【保证合同中连带责任的承担】	★★	607
	第21条【保证担保的范围；没有约定、约定不明时的担保范围】	★★	
	第31条【保证人的追偿权】	★★	
	第33条【抵押、抵押权人、抵押人以及抵押物的概念】	★★	
	第46条【抵押担保的范围】	★★	
	第53条【抵押权的实现】	★★	
	第6条【保证的定义】	★	
	第12条【多人保证责任的承担】	★	
	第41条【特殊财产的抵押物登记】	★	
民法通则	第90条【借贷关系】	★	616
	第108条【债务清偿；分期偿还、强制偿还】	★	
	第135条【诉讼时效期间；两年】	★	
担保法司法解释	第12条【当事人约定的或登记部门要求登记的担保期间对担保物权的存续不具有法律约束力；担保物权的行使期限】	★	687
婚姻法司法解释二	第24条【离婚时夫妻共同债务的清偿】	★	684

第二节 最高额抵押权

第203条【最高额抵押规则】 ★★★★★

为担保债务的履行，债务人或者第三人对一定期间内将要连续发生的债权提供担保财产的，债务人不履行到期债务或者发生当事人约定的实现抵押权的情形，抵押权人有权在最高债权额限度内就该担保财产优先受偿。

最高额抵押权设立前已经存在的债权，经当事人同意，可以转入最高额抵押担保的债权范围。

一、主要适用的案由及其相关度

案由编号	主要适用的案由	相关度
M4.10.89.1	金融借款合同纠纷	★★★★★

二、同时适用的法条及其相关度

	同时适用的法条	相关度
合同法	第205条【借款合同的利息支付义务】	★★★★★
合同法	第206条【借款期限的认定】	★★★★★
合同法	第207条【借款合同违约责任承担:支付利息】	★★★★★
合同法	第60条【合同履行的原则】	★★★
合同法	第107条【合同约束力:违约责任】	★★★
合同法	第196条【借款合同定义】	★★
合同法	第8条【合同约束力】	★
合同法	第44条【合同成立条件与时间】	★
担保法	第18条【保证合同中连带责任的承担】	★★★★★
担保法	第21条【保证担保的范围;没有约定、约定不明时的担保范围】	★★★★
担保法	第14条【保证合同的订立:分别订立;合并订立】	★★★
担保法	第31条【保证人的追偿权】	★★★
担保法	第12条【多人保证责任的承担】	★★
担保法	第33条【抵押、抵押权人、抵押人以及抵押物的概念】	★★
担保法	第46条【抵押担保的范围】	★★
担保法	第6条【保证的定义】	★
担保法	第41条【特殊财产的抵押物登记】	★
担保法	第53条【抵押权的实现】	★
担保法	第57条【担保人的追偿权】	★
担保法	第59条【最高额抵押的定义】	★

	同时适用的法条	相关度	
物权法	第176条【混合担保规则】	★★★	113
	第179条【抵押权的界定】	★★★	
	第187条【不动产抵押的登记要件主义】	★★★	
	第195条【抵押权实现的方式和程序】	★★★	
	第170条【担保财产优先受偿；债务人不履行到期债务、发生约定的实现担保物权的情形】	★★	
	第173条【担保物权担保的范围】	★★	
	第180条【可抵押财产的范围】	★★	
	第198条【抵押权实现后价款大于或小于所担保债权的处理规则】	★	
	第206条【最高额抵押所担保债权的确定时间】	★	
	第207条【最高额抵押的法律适用】	★	
婚姻法司法解释二	第24条【离婚时夫妻共同债务的清偿】	★★	684
担保法司法解释	第23条【最高额保证合同的担保范围】	★	687

第204条【最高额抵押担保不得随部分债权转让；约定除外】 ★★

最高额抵押担保的债权确定前,部分债权转让的,最高额抵押权不得转让,但当事人另有约定的除外。

一、主要适用的案由及其相关度

案由编号	主要适用的案由	相关度
M4.10.70	债权转让合同纠纷	★★★★
M4.10.89	借款合同纠纷	★★★
M4.10.89.1	金融借款合同纠纷	★★★★★
M4.10.89.4	民间借贷纠纷	★★

案由编号	主要适用的案由	相关度
M4.10.89.7	金融不良债权追偿纠纷	★

二、同时适用的法条及其相关度

	同时适用的法条	相关度
合同法	第79条【债权人不得转让合同权利的情形】	★★★★★
	第80条【债权人转让债权的通知义务】	★★★★★
	第81条【债权转让从权利一并转让】	★★★★★
	第205条【借款合同的利息支付义务】	★★★★★
	第206条【借款期限的认定】	★★★★★
	第207条【借款合同违约责任承担:支付利息】	★★★★★
	第60条【合同履行的原则】	★★★
	第107条【合同约束力:违约责任】	★★★
	第44条【合同成立条件与时间】	★★
	第196条【借款合同定义】	★★
	第8条【合同约束力】	★
物权法	第206条【最高额抵押所担保债权的确定时间】	★★★★
	第176条【混合担保规则】	★★★
	第179条【抵押权的界定】	★★★
	第192条【抵押权的从属性】	★★★
	第203条【最高额抵押规则】	★★★
	第187条【不动产抵押的登记要件主义】	★★
	第195条【抵押权实现的方式和程序】	★★
	第173条【担保物权担保的范围】	★
	第178条【担保法与物权法冲突时的法律适用】	★
	第180条【可抵押财产的范围】	★

	同时适用的法条	相关度	
物权法	第182条【建筑物和相应的建设用地使用权一并抵押规则】	★	113
	第198条【抵押权实现后价款大于或小于所担保债权的处理规则】	★	
	第205条【最高额抵押债权确定前的内容变更】	★	
担保法	第18条【保证合同中连带责任的承担】	★★★★	607
	第12条【多人保证责任的承担】	★★	
	第21条【保证担保的范围;没有约定、约定不明时的担保范围】	★★	
	第22条【主债权转让时保证人的保证责任】	★★	
	第33条【抵押、抵押权人、抵押人以及抵押物的概念】	★★	
	第6条【保证的定义】	★	
	第14条【保证合同的订立:分别订立;合并订立】	★	
	第31条【保证人的追偿权】	★	
	第41条【特殊财产的抵押物登记】	★	
	第46条【抵押担保的范围】	★	
	第53条【抵押权的实现】	★	
	第59条【最高额抵押的定义】	★	
	第60条【最高额抵押的适用范围】	★	
民法通则	第90条【借贷关系】	★	616
	第108条【债务清偿:分期偿还、强制偿还】	★	
担保法司法解释	第23条【最高额保证合同的担保范围】	★	687
	第28条【债权转让的保证人仍在原保证范围内承担保证责任及其例外】	★	
	第83条【最高额抵押抵押限额的确定】	★	

		同时适用的法条	相关度
707	收购、管理、处置国有银行不良贷款形成的资产案件规定	第8条【最高额抵押权特定后的转让效力】	★

第205条【最高额抵押债权确定前的内容变更】　★

最高额抵押担保的债权确定前,抵押权人与抵押人可以通过协议变更债权确定的期间、债权范围以及最高债权额,但变更的内容不得对其他抵押权人产生不利影响。

■ 一、主要适用的案由及其相关度

案由编号	主要适用的案由	相关度
M4.10.89	借款合同纠纷	
M4.10.89.1	金融借款合同纠纷	
M4.10.89.4	民间借贷纠纷	
M4.10.126	追偿权纠纷	

■ 二、同时适用的法条及其相关度

		同时适用的法条	相关度
593	合同法	第44条【合同成立条件与时间】	
		第60条【合同履行的原则】	
		第107条【合同约束力:违约责任】	
		第205条【借款合同的利息支付义务】	
		第206条【借款期限的认定】	
		第207条【借款合同违约责任承担:支付利息】	

	同时适用的法条	相关度
物权法	第 20 条【预告登记及其法律效力】	
	第 21 条【登记错误造成损害的救济规则】	
	第 33 条【利害关系人的物权确认请求权】	
	第 173 条【担保物权担保的范围】	
	第 176 条【混合担保规则】	
	第 179 条【抵押权的界定】	
	第 180 条【可抵押财产的范围】	
	第 181 条【动产浮动抵押规则】	
	第 182 条【建筑物和相应的建设用地使用权一并抵押规则】	
	第 187 条【不动产抵押的登记要件主义】	
	第 195 条【抵押权实现的方式和程序】	
	第 198 条【抵押权实现后价款大于或小于所担保债权的处理规则】	
	第 202 条【抵押权的行使期间】	
	第 203 条【最高额抵押规则】	
	第 204 条【最高额抵押担保不得随部分债权转让;约定除外】	
	第 206 条【最高额抵押所担保债权的确定时间】	
	第 207 条【最高额抵押的法律适用】	
	第 208 条【质权的概念与质权的实现;质押双方的概念】	
	第 212 条【质权的设立】	
	第 222 条【最高额质权的设立及其适用规则】	

		同时适用的法条	相关度
607	担保法	第18条【保证合同中连带责任的承担】	
		第21条【保证担保的范围;没有约定、约定不明时的担保范围】	
		第31条【保证人的追偿权】	
		第46条【抵押担保的范围】	
616	民法通则	第90条【借贷关系】	
		第108条【债务清偿:分期偿还、强制偿还】	

第206条【最高额抵押所担保债权的确定时间】 ★★★

有下列情形之一的,抵押权人的债权确定:

（一）约定的债权确定期间届满;

（二）没有约定债权确定期间或者约定不明确,抵押权人或者抵押人自最高额抵押权设立之日起满二年后请求确定债权;

（三）新的债权不可能发生;

（四）抵押财产被查封、扣押;

（五）债务人、抵押人被宣告破产或者被撤销;

（六）法律规定债权确定的其他情形。

一、主要适用的案由及其相关度

案由编号	主要适用的案由	相关度
M4.10.89.1	金融借款合同纠纷	★★★★★

二、同时适用的法条及其相关度

		同时适用的法条	相关度
593	合同法	第205条【借款合同的利息支付义务】	★★★★★
		第206条【借款期限的认定】	★★★★★
		第207条【借款合同违约责任承担:支付利息】	★★★★★
		第107条【合同约束力:违约责任】	★★★★

	同时适用的法条	相关度	
合同法	第60条【合同履行的原则】	★★★	593
	第196条【借款合同定义】	★★★	
	第44条【合同成立条件与时间】	★	
物权法	第203条【最高额抵押规则】	★★★★★	113
	第173条【担保物权担保的范围】	★★★	
	第176条【混合担保规则】	★★★	
	第179条【抵押权的界定】	★★★	
	第187条【不动产抵押的登记要件主义】	★★★	
	第195条【抵押权实现的方式和程序】	★★★	
	第207条【最高额抵押的法律适用】	★★★	
	第180条【可抵押财产的范围】	★★	
担保法	第18条【保证合同中连带责任的承担】	★★★★	607
	第14条【保证合同的订立：分别订立；合并订立】	★★★	
	第21条【保证担保的范围；没有约定、约定不明时的担保范围】	★★★	
	第31条【保证人的追偿权】	★★★	
	第33条【抵押、抵押权人、抵押人以及抵押物的概念】	★	
	第46条【抵押担保的范围】	★	
	第53条【抵押权的实现】	★	
	第59条【最高额抵押的定义】	★	
担保法司法解释	第23条【最高额保证合同的担保范围】	★★	687
婚姻法司法解释二	第24条【离婚时夫妻共同债务的清偿】	★	684

第207条【最高额抵押的法律适用】　　　　　　　　★★★★
最高额抵押权除适用本节规定外,适用本章第一节一般抵押权的规定。

▓ 一、主要适用的案由及其相关度

案由编号	主要适用的案由	相关度
M4.10.89	借款合同纠纷	★
M4.10.89.1	金融借款合同纠纷	★★★★★

▓ 二、同时适用的法条及其相关度

	同时适用的法条	相关度
物权法	第203条【最高额抵押规则】	★★★★★
	第195条【抵押权实现的方式和程序】	★★★★
	第173条【担保物权担保的范围】	★★★
	第176条【混合担保规则】	★★★
	第179条【抵押权的界定】	★★★
	第187条【不动产抵押的登记要件主义】	★★★
	第180条【可抵押财产的范围】	★★
	第206条【最高额抵押所担保债权的确定时间】	★★
合同法	第205条【借款合同的利息支付义务】	★★★★★
	第206条【借款期限的认定】	★★★★★
	第207条【借款合同违约责任承担:支付利息】	★★★★★
	第107条【合同约束力:违约责任】	★★★★
	第60条【合同履行的原则】	★★★
	第196条【借款合同定义】	★★

	同时适用的法条	相关度	
担保法	第18条【保证合同中连带责任的承担】	★★★★	607
	第21条【保证担保的范围;没有约定、约定不明时的担保范围】	★★★	
	第31条【保证人的追偿权】	★★★	
	第14条【保证合同的订立:分别订立;合并订立】	★★	
	第41条【特殊财产的抵押物登记】	★	
	第42条【办理抵押物登记的部门】	★	
婚姻法司法解释二	第24条【离婚时夫妻共同债务的清偿】	★	684
担保法司法解释	第23条【最高额保证合同的担保范围】	★	687

第十七章 质权

第一节 动产质权

第208条【质权的概念与质权的实现;质押双方的概念】 ★★★

为担保债务的履行,债务人或者第三人将其动产出质给债权人占有的,债务人不履行到期债务或者发生当事人约定的实现质权的情形,债权人有权就该动产优先受偿。

前款规定的债务人或者第三人为出质人,债权人为质权人,交付的动产为质押财产。

一、主要适用的案由及其相关度

案由编号	主要适用的案由	相关度
M4.10.89	借款合同纠纷	★★
M4.10.89.1	金融借款合同纠纷	★★★★★
M4.10.89.4	民间借贷纠纷	★★★
M4.10.126	追偿权纠纷	★

486 物权纠纷

案由编号	主要适用的案由	相关度
M4.10.110	典当纠纷	★

二、同时适用的法条及其相关度

	同时适用的法条	相关度
合同法	第206条【借款期限的认定】	★★★★★
	第207条【借款合同违约责任承担：支付利息】	★★★★★
	第107条【合同约束力；违约责任】	★★★★
	第205条【借款合同的利息支付义务】	★★★★
	第60条【合同履行的原则】	★★★
	第8条【合同约束力】	★★
	第196条【借款合同定义】	★★
	第44条【合同成立条件与时间】	★
	第114条【违约金的数额及其调整】	★
担保法	第18条【保证合同中连带责任的承担】	★★★★★
	第21条【保证担保的范围；没有约定、约定不明时的担保范围】	★★★★
	第31条【保证人的追偿权】	★★★★
	第63条【动产质押的定义】	★★
	第6条【保证的定义】	★
	第12条【多人保证责任的承担】	★
	第14条【保证合同的订立：分别订立；合并订立】	★
	第33条【抵押、抵押权人、抵押人以及抵押物的概念】	★

593

607

	同时适用的法条	相关度	
物权法	第176条【混合担保规则】	★★★	113
	第179条【抵押权的界定】	★★★	
	第212条【质权的设立】	★★★	
	第223条【可出质的权利的范围】	★★★	
	第219条【质物返还与质权实现】	★★	
	第226条【基金份额、股权出质的权利质权设立;出质人处分基金份额、股权的限制】	★★	
	第229条【权利质权的法律适用】	★★	
	第170条【担保财产优先受偿:债务人不履行到期债务、发生约定的实现担保物权的情形】	★	
	第173条【担保物权担保的范围】	★	
	第180条【可抵押财产的范围】	★	
	第187条【不动产抵押的登记要件主义】	★	
	第195条【抵押权实现的方式和程序】	★	
	第203条【最高额抵押规则】	★	
	第210条【质权设立需要订立书面质权合同与质权合同的内容】	★	
	第222条【最高额质权的设立及其适用规则】	★	
	第224条【有价证券出质的形式要件以及质权生效时间】	★	
	第228条【以应收账款出质:书面合同的形式要求;登记设立主义;不得转让】	★	
民法通则	第108条【债务清偿:分期偿还、强制偿还】	★	616
担保法司法解释	第42条【保证人追偿权的行使与诉讼时效】	★	687

第209条【禁止出质的动产范围】 ★

法律、行政法规禁止转让的动产不得出质。

一、主要适用的案由及其相关度

案由编号	主要适用的案由	相关度
M4.10.89	借款合同纠纷	
M4.10.89.4	民间借贷纠纷	
M3.5.33	返还原物纠纷	

二、同时适用的法条及其相关度

		同时适用的法条	相关度
616	民法通则	第90条【借贷关系】	
		第108条【债务清偿：分期偿还、强制偿还】	
113	物权法	第24条【船舶、航空器和机动车物权变动采取登记对抗主义】	
		第34条【权利人的返还原物请求权】	
		第170条【担保财产优先受偿：债务人不履行到期债务、发生约定的实现担保物权的情形】	
		第171条【担保物权的设立；反担保的设立】	
		第173条【担保物权担保的范围】	
		第176条【混合担保规则】	
		第178条【担保法与物权法冲突时的法律适用】	
		第179条【抵押权的界定】	
		第189条【动产浮动抵押权设立的登记对抗主义】	
		第201条【以农村土地承包经营权和乡镇、村企业的建设用地使用权抵押的实现抵押权后不得改变土地用途】	
		第203条【最高额抵押规则】	

	同时适用的法条	相关度
物权法	第208条【质权的概念与质权的实现;质押双方的概念】	113
	第212条【质权的设立】	
担保法	第41条【特殊财产的抵押物登记】	607
合同法	第60条【合同履行的原则】	593
	第107条【合同约束力;违约责任】	
	第205条【借款合同的利息支付义务】	
	第206条【借款期限的认定】	
	第207条【借款合同违约责任承担:支付利息】	
	第211条【自然人之间借款合同利息的规制】	

第210条【质权设立需要订立书面质权合同与质权合同的内容】★★

设立质权,当事人应当采取书面形式订立质权合同。

质权合同一般包括下列条款:

(一)被担保债权的种类和数额;

(二)债务人履行债务的期限;

(三)质押财产的名称、数量、质量、状况;

(四)担保的范围;

(五)质押财产交付的时间。

一、主要适用的案由及其相关度

案由编号	主要适用的案由	相关度
M3.5.33	返还原物纠纷	★★★
M4.10.89	借款合同纠纷	★★★
M4.10.89.1	金融借款合同纠纷	★★★★★
M4.10.89.4	民间借贷纠纷	★★★★
M4.10.92	质押合同纠纷	★
M4.10.110	典当纠纷	★

案由编号	主要适用的案由	相关度
M10.43.422	案外人执行异议之诉	★
M10.43	执行异议之诉	★
M4.10	合同纠纷	★
M4.10.70	债权转让合同纠纷	★
M4.10.74	买卖合同纠纷	★

二、同时适用的法条及其相关度

	同时适用的法条	相关度
物权法	第212条【质权的设立】	★★★★★
	第208条【质权的概念与质权的实现;质押双方的概念】	★★★★
	第219条【质物返还与质权实现】	★★
	第34条【权利人的返还原物请求权】	★
	第176条【混合担保规则】	★
	第223条【可出质的权利的范围】	★
	第226条【基金份额、股权出质的权利质权设立;出质人处分基金份额、股权的限制】	★
	第229条【权利质权的法律适用】	★
合同法	第206条【借款期限的认定】	★★★★★
	第207条【借款合同违约责任承担:支付利息】	★★★★★
	第60条【合同履行的原则】	★★★★
	第107条【合同约束力:违约责任】	★★★★
	第205条【借款合同的利息支付义务】	★★★★
	第196条【借款合同定义】	★★★
	第198条【借款合同中的担保及法律适用】	★★
	第8条【合同约束力】	★

	同时适用的法条	相关度	
合同法	第44条【合同成立条件与时间】	★	593
	第79条【债权人不得转让合同权利的情形】	★	
	第80条【债权人转让债权的通知义务】	★	
	第81条【债权转让从权利一并转让】	★	
	第201条【贷款人未按照约定提供借款的违约责任、借款人未按照约定收取借款的违约责任】	★	
	第211条【自然人之间借款合同利息的规制】	★	
担保法	第18条【保证合同中连带责任的承担】	★★★★	607
	第21条【保证担保的范围;没有约定、约定不明时的担保范围】	★★★★	
	第31条【保证人的追偿权】	★★★	
	第6条【保证的定义】	★★	
	第63条【动产质押的定义】	★★	
	第64条【质押合同的订立形式与质权生效时间】	★★	
	第12条【多人保证责任的承担】	★	
	第14条【保证合同的订立:分别订立;合并订立】	★	
	第22条【主债权转让时保证人的保证责任】	★	
	第46条【抵押担保的范围】	★	
	第65条【质权设立需要订立书面质权合同与质权合同的内容】	★	
	第67条【质押担保的范围:主债权、利息、违约金、损害赔偿金、质物保管费用、实现质权的费用】	★	
婚姻法	第19条【夫妻财产约定制】	★	649
担保法司法解释	第85条【债务人或第三人将其金钱以特户、封金、保证金等形式特定化后的优先受偿】	★★★	687

	同时适用的法条	相关度
684 婚姻法司法解释二	第24条【离婚时夫妻共同债务的清偿】	★

第211条【流质契约的绝对禁止】　★★

质权人在债务履行期届满前,不得与出质人约定债务人不履行到期债务时质押财产归债权人所有。

一、主要适用的案由及其相关度

案由编号	主要适用的案由	相关度
M4.10.89.4	民间借贷纠纷	★★★★★
M4.10.67.2	确认合同无效纠纷	★★
M3.5.33	返还原物纠纷	★
M4.10.74	买卖合同纠纷	★
M4.10.82	房屋买卖合同纠纷	★

二、同时适用的法条及其相关度

	同时适用的法条	相关度
113 物权法	第208条【质权的概念与质权的实现;质押双方的概念】	★★★★★
	第186条【抵押权的禁止流质条款】	★★★★
	第212条【质权的设立】	★★★
	第219条【质物返还与质权实现】	★★★
	第226条【基金份额、股权出质的权利质权设立;出质人处分基金份额、股权的限制】	★★★
	第34条【权利人的返还原物请求权】	★★
	第210条【质权设立需要订立书面质权合同与质权合同的内容】	★★

	同时适用的法条	相关度	
物权法	第214条【质权人对质押财产处分的限制及其法律责任】	★★	113
	第15条【设立、变更、转让、消灭不动产物权的合同的效力;合同成立时生效】	★	
	第37条【侵害物权的民事责任竞合】	★	
	第40条【所有权人设立他物权的规定】	★	
	第176条【混合担保规则】	★	
	第179条【抵押权的界定】	★	
	第180条【可抵押财产的范围】	★	
	第187条【不动产抵押的登记要件主义】	★	
	第215条【质权人对于质押财产的妥善保管义务】	★	
	第223条【可出质的权利的范围】	★	
	第229条【权利质权的法律适用】	★	
合同法	第206条【借款期限的认定】	★★★★★	593
	第52条【合同无效的情形】	★★★★	
	第60条【合同履行的原则】	★★★★	
	第207条【借款合同违约责任承担:支付利息】	★★★★	
	第8条【合同约束力】	★★★	
	第58条【合同无效或被撤销的法律后果】	★★★	
	第107条【合同约束力;违约责任】	★★★	
	第205条【借款合同的利息支付义务】	★★★	
	第6条【诚实信用原则】	★★	
	第44条【合同成立条件与时间】	★★	
	第56条【合同无效或被撤销的溯及力;部分无效不影响其他独立部分的效力】	★★	
	第114条【违约金的数额及其调整】	★★	

		同时适用的法条	相关度
593	合同法	第210条【自然人之间借款合同的生效:提供借款时】	★★
		第211条【自然人之间借款合同利息的规制】	★★
		第93条【合同的意定解除:协商一致;约定条件成就】	★
		第130条【买卖合同的定义】	★
		第196条【借款合同定义】	★
		第200条【借款利息不得预先扣除;预先扣除后按实际数额计算借款额度】	★
		第248条【出租人的租金支付请求权以及合同解除权】	★
607	担保法	第66条【流质契约的绝对禁止】	★★★★
		第18条【保证合同中连带责任的承担】	★★★
		第21条【保证担保的范围;没有约定、约定不明时的担保范围】	★★★
		第31条【保证人的追偿权】	★★★
		第19条【保证方式不明时:连带责任担保】	★★
		第40条【流质契约的绝对禁止】	★★
		第63条【动产质押的定义】	★★
		第26条【连带保证的保证期间】	★
		第64条【质押合同的订立形式与质权生效时间】	★
		第67条【质押担保的范围:主债权、利息、违约金、损害赔偿金、质物保管费用、实现质权的费用】	★
		第71条【质物返还与质权实现】	★
616	民法通则	第108条【债务清偿:分期偿还、强制偿还】	★★
		第84条【债的界定】	★
		第90条【借贷关系】	★

	同时适用的法条	相关度	
担保法司法解释	第85条【债务人或第三人将其金钱以特户、封金、保证金等形式特定化后的优先受偿】	★★	687
审理民间借贷案件规定	第26条【民间借贷年利率的限定】	★	713
	第29条【逾期利率的确定规则】	★	
合同法司法解释二	第29条【违约金的数额及其调整】	★	715

第212条【质权的设立】 ★★

质权自出质人交付质押财产时设立。

一、主要适用的案由及其相关度

案由编号	主要适用的案由	相关度
M4.10.74	买卖合同纠纷	★★★★
M4.10.89	借款合同纠纷	★★
M4.10.89.1	金融借款合同纠纷	★★★★★
M4.10.89.4	民间借贷纠纷	★★★★★
M4.10.110	典当纠纷	★★
M10.43.422	案外人执行异议之诉	★
M3.5.33	返还原物纠纷	★
M4.10	合同纠纷	★

二、同时适用的法条及其相关度

	同时适用的法条	相关度
物权法	第208条【质权的概念与质权的实现;质押双方的概念】	★★★★★
	第210条【质权设立需要订立书面质权合同与质权合同的内容】	★★★
	第23条【动产物权设立和转让的公示与生效条件】	★★
	第24条【船舶、航空器和机动车物权变动采取登记对抗主义】	★★
	第176条【混合担保规则】	★★
	第219条【质物返还与质权实现】	★★
	第173条【担保物权担保的范围】	★
	第179条【抵押权的界定】	★
	第187条【不动产抵押的登记要件主义】	★
	第203条【最高额抵押规则】	★
	第221条【质押财产变现数额多于或少于债权数额的法律后果】	★
	第222条【最高额质权的设立及其适用规则】	★
	第223条【可出质的权利的范围】	★
合同法	第107条【合同约束力:违约责任】	★★★★★
	第206条【借款期限的认定】	★★★★★
	第207条【借款合同违约责任承担:支付利息】	★★★★★
	第205条【借款合同的利息支付义务】	★★★★
	第60条【合同履行的原则】	★★★
	第135条【出卖人义务:交付、移转所有权】	★★
	第136条【出卖人义务:交付单证、交付资料】	★★
	第196条【借款合同定义】	★★

	同时适用的法条	相关度	
合同法	第8条【合同约束力】	★	593
	第44条【合同成立条件与时间】	★	
	第198条【借款合同中的担保及法律适用】	★	
	第210条【自然人之间借款合同的生效:提供借款时】	★	
	第211条【自然人之间借款合同利息的规制】	★	
担保法	第18条【保证合同中连带责任的承担】	★★★★	607
	第21条【保证担保的范围;没有约定、约定不明时的担保范围】	★★★	
	第31条【保证人的追偿权】	★★★	
	第63条【动产质押的定义】	★★★	
	第64条【质押合同的订立形式与质权生效时间】	★★★	
	第75条【可质押的权利的范围】	★★	
	第6条【保证的定义】	★	
	第12条【多人保证责任的承担】	★	
	第14条【保证合同的订立:分别订立;合并订立】	★	
	第67条【质押担保的范围:主债权、利息、违约金、损害赔偿金、质物保管费用、实现质权的费用】	★	
民法通则	第108条【债务清偿:分期偿还、强制偿还】	★	616
买卖合同司法解释	第7条【出卖人义务:交付单证、交付资料】	★★	704
担保法司法解释	第85条【债务人或第三人将其金钱以特户、封金、保证金等形式特定化后的优先受偿】	★★	687
	第42条【保证人追偿权的行使与诉讼时效】	★	
婚姻法司法解释二	第24条【离婚时夫妻共同债务的清偿】	★	684

第213条【质权设立期间的孳息收取】 ★★

质权人有权收取质押财产的孳息,但合同另有约定的除外。

前款规定的孳息应当先充抵收取孳息的费用。

■ 一、主要适用的案由及其相关度

案由编号	主要适用的案由	相关度
M4.10.89	借款合同纠纷	★★
M4.10.89.1	金融借款合同纠纷	★★★★★
M4.10.89.4	民间借贷纠纷	★

■ 二、同时适用的法条及其相关度

	同时适用的法条	相关度
合同法	第206条【借款期限的认定】	★★★★★
	第207条【借款合同违约责任承担:支付利息】	★★★★★
	第60条【合同履行的原则】	★★★★
	第107条【合同约束力;违约责任】	★★★★
	第44条【合同成立条件与时间】	★★★
	第196条【借款合同定义】	★★★
	第205条【借款合同的利息支付义务】	★★★
担保法	第18条【保证合同中连带责任的承担】	★★★★★
	第21条【保证担保的范围;没有约定、约定不明时的担保范围】	★★★★
	第6条【保证的定义】	★★★
	第31条【保证人的追偿权】	★★★
	第14条【保证合同的订立:分别订立;合并订立】	★★
	第12条【多人保证责任的承担】	★

	同时适用的法条	相关度
物权法	第208条【质权的概念与质权的实现;质押双方的概念】	★★★
	第212条【质权的设立】	★★★
	第219条【质物返还与质权实现】	★★★
	第223条【可出质的权利的范围】	★★★
	第173条【担保物权担保的范围】	★
	第176条【混合担保规则】	★
	第203条【最高额抵押规则】	★
	第210条【质权设立需要订立书面质权合同与质权合同的内容】	★
	第222条【最高额质权的设立及其适用规则】	★
	第224条【有价证券出质的形式要件以及质权生效时间】	★
	第226条【基金份额、股权出质的权利质权设立;出质人处分基金份额、股权的限制】	★

第214条【质权人对质押财产处分的限制及其法律责任】 ★

质权人在质权存续期间,未经出质人同意,擅自使用、处分质押财产,给出质人造成损害的,应当承担赔偿责任。

一、主要适用的案由及其相关度

案由编号	主要适用的案由	相关度
M4.10.92	质押合同纠纷	
M4.10.89.4	民间借贷纠纷	
M3.5.33	返还原物纠纷	
M3.5.38	财产损害赔偿纠纷	
M3.8.60	质权纠纷	
M3.8.60.1	动产质权纠纷	

二、同时适用的法条及其相关度

		同时适用的法条	相关度
113	物权法	第4条【国家、集体和私人物权的平等保护原则】	
		第33条【利害关系人的物权确认请求权】	
		第34条【权利人的返还原物请求权】	
		第37条【侵害物权的民事责任竞合】	
		第40条【所有权人设立他物权的规定】	
		第177条【担保物权消灭的情形】	
		第179条【抵押权的界定】	
		第208条【质权的概念与质权的实现;质押双方的概念】	
		第211条【流质契约的绝对禁止】	
		第212条【质权的设立】	
		第213条【质权设立期间的孳息收取】	
		第215条【质权人对于质押财产的妥善保管义务】	
		第218条【质权人放弃对债务人财产的质权的法律后果】	
		第219条【质物返还与质权实现】	
		第220条【出质人对于质权人的及时行使质权的请求权】	
		第221条【质押财产变现数额多于或少于债权数额的法律后果】	
593	合同法	第58条【合同无效或被撤销的法律后果】	
		第206条【借款期限的认定】	
607	担保法	第63条【动产质押的定义】	
		第71条【质物返还与质权实现】	
715	合同法司法解释二	第29条【违约金的数额及其调整】	

第二编 核心法律条文主要适用案由及关联法条索引 501

第215条【质权人对于质押财产的妥善保管义务】 ★

质权人负有妥善保管质押财产的义务;因保管不善致使质押财产毁损、灭失的,应当承担赔偿责任。

质权人的行为可能使质押财产毁损、灭失的,出质人可以要求质权人将质押财产提存,或者要求提前清偿债务并返还质押财产。

一、主要适用的案由及其相关度

案由编号	主要适用的案由	相关度
M4.10.89.4	民间借贷纠纷	
M3.8.60.1	动产质权纠纷	
M3.5.33	返还原物纠纷	

二、同时适用的法条及其相关度

	同时适用的法条	相关度
物权法	第15条【设立、变更、转让、消灭不动产物权的合同的效力;合同成立时生效】	
	第34条【权利人的返还原物请求权】	
	第37条【侵害物权的民事责任竞合】	
	第60条【行使集体所有权的主体】	
	第173条【担保物权担保的范围】	
	第176条【混合担保规则】	
	第179条【抵押权的界定】	
	第208条【质权的概念与质权的实现;质押双方的概念】	
	第210条【质权设立需要订立书面质权合同与质权合同的内容】	
	第211条【流质契约的绝对禁止】	
	第212条【质权的设立】	

		同时适用的法条	相关度
113	物权法	第214条【质权人对质押财产处分的限制及其法律责任】	
		第216条【质物毁损或价值减少时质权人的救济方式】	
		第219条【质物返还与质权实现】	
593	合同法	第60条【合同履行的原则】	
		第201条【贷款人未按照约定提供借款的违约责任、借款人未按照约定收取借款的违约责任】	
		第205条【借款合同的利息支付义务】	
		第206条【借款期限的认定】	
		第207条【借款合同违约责任承担:支付利息】	
607	担保法	第18条【保证合同中连带责任的承担】	
		第19条【保证方式不明时:连带责任担保】	
		第21条【保证担保的范围;没有约定、约定不明时的担保范围】	
		第26条【连带保证的保证期间】	
		第31条【保证人的追偿权】	
		第63条【动产质押的定义】	
		第71条【质物返还与质权实现】	
616	民法通则	第108条【债务清偿:分期偿还、强制偿还】	
625	侵权责任法	第6条【过错责任原则;过错推定责任原则】	
		第15条【侵权责任的主要承担方式】	

第216条【质物毁损或价值减少时质权人的救济方式】 ★

因不能归责于质权人的事由可能使质押财产毁损或者价值明显减少,足以危害质权人权利的,质权人有权要求出质人提供相应的担保;出质人不提供的,质权人可以拍卖、变卖质押财产,并与出质人通过协议将拍卖、变卖所得的价款提前清偿债务或者提存。

一、主要适用的案由及其相关度

案由编号	主要适用的案由	相关度
M4.10	合同纠纷	

二、同时适用的法条及其相关度

	同时适用的法条	相关度	
合同法	第60条【合同履行的原则】		593
	第108条【预期违约责任】		
物权法	第215条【质权人对于质押财产的妥善保管义务】		113

第217条【质权人转质规则及其法律后果】 ★

质权人在质权存续期间,未经出质人同意转质,造成质押财产毁损、灭失的,应当向出质人承担赔偿责任。

一、主要适用的案由及其相关度

案由编号	主要适用的案由	相关度
M3.5.38	财产损害赔偿纠纷	
M3.5.33	返还原物纠纷	
M4.10.89.1	金融借款合同纠纷	

二、同时适用的法条及其相关度

	同时适用的法条	相关度	
合同法	第8条【合同约束力】		593
	第58条【合同无效或被撤销的法律后果】		
	第60条【合同履行的原则】		
侵权责任法	第6条【过错责任原则;过错推定责任原则】		625
	第8条【共同实施侵权行为人的连带责任】		

		同时适用的法条	相关度
113	物权法	第34条【权利人的返还原物请求权】	
		第37条【侵害物权的民事责任竞合】	
		第40条【所有权人设立他物权的规定】	

第218条【质权人放弃对债务人财产的质权的法律后果】 ★

质权人可以放弃质权。债务人以自己的财产出质,质权人放弃该质权的,其他担保人在质权人丧失优先受偿权益的范围内免除担保责任,但其他担保人承诺仍然提供担保的除外。

一、主要适用的案由及其相关度

案由编号	主要适用的案由	相关度
M4.10.89.4	民间借贷纠纷	
M4.10.89.1	金融借款合同纠纷	
M4.10	合同纠纷	
M4.10.126	追偿权纠纷	
M4.10.92	质押合同纠纷	
M4.10.89.7	金融不良债权追偿纠纷	

二、同时适用的法条及其相关度

		同时适用的法条	相关度
607	担保法	第6条【保证的定义】	
		第12条【多人保证责任的承担】	
		第18条【保证合同中连带责任的承担】	
		第19条【保证方式不明时:连带责任担保】	
		第21条【保证担保的范围;没有约定、约定不明时的担保范围】	
		第28条【混合担保规则】	
		第31条【保证人的追偿权】	

	同时适用的法条	相关度	
担保法	第64条【质押合同的订立形式与质权生效时间】		607
	第67条【质押担保的范围:主债权、利息、违约金、损害赔偿金、质物保管费用、实现质权的费用】		
合同法	第60条【合同履行的原则】		593
	第107条【合同约束力;违约责任】		
	第196条【借款合同定义】		
	第205条【借款合同的利息支付义务】		
	第206条【借款期限的认定】		
	第207条【借款合同违约责任承担:支付利息】		
物权法	第171条【担保物权的设立;反担保的设立】		113
	第176条【混合担保规则】		
	第177条【担保物权消灭的情形】		
	第178条【担保法与物权法冲突时的法律适用】		
	第194条【抵押权人放弃抵押权或抵押权顺位的法律后果】		
	第208条【质权的概念与质权的实现;质押双方的概念】		
	第212条【质权的设立】		
	第213条【质权设立期间的孳息收取】		
	第214条【质权人对质押财产处分的限制及其法律责任】		
	第219条【质物返还与质权实现】		
	第226条【基金份额、股权出质的权利质权设立;出质人处分基金份额、股权的限制】		
	第229条【权利质权的法律适用】		

第219条【质物返还与质权实现】 ★★★

债务人履行债务或者出质人提前清偿所担保的债权的,质权人应当返还质押财产。

债务人不履行到期债务或者发生当事人约定的实现质权的情形,质权人可以与出质人协议以质押财产折价,也可以就拍卖、变卖质押财产所得的价款优先受偿。

质押财产折价或者变卖的,应当参照市场价格。

一、主要适用的案由及其相关度

案由编号	主要适用的案由	相关度
M4.10.89	借款合同纠纷	★
M4.10.89.1	金融借款合同纠纷	★★★★★
M4.10.89.4	民间借贷纠纷	★★
M4.10.126	追偿权纠纷	★
M4.10.110	典当纠纷	★

二、同时适用的法条及其相关度

	同时适用的法条	相关度
合同法	第205条【借款合同的利息支付义务】	★★★★★
	第206条【借款期限的认定】	★★★★★
	第207条【借款合同违约责任承担:支付利息】	★★★★★
	第107条【合同约束力:违约责任】	★★★★
	第60条【合同履行的原则】	★★★
	第196条【借款合同定义】	★★
	第8条【合同约束力】	★
	第44条【合同成立条件与时间】	★
	第114条【违约金的数额及其调整】	★

	同时适用的法条	相关度	
担保法	第18条【保证合同中连带责任的承担】	★★★★★	607
	第21条【保证担保的范围;没有约定、约定不明时的担保范围】	★★★★	
	第31条【保证人的追偿权】	★★★★	
	第4条【担保物权的设立;反担保的设立】	★	
	第6条【保证的定义】	★	
	第12条【多人保证责任的承担】	★	
	第14条【保证合同的订立:分别订立;合并订立】	★	
	第19条【保证方式不明时:连带责任担保】	★	
	第63条【动产质押的定义】	★	
	第67条【质押担保的范围:主债权、利息、违约金、损害赔偿金、质物保管费用、实现质权的费用】	★	
物权法	第176条【混合担保规则】	★★★	113
	第195条【抵押权实现的方式和程序】	★★★	
	第208条【质权的概念与质权的实现;质押双方的概念】	★★★	
	第223条【可出质的权利的范围】	★★	
	第226条【基金份额、股权出质的权利质权设立;出质人处分基金份额、股权的限制】	★★	
	第229条【权利质权的法律适用】	★★	
	第173条【担保物权担保的范围】	★	
	第179条【抵押权的界定】	★	
	第180条【可抵押财产的范围】	★	
	第187条【不动产抵押的登记要件主义】	★	
	第203条【最高额抵押规则】	★	
	第212条【质权的设立】	★	

508　物权纠纷

	同时适用的法条	相关度
物权法	第221条【质押财产变现数额多于或少于债权数额的法律后果】	★
	第222条【最高额质权的设立及其适用规则】	★
	第228条【以应收账款出质；书面合同的形式要求；登记设立主义；不得转让】	★

第220条【出质人对于质权人的及时行使质权的请求权】 ★★

出质人可以请求质权人在债务履行期届满后及时行使质权；质权人不行使的，出质人可以请求人民法院拍卖、变卖质押财产。

出质人请求质权人及时行使质权，因质权人怠于行使权利造成损害的，由质权人承担赔偿责任。

■ 一、主要适用的案由及其相关度

案由编号	主要适用的案由	相关度
M4.10.89	借款合同纠纷	★
M4.10.89.1	金融借款合同纠纷	★★★★★
M4.10.89.4	民间借贷纠纷	★★★
M4.10.89.5	小额借款合同纠纷	★
M4.10.92	质押合同纠纷	★

■ 二、同时适用的法条及其相关度

	同时适用的法条	相关度
合同法	第206条【借款期限的认定】	★★★★★
	第207条【借款合同违约责任承担；支付利息】	★★★★★
	第205条【借款合同的利息支付义务】	★★★★
	第60条【合同履行的原则】	★★★
	第107条【合同约束力；违约责任】	★★★

	同时适用的法条	相关度	
合同法	第 196 条【借款合同定义】	★★	593
	第 93 条【合同的意定解除：协商一致；约定条件成就】	★	
	第 211 条【自然人之间借款合同利息的规制】	★	
担保法	第 18 条【保证合同中连带责任的承担】	★★★★★	607
	第 21 条【保证担保的范围；没有约定、约定不明时的担保范围】	★★★	
	第 31 条【保证人的追偿权】	★★★	
	第 33 条【抵押、抵押权人、抵押人以及抵押物的概念】	★★	
	第 12 条【多人保证责任的承担】	★	
	第 14 条【保证合同的订立：分别订立；合并订立】	★	
	第 46 条【抵押担保的范围】	★	
物权法	第 176 条【混合担保规则】	★★★	113
	第 195 条【抵押权实现的方式和程序】	★★★	
	第 208 条【质权的概念与质权的实现；质押双方的概念】	★★★	
	第 179 条【抵押权的界定】	★★	
	第 203 条【最高额抵押规则】	★★	
	第 219 条【质物返还与质权实现】	★★	
	第 221 条【质押财产变现数额多于或少于债权数额的法律后果】	★★	
	第 223 条【可出质的权利的范围】	★★	
	第 170 条【担保财产优先受偿：债务人不履行到期债务、发生约定的实现担保物权的情形】	★	
	第 173 条【担保物权担保的范围】	★	
	第 180 条【可抵押财产的范围】	★	

	同时适用的法条	相关度
113 物权法	第210条【质权设立需要订立书面质权合同与质权合同的内容】	★
	第212条【质权的设立】	★
	第222条【最高额质权的设立及其适用规则】	★
	第226条【基金份额、股权出质的权利质权设立;出质人处分基金份额、股权的限制】	★
	第228条【以应收账款出质:书面合同的形式要求;登记设立主义;不得转让】	★
	第229条【权利质权的法律适用】	★
687 担保法司法解释	第20条【连带共同保证的责任承担】	★
	第42条【保证人追偿权的行使与诉讼时效】	★

第221条【质押财产变现数额多于或少于债权数额的法律后果】 ★★

质押财产折价或者拍卖、变卖后,其价款超过债权数额的部分归出质人所有,不足部分由债务人清偿。

一、主要适用的案由及其相关度

案由编号	主要适用的案由	相关度
M4.10.89	借款合同纠纷	★★
M4.10.89.1	金融借款合同纠纷	★★★★★
M4.10.89.4	民间借贷纠纷	★★★★
M4.10.126	追偿权纠纷	★
M4.10	合同纠纷	★
M4.10.110	典当纠纷	★

二、同时适用的法条及其相关度

	同时适用的法条	相关度
物权法	第219条【质物返还与质权实现】	★★★★★
	第208条【质权的概念与质权的实现；质押双方的概念】	★★★★
	第176条【混合担保规则】	★★★
	第223条【可出质的权利的范围】	★★★
	第226条【基金份额、股权出质的权利质权设立；出质人处分基金份额、股权的限制】	★★★
	第212条【质权的设立】	★★
	第229条【权利质权的法律适用】	★★
	第173条【担保物权担保的范围】	★
	第179条【抵押权的界定】	★
	第180条【可抵押财产的范围】	★
	第187条【不动产抵押的登记要件主义】	★
	第195条【抵押权实现的方式和程序】	★
	第198条【抵押权实现后价款大于或小于所担保债权的处理规则】	★
	第203条【最高额抵押规则】	★
	第210条【质权设立需要订立书面质权合同与质权合同的内容】	★
	第220条【出质人对于质权人的及时行使质权的请求权】	★
	第222条【最高额质权的设立及其适用规则】	★
	第228条【以应收账款出质：书面合同的形式要求；登记设立主义；不得转让】	★

113

		同时适用的法条	相关度
593	合同法	第107条【合同约束力;违约责任】	★★★★★
		第206条【借款期限的认定】	★★★★★
		第207条【借款合同违约责任承担;支付利息】	★★★★★
		第60条【合同履行的原则】	★★★★
		第205条【借款合同的利息支付义务】	★★★★
		第8条【合同约束力】	★★
		第196条【借款合同定义】	★★
		第114条【违约金的数额及其调整】	★
		第210条【自然人之间借款合同的生效;提供借款时】	★
		第211条【自然人之间借款合同利息的规制】	★
607	担保法	第18条【保证合同中连带责任的承担】	★★★★★
		第31条【保证人的追偿权】	★★★★
		第21条【保证担保的范围;没有约定、约定不明时的担保范围】	★★★
		第4条【担保物权的设立;反担保的设立】	★
		第6条【保证的定义】	★
		第12条【多人保证责任的承担】	★
		第14条【保证合同的订立;分别订立;合并订立】	★
		第63条【动产质押的定义】	★
		第67条【质押担保的范围:主债权、利息、违约金、损害赔偿金、质物保管费用、实现质权的费用】	★
		第71条【质物返还与质权实现】	★
		第72条【质押担保人的追偿权】	★
616	民法通则	第90条【借贷关系】	★

	同时适用的法条	相关度	
担保法司法解释	第19条【连带共同保证的认定】	★	687
	第42条【保证人追偿权的行使与诉讼时效】	★	

第222条【最高额质权的设立及其适用规则】 ★★

出质人与质权人可以协议设立最高额质权。

最高额质权除适用本节有关规定外,参照本法第十六章第二节最高额抵押权的规定。

一、主要适用的案由及其相关度

案由编号	主要适用的案由	相关度
M4.10.89	借款合同纠纷	★
M4.10.89.1	金融借款合同纠纷	★★★★★

二、同时适用的法条及其相关度

	同时适用的法条	相关度	
担保法	第18条【保证合同中连带责任的承担】	★★★★★	607
	第21条【保证担保的范围;没有约定、约定不明时的担保范围】	★★★★	
	第14条【保证合同的订立;分别订立;合并订立】	★★★	
	第31条【保证人的追偿权】	★★★	
	第12条【多人保证责任的承担】	★★	
	第6条【保证的定义】	★	
合同法	第206条【借款期限的认定】	★★★★★	593
	第207条【借款合同违约责任承担;支付利息】	★★★★★	
	第107条【合同约束力;违约责任】	★★★★	
	第205条【借款合同的利息支付义务】	★★★★	
	第60条【合同履行的原则】	★★★	

		同时适用的法条	相关度
593	合同法	第196条【借款合同定义】	★★
		第8条【合同约束力】	★
		第44条【合同成立条件与时间】	★
113	物权法	第176条【混合担保规则】	★★★
		第203条【最高额抵押规则】	★★★
		第208条【质权的概念与质权的实现;质押双方的概念】	★★★
		第223条【可出质的权利的范围】	★★★
		第226条【基金份额、股权出质的权利质权设立;出质人处分基金份额、股权的限制】	★★★
		第179条【抵押权的界定】	★★
		第195条【抵押权实现的方式和程序】	★★
		第219条【质物返还与质权实现】	★★
		第229条【权利质权的法律适用】	★★
		第170条【担保财产优先受偿;债务人不履行到期债务、发生约定的实现担保物权的情形】	★
		第173条【担保物权担保的范围】	★
		第180条【可抵押财产的范围】	★
		第187条【不动产抵押的登记要件主义】	★
		第206条【最高额抵押所担保债权的确定时间】	★
		第212条【质权的设立】	★
		第228条【以应收账款出质:书面合同的形式要求;登记设立主义;不得转让】	★
687	担保法司法解释	第23条【最高额保证合同的担保范围】	★
		第42条【保证人追偿权的行使与诉讼时效】	★

第二节 权利质权

第223条【可出质的权利的范围】 ★★★

债务人或者第三人有权处分的下列权利可以出质:

(一) 汇票、支票、本票;

(二) 债券、存款单;

(三) 仓单、提单;

(四) 可以转让的基金份额、股权;

(五) 可以转让的注册商标专用权、专利权、著作权等知识产权中的财产权;

(六) 应收账款;

(七) 法律、行政法规规定可以出质的其他财产权利。

■ 一、主要适用的案由及其相关度

案由编号	主要适用的案由	相关度
M4.10.89	借款合同纠纷	★★
M4.10.89.1	金融借款合同纠纷	★★★★★
M4.10.89.4	民间借贷纠纷	★
M4.10.126	追偿权纠纷	★★

■ 二、同时适用的法条及其相关度

	同时适用的法条	相关度
担保法	第18条【保证合同中连带责任的承担】	★★★★★
	第21条【保证担保的范围;没有约定、约定不明时的担保范围】	★★★★
	第31条【保证人的追偿权】	★★★★
	第6条【保证的定义】	★★
	第4条【担保物权的设立;反担保的设立】	★
	第12条【多人保证责任的承担】	★
	第14条【保证合同的订立;分别订立;合并订立】	★

		同时适用的法条	相关度
607	担保法	第63条【动产质押的定义】	★
		第75条【可质押的权利的范围】	★
593	合同法	第107条【合同约束力;违约责任】	★★★★★
		第206条【借款期限的认定】	★★★★★
		第207条【借款合同违约责任承担:支付利息】	★★★★★
		第205条【借款合同的利息支付义务】	★★★★
		第60条【合同履行的原则】	★★★
		第196条【借款合同定义】	★★
		第8条【合同约束力】	★
		第44条【合同成立条件与时间】	★
		第114条【违约金的数额及其调整】	★
113	物权法	第176条【混合担保规则】	★★★
		第208条【质权的概念与质权的实现;质押双方的概念】	★★★
		第226条【基金份额、股权出质的权利质权设立;出质人处分基金份额、股权的限制】	★★★
		第179条【抵押权的界定】	★★
		第180条【可抵押财产的范围】	★★
		第203条【最高额抵押规则】	★★
		第219条【质物返还与质权实现】	★★
		第228条【以应收账款出质:书面合同的形式要求;登记设立主义;不得转让】	★★
		第229条【权利质权的法律适用】	★★
		第170条【担保财产优先受偿:债务人不履行到期债务、发生约定的实现担保物权的情形】	★
		第173条【担保物权担保的范围】	★
		第187条【不动产抵押的登记要件主义】	★

	同时适用的法条	相关度
物权法	第188条【动产抵押的登记对抗主义】	★
	第195条【抵押权实现的方式和程序】	★
	第222条【最高额质权的设立及其适用规则】	★
	第224条【有价证券出质的形式要件以及质权生效时间】	★

113

第224条【有价证券出质的形式要件以及质权生效时间】 ★★

以汇票、支票、本票、债券、存款单、仓单、提单出质的,当事人应当订立书面合同。质权自权利凭证交付质权人时设立;没有权利凭证的,质权自有关部门办理出质登记时设立。

一、主要适用的案由及其相关度

案由编号	主要适用的案由	相关度
M4.10.89	借款合同纠纷	★★
M4.10.89.1	金融借款合同纠纷	★★★★★
M4.10.89.4	民间借贷纠纷	★

二、同时适用的法条及其相关度

	同时适用的法条	相关度
合同法	第60条【合同履行的原则】	★★★★★
	第205条【借款合同的利息支付义务】	★★★★★
	第206条【借款期限的认定】	★★★★★
	第207条【借款合同违约责任承担;支付利息】	★★★★★
	第107条【合同约束力;违约责任】	★★★★
	第196条【借款合同定义】	★★★
	第8条【合同约束力】	★
	第108条【预期违约责任】	★

593

518　物权纠纷

		同时适用的法条	相关度
113	物权法	第208条【质权的概念与质权的实现;质押双方的概念】	★★★★★
		第223条【可出质的权利的范围】	★★★★★
		第176条【混合担保规则】	★★★
		第229条【权利质权的法律适用】	★★★
		第170条【担保财产优先受偿:债务人不履行到期债务、发生约定的实现担保物权的情形】	★
		第179条【抵押权的界定】	★
		第187条【不动产抵押的登记要件主义】	★
		第212条【质权的设立】	★
		第219条【质物返还与质权实现】	★
607	担保法	第18条【保证合同中连带责任的承担】	★★★★
		第21条【保证担保的范围;没有约定、约定不明时的担保范围】	★★★
		第31条【保证人的追偿权】	★★★
		第76条【票据出质的范围,形式以及生效条件】	★★★
		第63条【动产质押的定义】	★★
		第81条【权利质权的法律适用】	★★
		第6条【保证的定义】	★
		第14条【保证合同的订立:分别订立;合并订立】	★
		第75条【可质押的权利的范围】	★
616	民法通则	第108条【债务清偿:分期偿还、强制偿还】	★
684	婚姻法司法解释二	第24条【离婚时夫妻共同债务的清偿】	★

第225条【有价证券的质权人在有价证券权利早于主债权到期日时的质权行使规则】 ★

汇票、支票、本票、债券、存款单、仓单、提单的兑现日期或者提货日期先于主债权到期的,质权人可以兑现或者提货,并与出质人协议将兑现的价款或者提取的货物提前清偿债务或者提存。

一、主要适用的案由及其相关度

案由编号	主要适用的案由	相关度
M8.28.325	票据追索权纠纷	
M4.10.89	借款合同纠纷	
M4.10.89.1	金融借款合同纠纷	
M4.10.89.4	民间借贷纠纷	

二、同时适用的法条及其相关度

	同时适用的法条	相关度
物权法	第5条【物权法定原则:物权种类、物权内容由法律规定】	
	第37条【侵害物权的民事责任竞合】	
	第124条【农村集体经济经营体制;农村土地实行土地承包经营制度】	
	第208条【质权的概念与质权的实现;质押双方的概念】	
	第219条【质物返还与质权实现】	
	第221条【质押财产变现数额多于或少于债权数额的法律后果】	
	第222条【最高额质权的设立及其适用规则】	
	第223条【可出质的权利的范围】	
	第224条【有价证券出质的形式要件以及质权生效时间】	
	第229条【权利质权的法律适用】	

		同时适用的法条	相关度
593	合同法	第60条【合同履行的原则】	
		第107条【合同约束力;违约责任】	
		第205条【借款合同的利息支付义务】	
		第206条【借款期限的认定】	
		第207条【借款合同违约责任承担:支付利息】	
661	票据法	第61条【行使汇票追索权】	
		第68条【汇票追索权的效力】	
		第70条【行使汇票追索权可请求支付的金额和费用】	

第226条【基金份额、股权出质的权利质权设立;出质人处分基金份额、股权的限制】 ★★★

以基金份额、股权出质的,当事人应当订立书面合同。以基金份额、证券登记结算机构登记的股权出质的,质权自证券登记结算机构办理出质登记时设立;以其他股权出质的,质权自工商行政管理部门办理出质登记时设立。

基金份额、股权出质后,不得转让,但经出质人与质权人协商同意的除外。出质人转让基金份额、股权所得的价款,应当向质权人提前清偿债务或者提存。

一、主要适用的案由及其相关度

案由编号	主要适用的案由	相关度
M4.10.126	追偿权纠纷	★★★
M4.10.89	借款合同纠纷	★★★
M4.10.89.1	金融借款合同纠纷	★★★★★
M4.10.89.4	民间借贷纠纷	★★★★★
M4.10.89.5	小额借款合同纠纷	★
M4.10.110	典当纠纷	★
M4.10.90	保证合同纠纷	★
M4.10	合同纠纷	★

二、同时适用的法条及其相关度

	同时适用的法条	相关度
担保法	第18条【保证合同中连带责任的承担】	★★★★★
	第21条【保证担保的范围;没有约定、约定不明时的担保范围】	★★★★
	第31条【保证人的追偿权】	★★★★
	第12条【多人保证责任的承担】	★★
	第4条【担保物权的设立;反担保的设立】	★
	第6条【保证的定义】	★
	第14条【保证合同的订立;分别订立;合并订立】	★
	第33条【抵押、抵押权人、抵押人以及抵押物的概念】	★
	第75条【可质押的权利的范围】	★
	第78条【基金份额、股权出质的权利质权设立;出质人处分基金份额、股权的限制】	★
合同法	第206条【借款期限的认定】	★★★★★
	第207条【借款合同违约责任承担:支付利息】	★★★★★
	第60条【合同履行的原则】	★★★
	第107条【合同约束力:违约责任】	★★★
	第205条【借款合同的利息支付义务】	★★★
	第196条【借款合同定义】	★★
	第8条【合同约束力】	★
	第44条【合同成立条件与时间】	★
	第114条【违约金的数额及其调整】	★
	第211条【自然人之间借款合同利息的规制】	★

607

593

		同时适用的法条	相关度
113	物权法	第176条【混合担保规则】	★★★
		第208条【质权的概念与质权的实现;质押双方的概念】	★★★
		第223条【可出质的权利的范围】	★★★
		第179条【抵押权的界定】	★★
		第187条【不动产抵押的登记要件主义】	★★
		第219条【质物返还与质权实现】	★★
		第229条【权利质权的法律适用】	★★
		第170条【担保财产优先受偿:债务人不履行到期债务、发生约定的实现担保物权的情形】	★
		第173条【担保物权担保的范围】	★
		第180条【可抵押财产的范围】	★
		第195条【抵押权实现的方式和程序】	★
		第203条【最高额抵押规则】	★
		第222条【最高额质权的设立及其适用规则】	★
616	民法通则	第108条【债务清偿:分期偿还、强制偿还】	★

第227条【知识产权中财产权出质的质权设立;出质人处分知识产权的限制】 ★

以注册商标专用权、专利权、著作权等知识产权中的财产权出质的,当事人应当订立书面合同。质权自有关主管部门办理出质登记时设立。

知识产权中的财产权出质后,出质人不得转让或者许可他人使用,但经出质人与质权人协商同意的除外。出质人转让或者许可他人使用出质的知识产权中的财产权所得的价款,应当向质权人提前清偿债务或者提存。

一、主要适用的案由及其相关度

案由编号	主要适用的案由	相关度
M4.10.126	追偿权纠纷	
M4.10.89	借款合同纠纷	
M4.10.89.1	金融借款合同纠纷	
M4.10.89.4	民间借贷纠纷	
M10.43.422	案外人执行异议之诉	
M4.10	合同纠纷	

二、同时适用的法条及其相关度

	同时适用的法条	相关度
担保法	第18条【保证合同中连带责任的承担】	★★★★★
	第31条【保证人的追偿权】	★★★★★
	第4条【担保物权的设立;反担保的设立】	★★★
	第6条【保证的定义】	★★★
	第12条【多人保证责任的承担】	★★★
	第21条【保证担保的范围;没有约定、约定不明时的担保范围】	★★★
	第14条【保证合同的订立:分别订立;合并订立】	★
	第16条【保证的方式】	★
	第33条【抵押、抵押权人、抵押人以及抵押物的概念】	★
	第46条【抵押担保的范围】	★
	第67条【质押担保的范围:主债权、利息、违约金、损害赔偿金、质物保管费用、实现质权的费用】	★
	第79条【知识产权中财产权出质的质权设立;出质人处分知识产权的限制】	★

		同时适用的法条	相关度
113	物权法	第176条【混合担保规则】	★★★★★
		第208条【质权的概念与质权的实现;质押双方的概念】	★★★★
		第223条【可出质的权利的范围】	★★★★
		第229条【权利质权的法律适用】	★★★
		第180条【可抵押财产的范围】	★★
		第187条【不动产抵押的登记要件主义】	★★
		第195条【抵押权实现的方式和程序】	★★
		第203条【最高额抵押规则】	★★
		第219条【质物返还与质权实现】	★★
		第170条【担保财产优先受偿:债务人不履行到期债务、发生约定的实现担保物权的情形】	★
		第179条【抵押权的界定】	★
		第188条【动产抵押的登记对抗主义】	★
		第222条【最高额质权的设立及其适用规则】	★
		第226条【基金份额、股权出质的权利质权设立;出质人处分基金份额、股权的限制】	★
		第228条【以应收账款出质:书面合同的形式要求;登记设立主义;不得转让】	★
593	合同法	第107条【合同约束力;违约责任】	★★★★
		第8条【合同约束力】	★★★
		第60条【合同履行的原则】	★★★
		第205条【借款合同的利息支付义务】	★★★
		第206条【借款期限的认定】	★★★
		第207条【借款合同违约责任承担:支付利息】	★★★
		第114条【违约金的数额及其调整】	★★

	同时适用的法条	相关度	
合同法	第44条【合同成立条件与时间】	★	593
	第196条【借款合同定义】	★	
担保法司法解释	第20条【连带共同保证的责任承担】	★	687
	第22条【保证合同的成立】	★	
	第42条【保证人追偿权的行使与诉讼时效】	★	

第228条【以应收账款出质：书面合同的形式要求；登记设立主义；不得转让】 ★★★

以应收账款出质的，当事人应当订立书面合同。质权自信贷征信机构办理出质登记时设立。

应收账款出质后，不得转让，但经出质人与质权人协商同意的除外。出质人转让应收账款所得的价款，应当向质权人提前清偿债务或者提存。

一、主要适用的案由及其相关度

案由编号	主要适用的案由	相关度
M4.10.89	借款合同纠纷	★
M4.10.89.1	金融借款合同纠纷	★★★★★
M4.10.89.4	民间借贷纠纷	★
M4.10.126	追偿权纠纷	★

二、同时适用的法条及其相关度

	同时适用的法条	相关度	
担保法	第18条【保证合同中连带责任的承担】	★★★★	607
	第21条【保证担保的范围；没有约定、约定不明时的担保范围】	★★★★	
	第31条【保证人的追偿权】	★★★★	
	第4条【担保物权的设立；反担保的设立】	★	

		同时适用的法条	相关度
607	担保法	第6条【保证的定义】	★
		第12条【多人保证责任的承担】	★
		第14条【保证合同的订立:分别订立;合并订立】	★
		第33条【抵押、抵押权人、抵押人以及抵押物的概念】	★
593	合同法	第207条【借款合同违约责任承担:支付利息】	★★★★★
		第107条【合同约束力:违约责任】	★★★★
		第206条【借款期限的认定】	★★★★
		第60条【合同履行的原则】	★★★
		第205条【借款合同的利息支付义务】	★★★
		第196条【借款合同定义】	★★
		第8条【合同约束力】	★
113	物权法	第176条【混合担保规则】	★★★
		第223条【可出质的权利的范围】	★★★
		第179条【抵押权的界定】	★★
		第203条【最高额抵押规则】	★★
		第208条【质权的概念与质权的实现;质押双方的概念】	★★
		第229条【权利质权的法律适用】	★★
		第180条【可抵押财产的范围】	★
		第187条【不动产抵押的登记要件主义】	★
		第188条【动产抵押的登记对抗主义】	★
		第195条【抵押权实现的方式和程序】	★
		第219条【质物返还与质权实现】	★
687	担保法司法解释	第23条【最高额保证合同的担保范围】	★
		第42条【保证人追偿权的行使与诉讼时效】	★

第229条【权利质权的法律适用】 ★★★

权利质权除适用本节规定外,适用本章第一节动产质权的规定。

一、主要适用的案由及其相关度

案由编号	主要适用的案由	相关度
M4.10.89	借款合同纠纷	★
M4.10.89.1	金融借款合同纠纷	★★★★★
M4.10.89.4	民间借贷纠纷	★
M4.10.126	追偿权纠纷	★

二、同时适用的法条及其相关度

	同时适用的法条	相关度
合同法	第205条【借款合同的利息支付义务】	★★★★★
合同法	第206条【借款期限的认定】	★★★★★
合同法	第207条【借款合同违约责任承担:支付利息】	★★★★★
合同法	第60条【合同履行的原则】	★★★★
合同法	第107条【合同约束力:违约责任】	★★★★
合同法	第196条【借款合同定义】	★★★
合同法	第8条【合同约束力】	★
合同法	第44条【合同成立条件与时间】	★
合同法	第114条【违约金的数额及其调整】	★
物权法	第208条【质权的概念与质权的实现;质押双方的概念】	★★★★★
物权法	第223条【可出质的权利的范围】	★★★★★
物权法	第176条【混合担保规则】	★★★
物权法	第219条【质物返还与质权实现】	★★★
物权法	第226条【基金份额、股权出质的权利质权设立;出质人处分基金份额、股权的限制】	★★★

		同时适用的法条	相关度
113	物权法	第179条【抵押权的界定】	★★
		第203条【最高额抵押规则】	★★
		第222条【最高额质权的设立及其适用规则】	★★
		第224条【有价证券出质的形式要件以及质权生效时间】	★★
		第228条【以应收账款出质:书面合同的形式要求;登记设立主义;不得转让】	★★
		第170条【担保财产优先受偿:债务人不履行到期债务、发生约定的实现担保物权的情形】	★
		第173条【担保物权担保的范围】	★
		第180条【可抵押财产的范围】	★
		第187条【不动产抵押的登记要件主义】	★
		第195条【抵押权实现的方式和程序】	★
		第207条【最高额抵押的法律适用】	★
607	担保法	第18条【保证合同中连带责任的承担】	★★★★★
		第21条【保证担保的范围;没有约定、约定不明时的担保范围】	★★★★
		第31条【保证人的追偿权】	★★★★
		第63条【动产质押的定义】	★★
		第81条【权利质权的法律适用】	★★
		第4条【担保物权的设立;反担保的设立】	★
		第6条【保证的定义】	★
		第12条【多人保证责任的承担】	★
		第14条【保证合同的订立:分别订立;合并订立】	★
		第67条【质押担保的范围:主债权、利息、违约金、损害赔偿金、质物保管费用、实现质权的费用】	★
		第76条【票据出质的范围,形式以及生效条件】	★

第十八章　留置权

第230条【留置权规则】　　　　　　　　　　★★

债务人不履行到期债务,债权人可以留置已经合法占有的债务人的动产,并有权就该动产优先受偿。

前款规定的债权人为留置权人,占有的动产为留置财产。

一、主要适用的案由及其相关度

案由编号	主要适用的案由	相关度
M3.5.33	返还原物纠纷	★★★★★
M4.10.99	承揽合同纠纷	★★★★
M4.10.99.1	加工合同纠纷	★
M4.10.99.2	定作合同纠纷	★
M4.10.99.3	修理合同纠纷	★★★★★
M4.10.102	保管合同纠纷	★★★
M4.10.74	买卖合同纠纷	★★★
M4.10.97	租赁合同纠纷	★★
M4.10.97.2	房屋租赁合同纠纷	★★
M4.10.97.3	车辆租赁合同纠纷	★★★★★
M4.10	合同纠纷	★
M3.5.38	财产损害赔偿纠纷	★
M7.19.201	港口货物保管合同纠纷	★
M4.10.104.2	货运代理合同纠纷	★
M4.10.101	运输合同纠纷	★
M4.10.101.2	公路货物运输合同纠纷	★

二、同时适用的法条及其相关度

	同时适用的法条	相关度
合同法	第107条【合同约束力;违约责任】	★★★★★
	第60条【合同履行的原则】	★★★
	第264条【承揽人的留置权】	★★★
	第109条【违约责任的承担;付款义务的继续履行】	★★
	第263条【定作人报酬支付的期限】	★★
	第8条【合同约束力】	★
	第94条【合同的法定解除;法定解除权】	★
	第97条【合同解除的法律后果】	★
	第114条【违约金的数额及其调整】	★
	第207条【借款合同违约责任承担:支付利息】	★
	第226条【租赁合同中承租人租金支付期限的确定规则】	★
	第251条【承揽合同的定义】	★
	第379条【保管费的支付】	★
	第380条【保管人的留置权】	★
物权法	第231条【留置财产与债权应基于同一法律关系但企业间留置例外】	★★★★★
	第236条【留置权实现的一般规则】	★★★
	第239条【留置权与抵押权或者质权关系的规定:留置权优先于抵押权和质权】	★★★
	第34条【权利人的返还原物请求权】	★
	第233条【留置可分物时可留置财产的数额】	★
	第238条【留置财产变现数额与所担保债权数额不符时的处理】	★

频次:
593
113

	同时适用的法条	相关度	
担保法	第82条【留置与留置权】	★	607
	第83条【留置担保的法定范围】	★	
	第84条【留置的适用范围】	★	
民法通则	第108条【债务清偿:分期偿还、强制偿还】	★	616

第231条【留置财产与债权应基于同一法律关系但企业间留置例外】★★

债权人留置的动产,应当与债权属于同一法律关系,但企业之间留置的除外。

■ 一、主要适用的案由及其相关度

案由编号	主要适用的案由	相关度
M4.10.97.3	车辆租赁合同纠纷	★★★★★
M3.5.33	返还原物纠纷	★★★
M4.10.74	买卖合同纠纷	★★
M4.10.99	承揽合同纠纷	★★
M4.10.97.2	房屋租赁合同纠纷	★

■ 二、同时适用的法条及其相关度

	同时适用的法条	相关度	
物权法	第230条【留置权规则】	★★★★★	113
	第239条【留置权与抵押权或者质权关系的规定:留置权优先于抵押权和质权】	★★★	
	第34条【权利人的返还原物请求权】	★	
	第236条【留置权实现的一般规则】	★	

	同时适用的法条	相关度
593 合同法	第107条【合同约束力;违约责任】	★★★
	第60条【合同履行的原则】	★
	第94条【合同的法定解除;法定解除权】	★
	第97条【合同解除的法律后果】	★
	第264条【承揽人的留置权】	★

第232条【法律规定或当事人约定不得留置的动产不能留置】 ★

法律规定或者当事人约定不得留置的动产,不得留置。

一、主要适用的案由及其相关度

案由编号	主要适用的案由	相关度
M3.5.38	财产损害赔偿纠纷	
M7.19.221	港口作业纠纷	
M4.10.104.1	进出口代理合同纠纷	
M4.10.99.3	修理合同纠纷	

二、同时适用的法条及其相关度

	同时适用的法条	相关度
113 物权法	第34条【权利人的返还原物请求权】	
	第39条【所有权的内容】	
	第230条【留置权规则】	
	第231条【留置财产与债权应基于同一法律关系但企业间留置例外】	
	第236条【留置权实现的一般规则】	
667 海关法	第37条【海关监管货物:未经许可不得处置;禁止擅自开启或损毁海关封志;判决、裁定或有关行政执法部门决定处理海关监管货物的当事人应当办结海关手续】	

第233条【留置可分物时可留置财产的数额】 ★

留置财产为可分物的,留置财产的价值应当相当于债务的金额。

一、主要适用的案由及其相关度

案由编号	主要适用的案由	相关度
M4.10.99	承揽合同纠纷	
M4.10.99.1	加工合同纠纷	
M3.5.33	返还原物纠纷	
M10.39.394	申请诉前财产保全	
M10.43.424	执行分配方案异议之诉	
M4.10.126	追偿权纠纷	
M7.19.201	港口货物保管合同纠纷	
M4.10.102	保管合同纠纷	
M4.10.103	仓储合同纠纷	

二、同时适用的法条及其相关度

	同时适用的法条	相关度
物权法	第179条【抵押权的界定】	
	第180条【可抵押财产的范围】	
	第185条【抵押合同的书面形式要件及其应包含的内容】	
	第187条【不动产抵押的登记要件主义】	
	第188条【动产抵押的登记对抗主义】	
	第195条【抵押权实现的方式和程序】	
	第198条【抵押权实现后价款大于或小于所担保债权的处理规则】	
	第199条【同一财产上多个抵押权的效力顺序】	
	第226条【基金份额、股权出质的权利质权设立;出质人处分基金份额、股权的限制】	

		同时适用的法条	相关度
113	物权法	第230条【留置权规则】	
		第231条【留置财产与债权应基于同一法律关系但企业间留置例外】	
		第234条【留置权人对留置物的妥善保管义务】	
		第236条【留置权实现的一般规则】	
		第238条【留置财产变现数额与所担保债权数额不符的处理】	
		第245条【占有保护的方法】	
593	合同法	第60条【合同履行的原则】	
		第97条【合同解除的法律后果】	
		第107条【合同约束力:违约责任】	
		第205条【借款合同的利息支付义务】	
		第251条【承揽合同的定义】	
		第263条【定作人报酬支付的期限】	
		第264条【承揽人的留置权】	
607	担保法	第18条【保证合同中连带责任的承担】	
		第21条【保证担保的范围;没有约定、约定不明时的担保范围】	
		第87条【留置财产变现数额与所担保债权数额不符时的处理】	

第234条【留置权人对留置物的妥善保管义务】 ★

留置权人负有妥善保管留置财产的义务;因保管不善致使留置财产毁损、灭失的,应当承担赔偿责任。

■ 一、主要适用的案由及其相关度

案由编号	主要适用的案由	相关度
M3.5.33	返还原物纠纷	

案由编号	主要适用的案由	相关度
M7.19.182	海上、通海水域货物运输合同纠纷	
M3.5.37	恢复原状纠纷	
M3.6	所有权纠纷	
M4.10.99	承揽合同纠纷	
M4.10.99.3	修理合同纠纷	
M3.5.34	排除妨害纠纷	
M4.10.101	运输合同纠纷	
M4.10.103	仓储合同纠纷	

二、同时适用的法条及其相关度

	同时适用的法条	相关度
物权法	第4条【国家、集体和私人物权的平等保护原则】	
	第9条【不动产物权变动的登记原则；国家的自然资源所有权登记的特殊规定】	
	第23条【动产物权设立和转让的公示与生效条件】	
	第34条【权利人的返还原物请求权】	
	第39条【所有权的内容】	
	第173条【担保物权担保的范围】	
	第177条【担保物权消灭的情形】	
	第179条【抵押权的界定】	
	第187条【不动产抵押的登记要件主义】	
	第223条【可出质的权利的范围】	
	第224条【有价证券出质的形式要件以及质权生效时间】	
	第230条【留置权规则】	
	第231条【留置财产与债权应基于同一法律关系但企业间留置例外】	

	同时适用的法条	相关度
物权法	第233条【留置可分物时可留置财产的数额】	
	第236条【留置权实现的一般规则】	
	第238条【留置财产变现数额与所担保债权数额不符的处理】	
	第240条【留置权消灭:对留置财产丧失占有、接受债务人另行提供担保】	
合同法	第60条【合同履行的原则】	
	第107条【合同约束力:违约责任】	
	第211条【自然人之间借款合同利息的规制】	
	第264条【承揽人的留置权】	
民法通则	第71条【所有权的内容】	
	第117条【侵害财产权的责任承担方式:返还财产、折价赔偿;恢复原状、折价赔偿;赔偿损失】	
	第135条【诉讼时效期间:2年】	
担保法	第41条【特殊财产的抵押物登记】	
	第42条【办理抵押物登记的部门】	

第235条【留置财产的孳息收取】①

留置权人有权收取留置财产的孳息。

前款规定的孳息应当先充抵收取孳息的费用。

第236条【留置权实现的一般规则】　★

留置权人与债务人应当约定留置财产后的债务履行期间;没有约定或者约定不明确的,留置权人应当给债务人两个月以上履行债务的期间,但鲜活易腐等不易保管的动产除外。债务人逾期未履行的,留置权人可以与债务人协议以留置财产折价,也可以就拍卖、变卖留置财产所得的价款优先受偿。

留置财产折价或者变卖的,应当参照市场价格。

---

① 说明:本法条尚无足够数量判决书可供法律大数据分析。

一、主要适用的案由及其相关度

案由编号	主要适用的案由	相关度
M4.10.99	承揽合同纠纷	
M4.10.99.1	加工合同纠纷	
M4.10.99.3	修理合同纠纷	
M4.10.102	保管合同纠纷	
M4.10.103	仓储合同纠纷	
M4.10	合同纠纷	
M4.10.101	运输合同纠纷	

二、同时适用的法条及其相关度

	同时适用的法条	相关度	
物权法	第230条【留置权规则】	★★★★★	113
	第231条【留置财产与债权应基于同一法律关系但企业间留置例外】	★★★	
	第239条【留置权与抵押权或者质权关系的规定：留置权优先于抵押权和质权】	★★★	
	第238条【留置财产变现数额与所担保债权数额不符的处理】	★★	
合同法	第107条【合同约束力；违约责任】	★★★★★	593
	第60条【合同履行的原则】	★★★	
	第263条【定作人报酬支付的期限】	★★★	
	第264条【承揽人的留置权】	★★★	
	第8条【合同约束力】	★	
	第94条【合同的法定解除；法定解除权】	★	
	第97条【合同解除的法律后果】	★	
	第109条【违约责任的承担：付款义务的继续履行】	★	

	同时适用的法条	相关度
593 合同法	第114条【违约金的数额及其调整】	★
	第251条【承揽合同的定义】	★
	第366条【寄存人的义务】	★
	第379条【保管费的支付】	★
	第380条【保管人的留置权】	★
607 担保法	第82条【留置与留置权】	★
	第83条【留置担保的法定范围】	★
	第84条【留置的适用范围】	★
	第87条【留置财产变现数额与所担保债权数额不符时的处理】	★

第237条【债务人请求留置权人行使留置权的请求权】 ★

债务人可以请求留置权人在债务履行期届满后行使留置权；留置权人不行使的，债务人可以请求人民法院拍卖、变卖留置财产。

一、主要适用的案由及其相关度

案由编号	主要适用的案由	相关度
M4.10.99.1	加工合同纠纷	

二、同时适用的法条及其相关度

	同时适用的法条	相关度
616 民法通则	第135条【诉讼时效期间：2年】	
113 物权法	第236条【留置权实现的一般规则】	
	第238条【留置财产变现数额与所担保债权数额不符的处理】	
593 合同法	第251条【承揽合同的定义】	
	第264条【承揽人的留置权】	

第238条【留置财产变现数额与所担保债权数额不符时的处理】 ★

留置财产折价或者拍卖、变卖后,其价款超过债权数额的部分归债务人所有,不足部分由债务人清偿。

一、主要适用的案由及其相关度

案由编号	主要适用的案由	相关度
M4.10.102	保管合同纠纷	
M4.10.99	承揽合同纠纷	
M4.10.99.1	加工合同纠纷	
M4.10.99.3	修理合同纠纷	
M3.8.61	留置权纠纷	

二、同时适用的法条及其相关度

	同时适用的法条	相关度
物权法	第23条【动产物权设立和转让的公示与生效条件】	
	第34条【权利人的返还原物请求权】	
	第173条【担保物权担保的范围】	
	第230条【留置权规则】	
	第231条【留置财产与债权应基于同一法律关系但企业间留置例外】	
	第233条【留置可分物时可留置财产的数额】	
	第234条【留置权人对留置物的妥善保管义务】	
	第236条【留置权实现的一般规则】	
	第237条【债务人的请求留置权人行使留置权的请求权】	
	第239条【留置权与抵押权或者质权关系的规定:留置权优先于抵押权和质权】	

	同时适用的法条	相关度
合同法	第37条【合同成立条件与时间】	
	第60条【合同履行的原则】	
	第62条【合同内容约定不明确的处理规则;合同漏洞的填补】	
	第107条【合同约束力;违约责任】	
	第109条【违约责任的承担:付款义务的继续履行】	
	第226条【租赁合同中承租人租金支付期限的确定规则】	
	第251条【承揽合同的定义】	
	第259条【承揽工作中定作人的协助义务】	
	第264条【承揽人的留置权】	
	第366条【寄存人的义务】	
	第379条【保管费的支付】	
	第380条【保管人的留置权】	
担保法	第82条【留置与留置权】	
	第83条【留置担保的法定范围】	
	第84条【留置的适用范围】	
	第87条【留置财产变现数额与所担保债权数额不符时的处理】	

第239条【留置权与抵押权或者质权关系的规定:留置权优先于抵押权和质权】　★★

同一动产上已设立抵押权或者质权,该动产又被留置的,留置权人优先受偿。

一、主要适用的案由及其相关度

案由编号	主要适用的案由	相关度
M4.10.97.3	车辆租赁合同纠纷	★★★★★

案由编号	主要适用的案由	相关度
M4.10.74	买卖合同纠纷	★
M4.10.99.3	修理合同纠纷	★

二、同时适用的法条及其相关度

	同时适用的法条	相关度	
物权法	第230条【留置权规则】	★★★★★	113
物权法	第231条【留置财产与债权应基于同一法律关系但企业间留置例外】	★★★★★	
物权法	第236条【留置权实现的一般规则】	★★	
合同法	第107条【合同约束力;违约责任】	★★★	593
合同法	第60条【合同履行的原则】	★	
合同法	第94条【合同的法定解除;法定解除权】	★	
合同法	第97条【合同解除的法律后果】	★	
担保法	第82条【留置与留置权】	★	607
担保法	第84条【留置的适用范围】	★	

第240条【留置权消灭:对留置财产丧失占有、接受债务人另行提供担保】

★

留置权人对留置财产丧失占有或者留置权人接受债务人另行提供担保的,留置权消灭。

一、主要适用的案由及其相关度

案由编号	主要适用的案由	相关度
M4.10.99	承揽合同纠纷	
M4.10.99.3	修理合同纠纷	
M3.9	占有保护纠纷	
M4.10.102	保管合同纠纷	
M3.5.38	财产损害赔偿纠纷	

二、同时适用的法条及其相关度

	同时适用的法条	相关度
593 合同法	第 60 条【合同履行的原则】	
	第 94 条【合同的法定解除;法定解除权】	
	第 96 条【合同解除权的行使规则】	
	第 107 条【合同约束力;违约责任】	
	第 119 条【防止违约损失扩大的措施;防损义务;不真正义务】	
	第 135 条【出卖人义务:交付、移转所有权】	
	第 251 条【承揽合同的定义】	
	第 263 条【定作人报酬支付的期限】	
	第 369 条【保管人对保管物的妥善保管义务】	
	第 374 条【保管物毁损、保管物灭失:保管人承担损害赔偿责任】	
113 物权法	第 15 条【设立、变更、转让、消灭不动产物权的合同的效力;合同成立时生效】	
	第 39 条【所有权的内容】	
	第 173 条【担保物权担保的范围】	
	第 177 条【担保物权消灭的情形】	
	第 230 条【留置权规则】	
	第 234 条【留置权人对留置物的妥善保管义务】	
	第 245 条【占有保护的方法】	

第五编 占 有

第十九章 占有

第241条【有权占有法律规则】 ★★

基于合同关系等产生的占有,有关不动产或者动产的使用、收益、违约责任等,按照合同约定;合同没有约定或者约定不明确的,依照有关法律规定。

一、主要适用的案由及其相关度

案由编号	主要适用的案由	相关度
M3.5.34	排除妨害纠纷	★★★★★
M3.5.33	返还原物纠纷	★★★★★
M3.5.32.1	所有权确认纠纷	★★★★
M3.9.62	占有物返还纠纷	★★★
M3.5	物权保护纠纷	★★★
M3.9.63	占有排除妨害纠纷	★
M4.10.82	房屋买卖合同纠纷	★
M4.10.97	租赁合同纠纷	★
M4.10.97.2	房屋租赁合同纠纷	★★
M3.9	占有保护纠纷	★
M3.6.40.4	车库纠纷	★
M3.5.38	财产损害赔偿纠纷	★
M3	物权纠纷	★

二、同时适用的法条及其相关度

		同时适用的法条	相关度
113	物权法	第245条【占有保护的方法】	★★★★★
		第33条【利害关系人的物权确认请求权】	★★★
		第34条【权利人的返还原物请求权】	★★★
		第9条【不动产物权变动的登记原则;国家的自然资源所有权登记的特殊规定】	★★
		第15条【设立、变更、转让、消灭不动产物权的合同的效力;合同成立时生效】	★★
		第243条【权利人返还原物请求权以及对善意占有人所支出必要费用的补偿义务】	★★
		第35条【权利人享有的排除妨害请求权与消除危险请求权】	★
		第37条【侵害物权的民事责任竞合】	★
		第39条【所有权的内容】	★
593	合同法	第242条【承租人破产时租赁物不属于破产财产】	★★★★
		第8条【合同约束力】	★★★
		第44条【合同成立条件与时间】	★★★
		第60条【合同履行的原则】	★★★
		第107条【合同约束力;违约责任】	★★
		第235条【租赁期间届满承租人租赁物返还义务;返还的租赁物应当具有的状态】	★★
		第6条【诚实信用原则】	★
		第52条【合同无效的情形】	★
		第58条【合同无效或被撤销的法律后果】	★
		第62条【合同内容约定不明确的处理规则;合同漏洞的填补】	★

	同时适用的法条	相关度	
合同法	第 93 条【合同的意定解除：协商一致；约定条件成就】	★	593
	第 94 条【合同的法定解除；法定解除权】	★	
	第 130 条【买卖合同的定义】	★	
	第 212 条【租赁合同的定义】	★	
	第 226 条【租赁合同中承租人租金支付期限的确定规则】	★	
	第 227 条【出租人的租金支付请求权以及合同解除权】	★	
	第 232 条【不定期租赁】	★	
	第 236 条【不定期租赁；租赁期满继续使用租赁物、出租人没有提出异议】	★	
民法通则	第 117 条【侵害财产权的责任承担方式；返还财产、折价赔偿；恢复原状、折价赔偿；赔偿损失】	★★	616
	第 134 条【民事责任的主要承担方式】	★★	
	第 4 条【民事活动的基本原则：自愿、公平、等价有偿、诚实信用】	★	
	第 5 条【公民、法人的合法权益受法律保护】	★	
	第 106 条【民事责任归责原则：违约责任，无过错责任原则；侵权责任，过错责任、无过错责任】	★	
侵权责任法	第 15 条【侵权责任的主要承担方式】	★★	625
	第 6 条【过错责任原则；过错推定责任原则】	★	

第 242 条【恶意占有人占有动产或者不动产致其损害应当承担赔偿责任】

★

占有人因使用占有的不动产或者动产，致使该不动产或者动产受到损害的，恶意占有人应当承担赔偿责任。

一、主要适用的案由及其相关度

案由编号	主要适用的案由	相关度
M3.5.33	返还原物纠纷	
M3.5.34	排除妨害纠纷	
M3.9.62	占有物返还纠纷	
M3.9.65	占有物损害赔偿纠纷	
M3.5	物权保护纠纷	
M3.9	占有保护纠纷	
M3.5.38	财产损害赔偿纠纷	

二、同时适用的法条及其相关度

	同时适用的法条	相关度
物权法	第34条【权利人的返还原物请求权】	★★★★★
物权法	第37条【侵害物权的民事责任竞合】	★★★
物权法	第243条【权利人返还原物请求权以及对善意占有人所支出必要费用的补偿义务】	★★★
物权法	第244条【被占有的动产或者不动产毁损或者灭失时无权占有人的责任】	★★★
物权法	第245条【占有保护的方法】	★★★
物权法	第4条【国家、集体和私人物权的平等保护原则】	★★
物权法	第241条【有权占有法律规则】	★★
物权法	第9条【不动产物权变动的登记原则;国家的自然资源所有权登记的特殊规定】	★
物权法	第39条【所有权的内容】	★
民法通则	第117条【侵害财产权的责任承担方式;返还财产、折价赔偿;恢复原状、折价赔偿;赔偿损失】	★
民法通则	第134条【民事责任的主要承担方式】	★

	同时适用的法条	相关度
侵权责任法	第6条【过错责任原则;过错推定责任原则】	★
	第15条【侵权责任的主要承担方式】	★
	第19条【侵害财产造成财产损失的计算方式】	★

第243条【权利人返还原物请求权以及对善意占有人所支出必要费用的补偿义务】 ★★

不动产或者动产被占有人占有的,权利人可以请求返还原物及其孳息,但应当支付善意占有人因维护该不动产或者动产支出的必要费用。

一、主要适用的案由及其相关度

案由编号	主要适用的案由	相关度
M3.5.33	返还原物纠纷	★★★★★
M3.9.62	占有物返还纠纷	★★★
M4.10.97.2	房屋租赁合同纠纷	★★★
M3.5.34	排除妨害纠纷	★
M3.5	物权保护纠纷	★

二、同时适用的法条及其相关度

	同时适用的法条	相关度
物权法	第34条【权利人的返还原物请求权】	★★★★★
	第39条【所有权的内容】	★★★★★
	第9条【不动产物权变动的登记原则;国家的自然资源所有权登记的特殊规定】	★★★
	第241条【有权占有法律规则】	★★★
	第4条【国家、集体和私人物权的平等保护原则】	★★
	第245条【占有保护的方法】	★★
	第17条【不动产权属证书与不动产登记簿的关系】	★

		同时适用的法条	相关度
113	物权法	第28条【因人民法院、仲裁委员会的法律文件或者人民政府的征收决定等法律文书致物权发生变动的生效时间确定】	★
		第37条【侵害物权的民事责任竞合】	★
		第66条【私人合法财产受法律保护】	★
		第244条【被占有的动产或者不动产毁损或者灭失时无权占有人的责任】	★
616	民法通则	第117条【侵害财产权的责任承担方式:返还财产、折价赔偿;恢复原状、折价赔偿;赔偿损失】	★★★
		第5条【公民、法人的合法权益受法律保护】	★
		第71条【所有权的内容】	★
		第75条【个人财产;合法财产受法律保护】	★
		第134条【民事责任的主要承担方式】	★
593	合同法	第235条【租赁期间届满承租人租赁物返还义务;返还的租赁物应当具有的状态】	★★★
		第60条【合同履行的原则】	★★
		第107条【合同约束力;违约责任】	★★
		第212条【租赁合同的定义】	★★
		第226条【租赁合同中承租人租金支付期限的确定规则】	★
625	侵权责任法	第15条【侵权责任的主要承担方式】	★★
		第2条【侵权责任一般条款;民事权益的范围】	★

第244条【被占有的动产或者不动产毁损或者灭失时无权占有人的责任】
★

占有的不动产或者动产毁损、灭失,该不动产或者动产的权利人请求赔偿的,占有人应当将因毁损、灭失取得的保险金、赔偿金或者补偿金等返还给权利人;权利人的损害未得到足够弥补的,恶意占有人还应当赔偿损失。

一、主要适用的案由及其相关度

案由编号	主要适用的案由	相关度
M3.5.38	财产损害赔偿纠纷	
M3.5.33	返还原物纠纷	
M3.5	物权保护纠纷	
M3.9.62	占有物返还纠纷	
M3.9.65	占有物损害赔偿纠纷	
M9.30.350	机动车交通事故责任纠纷	
M3.5.34	排除妨害纠纷	
M4.11.128	不当得利纠纷	

二、同时适用的法条及其相关度

	同时适用的法条	相关度
物权法	第4条【国家、集体和私人物权的平等保护原则】	113
物权法	第15条【设立、变更、转让、消灭不动产物权的合同的效力;合同成立时生效】	
物权法	第19条【更正登记和异议登记】	
物权法	第23条【动产物权设立和转让的公示与生效条件】	
物权法	第29条【以继承或者遗赠方式取得物权的生效时间确定】	
物权法	第32条【物权遭受侵害的救济途径】	
物权法	第33条【利害关系人的物权确认请求权】	
物权法	第34条【权利人的返还原物请求权】	
物权法	第35条【权利人享有的排除妨害请求权与消除危险请求权】	
物权法	第36条【物权损害的救济方式;物权的债权保护方法】	

550 物权纠纷

		同时适用的法条	相关度
113	物权法	第37条【侵害物权的民事责任竞合】	
		第39条【所有权的内容】	
		第66条【私人合法财产受法律保护】	
		第106条【善意取得的构成条件】	
		第125条【土地承包经营权内容】	
		第128条【土地承包经营权的流转】	
		第152条【宅基地使用权内容】	
		第241条【有权占有法律规则】	
		第242条【恶意占有人占有动产或者不动产致其损害应当承担赔偿责任】	
		第243条【权利人返还原物请求权以及对善意占有人所支出必要费用的补偿义务】	
		第245条【占有保护的方法】	
625	侵权责任法	第6条【过错责任原则;过错推定责任原则】	
		第19条【侵害财产造成财产损失的计算方式】	
616	民法通则	第117条【侵害财产权的责任承担方式:返还财产、折价赔偿;恢复原状、折价赔偿;赔偿损失】	

第245条【占有保护的方法】 ★★

占有的不动产或者动产被侵占的,占有人有权请求返还原物;对妨害占有的行为,占有人有权请求排除妨害或者消除危险;因侵占或者妨害造成损害的,占有人有权请求损害赔偿。

占有人返还原物的请求权,自侵占发生之日起一年内未行使的,该请求权消灭。

一、主要适用的案由及其相关度

案由编号	主要适用的案由	相关度
M3.5.34	排除妨害纠纷	★★★★★

案由编号	主要适用的案由	相关度
M3.5.33	返还原物纠纷	★★★★★
M3.9.62	占有物返还纠纷	★★★★★
M3.5	物权保护纠纷	★★
M3.5.38	财产损害赔偿纠纷	★★
M3.9.63	占有排除妨害纠纷	★★
M3.9	占有保护纠纷	★
M9.30.350	机动车交通事故责任纠纷	★
M3.5.37	恢复原状纠纷	★
M4.10.97	租赁合同纠纷	★
M4.10.97.2	房屋租赁合同纠纷	★
M3.9.65	占有物损害赔偿纠纷	★

■ 二、同时适用的法条及其相关度

	同时适用的法条	相关度
物权法	第34条【权利人的返还原物请求权】	★★★★★
	第241条【有权占有法律规则】	★★★★★
	第35条【权利人享有的排除妨害请求权与消除危险请求权】	★★★★
	第37条【侵害物权的民事责任竞合】	★★★
	第39条【所有权的内容】	★★★
	第4条【国家、集体和私人物权的平等保护原则】	★★
	第9条【不动产物权变动的登记原则；国家的自然资源所有权登记的特殊规定】	★★
	第7条【物权取得与行使应遵守法律和公序良俗】	★
	第15条【设立、变更、转让、消灭不动产物权的合同的效力；合同成立时生效】	★
	第17条【不动产权属证书与不动产登记簿的关系】	★

552　物权纠纷

		同时适用的法条	相关度
113	物权法	第32条【物权遭受侵害的救济途径】	★
		第66条【私人合法财产受法律保护】	★
		第117条【用益物权的界定及其内容】	★
		第125条【土地承包经营权内容】	★
		第243条【权利人返还原物请求权以及对善意占有人所支出必要费用的补偿义务】	★
625	侵权责任法	第15条【侵权责任的主要承担方式】	★★★★
		第6条【过错责任原则;过错推定责任原则】	★★★
		第3条【侵权责任的当事人主义】	★★
		第19条【侵害财产造成财产损失的计算方式】	★★
		第2条【侵权责任一般条款;民事权益的范围】	★
		第8条【共同实施侵权行为人的连带责任】	★
		第21条【民事权益保全请求权:停止侵害、排除妨碍、消除危险】	★
616	民法通则	第5条【公民、法人的合法权益受法律保护】	★★★
		第117条【侵害财产权的责任承担方式:返还财产、折价赔偿;恢复原状、折价赔偿;赔偿损失】	★★★
		第134条【民事责任的主要承担方式】	★★★
		第75条【个人财产:合法财产受法律保护】	★★
		第106条【民事责任归责原则:违约责任,无过错责任原则;侵权责任,过错责任,无过错责任】	★★
		第71条【所有权的内容】	★
593	合同法	第235条【租赁期间届满承租人租赁物返还义务;返还的租赁物应当具有的状态】	★★
		第8条【合同约束力】	★
		第44条【合同成立条件与时间】	★
		第52条【合同无效的情形】	★

	同时适用的法条	相关度	
合同法	第58条【合同无效或被撤销的法律后果】	★	593
	第60条【合同履行的原则】	★	
	第93条【合同的意定解除:协商一致;约定条件成就】	★	
	第97条【合同解除的法律后果】	★	
	第107条【合同约束力:违约责任】	★	
	第212条【租赁合同的定义】	★	
道路交通安全法	第76条【交通事故赔偿责任一般条款】	★	646
城镇房屋租赁合同纠纷司法解释	第18条【逾期腾房的占有使用费:房屋租赁合同无效、房屋租赁合同履行期限届满、房屋租赁合同解除】	★	710

附则

第246条【授权地方性法规暂时规定不动产统一登记】

法律、行政法规对不动产统一登记的范围、登记机构和登记办法作出规定前,地方性法规可以依照本法有关规定作出规定。①

第247条【物权法的施行日期】 ★

本法自2007年10月1日起施行。

■ 一、主要适用的案由及其相关度

案由编号	主要适用的案由	相关度
M4.10.90	保证合同纠纷	
M4.10.82	房屋买卖合同纠纷	
M3.6.48.2	共有物分割纠纷	
M4.10.67.2	确认合同无效纠纷	

---

① 说明:本法条尚无足够数量判决书可供法律大数据分析。

554 物权纠纷

案由编号	主要适用的案由	相关度
M3.6	所有权纠纷	

■ 二、同时适用的法条及其相关度

		同时适用的法条	相关度
113	物权法	第9条【不动产物权变动的登记原则;国家的自然资源所有权登记的特殊规定】	
		第99条【共有物的分割规则】	
		第100条【共有物分割的方式】	
		第180条【可抵押财产的范围】	
		第187条【不动产抵押的登记要件主义】	
		第188条【动产抵押的登记对抗主义】	
		第202条【抵押权的行使期间】	
593	合同法	第8条【合同约束力】	
		第44条【合同成立条件与时间】	
616	民法通则	第57条【民事法律行为的效力】	
		第85条【合同的定义】	

中华人民共和国民法通则[①]

★★★★★

(1986年4月12日第六届全国人民代表大会第四次会议通过,根据2009年8月27日第十一届全国人民代表大会常务委员会第十次会议《关于修改部分法律的决定》修正,自2009年8月27日起施行)

第五章 民事权利

第一节 财产所有权和与财产所有权有关的财产权

第71条【所有权的内容】 ★★★

财产所有权是指所有人依法对自己的财产享有占有、使用、收益和处分的权利。

一、主要适用的案由及其相关度

案由编号	主要适用的案由	相关度
M3.5.33	返还原物纠纷	★★★★★
M8.21.242	股东资格确认纠纷	★★★
M3.5.34	排除妨害纠纷	★★★
M3.6	所有权纠纷	★★★
M3.5.38	财产损害赔偿纠纷	★★★
M2.2.24	分家析产纠纷	★★★
M3.5	物权保护纠纷	★★★
M9.30.350	机动车交通事故责任纠纷	★★
M3.6.48	共有纠纷	★★

[①] 简称《民法通则》。

案由编号	主要适用的案由	相关度
M3.6.48.2	共有物分割纠纷	★
M4.10.82	房屋买卖合同纠纷	★★
M4.10	合同纠纷	★
M2.2.12	离婚后财产纠纷	★
M3.6.39	侵害集体经济组织成员权益纠纷	★
M4.11.128	不当得利纠纷	★
M2.3	继承纠纷	★
M9.30	侵权责任纠纷	★
M2.3.25	法定继承纠纷	★
M8.20.236	挂靠经营合同纠纷	★
M4.10.74	买卖合同纠纷	★
M4.10.97	租赁合同纠纷	★
M4.10.97.2	房屋租赁合同纠纷	★★
M3.9.62	占有物返还纠纷	★
M3.5.32	物权确认纠纷	★
M3.5.32.1	所有权确认纠纷	★★★★★
M4.10.89.4	民间借贷纠纷	★

二、同时适用的法条及其相关度

	同时适用的法条	相关度
民法通则	第72条【财产所有权取得应符合法律规定；动产所有权自交付时转移】	★★★★★
	第75条【个人财产：合法财产受法律保护】	★★★★★
	第5条【公民、法人的合法权益受法律保护】	★★★★
	第117条【侵害财产权的责任承担方式：返还财产、折价赔偿；恢复原状、折价赔偿；赔偿损失】	★★★★

	同时适用的法条	相关度	
民法通则	第134条【民事责任的主要承担方式】	★★★★	616
	第78条【财产共有制度：按份共有、共同共有；按份共有人的优先购买权】	★★★	
	第106条【民事责任归责原则：违约责任，无过错责任原则；侵权责任，过错责任、无过错责任】	★★★	
	第4条【民事活动的基本原则：自愿、公平、等价有偿、诚实信用】	★★	
	第84条【债的界定】	★★	
	第74条【集体所有的财产包括的内容】	★	
	第92条【不当得利返还请求权】	★	
	第98条【生命权、健康权请求权基础】	★	
	第119条【人身损害赔偿项目：一般人身损害赔偿项目、伤残赔偿项目、死亡赔偿项目】	★	
物权法	第39条【所有权的内容】	★★★★	113
	第34条【权利人的返还原物请求权】	★★★	
	第33条【利害关系人的物权确认请求权】	★★	
	第4条【国家、集体和私人物权的平等保护原则】	★	
	第9条【不动产物权变动的登记原则；国家的自然资源所有权登记的特殊规定】	★	
	第17条【不动产权属证书与不动产登记簿的关系】	★	
	第32条【物权遭受侵害的救济途径】	★	
	第35条【权利人享有的排除妨害请求权与消除危险请求权】	★	
	第37条【侵害物权的民事责任竞合】	★	
	第64条【私人所有权的范围】	★	
	第66条【私人合法财产受法律保护】	★	
	第99条【共有物的分割规则】	★	

		同时适用的法条	相关度
593	合同法	第60条【合同履行的原则】	★★★
		第44条【合同成立条件与时间】	★★
		第8条【合同约束力】	★
		第52条【合同无效的情形】	★
		第94条【合同的法定解除;法定解除权】	★
		第107条【合同约束力;违约责任】	★
		第212条【租赁合同的定义】	★
		第235条【租赁期间届满承租人租赁物返还义务;返还的租赁物应当具有的状态】	★
636	继承法	第10条【继承人范围及继承顺序】	★★
		第2条【继承开始】	★
		第3条【遗产范围】	★
		第5条【继承方式】	★
		第13条【遗产分配】	★
625	侵权责任法	第6条【过错责任原则;过错推定责任原则】	★
		第15条【侵权责任的主要承担方式】	★
		第19条【侵害财产造成财产损失的计算方式】	★
647	村委会组织法	第27条【村民自治章程、村规民约的制定与备案;村民自治章程、村规民约及村民会议或村民代表会议的决定的限制】	★
692	民通意见	第1条【公民的民事权利能力自出生时开始;户籍证明、医院出具的出生证明、其他证明】	★
685	农村土地承包纠纷司法解释	第24条【土地补偿费的分配办法】	★

第72条【财产所有权取得应符合法律规定;动产所有权自交付时转移】

★★★

财产所有权的取得,不得违反法律规定。

按照合同或者其他合法方式取得财产的,财产所有权从财产交付时起转移,法律另有规定或者当事人另有约定的除外。

一、主要适用的案由及其相关度

案由编号	主要适用的案由	相关度
M4.10.82	房屋买卖合同纠纷	★★★★
M3.5.33	返还原物纠纷	★★
M2.2.24	分家析产纠纷	★★
M4.11.128	不当得利纠纷	★★
M3.6	所有权纠纷	★
M3.5.38	财产损害赔偿纠纷	★
M4.10	合同纠纷	★
M2.2.12	离婚后财产纠纷	★
M3.6.48	共有纠纷	★
M3.5.32	物权确认纠纷	★
M3.5.32.1	所有权确认纠纷	★★★★★
M3.5.34	排除妨害纠纷	★
M4.10.74	买卖合同纠纷	★
M3.5	物权保护纠纷	★
M10.43.422	案外人执行异议之诉	★
M2.3	继承纠纷	★

二、同时适用的法条及其相关度

		同时适用的法条	相关度
616	民法通则	第71条【所有权的内容】	★★★★★
		第75条【个人财产:合法财产受法律保护】	★★★
		第4条【民事活动的基本原则:自愿、公平、等价有偿、诚实信用】	★★
		第5条【公民、法人的合法权益受法律保护】	★★
		第57条【民事法律行为的效力】	★★
		第78条【财产共有制度:按份共有、共同共有;按份共有人的优先购买权】	★★
		第106条【民事责任归责原则:违约责任,无过错责任原则;侵权责任,过错责任、无过错责任】	★★
		第117条【侵害财产权的责任承担方式:返还财产、折价赔偿、恢复原状、折价赔偿;赔偿损失】	★★
		第134条【民事责任的主要承担方式】	★★
		第92条【不当得利返还请求权】	★
593	合同法	第44条【合同成立条件与时间】	★★
		第60条【合同履行的原则】	★★
		第8条【合同约束力】	★
		第52条【合同无效的情形】	★
113	物权法	第33条【利害关系人的物权确认请求权】	★★
		第39条【所有权的内容】	★★
		第9条【不动产物权变动的登记原则;国家的自然资源所有权登记的特殊规定】	★
		第15条【设立、变更、转让、消灭不动产物权的合同的效力:合同成立时生效】	★
636	继承法	第10条【继承人范围及继承顺序】	★

第 73 条【国家财产所有权:全民所有;国家财产权的效力:神圣不可侵犯】★★

国家财产属于全民所有。

国家财产神圣不可侵犯,禁止任何组织或者个人侵占、哄抢、私分、截留、破坏。

一、主要适用的案由及其相关度

案由编号	主要适用的案由	相关度
M3.5.34	排除妨害纠纷	★★★★★
M3.5.33	返还原物纠纷	★★★
M3.5.38	财产损害赔偿纠纷	★★★
M4.10.97	租赁合同纠纷	★
M4.10.97.2	房屋租赁合同纠纷	★★
M3.6	所有权纠纷	★
M9.30.350	机动车交通事故责任纠纷	★
M3.7.55	土地承包经营权纠纷	★
M4.10	合同纠纷	★
M3.5	物权保护纠纷	★

二、同时适用的法条及其相关度

	同时适用的法条	相关度
民法通则	第 117 条【侵害财产权的责任承担方式;返还财产、折价赔偿;恢复原状、折价赔偿;赔偿损失】	★★★★★
	第 134 条【民事责任的主要承担方式】	★★★★
	第 72 条【财产所有权取得应符合法律规定;动产所有权自交付时转移】	★★★★
	第 25 条【死亡宣告撤销后的财产返还】	★★★
	第 106 条【民事责任归责原则;违约责任,无过错责任原则;侵权责任,过错责任、无过错责任】	★★★

		同时适用的法条	相关度
616	民法通则	第5条【公民、法人的合法权益受法律保护】	★★
		第67条【代理人故意代理违法事项时的责任承担：被代理人和代理人承担连带责任】	★★
		第71条【所有权的内容】	★★
		第119条【人身损害赔偿项目：一般人身损害赔偿项目、伤残赔偿项目、死亡赔偿项目】	★★
		第27条【农村承包经营户】	★
		第82条【全民所有制企业经营权范围】	★
		第130条【共同实施侵权行为人的连带责任】	★
656	刑法	第25条【共同犯罪的概念】	★★★★★
		第36条【犯罪行为的民事赔偿责任】	★★★
		第67条【自首；坦白】	★★★
		第119条【破坏交通工具罪、破坏交通设施罪、破坏电力设备罪、破坏易燃易爆设备罪；过失损坏交通工具罪、过失损坏交通设施罪、过失损坏电力设备罪、过失损坏易燃易爆设备罪】	★★★
		第293条【寻衅滋事罪】	★★
625	侵权责任法	第3条【侵权责任的当事人主义】	★★★
		第15条【侵权责任的主要承担方式】	★★★
		第6条【过错责任原则；过错推定责任原则】	★★
113	物权法	第35条【权利人享有的排除妨害请求权与消除危险请求权】	★★★
		第56条【国有财产的保护】	★★★
		第34条【权利人的返还原物请求权】	★★
		第4条【国家、集体和私人物权的平等保护原则】	★

第74条【集体所有的财产包括的内容】　　　　　　　　　　　　★★★

　　劳动群众集体组织的财产属于劳动群众集体所有，包括：

　　（一）法律规定为集体所有的土地和森林、山岭、草原、荒地、滩涂等；

(二) 集体经济组织的财产;

(三) 集体所有的建筑物、水库、农田水利设施和教育、科学、文化、卫生、体育等设施;

(四) 集体所有的其他财产。

集体所有的土地依照法律属于村农民集体所有,由村农业生产合作社等农业集体经济组织或者村民委员会经营、管理。已经属于乡(镇)农民集体经济组织所有的,可以属于乡(镇)农民集体所有。

集体所有的财产受法律保护,禁止任何组织或者个人侵占、哄抢、私分、破坏或者非法查封、扣押、冻结、没收。

一、主要适用的案由及其相关度

案由编号	主要适用的案由	相关度
M3.6.39	侵害集体经济组织成员权益纠纷	★★★★★
M3.7.55.2	承包地征收补偿费用分配纠纷	★★
M3.5.34	排除妨害纠纷	★

二、同时适用的法条及其相关度

	同时适用的法条	相关度
民法通则	第5条【公民、法人的合法权益受法律保护】	★★★★
	第106条【民事责任归责原则:违约责任,无过错责任原则;侵权责任,过错责任、无过错责任】	★★★
	第117条【侵害财产权的责任承担方式;返还财产、折价赔偿;恢复原状、折价赔偿;赔偿损失】	★★★
	第4条【民事活动的基本原则:自愿、公平、等价有偿、诚实信用】	★
	第71条【所有权的内容】	★
	第75条【个人财产:合法财产受法律保护】	★
	第134条【民事责任的主要承担方式】	★

		同时适用的法条	相关度
647	村委会组织法	第27条【村民自治章程、村规民约的制定与备案；村民自治章程、村规民约及村民会议或村民代表会议的决定的限制】	★★★
		第8条【村民委员会的职能】	★
		第24条【经村民会议讨论决定方可办理的事项；村民代表会议需经村民会议授权】	★
113	物权法	第59条【农民集体所有的权利性质；集体物权的重大事项由集体决定】	★★
		第63条【集体财产权受法律保护】	★
649	妇女权益保障法	第30条【妇女享有与男子平等的财产权利】	★
		第32条【妇女享有与男子平等的农村土地承包经营、集体经济组织收益分配、土地征收或者征用补偿费使用、宅基地使用等权利】	★
		第33条【不得因妇女婚姻状况变化侵害妇女在农村集体经济组织的权益；因结婚男方到女方住所落户的男方和子女享有与所在地农村集体经济组织成员平等的权益】	★
677	土地管理法实施条例	第26条【土地补偿费和安置补助费】	★
685	农村土地承包纠纷司法解释	第24条【土地补偿费的分配办法】	★★★★★
		第1条【涉及农村土地承包纠纷案件的受案范围】	★

第75条【个人财产：合法财产受法律保护】　　　　★★★★

公民的个人财产，包括公民的合法收入、房屋、储蓄、生活用品、文物、图书资料、林木、牲畜和法律允许公民所有的生产资料以及其他合法财产。

公民的合法财产受法律保护，禁止任何组织或者个人侵占、哄抢、破坏或者非法查封、扣押、冻结、没收。

一、主要适用的案由及其相关度

案由编号	主要适用的案由	相关度
M3.5.38	财产损害赔偿纠纷	★★★★★
M3.5.33	返还原物纠纷	★★★★★
M3.6.39	侵害集体经济组织成员权益纠纷	★★★
M9.30.350	机动车交通事故责任纠纷	★★★
M3.5.34	排除妨害纠纷	★★
M3.5.32.1	所有权确认纠纷	★★
M4.11.128	不当得利纠纷	★★
M2.2.24	分家析产纠纷	★
M3.6	所有权纠纷	★
M3.5	物权保护纠纷	★
M9.30	侵权责任纠纷	★

二、同时适用的法条及其相关度

	同时适用的法条	相关度
民法通则	第117条【侵害财产权的责任承担方式:返还财产、折价赔偿;恢复原状、折价赔偿;赔偿损失】	★★★★★
	第106条【民事责任归责原则:违约责任,无过错责任原则;侵权责任,过错责任、无过错责任】	★★★★
	第134条【民事责任的主要承担方式】	★★★★
	第5条【公民、法人的合法权益受法律保护】	★★★
	第71条【所有权的内容】	★★★
	第72条【财产所有权取得应符合法律规定;动产所有权自交付时转移】	★★
	第78条【财产共有制度:按份共有、共同共有;按份共有人的优先购买权】	★
	第84条【债的界定】	★

		同时适用的法条	相关度
625	侵权责任法	第6条【过错责任原则;过错推定责任原则】	★★★★★
		第19条【侵害财产造成财产损失的计算方式】	★★★★★
		第15条【侵权责任的主要承担方式】	★★★★
		第2条【侵权责任一般条款;民事权益的范围】	★★★
		第3条【侵权责任的当事人主义】	★★★
		第48条【机动车交通事故责任的法律适用】	★★★
		第4条【法律责任的并存规则;民事财产责任的优先性】	★
		第8条【共同实施侵权行为人的连带责任】	★
		第22条【侵害人身权益的精神损害赔偿】	★
		第26条【过失相抵;被侵权人过错】	★
		第35条【个人劳务责任:提供劳务者致害责任、提供劳务者受害责任】	★
113	物权法	第34条【权利人的返还原物请求权】	★★★★
		第37条【侵害物权的民事责任竞合】	★★★
		第39条【所有权的内容】	★★★
		第66条【私人合法财产受法律保护】	★★★
		第4条【国家、集体和私人物权的平等保护原则】	★★
		第35条【权利人享有的排除妨害请求权与消除危险请求权】	★★
		第32条【物权遭受侵害的救济途径】	★
		第33条【利害关系人的物权确认请求权】	★
		第64条【私人所有权的范围】	★
646	道路交通安全法	第76条【交通事故赔偿责任一般条款】	★★★★

	同时适用的法条	相关度	
继承法	第10条【继承人范围及继承顺序】	★★	636
	第13条【遗产分配】	★★	
	第3条【遗产范围】	★	
	第5条【继承方式】	★	
保险法	第65条【责任保险的赔偿规则】	★★	652
合同法	第60条【合同履行的原则】	★★	593
	第8条【合同约束力】	★	
道路交通事故司法解释	第16条【交强险和商业三者险并存时的赔付规则】	★★	702
农村土地承包纠纷司法解释	第24条【土地补偿费的分配办法】	★★	685
人身损害赔偿司法解释	第17条【人身损害赔偿项目：一般人身损害赔偿项目、伤残赔偿项目、死亡赔偿项目】	★★	698
婚姻法司法解释二	第10条【允许返还彩礼的情形】	★	684
精神损害赔偿司法解释	第10条【精神损害赔偿数额的确定标准】	★	706

第76条【财产继承权】 ★★★

公民依法享有财产继承权。

一、主要适用的案由及其相关度

案由编号	主要适用的案由	相关度
M2.3	继承纠纷	★★★★★
M2.3.25	法定继承纠纷	★★★★★
M9.30.350	机动车交通事故责任纠纷	★★
M4.10.89.4	民间借贷纠纷	★★
M2.2.24	分家析产纠纷	★
M3.5.32.1	所有权确认纠纷	★
M2.3.26	遗嘱继承纠纷	★
M3.5.33	返还原物纠纷	★
M3.6.48	共有纠纷	★
M3.6.48.2	共有物分割纠纷	★

二、同时适用的法条及其相关度

	同时适用的法条	相关度
继承法	第10条【继承人范围及继承顺序】	★★★★★
	第3条【遗产范围】	★★★★
	第5条【继承方式】	★★★★
	第13条【遗产分配】	★★★★
	第2条【继承开始】	★★★
	第26条【遗产的认定】	★★
	第29条【遗产分割的规则和方法】	★★
	第9条【继承权男女平等】	★
	第11条【代位继承】	★
	第16条【遗嘱与遗赠的一般规定】	★
	第17条【遗嘱的形式】	★
	第25条【继承和遗赠的接受与放弃】	★

	同时适用的法条	相关度	
民法通则	第75条【个人财产:合法财产受法律保护】	★★	616
	第78条【财产共有制度:按份共有、共同共有;按份共有人的优先购买权】	★★	
	第4条【民事活动的基本原则:自愿、公平、等价有偿、诚实信用】	★	
	第5条【公民、法人的合法权益受法律保护】	★	
	第71条【所有权的内容】	★	
	第72条【财产所有权取得应符合法律规定;动产所有权自交付时转移】	★	
	第106条【民事责任归责原则:违约责任,无过错责任原则;侵权责任,过错责任、无过错责任】	★	
	第108条【债务清偿:分期偿还、强制偿还】	★	
	第117条【侵害财产权的责任承担方式:返还财产、折价赔偿;恢复原状、折价赔偿;赔偿损失】	★	
合同法	第60条【合同履行的原则】	★	593
继承法问题的意见	第1条【继承开始时间】	★	708

第77条【社会团体财产受法律保护】 ★

社会团体包括宗教团体的合法财产受法律保护。

■ 一、主要适用的案由及其相关度

案由编号	主要适用的案由	相关度
M9.30.350	机动车交通事故责任纠纷	
M3.9.62	占有物返还纠纷	
M4.11.128	不当得利纠纷	
M3.5.33	返还原物纠纷	
M8.21	与公司有关的纠纷	

570 物权纠纷

案由编号	主要适用的案由	相关度
M4.10.100.3	建设工程施工合同纠纷	
M3.5.32.1	所有权确认纠纷	
M8.27.317.1	财产损失保险合同纠纷	
M10.43.422	案外人执行异议之诉	
M4.10.67.1	确认合同有效纠纷	
M3.5.38	财产损害赔偿纠纷	
M4.10.82	房屋买卖合同纠纷	
M4.10.71	债务转移合同纠纷	
M4.10.97	租赁合同纠纷	
M3.5.34	排除妨害纠纷	
M3.6	所有权纠纷	

二、同时适用的法条及其相关度

	同时适用的法条	相关度
民法通则	第5条【公民、法人的合法权益受法律保护】	
	第6条【民事活动应遵守国家政策】	
	第25条【死亡宣告撤销后的财产返还】	
	第36条【法人的定义;法人民事权利能力和民事行为能力的存续期间】	
	第50条【法人资格的取得时间】	
	第54条【民事法律行为的定义】	
	第55条【民事法律行为的有效条件】	
	第60条【民事行为部分无效】	
	第61条【民事行为被确认为无效或者被撤销后的法律后果】	
	第67条【代理人故意代理违法事项时的责任承担;被代理人和代理人承担连带责任】	

	同时适用的法条	相关度
民法通则	第69条【委托代理终止的法定情形】	
	第71条【所有权的内容】	
	第72条【财产所有权取得应符合法律规定;动产所有权自交付时转移】	
	第75条【个人财产:合法财产受法律保护】	
	第76条【财产继承权】	
	第78条【财产共有制度:按份共有、共同共有;按份共有人的优先购买权】	
	第84条【债的界定】	
	第86条【数人债权债务:按份分享权利、按份分担义务】	
	第92条【不当得利返还请求权】	
	第106条【民事责任归责原则:违约责任,无过错责任原则;侵权责任,过错责任、无过错责任】	
	第107条【民事责任的免除事由:不可抗力】	
	第108条【债务清偿:分期偿还、强制偿还】	
	第110条【法律责任的并存规则;民事财产责任的优先性】	
	第112条【违约金的计算方法:约定违约金数额、约定违约金计算方法;违约金过高、违约金过低】	
	第113条【双方违约应分别承担各自的民事责任】	
	第117条【侵害财产权的责任承担方式:返还财产、折价赔偿、恢复原状、折价赔偿;赔偿损失】	
	第121条【职务侵权行为的民事责任承担规则】	
	第131条【过失相抵;被侵权人过错】	
	第134条【民事责任的主要承担方式】	
	第135条【诉讼时效期间:两年】	

		同时适用的法条	相关度
616	民法通则	第137条【诉讼时效期间的起算日和最长保护期限】	
		第138条【当事人对诉讼时效抗辩权的抛弃】	
		第155条【本法与期间有关的术语和解释】	
625	侵权责任法	第3条【侵权责任的当事人主义】	
		第6条【过错责任原则;过错推定责任原则】	
		第15条【侵权责任的主要承担方式】	
		第19条【侵害财产造成财产损失的计算方式】	
		第50条【机动车买卖后发生交通事故的侵权责任】	
646	道路交通安全法	第51条【安全带、安全头盔的使用规定】	
		第76条【交通事故赔偿责任一般条款】	
652	保险法	第16条【投保人在合同订立时的告知义务;投保人抗辩条款的适用;保险事故范围】	
		第65条【责任保险的赔偿规则】	
113	物权法	第33条【利害关系人的物权确认请求权】	
		第39条【所有权的内容】	
		第69条【社会团体财产受法律保护】	
		第117条【用益物权的界定及其内容】	
		第245条【占有保护的方法】	
669	民办教育促进法	第35条【民办学校的法人财产权】	
		第36条【民办学校资产的管理使用】	
656	刑法	第2条【刑法的任务】	

	同时适用的法条	相关度	
道路交通事故司法解释	第19条【未投保交强险的机动车交通事故赔偿责任】		702
	第21条【多辆机动车发生交通事故;各自责任限额、各自责任限额与责任之和的比例、未投保交强险;牵引车和挂车连接使用】		

第78条【财产共有制度:按份共有、共同共有;按份共有人的优先购买权】

★★★

财产可以由两个以上的公民、法人共有。

共有分为按份共有和共同共有。按份共有人按照各自的份额,对共有财产分享权利,分担义务。共同共有人对共有财产享有权利,承担义务。

按份共有财产的每个共有人有权要求将自己的份额分出或者转让。但在出售时,其他共有人在同等条件下,有优先购买的权利。

一、主要适用的案由及其相关度

案由编号	主要适用的案由	相关度
M3.6.48	共有纠纷	★★★★★
M3.6.48.1	共有权确认纠纷	★
M3.6.48.2	共有物分割纠纷	★★★★
M2.2.24	分家析产纠纷	★★★★★
M2.3	继承纠纷	★★
M3.5.32.1	所有权确认纠纷	★★
M2.2.12	离婚后财产纠纷	★
M2.3.25	法定继承纠纷	★
M2.2.17.1	同居关系析产纠纷	★

二、同时适用的法条及其相关度

		同时适用的法条	相关度
636	继承法	第10条【继承人范围及继承顺序】	★★★★★
		第13条【遗产分配】	★★★★
		第3条【遗产范围】	★★★
		第5条【继承方式】	★★★
		第2条【继承开始】	★★
		第26条【遗产的认定】	★★
		第9条【继承权男女平等】	★
		第11条【代位继承】	★
		第25条【继承和遗赠的接受与放弃】	★
		第29条【遗产分割的规则和方法】	★
113	物权法	第99条【共有物的分割规则】	★★★★
		第93条【共有的界定及其类型】	★★★
		第94条【按份共有人对共有物的权利】	★★★
		第95条【共同共有权】	★★★
		第100条【共有物分割的方式】	★★★
		第103条【没有约定、约定不明时共有物共有性质的认定】	★★
		第33条【利害关系人的物权确认请求权】	★
		第104条【按份共有人共有份额的认定规则】	★
616	民法通则	第71条【所有权的内容】	★★★★
		第75条【个人财产:合法财产受法律保护】	★★★★
		第5条【公民、法人的合法权益受法律保护】	★★★
		第72条【财产所有权取得应符合法律规定;动产所有权自交付时转移】	★★★

	同时适用的法条	相关度	
民法通则	第4条【民事活动的基本原则:自愿、公平、等价有偿、诚实信用】	★★	616
	第76条【财产继承权】	★★	
	第117条【侵害财产权的责任承担方式:返还财产、折价赔偿、恢复原状、折价赔偿;赔偿损失】	★★	
	第18条【监护人的职责权利与民事责任】	★	
	第106条【民事责任归责原则:违约责任,无过错责任原则;侵权责任,过错责任,无过错责任】	★	
	第108条【债务清偿:分期偿还、强制偿还】	★	
	第134条【民事责任的主要承担方式】	★	
婚姻法	第17条【夫妻共有财产的范围】	★★	649
	第39条【离婚时夫妻共同财产的处理】	★	
民通意见	第1条【公民的民事权利能力自出生时开始;户籍证明,医院出具的出生证明,其他证明】	★★★★★	692
	第90条【共有财产的分割】	★★★★	
	第89条【共同共有人擅自处分共有财产的效力及赔偿责任】	★	
人身损害赔偿司法解释	第28条【被扶养人生活费数额的确定】	★	698

第79条【无人认领的遗失物的处理规则】 ★

所有人不明的埋藏物、隐藏物,归国家所有。接收单位应当对上缴的单位或者个人,给予表扬或者物质奖励。

拾得遗失物、漂流物或者失散的饲养动物,应当归还失主,因此而支出的费用由失主偿还。

一、主要适用的案由及其相关度

案由编号	主要适用的案由	相关度
M3.6.43	遗失物返还纠纷	
M4.10.70	债权转让合同纠纷	
M4.11.128	不当得利纠纷	
M3.5.38	财产损害赔偿纠纷	
M3.5	物权保护纠纷	
M3.6	所有权纠纷	
M3.5.33	返还原物纠纷	
M3.5.32.1	所有权确认纠纷	
M3.6.46	隐藏物返还纠纷	
M9.30	侵权责任纠纷	

二、同时适用的法条及其相关度

	同时适用的法条	相关度
物权法	第34条【权利人的返还原物请求权】	
	第37条【侵害物权的民事责任竞合】	
	第107条【遗失物的处理规则】	
	第109条【遗失物拾得人的返还义务】	
	第111条【遗失物拾得人的妥善保管义务】	
	第112条【权利人领取遗失物时的费用支付义务】	
	第116条【物的孳息归属确认】	
	第244条【被占有的动产或者不动产毁损或者灭失时无权占有人的责任】	

	同时适用的法条	相关度	
民法通则	第5条【公民、法人的合法权益受法律保护】		616
	第8条【民法通则的适用范围】		
	第43条【企业法人对其机构的活动承担民事责任】		
	第60条【民事行为部分无效】		
	第72条【财产所有权取得应符合法律规定;动产所有权自交付时转移】		
	第75条【个人财产:合法财产受法律保护】		
	第80条【土地使用权与承包经营权】		
	第84条【债的界定】		
	第90条【借贷关系】		
	第92条【不当得利返还请求权】		
	第93条【无因管理的必要费用支付请求权】		
	第106条【民事责任归责原则:违约责任,无过错任原则;侵权责任,过错责任、无过错责任】		
	第107条【民事责任的免除事由:不可抗力】		
	第108条【债务清偿:分期偿还、强制偿还】		
	第109条【见义勇为的侵权责任和补偿责任】		
	第117条【侵害财产权的责任承担方式:返还财产、折价赔偿;恢复原状、折价赔偿;赔偿损失】		
	第134条【民事责任的主要承担方式】		
合同法	第207条【借款合同违约责任承担:支付利息】		593
民通意见	第94条【拾得物灭失、毁损及被占为己有的处理】		692

第80条【土地使用权与承包经营权】 ★★

国家所有的土地,可以依法由全民所有制单位使用,也可以依法确定由集体所有制单位使用,国家保护它的使用、收益的权利;使用单位有管理、保护、合理利用的义务。

公民、集体依法对集体所有的或者国家所有由集体使用的土地的承包经营权,受法律保护。承包双方的权利和义务,依照法律由承包合同规定。

土地不得买卖、出租、抵押或者以其他形式非法转让。

一、主要适用的案由及其相关度

案由编号	主要适用的案由	相关度
M3.7.55	土地承包经营权纠纷	★★★★★
M3.7.55.1	土地承包经营权确认纠纷	★
M3.7.55.2	承包地征收补偿费用分配纠纷	★
M3.5.34	排除妨害纠纷	★★★
M4.10.89.4	民间借贷纠纷	★★★
M4.10.119	农村土地承包合同纠纷	★★
M3.5	物权保护纠纷	★★
M3.5.38	财产损害赔偿纠纷	★
M4.10.74	买卖合同纠纷	★
M4.10	合同纠纷	★
M4.10.115	农业承包合同纠纷	★
M9.30	侵权责任纠纷	★
M3.5.37	恢复原状纠纷	★
M4.10.116	林业承包合同纠纷	★

二、同时适用的法条及其相关度

	同时适用的法条	相关度
民法通则	第134条【民事责任的主要承担方式】	★★★★★
	第108条【债务清偿:分期偿还、强制偿还】	★★★★
	第106条【民事责任归责原则:违约责任,无过错责任原则;侵权责任,过错责任、无过错责任】	★★★
	第117条【侵害财产权的责任承担方式:返还财产、折价赔偿;恢复原状、折价赔偿;赔偿损失】	★★★

	同时适用的法条	相关度	
民法通则	第5条【公民、法人的合法权益受法律保护】	★★	616
	第4条【民事活动的基本原则：自愿、公平、等价有偿、诚实信用】	★	
	第71条【所有权的内容】	★	
	第72条【财产所有权取得应符合法律规定；动产所有权自交付时转移】	★	
	第74条【集体所有的财产包括的内容】	★	
	第75条【个人财产：合法财产受法律保护】	★	
	第81条【森林、山岭、草原、荒地、滩涂、水面、矿藏等自然资源的归属】	★	
	第84条【债的界定】	★	
	第85条【合同的定义】	★	
	第88条【合同内容约定不明确的处理规则；合同漏洞的填补】	★	
	第90条【借贷关系】	★	
农村土地承包法	第9条【集体土地所有者和承包方的合法权益受国家保护】	★★★★★	629
	第53条【侵害承包方土地承包经营权的责任：承担民事责任】	★★★★★	
	第5条【农村集体经济组织成员的土地承包权】	★★★	
	第16条【土地承包方的权利：使用、收益、流转、组织生产、获得补偿】	★★★	
	第37条【土地承包经营流转合同的签订条件；土地承包经营流转合同主要条款】	★★	
	第3条【国家实行农村土地承包经营制度；农村土地承包方式：农村集体经济组织内部的家庭承包方式、招标、拍卖、公开协商等承包方式】	★	

		同时适用的法条	相关度
629	农村土地承包法	第4条【农村土地承包后所有权性质不变、禁止承包地买卖】	★
		第6条【妇女的土地承包经营权】	★
		第15条【家庭承包的承包方的认定】	★
		第20条【土地的承包期:耕地为30年、草地为30年至50年、林地为30年至70年】	★
		第22条【农村土地承包合同的生效日期和土地承包经营权的取得】	★
		第26条【承包期内承包地的合理收回】	★
		第27条【承包期内承包地的合理调整】	★
		第29条【承包地自愿交回的规则】	★
		第30条【妇女的土地承包经营权的保护:妇女婚姻状况发生改变不影响承包权】	★
		第32条【家庭土地承包经营权的流转】	★
		第57条【被强迫的土地承包经营权流转无效】	★
625	侵权责任法	第15条【侵权责任的主要承担方式】	★★★
		第6条【过错责任原则;过错推定责任原则】	★★
		第2条【侵权责任一般条款;民事权益的范围】	★
		第3条【侵权责任的当事人主义】	★
		第19条【侵害财产造成财产损失的计算方式】	★
113	物权法	第125条【土地承包经营权内容】	★★★
		第4条【国家、集体和私人物权的平等保护原则】	★★
		第35条【权利人享有的排除妨害请求权与消除危险请求权】	★★
		第36条【物权损害的救济方式;物权的债权保护方法】	★

	同时适用的法条	相关度	
物权法	第37条【侵害物权的民事责任竞合】	★	113
	第127条【土地承包经营权的设立时间;土地承包经营权的确权机关】	★	
	第130条【承包期内承包地调整的原则禁止与特别例外】	★	
	第131条【承包期内发包人义务】	★	
合同法	第52条【合同无效的情形】	★★★	593
	第60条【合同履行的原则】	★★★	
	第44条【合同成立条件与时间】	★★	
	第58条【合同无效或被撤销的法律后果】	★★	
	第107条【合同约束力;违约责任】	★★	
	第8条【合同约束力】	★	
	第56条【合同无效或被撤销的溯及力;部分无效不影响其他独立部分的效力】	★	
	第109条【违约责任的承担:付款义务的继续履行】	★	
	第211条【自然人之间借款合同利息的规制】	★	
土地管理法	第2条【我国土地所有制度及征收征用】	★	640
	第13条【依法登记的土地的所有权和使用权受法律保护】	★	
	第63条【农民集体所有的土地使用权的用途限制】	★	
劳动法	第50条【劳动者工资支付的法定形式】	★	664
担保法	第18条【保证合同中连带责任的承担】	★	607

582　物权纠纷

	同时适用的法条	相关度
农村土地承包纠纷司法解释	第6条【因发包方违法收回、调整承包地,或者因发包方收回承包方弃耕、撂荒的承包地产生的纠纷的处理规则】	★★
	第1条【涉及农村土地承包纠纷案件的受案范围】	★
	第4条【农户的代表人诉讼;农户代表人的确定】	★
	第24条【土地补偿费的分配办法】	★

685

第81条【森林、山岭、草原、荒地、滩涂、水面、矿藏等自然资源的归属】
★★

国家所有的森林、山岭、草原、荒地、滩涂、水面等自然资源,可以依法由全民所有制单位使用,也可以依法确定由集体所有制单位使用,国家保护它的使用、收益的权利;使用单位有管理、保护、合理利用的义务。

国家所有的矿藏,可以依法由全民所有制单位和集体所有制单位开采,也可以依法由公民采挖。国家保护合法的采矿权。

公民、集体依法对集体所有的或者国家所有由集体使用的森林、山岭、草原、荒地、滩涂、水面的承包经营权,受法律保护。承包双方的权利和义务,依照法律由承包合同规定。

国家所有的矿藏、水流,国家所有的和法律规定属于集体所有的林地、山岭、草原,荒地、滩涂不得买卖、出租、抵押或者以其他形式非法转让。

▓ 一、主要适用的案由及其相关度

案由编号	主要适用的案由	相关度
M3.5.34	排除妨害纠纷	★★★★★
M3.7.55	土地承包经营权纠纷	★★★★★
M3.7.55.1	土地承包经营权确认纠纷	★
M3.7.55.2	承包地征收补偿费用分配纠纷	★
M4.10.115	农业承包合同纠纷	★★★★★
M4.10.119	农村土地承包合同纠纷	★★★★
M3.5.38	财产损害赔偿纠纷	★★★

案由编号	主要适用的案由	相关度
M4.10	合同纠纷	★★★
M4.10.117	渔业承包合同纠纷	★★★
M4.10.67.2	确认合同无效纠纷	★★
M3.5.33	返还原物纠纷	★
M4.10.116	林业承包合同纠纷	★
M4.10.126	追偿权纠纷	★
M4.11.128	不当得利纠纷	★
M3.5	物权保护纠纷	★
M4.10.89.4	民间借贷纠纷	★
M9.30	侵权责任纠纷	★
M3.6.39	侵害集体经济组织成员权益纠纷	★
M3.7	用益物权纠纷	★
M4.10.80	采矿权转让合同纠纷	★

二、同时适用的法条及其相关度

	同时适用的法条	相关度
民法通则	第134条【民事责任的主要承担方式】	★★★★★
	第80条【土地使用权与承包经营权】	★★★
	第106条【民事责任归责原则:违约责任,无过错责任原则;侵权责任,过错责任,无过错责任】	★★★
	第117条【侵害财产权的责任承担方式:返还财产、折价赔偿;恢复原状、折价赔偿;赔偿损失】	★★★
	第85条【合同的定义】	★★
	第5条【公民、法人的合法权益受法律保护】	★
	第71条【所有权的内容】	★
	第75条【个人财产;合法财产受法律保护】	★

		同时适用的法条	相关度
616	民法通则	第84条【债的界定】	★
		第115条【合同的变更或解除不影响损失赔偿责任】	★
629	农村土地承包法	第9条【集体土地所有者和承包方的合法权益受国家保护】	★★★★★
		第21条【土地发包方应当与承包方签订书面承包合同;承包合同的条款】	★★★
		第53条【侵害承包方土地承包经营权的责任;承担民事责任】	★★★
		第45条【土地承包的方式和程序】	★★
		第16条【土地承包方的权利:使用、收益、流转、组织生产、获得补偿】	★
		第44条【采用其他承包方式承包的农村用地的法律适用】	★
593	合同法	第44条【合同成立条件与时间】	★★★★
		第52条【合同无效的情形】	★★★★
		第60条【合同履行的原则】	★★★★
		第8条【合同约束力】	★★★
		第36条【应当采用书面形式而未采用书面形式合同成立的条件】	★★★
		第51条【无权处分合同的效力:经追认或取得处分权的有效】	★★
		第58条【合同无效或被撤销的法律后果】	★★
		第107条【合同约束力:违约责任】	★★
		第94条【合同的法定解除;法定解除权】	★
		第206条【借款期限的认定】	★

	同时适用的法条	相关度	
物权法	第35条【权利人享有的排除妨害请求权与消除危险请求权】	★★★	113
	第124条【农村集体经济经营体制;农村土地实行土地承包经营制度】	★★★	
	第125条【土地承包经营权内容】	★★★	
	第126条【不同土地类型的承包期】	★★★	
	第4条【国家、集体和私人物权的平等保护原则】	★	
	第123条【依法取得的探矿权、采矿权、取水权等准物权受法律保护】	★	
侵权责任法	第15条【侵权责任的主要承担方式】	★★★	625
	第6条【过错责任原则;过错推定责任原则】	★	
担保法	第31条【保证人的追偿权】	★★★	607
矿产资源法	第3条【矿产资源的归属:国家所有;勘查、开采矿产资源的条件】	★	658
	第6条【探矿权、采矿权可以转让的情形】	★	

第82条【全民所有制企业经营权范围】 ★

全民所有制企业对国家授予它经营管理的财产依法享有经营权,受法律保护。

一、主要适用的案由及其相关度

案由编号	主要适用的案由	相关度
M3.5.34	排除妨害纠纷	★★★★★
M4.10.89.4	民间借贷纠纷	★★★★★
M3.5.38	财产损害赔偿纠纷	★★
M3.5	物权保护纠纷	★★
M4.10.97	租赁合同纠纷	★
M4.10.115	农业承包合同纠纷	★

案由编号	主要适用的案由	相关度
M4.10.100.3	建设工程施工合同纠纷	★
M8.20.228	企业出资人权益确认纠纷	★

二、同时适用的法条及其相关度

	同时适用的法条	相关度
民法通则	第4条【民事活动的基本原则:自愿、公平、等价有偿、诚实信用】	
	第5条【公民、法人的合法权益受法律保护】	
	第6条【民事活动应遵守国家政策】	
	第7条【公序良俗原则】	
	第8条【民法通则的适用范围】	
	第43条【企业法人对其机构的活动承担民事责任】	
	第44条【公司合并后债权债务的承继】	
	第60条【民事行为部分无效】	
	第71条【所有权的内容】	
	第72条【财产所有权取得应符合法律规定;动产所有权自交付时转移】	
	第73条【国家财产所有权:全民所有;国家财产权的效力:神圣不可侵犯】	
	第80条【土地使用权与承包经营权】	
	第81条【森林、山岭、草原、荒地、滩涂、水面、矿藏等自然资源的归属】	
	第84条【债的界定】	
	第85条【合同的定义】	
	第86条【数人债权债务:按份分享权利、按份分担义务】	
	第90条【借贷关系】	

	同时适用的法条	相关度	
民法通则	第106条【民事责任归责原则:违约责任,无过错责任原则;侵权责任,过错责任、无过错责任】		616
	第107条【民事责任的免除事由:不可抗力】		
	第108条【债务清偿:分期偿还、强制偿还】		
	第111条【不履行合同义务的后果:继续履行;补救;赔偿损失】		
	第117条【侵害财产权的责任承担方式:返还财产、折价赔偿;恢复原状、折价赔偿;赔偿损失】		
	第119条【人身损害赔偿项目:一般人身损害赔偿项目、伤残赔偿项目、死亡赔偿项目】		
	第134条【民事责任的主要承担方式】		
合同法	第44条【合同成立条件与时间】		593
	第60条【合同履行的原则】		
	第93条【合同的意定解除:协商一致;约定条件成就】		
	第107条【合同约束力;违约责任】		
	第232条【不定期租赁】		
物权法	第34条【权利人的返还原物请求权】		113
	第35条【权利人享有的排除妨害请求权与消除危险请求权】		
	第37条【侵害物权的民事责任竞合】		
	第39条【所有权的内容】		
土地管理法	第9条【土地使用权和土地使用权人的义务】		640
	第15条【对国有土地和集体所有的土地承包经营的规定:主体、方式、期限、权利与义务;农民集体所有的土地由本集体经济组织以外的单位或个人承包经营的特殊规定】		

588 物权纠纷

		同时适用的法条	相关度
684	婚姻法司法解释二	第24条【离婚时夫妻共同债务的清偿】	
713	审理民间借贷案件规定	第1条【民间借贷的界定】	

第83条【处理相邻关系的基本原则】 ★★★★

不动产的相邻各方,应当按照有利生产、方便生活、团结互助、公平合理的精神,正确处理截水、排水、通行、通风、采光等方面的相邻关系。给相邻方造成妨碍或者损失的,应当停止侵害,排除妨碍,赔偿损失。

一、主要适用的案由及其相关度

案由编号	主要适用的案由	相关度
M3.6.47	相邻关系纠纷	★★★★★
M3.6.47.2	相邻通行纠纷	★★★
M3.6.47.5	相邻采光、日照纠纷	★
M3.6.47.7	相邻损害防免关系纠纷	★
M3.5.34	排除妨害纠纷	★★★★
M3.5.38	财产损害赔偿纠纷	★★

二、同时适用的法条及其相关度

		同时适用的法条	相关度
113	物权法	第84条【处理相邻关系的基本原则】	★★★★★
		第35条【权利人享有的排除妨害请求权与消除危险请求权】	★★
		第87条【相邻关系人通行权规则】	★★
		第89条【建造建筑物不得妨碍相邻建筑物】	★★
		第85条【处理相邻关系的法源依据】	★

	同时适用的法条	相关度	
物权法	第86条【相邻权利人用水、排水权】	★	113
	第92条【相邻权的限度】	★	
民法通则	第134条【民事责任的主要承担方式】	★★★★	616
	第5条【公民、法人的合法权益受法律保护】	★★	
	第106条【民事责任归责原则:违约责任,无过错责任原则;侵权责任,过错责任、无过错责任】	★	
	第117条【侵害财产权的责任承担方式:返还财产、折价赔偿、恢复原状、折价赔偿;赔偿损失】	★	
侵权责任法	第6条【过错责任原则;过错推定责任原则】	★★	625
	第15条【侵权责任的主要承担方式】	★★	
民通意见	第1条【公民的民事权利能力自出生时开始:户籍证明、医院出具的出生证明、其他证明】	★	692

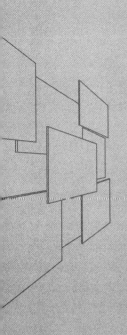
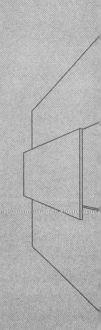

第三编
本书关联法条全文

一、法律

中华人民共和国合同法[①]

★★★★★

(1999年3月15日第九届全国人民代表大会第二次会议通过,自1999年10月1日起施行)

第1条【合同法立法目的】 ★★★

为了保护合同当事人的合法权益,维护社会经济秩序,促进社会主义现代化建设,制定本法。

第4条【合同自愿原则】 ★

当事人依法享有自愿订立合同的权利,任何单位和个人不得非法干预。

第5条【合同公平原则;合同权利义务确定的原则】 ★★

当事人应当遵循公平原则确定各方的权利和义务。

第6条【诚实信用原则】 ★★★

当事人行使权利、履行义务应当遵循诚实信用原则。

第7条【公序良俗原则】 ★★

当事人订立、履行合同,应当遵守法律、行政法规,尊重社会公德,不得扰乱社会经济秩序,损害社会公共利益。

第8条【合同约束力】 ★★★★★

依法成立的合同,对当事人具有法律约束力。当事人应当按照约定履行自己的义务,不得擅自变更或者解除合同。

依法成立的合同,受法律保护。

第9条【合同当事人资格:民事权利能力、民事行为能力;可委托代理人订立合同的规定】 ★

当事人订立合同,应当具有相应的民事权利能力和民事行为能力。

当事人依法可以委托代理人订立合同。

[①] 简称《合同法》。

第 10 条【合同订立形式;合同的形式】 ★

当事人订立合同,有书面形式、口头形式和其他形式。

法律、行政法规规定采用书面形式的,应当采用书面形式。当事人约定采用书面形式的,应当采用书面形式。

第 13 条【订立合同的方式:要约、承诺】 ★

当事人订立合同,采取要约、承诺方式。

第 14 条【要约的界定及其构成】 ★

要约是希望和他人订立合同的意思表示,该意思表示应当符合下列规定:

(一)内容具体确定;

(二)表明经受要约人承诺,要约人即受该意思表示约束。

第 15 条【要约邀请及其主要类型】 ★

要约邀请是希望他人向自己发出要约的意思表示。寄送的价目表、拍卖公告、招标公告、招股说明书、商业广告等为要约邀请。

商业广告的内容符合要约规定的,视为要约。

第 17 条【要约撤回的规则】 ★

要约可以撤回。撤回要约的通知应当在要约到达受要约人之前或者与要约同时到达受要约人。

第 19 条【不得撤销要约的情形】 ★

有下列情形之一的,要约不得撤销:

(一)要约人确定了承诺期限或者以其他形式明示要约不可撤销;

(二)受要约人有理由认为要约是不可撤销的,并已经为履行合同作了准备工作。

第 21 条【承诺的概念】 ★

承诺是受要约人同意要约的意思表示。

第 25 条【合同成立时间:承诺生效】 ★

承诺生效时合同成立。

第 32 条【书面合同自双方当事人签字或盖章时成立】 ★★

当事人采用合同书形式订立合同的,自双方当事人签字或者盖章时合同成立。

第 33 条【确认书与合同成立时间】 ★

当事人采用信件、数据电文等形式订立合同的,可以在合同成立之前要求签订确认书。签订确认书时合同成立。

第34条【合同成立的地点】 ★
承诺生效的地点为合同成立的地点。

采用数据电文形式订立合同的,收件人的主营业地为合同成立的地点;没有主营业地的,其经常居住地为合同成立的地点。当事人另有约定的,按照其约定。

第35条【采用合同书形式订立合同的成立地点】 ★
当事人采用合同书形式订立合同的,双方当事人签字或者盖章的地点为合同成立的地点。

第36条【应当采用书面形式而未采用书面形式合同成立的条件】 ★★
法律、行政法规规定或者当事人约定采用书面形式订立合同,当事人未采用书面形式但一方已经履行主要义务,对方接受的,该合同成立。

第37条【合同成立条件与时间】 ★
采用合同书形式订立合同,在签字或者盖章之前,当事人一方已经履行主要义务,对方接受的,该合同成立。

第44条【合同成立条件与时间】 ★★★★★
依法成立的合同,自成立时生效。

法律、行政法规规定应当办理批准、登记等手续生效的,依照其规定。

第45条【附条件的合同】 ★
当事人对合同的效力可以约定附条件。附生效条件的合同,自条件成就时生效。附解除条件的合同,自条件成就时失效。

当事人为自己的利益不正当地阻止条件成就的,视为条件已成就;不正当地促成条件成就的,视为条件不成就。

第46条【附期限的合同】 ★
当事人对合同的效力可以约定附期限。附生效期限的合同,自期限届至时生效。附终止期限的合同,自期限届满时失效。

第48条【无权代理人订立合同的法律后果】 ★★
行为人没有代理权、超越代理权或者代理权终止后以被代理人名义订立的合同,未经被代理人追认,对被代理人不发生效力,由行为人承担责任。

相对人可以催告被代理人在一个月内予以追认。被代理人未作表示的,视为拒绝追认。合同被追认之前,善意相对人有撤销的权利。撤销应当以通知的方式作出。

第49条【表见代理的构成及其效力】 ★★
行为人没有代理权、超越代理权或者代理权终止后以被代理人名义订立合同,相对人有理由相信行为人有代理权的,该代理行为有效。

第 51 条【无权处分合同的效力:经追认或取得处分权的有效】 ★★★

无处分权的人处分他人财产,经权利人追认或者无处分权的人订立合同后取得处分权的,该合同有效。

第 52 条【合同无效的情形】 ★★★★

有下列情形之一的,合同无效:

(一)一方以欺诈、胁迫的手段订立合同,损害国家利益;

(二)恶意串通,损害国家、集体或者第三人利益;

(三)以合法形式掩盖非法目的;

(四)损害社会公共利益;

(五)违反法律、行政法规的强制性规定。

第 54 条【合同的变更和撤销】 ★★

下列合同,当事人一方有权请求人民法院或者仲裁机构变更或者撤销:

(一)因重大误解订立的;

(二)在订立合同时显失公平的。

一方以欺诈、胁迫的手段或者乘人之危,使对方在违背真实意思的情况下订立的合同,受损害方有权请求人民法院或者仲裁机构变更或者撤销。

当事人请求变更的,人民法院或者仲裁机构不得撤销。

第 55 条【撤销权消灭的法定情形】 ★

有下列情形之一的,撤销权消灭:

(一)具有撤销权的当事人自知道或者应当知道撤销事由之日起一年内没有行使撤销权;

(二)具有撤销权的当事人知道撤销事由后明确表示或者以自己的行为放弃撤销权。

第 56 条【合同无效或被撤销的溯及力;部分无效不影响其他独立部分的效力】 ★★★

无效的合同或者被撤销的合同自始没有法律约束力。合同部分无效,不影响其他部分效力的,其他部分仍然有效。

第 58 条【合同无效或被撤销的法律后果】 ★★★★

合同无效或者被撤销后,因该合同取得的财产,应当予以返还;不能返还或者没有必要返还的,应当折价补偿。有过错的一方应当赔偿对方因此所受到的损失,双方都有过错的,应当各自承担相应的责任。

第60条【合同履行的原则】 ★★★★★

当事人应当按照约定全面履行自己的义务。

当事人应当遵循诚实信用原则,根据合同的性质、目的和交易习惯履行通知、协助、保密等义务。

第61条【合同内容约定不明确的处理规则;合同漏洞的填补】 ★★★

合同生效后,当事人就质量、价款或者报酬、履行地点等内容没有约定或者约定不明确的,可以协议补充;不能达成补充协议的,按照合同有关条款或者交易习惯确定。

第62条【合同内容约定不明确的处理规则;合同漏洞的填补】 ★★

当事人就有关合同内容约定不明确,依照本法第六十一条的规定仍不能确定的,适用下列规定:

(一)质量要求不明确的,按照国家标准、行业标准履行;没有国家标准、行业标准的,按照通常标准或者符合合同目的的特定标准履行。

(二)价款或者报酬不明确的,按照订立合同时履行地的市场价格履行;依法应当执行政府定价或者政府指导价的,按照规定履行。

(三)履行地点不明确,给付货币的,在接受货币一方所在地履行;交付不动产的,在不动产所在地履行;其他标的,在履行义务一方所在地履行。

(四)履行期限不明确的,债务人可以随时履行,债权人也可以随时要求履行,但应当给对方必要的准备时间。

(五)履行方式不明确的,按照有利于实现合同目的的方式履行。

(六)履行费用的负担不明确的,由履行义务一方负担。

第73条【债权人代位权】 ★★

因债务人怠于行使其到期债权,对债权人造成损害的,债权人可以向人民法院请求以自己的名义代位行使债务人的债权,但该债权专属于债务人自身的除外。

代位权的行使范围以债权人的债权为限。债权人行使代位权的必要费用,由债务人负担。

第77条【变更合同的条件与要求】 ★

当事人协商一致,可以变更合同。

法律、行政法规规定变更合同应当办理批准、登记等手续的,依照其规定。

第79条【债权人不得转让合同权利的情形】 ★★★

债权人可以将合同的权利全部或者部分转让给第三人,但有下列情形之一的除外：

（一）根据合同性质不得转让；

（二）按照当事人约定不得转让；

（三）依照法律规定不得转让。

第 80 条【债权人转让债权的通知义务】　　★★★

债权人转让权利的,应当通知债务人。未经通知,该转让对债务人不发生效力。

债权人转让权利的通知不得撤销,但经受让人同意的除外。

第 81 条【债权转让从权利一并转让】　　★★★

债权人转让权利的,受让人取得与债权有关的从权利,但该从权利专属于债权人自身的除外。

第 84 条【合同义务转移；债务转移；债务承担】　　★

债务人将合同的义务全部或者部分转移给第三人的,应当经债权人同意。

第 87 条【债权转让或债务转移的审批、登记】　　★

法律、行政法规规定转让权利或者转移义务应当办理批准、登记等手续的,依照其规定。

第 88 条【合同权利义务的概括转移；概括承受】　　★★

当事人一方经对方同意,可以将自己在合同中的权利和义务一并转让给第三人。

第 90 条【法人合并以及分立后合同权利义务的承担】　　★

当事人订立合同后合并的,由合并后的法人或者其他组织行使合同权利,履行合同义务。当事人订立合同后分立的,除债权人和债务人另有约定的以外,由分立的法人或者其他组织对合同的权利和义务享有连带债权,承担连带债务。

第 91 条【合同权利义务终止的法定情形】　　★★★

有下列情形之一的,合同的权利义务终止：

（一）债务已经按照约定履行；

（二）合同解除；

（三）债务相互抵销；

（四）债务人依法将标的物提存；

（五）债权人免除债务；

（六）债权债务同归于一人；

（七）法律规定或者当事人约定终止的其他情形。

第 92 条【后合同义务】　　　　　　　　　　　★★★

合同的权利义务终止后，当事人应当遵循诚实信用原则，根据交易习惯履行通知、协助、保密等义务。

第 93 条【合同的意定解除：协商一致；约定条件成就】　★★★★★

当事人协商一致，可以解除合同。

当事人可以约定一方解除合同的条件。解除合同的条件成就时，解除权人可以解除合同。

第 94 条【合同的法定解除；法定解除权】　　　　★★★

有下列情形之一的，当事人可以解除合同：

（一）因不可抗力致使不能实现合同目的；

（二）在履行期限届满之前，当事人一方明确表示或者以自己的行为表明不履行主要债务；

（三）当事人一方迟延履行主要债务，经催告后在合理期限内仍未履行；

（四）当事人一方迟延履行债务或者有其他违约行为致使不能实现合同目的；

（五）法律规定的其他情形。

第 96 条【合同解除权的行使规则】　　　　　　　★★★★

当事人一方依照本法第九十三条第二款、第九十四条的规定主张解除合同的，应当通知对方。合同自通知到达对方时解除。对方有异议的，可以请求人民法院或者仲裁机构确认解除合同的效力。

法律、行政法规规定解除合同应当办理批准、登记等手续的，依照其规定。

第 97 条【合同解除的法律后果】　　　　　　　　★★★★★

合同解除后，尚未履行的，终止履行；已经履行的，根据履行情况和合同性质，当事人可以要求恢复原状、采取其他补救措施，并有权要求赔偿损失。

第 98 条【结算条款、清理条款效力的独立性】　　　　★

合同的权利义务终止，不影响合同中结算和清理条款的效力。

第 107 条【合同约束力：违约责任】　　　　　　★★★★★

当事人一方不履行合同义务或者履行合同义务不符合约定的，应当承担继续履行、采取补救措施或者赔偿损失等违约责任。

第 108 条【预期违约责任】　　　　　　　　　　　★★

当事人一方明确表示或者以自己的行为表明不履行合同义务的，对方可以在履行期限届满之前要求其承担违约责任。

第109条【违约责任的承担:付款义务的继续履行】 ★★★

当事人一方未支付价款或者报酬的,对方可以要求其支付价款或者报酬。

第110条【继续履行及其例外;债权人不得要求对方继续履行的情形】

★★

当事人一方不履行非金钱债务或者履行非金钱债务不符合约定的,对方可以要求履行,但有下列情形之一的除外:

(一)法律上或者事实上不能履行;

(二)债务的标的不适于强制履行或者履行费用过高;

(三)债权人在合理期限内未要求履行。

第111条【违约责任的承担:质量不符合约定的违约责任】 ★★

质量不符合约定的,应当按照当事人的约定承担违约责任。对违约责任没有约定或者约定不明确,依照本法第六十一条的规定仍不能确定的,受损害方根据标的的性质以及损失的大小,可以合理选择要求对方承担修理、更换、重作、退货、减少价款或者报酬等违约责任。

第112条【违约责任的承担:损失赔偿与其他责任的并存】 ★

当事人一方不履行合同义务或者履行合同义务不符合约定的,在履行义务或者采取补救措施后,对方还有其他损失的,应当赔偿损失。

第113条【违约责任的承担:损失赔偿】 ★★

当事人一方不履行合同义务或者履行合同义务不符合约定,给对方造成损失的,损失赔偿额应当相当于因违约所造成的损失,包括合同履行后可以获得的利益,但不得超过违反合同一方订立合同时预见到或者应当预见到的因违反合同可能造成的损失。

经营者对消费者提供商品或者服务有欺诈行为的,依照《中华人民共和国消费者权益保护法》的规定承担损害赔偿责任。

第114条【违约金的数额及其调整】 ★★★★

当事人可以约定一方违约时应当根据违约情况向对方支付一定数额的违约金,也可以约定因违约产生的损失赔偿额的计算方法。

约定的违约金低于造成的损失的,当事人可以请求人民法院或者仲裁机构予以增加;约定的违约金过分高于造成的损失的,当事人可以请求人民法院或者仲裁机构予以适当减少。

当事人就迟延履行约定违约金的,违约方支付违约金后,还应当履行债务。

第 115 条【定金罚则】 ★

当事人可以依照《中华人民共和国担保法》约定一方方向对方给付定金作为债权的担保。债务人履行债务后,定金应当抵作价款或者收回。给付定金的一方不履行约定的债务的,无权要求返还定金;收受定金的一方不履行约定的债务的,应当双倍返还定金。

第 119 条【防止违约损失扩大的措施;防损义务;不真正义务】 ★

当事人一方违约后,对方应当采取适当措施防止损失的扩大;没有采取适当措施致使损失扩大的,不得就扩大的损失要求赔偿。

当事人因防止损失扩大而支出的合理费用,由违约方承担。

第 120 条【双方违约应各自承担违约责任】 ★

当事人双方都违反合同的,应当各自承担相应的责任。

第 121 条【因第三人原因造成违约情况下的责任承担】 ★

当事人一方因第三人的原因造成违约的,应当向对方承担违约责任。当事人一方和第三人之间的纠纷,依照法律规定或者按照约定解决。

第 124 条【无名合同的法律适用】 ★

本法分则或者其他法律没有明文规定的合同,适用本法总则的规定,并可以参照本法分则或者其他法律最相类似的规定。

第 130 条【买卖合同的定义】 ★★★

买卖合同是出卖人转移标的物的所有权于买受人,买受人支付价款的合同。

第 132 条【买卖合同的标的物】 ★★

出卖的标的物,应当属于出卖人所有或者出卖人有权处分。

法律、行政法规禁止或者限制转让的标的物,依照其规定。

第 133 条【标的物所有权转移:交付】 ★★★

标的物的所有权自标的物交付时起转移,但法律另有规定或者当事人另有约定的除外。

第 134 条【所有权保留】 ★

当事人可以在买卖合同中约定买受人未履行支付价款或者其他义务的,标的物的所有权属于出卖人。

第 135 条【出卖人义务:交付、移转所有权】 ★★★★

出卖人应当履行向买受人交付标的物或者交付提取标的物的单证,并转移标的物所有权的义务。

第 136 条【出卖人义务:交付单证、交付资料】 ★★★
出卖人应当按照约定或者交易习惯向买受人交付提取标的物单证以外的有关单证和资料。

第 138 条【出卖人义务:交付期间】 ★
出卖人应当按照约定的期限交付标的物。约定交付期间的,出卖人可以在该交付期间内的任何时间交付。

第 159 条【买受人应支付价款的数额认定】 ★★
买受人应当按照约定的数额支付价款。对价款没有约定或者约定不明确的,适用本法第六十一条、第六十二条第二项的规定。

第 161 条【买受人支付价款的时间】 ★
买受人应当按照约定的时间支付价款。对支付时间没有约定或者约定不明确,依照本法第六十一条的规定仍不能确定的,买受人应当在收到标的物或者提取标的物单证的同时支付。

第 170 条【试用买卖合同】 ★★
试用买卖的当事人可以约定标的物的试用期间。对试用期间没有约定或者约定不明确,依照本法第六十一条的规定仍不能确定的,由出卖人确定。

第 173 条【拍卖合同】 ★
拍卖的当事人的权利和义务以及拍卖程序等,依照有关法律、行政法规的规定。

第 179 条【供电人的安全供电义务】 ★
供电人应当按照国家规定的供电质量标准和约定安全供电。供电人未按照国家规定的供电质量标准和约定安全供电,造成用电人损失的,应当承担损害赔偿责任。

第 185 条【赠与合同的概念】 ★★★
赠与合同是赠与人将自己的财产无偿给予受赠人,受赠人表示接受赠与的合同。

第 186 条【赠与的任意撤销及限制】 ★★
赠与人在赠与财产的权利转移之前可以撤销赠与。

具有救灾、扶贫等社会公益、道德义务性质的赠与合同或者经过公证的赠与合同,不适用前款规定。

第 187 条【赠与的财产应依法办理登记等手续】 ★★
赠与的财产依法需要办理登记等手续的,应当办理有关手续。

第 192 条【赠与人的法定撤销情形及撤销权行使期间】 ★

受赠人有下列情形之一的,赠与人可以撤销赠与:

(一) 严重侵害赠与人或者赠与人的近亲属;

(二) 对赠与人有扶养义务而不履行;

(三) 不履行赠与合同约定的义务。

赠与人的撤销权,自知道或者应当知道撤销原因之日起一年内行使。

第 195 条【赠与义务的免除】 ★

赠与人的经济状况显著恶化,严重影响其生产经营或者家庭生活的,可以不再履行赠与义务。

第 196 条【借款合同定义】 ★★★★★

借款合同是借款人向贷款人借款,到期返还借款并支付利息的合同。

第 197 条【借款合同的形式和内容】 ★★

借款合同采用书面形式,但自然人之间借款另有约定的除外。

借款合同的内容包括借款种类、币种、用途、数额、利率、期限和还款方式等条款。

第 198 条【借款合同中的担保及法律适用】 ★★★★★

订立借款合同,贷款人可以要求借款人提供担保。担保依照《中华人民共和国担保法》的规定。

第 200 条【借款利息不得预先扣除;预先扣除后按实际数额计算借款额度】 ★

借款的利息不得预先在本金中扣除。利息预先在本金中扣除的,应当按照实际借款数额返还借款并计算利息。

第 201 条【贷款人未按照约定提供借款的违约责任、借款人未按照约定收取借款的违约责任】 ★

贷款人未按照约定的日期、数额提供借款,造成借款人损失的,应当赔偿损失。

借款人未按照约定的日期、数额收取借款的,应当按照约定的日期、数额支付利息。

第 203 条【借款人未按照约定的借款用途使用借款的后果】 ★

借款人未按照约定的借款用途使用借款的,贷款人可以停止发放借款、提前收回借款或者解除合同。

第 204 条【金融机构贷款业务的利率确定】 ★★

办理贷款业务的金融机构贷款的利率,应当按照中国人民银行规定的贷款利率的上下限确定。

第205条【借款合同的利息支付义务】 ★★★★★

借款人应当按照约定的期限支付利息。对支付利息的期限没有约定或者约定不明确,依照本法第六十一条的规定仍不能确定,借款期间不满一年的,应当在返还借款时一并支付;借款期间一年以上的,应当在每届满一年时支付,剩余期间不满一年的,应当在返还借款时一并支付。

第206条【借款期限的认定】 ★★★★★

借款人应当按照约定的期限返还借款。对借款期限没有约定或者约定不明确,依照本法第六十一条的规定仍不能确定的,借款人可以随时返还;贷款人可以催告借款人在合理期限内返还。

第207条【借款合同违约责任承担:支付利息】 ★★★★★

借款人未按照约定的期限返还借款的,应当按照约定或者国家有关规定支付逾期利息。

第210条【自然人之间借款合同的生效:提供借款时】 ★★

自然人之间的借款合同,自贷款人提供借款时生效。

第211条【自然人之间借款合同利息的规制】 ★★★

自然人之间的借款合同对支付利息没有约定或者约定不明确的,视为不支付利息。自然人之间的借款合同约定支付利息的,借款的利率不得违反国家有关限制借款利率的规定。

第212条【租赁合同的定义】 ★★★

租赁合同是出租人将租赁物交付承租人使用、收益,承租人支付租金的合同。

第215条【租赁合同的书面形式要求】 ★

租赁期限六个月以上的,应当采用书面形式。当事人未采用书面形式的,视为不定期租赁。

第225条【租赁期间因占有、使用租赁物获得的利益的归属】 ★

在租赁期间因占有、使用租赁物获得的收益,归承租人所有,但当事人另有约定的除外。

第226条【租赁合同中承租人租金支付期限的确定规则】 ★★

承租人应当按照约定的期限支付租金。对支付期限没有约定或者约定不明确,依照本法第六十一条的规定仍不能确定,租赁期间不满一年的,应当在租赁期间届满时支付;租赁期间一年以上的,应当在每届满一年时支付,剩余期间不满一年的,应当在租赁期间届满时支付。

第 227 条【出租人的租金支付请求权以及合同解除权】 ★★

承租人无正当理由未支付或者迟延支付租金的,出租人可以要求承租人在合理期限内支付。承租人逾期不支付的,出租人可以解除合同。

第 229 条【买卖不破租赁:租赁物发生所有权变动时不影响租赁合同效力】 ★★

租赁物在租赁期间发生所有权变动的,不影响租赁合同的效力。

第 230 条【房屋承租人的优先购买权】 ★

出租人出卖租赁房屋的,应当在出卖之前的合理期限内通知承租人,承租人享有以同等条件优先购买的权利。

第 232 条【不定期租赁】 ★★★

当事人对租赁期限没有约定或者约定不明确,依照本法第六十一条的规定仍不能确定的,视为不定期租赁。当事人可以随时解除合同,但出租人解除合同应当在合理期限之前通知承租人。

第 235 条【租赁期间届满承租人租赁物返还义务;返还的租赁物应当具有的状态】 ★★★★

租赁期间届满,承租人应当返还租赁物。返还的租赁物应当符合按照约定或者租赁物的性质使用后的状态。

第 236 条【不定期租赁:租赁期满继续使用租赁物、出租人没有提出异议】 ★★

租赁期间届满,承租人继续使用租赁物,出租人没有提出异议的,原租赁合同继续有效,但租赁期限为不定期。

第 242 条【承租人破产时租赁物不属于破产财产】 ★★

出租人享有租赁物的所有权。承租人破产的,租赁物不属于破产财产。

第 248 条【出租人的租金支付请求权以及合同解除权】 ★

承租人应当按照约定支付租金。承租人经催告后在合理期限内仍不支付租金的,出租人可以要求支付全部租金;也可以解除合同,收回租赁物。

第 251 条【承揽合同的定义】 ★★

承揽合同是承揽人按照定作人的要求完成工作,交付工作成果,定作人给付报酬的合同。

承揽包括加工、定作、修理、复制、测试、检验等工作。

第 259 条【承揽工作中定作人的协助义务】 ★

承揽工作需要定作人协助的,定作人有协助的义务。

定作人不履行协助义务致使承揽工作不能完成的,承揽人可以催告定作人在合理期限内履行义务,并可以顺延履行期限;定作人逾期不履行的,承揽人可以解除合同。

第263条【定作人报酬支付的期限】 ★★

定作人应当按照约定的期限支付报酬。对支付报酬的期限没有约定或者约定不明确,依照本法第六十一条的规定仍不能确定的,定作人应当在承揽人交付工作成果时支付;工作成果部分交付的,定作人应当相应支付。

第264条【承揽人的留置权】 ★★

定作人未向承揽人支付报酬或者材料费等价款的,承揽人对完成的工作成果享有留置权,但当事人另有约定的除外。

第366条【寄存人的义务】 ★

寄存人应当按照约定向保管人支付保管费。

当事人对保管费没有约定或者约定不明确,依照本法第六十一条的规定仍不能确定的,保管是无偿的。

第369条【保管人对保管物的妥善保管义务】 ★

保管人应当妥善保管保管物。

当事人可以约定保管场所或者方法。除紧急情况或者为了维护寄存人利益的以外,不得擅自改变保管场所或者方法。

第374条【保管物毁损、保管物灭失;保管人承担损害赔偿责任】 ★

保管期间,因保管人保管不善造成保管物毁损、灭失的,保管人应当承担损害赔偿责任,但保管是无偿的,保管人证明自己没有重大过失的,不承担损害赔偿责任。

第379条【保管费的支付】 ★★

有偿的保管合同,寄存人应当按照约定的期限向保管人支付保管费。

当事人对支付期限没有约定或者约定不明确,依照本法第六十一条的规定仍不能确定的,应当在领取保管物的同时支付。

第380条【保管人的留置权】 ★★

寄存人未按照约定支付保管费以及其他费用的,保管人对保管物享有留置权,但当事人另有约定的除外。

第398条【处理委托事务的费用】 ★

委托人应当预付处理委托事务的费用。受托人为处理委托事务垫付的必要费用,委托人应当偿还该费用及其利息。

第404条【受托人转移委托事务所得利益的义务】 ★★

受托人处理委托事务取得的财产,应当转交给委托人。

第 405 条【有偿委托合同的报酬支付】 ★

受托人完成委托事务的,委托人应当向其支付报酬。因不可归责于受托人的事由,委托合同解除或者委托事务不能完成的,委托人应当向受托人支付相应的报酬。当事人另有约定的,按照其约定。

第 424 条【居间合同的界定】 ★

居间合同是居间人向委托人报告订立合同的机会或者提供订立合同的媒介服务,委托人支付报酬的合同。

第 427 条【居间人未促成居间合同时居间费用的负担】 ★

居间人未促成合同成立的,不得要求支付报酬,但可以要求委托人支付从事居间活动支出的必要费用。

中华人民共和国担保法①

(1995 年 6 月 30 日第八届全国人民代表大会常务委员会第十四次会议通过,自 1995 年 10 月 1 日起施行)

第 1 条【担保法的立法目的】 ★★

为促进资金融通和商品流通,保障债权的实现,发展社会主义市场经济,制定本法。

第 2 条【担保的目的及方式:保障债权实现,保证、抵押、质押、留置、定金】 ★

在借贷、买卖、货物运输、加工承揽等经济活动中,债权人需要以担保方式保障其债权实现的,可以依照本法规定设定担保。

本法规定的担保方式为保证、抵押、质押、留置和定金。

第 4 条【担保物权的设立;反担保的设立】 ★★★

第三人为债务人向债权人提供担保时,可以要求债务人提供反担保。

反担保适用本法担保的规定。

**第 5 条【担保合同的界定及其与主债权合同的关系;担保合同无效的责

---

① 简称《担保法》。

任承担规则】 ★★

担保合同是主合同的从合同,主合同无效,担保合同无效。担保合同另有约定的,按照约定。

担保合同被确认无效后,债务人、担保人、债权人有过错的,应当根据其过错各自承担相应的民事责任。

第 6 条【保证的定义】 ★★★★

本法所称保证,是指保证人和债权人约定,当债务人不履行债务时,保证人按照约定履行债务或者承担责任的行为。

第 9 条【不得为保证人的主体:以公益为目的的事业单位、社会团体】 ★

学校、幼儿园、医院等以公益为目的的事业单位、社会团体不得为保证人。

第 11 条【禁止强令提供担保】 ★

任何单位和个人不得强令银行等金融机构或者企业为他人提供保证;银行等金融机构或者企业对强令其为他人提供保证的行为,有权拒绝。

第 12 条【多人保证责任的承担】 ★★★★

同一债务有两个以上保证人的,保证人应当按照保证合同约定的保证份额,承担保证责任。没有约定保证份额的,保证人承担连带责任,债权人可以要求任何一个保证人承担全部保证责任,保证人都负有担保全部债权实现的义务。已经承担保证责任的保证人,有权向债务人追偿,或者要求承担连带责任的其他保证人清偿其应当承担的份额。

第 14 条【保证合同的订立:分别订立,合并订立】 ★★★★

保证人与债权人可以就单个主合同分别订立保证合同,也可以协议在最高债权额限度内就一定期间连续发生的借款合同或者某项商品交易合同订立一个保证合同。

第 16 条【保证的方式】 ★

保证的方式有:

(一)一般保证;

(二)连带责任保证。

第 18 条【保证合同中连带责任的承担】 ★★★★

当事人在保证合同中约定保证人与债务人对债务承担连带责任的,为连带责任保证。

连带责任保证的债务人在主合同规定的债务履行期届满没有履行债务的,债权人可以要求债务人履行债务,也可以要求保证人在其保证范围内承担保证责任。

第19条【保证方式不明时;连带责任担保】 ★★★

当事人对保证方式没有约定或者约定不明确的,按照连带责任保证承担保证责任。

第21条【保证担保的范围;没有约定、约定不明时的担保范围】

★★★★★

保证担保的范围包括主债权及利息、违约金、损害赔偿金和实现债权的费用。保证合同另有约定的,按照约定。

当事人对保证担保的范围没有约定或者约定不明确的,保证人应当对全部债务承担责任。

第22条【主债权转让时保证人的保证责任】 ★★

保证期间,债权人依法将主债权转让给第三人的,保证人在原保证担保的范围内继续承担保证责任。保证合同另有约定的,按照约定。

第26条【连带保证的保证期间】 ★★

连带责任保证的保证人与债权人未约定保证期间的,债权人有权自主债务履行期届满之日起六个月内要求保证人承担保证责任。

在合同约定的保证期间和前款规定的保证期间,债权人未要求保证人承担保证责任的,保证人免除保证责任。

第28条【混合担保规则】 ★★

同一债权既有保证又有物的担保的,保证人对物的担保以外的债权承担保证责任。

债权人放弃物的担保的,保证人在债权人放弃权利的范围内免除保证责任。

第30条【保证人不承担民事责任的法定情形】 ★

有下列情形之一的,保证人不承担民事责任:

(一)主合同当事人双方串通,骗取保证人提供保证的;

(二)主合同债权人采取欺诈、胁迫等手段,使保证人在违背真实意思的情况下提供保证的。

第31条【保证人的追偿权】 ★★★★★

保证人承担保证责任后,有权向债务人追偿。

第33条【抵押、抵押权人、抵押人以及抵押物的概念】 ★★★★★

本法所称抵押,是指债务人或者第三人不转移对本法第三十四条所列财产的占有,将该财产作为债权的担保。债务人不履行债务时,债权人有权依照本法规定以该财产折价或者以拍卖、变卖该财产的价款优先受偿。

前款规定的债务人或者第三人为抵押人,债权人为抵押权人,提供担保的财产为抵押物。

第 34 条【可抵押财产的范围】 ★

下列财产可以抵押:

(一)抵押人所有的房屋和其他地上定着物;

(二)抵押人所有的机器、交通运输工具和其他财产;

(三)抵押人依法有权处分的国有的土地使用权、房屋和其他地上定着物;

(四)抵押人依法有权处分的国有的机器、交通运输工具和其他财产;

(五)抵押人依法承包并经发包方同意抵押的荒山、荒沟、荒丘、荒滩等荒地的土地使用权;

(六)依法可以抵押的其他财产。

抵押人可以将前款所列财产一并抵押。

第 36 条【土地使用权应与其上房屋一并抵押规则】 ★

以依法取得的国有土地上的房屋抵押的,该房屋占用范围内的国有土地使用权同时抵押。

以出让方式取得的国有土地使用权抵押的,应当将抵押时该国有土地上的房屋同时抵押。

乡(镇)、村企业的土地使用权不得单独抵押。以乡(镇)、村企业的厂房等建筑物抵押的,其占用范围内的土地使用权同时抵押。

第 37 条【不得设定抵押的财产】 ★★

下列财产不得抵押:

(一)土地所有权;

(二)耕地、宅基地、自留地、自留山等集体所有的土地使用权,但本法第三十四条第(五)项、第三十六条第三款规定的除外;

(三)学校、幼儿园、医院等以公益为目的的事业单位、社会团体的教育设施、医疗卫生设施和其他社会公益设施;

(四)所有权、使用权不明或者有争议的财产;

(五)依法被查封、扣押、监管的财产;

(六)依法不得抵押的其他财产。

第 38 条【抵押合同的书面形式要件及其应包含的内容】 ★

抵押人和抵押权人应当以书面形式订立抵押合同。

第 40 条【流质契约的绝对禁止】 ★★★

订立抵押合同时,抵押权人和抵押人在合同中不得约定在债务履行期届满抵押权人未受清偿时,抵押物的所有权转移为债权人所有。

第 41 条【特殊财产的抵押物登记】 ★★★★

当事人以本法第四十二条规定的财产抵押的,应当办理抵押物登记,抵押合同自登记之日起生效。

第 42 条【办理抵押物登记的部门】 ★★★

办理抵押物登记的部门如下:

(一)以无地上定着物的土地使用权抵押的,为核发土地使用权证书的土地管理部门;

(二)以城市房地产或者乡(镇)、村企业的厂房等建筑物抵押的,为县级以上地方人民政府规定的部门;

(三)以林木抵押的,为县级以上林木主管部门;

(四)以航空器、船舶、车辆抵押的,为运输工具的登记部门;

(五)以企业的设备和其他动产抵押的,为财产所在地的工商行政管理部门。

第 43 条【抵押合同自签订起生效;登记对抗主义】 ★

当事人以其他财产抵押的,可以自愿办理抵押物登记,抵押合同自签订之日起生效。

当事人未办理抵押物登记的,不得对抗第三人。当事人办理抵押物登记的,登记部门为抵押人所在地的公证部门。

第 46 条【抵押担保的范围】 ★★★★★

抵押担保的范围包括主债权及利息、违约金、损害赔偿金和实现抵押权的费用。抵押合同另有约定的,按照约定。

第 49 条【抵押期间抵押财产转让应当遵循的规则】 ★★

抵押期间,抵押人转让已办理登记的抵押物的,应当通知抵押权人并告知受让人转让物已经抵押的情况;抵押人未通知抵押权人或者未告知受让人的,转让行为无效。

转让抵押物的价款明显低于其价值的,抵押权人可以要求抵押人提供相应的担保;抵押人不提供的,不得转让抵押物。

抵押人转让抵押物所得的价款,应当向抵押权人提前清偿所担保的债权或者向与抵押权人约定的第三人提存。超过债权数额的部分,归抵押人所有,不足部分由债务人清偿。

第 50 条【抵押权转移的从属性】 ★★
抵押权不得与债权分离而单独转让或者作为其他债权的担保。

第 51 条【抵押财产价值减少时抵押权人的补救措施】 ★
抵押人的行为足以使抵押物价值减少的,抵押权人有权要求抵押人停止其行为。抵押物价值减少时,抵押权人有权要求抵押人恢复抵押物的价值,或者提供与减少的价值相当的担保。

抵押人对抵押物价值减少无过错的,抵押权人只能在抵押人因损害而得到的赔偿范围内要求提供担保。抵押物价值未减少的部分,仍作为债权的担保。

第 52 条【抵押权的从属性】 ★★★
抵押权与其担保的债权同时存在,债权消灭的,抵押权也消灭。

第 53 条【抵押权的实现】 ★★★★★
债务履行期届满抵押权人未受清偿的,可以与抵押人协议以抵押物折价或者以拍卖、变卖该抵押物所得的价款受偿;协议不成的,抵押权人可以向人民法院提起诉讼。

抵押物折价或者拍卖、变卖后,其价款超过债权数额的部分归抵押人所有,不足部分由债务人清偿。

第 54 条【同一财产上多个抵押权的效力顺序】 ★
同一财产向两个以上债权人抵押的,拍卖、变卖抵押物所得的价款按照以下规定清偿:

(一)抵押合同以登记生效的,按照抵押物登记的先后顺序清偿;顺序相同的,按照债权比例清偿;

(二)抵押合同自签订之日起生效的,该抵押物已登记的,按照本条第(一)项规定清偿;未登记的,按照合同生效时间的先后顺序清偿,顺序相同的,按照债权比例清偿。抵押物已登记的先于未登记的受偿。

第 55 条【以建设用地使用权抵押后新增建筑物不属于抵押财产】 ★
城市房地产抵押合同签订后,土地上新增的房屋不属于抵押物。需要拍卖该抵押的房地产时,可以依法将该土地上新增的房屋与抵押物一同拍卖,但对拍卖新增房屋所得,抵押权人无权优先受偿。

依照本法规定以承包的荒地的土地使用权抵押的,或者以乡(镇)、村企业的厂房等建筑物占用范围内的土地使用权抵押的,在实现抵押权后,未经法定程序不得改变土地集体所有和土地用途。

第 56 条【划拨国有土地使用权抵押权的实现】 ★

拍卖划拨的国有土地使用权所得的价款,在依法缴纳相当于应缴纳的土地使用权出让金的款额后,抵押权人有优先受偿权。

第 57 条【担保人的追偿权】 ★★★★

为债务人抵押担保的第三人,在抵押权人实现抵押权后,有权向债务人追偿。

第 58 条【抵押物灭失及物上代位权】 ★

抵押权因抵押物灭失而消灭。因灭失所得的赔偿金,应当作为抵押财产。

第 59 条【最高额抵押的定义】 ★★★★

本法所称最高额抵押,是指抵押人与抵押权人协议,在最高债权额限度内,以抵押物对一定期间内连续发生的债权作担保。

第 60 条【最高额抵押的适用范围】 ★

借款合同可以附最高额抵押合同。

债权人与债务人就某项商品在一定期间内连续发生交易而签订的合同,可以附最高额抵押合同。

第 62 条【最高额抵押的法律适用】 ★

最高额抵押除适用本节规定外,适用本章其他规定。

第 63 条【动产质押的定义】 ★★★

本法所称动产质押,是指债务人或者第三人将其动产移交债权人占有,将该动产作为债权的担保。债务人不履行债务时,债权人有权依照本法规定以该动产折价或者以拍卖、变卖该动产的价款优先受偿。

前款规定的债务人或者第三人为出质人,债权人为质权人,移交的动产为质物。

第 64 条【质押合同的订立形式与质权生效时间】 ★★★

出质人和质权人应当以书面形式订立质押合同。

质押合同自质物移交于质权人占有时生效。

第 65 条【质权设立需要订立书面质权合同与质权合同的内容】 ★

质押合同应当包括以下内容:

(一) 被担保的主债权种类、数额;

(二) 债务人履行债务的期限;

(三) 质物的名称、数量、质量、状况;

(四) 质押担保的范围;

（五）质物移交的时间；

（六）当事人认为需要约定的其他事项。

质押合同不完全具备前款规定内容的，可以补正。

第 66 条【流质契约的绝对禁止】 ★★

出质人和质权人在合同中不得约定在债务履行期届满质权人未受清偿时，质物的所有权转移为质权人所有。

第 67 条【质押担保的范围：主债权、利息、违约金、损害赔偿金、质物保管费用、实现质权的费用】 ★★

质押担保的范围包括主债权及利息、违约金、损害赔偿金、质物保管费用和实现质权的费用。质押合同另有约定的，按照约定。

第 71 条【质物返还与质权实现】 ★★

债务履行期届满债务人履行债务的，或者出质人提前清偿所担保的债权的，质权人应当返还质物。

债务履行期届满质权人未受清偿的，可以与出质人协议以质物折价，也可以依法拍卖、变卖质物。

质物折价或者拍卖、变卖后，其价款超过债权数额的部分归出质人所有，不足部分由债务人清偿。

第 72 条【质押担保人的追偿权】 ★

为债务人质押担保的第三人，在质权人实现质权后，有权向债务人追偿。

第 74 条【抵押权的从属性】 ★

质权与其担保的债权同时存在，债权消灭的，质权也消灭。

第 75 条【可质押的权利的范围】 ★★★

下列权利可以质押：

（一）汇票、支票、本票、债券、存款单、仓单、提单；

（二）依法可以转让的股份、股票；

（三）依法可以转让的商标专用权、专利权、著作权中的财产权；

（四）依法可以质押的其他权利。

第 76 条【票据出质的范围，形式以及生效条件】 ★★

以汇票、支票、本票、债券、存款单、仓单、提单出质的，应当在合同约定的期限内将权利凭证交付质权人。质押合同自权利凭证交付之日起生效。

第 78 条【基金份额、股权出质的权利质权设立；出质人处分基金份额、股权的限制】 ★★

以依法可以转让的股票出质的，出质人与质权人应当订立书面合同，并向证券登记机构办理出质登记。质押合同自登记之日起生效。

股票出质后,不得转让,但经出质人与质权人协商同意的可以转让。出质人转让股票所得的价款应当向质权人提前清偿所担保的债权或者向与质权人约定的第三人提存。

以有限责任公司的股份出质的,适用 公司法股份转让的有关规定。质押合同自股份出质记载于股东名册之日起生效。

第 79 条【知识产权中财产权出质的质权设立;出质人处分知识产权的限制】 ★

以依法可以转让的商标专用权,专利权、著作权中的财产权出质的,出质人与质权人应当订立书面合同,并向其管理部门办理出质登记。质押合同自登记之日起生效。

第 81 条【权利质权的法律适用】 ★★

权利质押除适用本节规定外,适用本章第一节的规定。

第 82 条【留置与留置权】 ★★

本法所称留置,是指依照本法第八十四条的规定,债权人按照合同约定占有债务人的动产,债务人不按照合同约定的期限履行债务的,债权人有权依照本法规定留置该财产,以该财产折价或者以拍卖、变卖该财产的价款优先受偿。

第 83 条【留置担保的法定范围】 ★★

留置担保的范围包括主债权及利息、违约金、损害赔偿金,留置物保管费用和实现留置权的费用。

第 84 条【留置的适用范围】 ★★

因保管合同、运输合同、加工承揽合同发生的债权,债务人不履行债务的,债权人有留置权。

法律规定可以留置的其他合同,适用前款规定。

当事人可以在合同中约定不得留置的物。

第 87 条【留置财产变现数额与所担保债权数额不符时的处理】 ★

债权人与债务人应当在合同中约定,债权人留置财产后,债务人应当在不少于两个月的期限内履行债务。债权人与债务人在合同中未约定的,债权人留置债务人财产后,应当确定两个月以上的期限,通知债务人在该期限内履行债务。

债务人逾期仍不履行的,债权人可以与债务人协议以留置物折价,也可以依法拍卖、变卖留置物。

留置物折价或者拍卖、变卖后,其价款超过债权数额的部分归债务人所有,不足部分由债务人清偿。

第89条【定金罚则】 ★

当事人可以约定一方向对方给付定金作为债权的担保。债务人履行债务后,定金应当抵作价款或者收回。给付定金的一方不履行约定的债务的,无权要求返还定金;收受定金的一方不履行约定的债务的,应当双倍返还定金。

第90条【定金的形式要求;生效时间】 ★

定金应当以书面形式约定。当事人在定金合同中应当约定交付定金的期限。定金合同从实际交付定金之日起生效。

第93条【担保合同的表现形式】 ★

本法所称保证合同、抵押合同、质押合同、定金合同可以是单独订立的书面合同,包括当事人之间的具有担保性质的信函、传真等,也可以是主合同中的担保条款。

中华人民共和国民法通则①

★★★★

(1986年4月12日第六届全国人民代表大会第四次会议通过,根据2009年8月27日第十一届全国人民代表大会常务委员会第十次会议《关于修改部分法律的决定》修正)

第1条【民法通则的立法目的】 ★★

为了保障公民、法人的合法的民事权益,正确调整民事关系,适应社会主义现代化建设事业发展的需要,根据宪法和我国实际情况,总结民事活动的实践经验,制定本法。

第4条【民事活动的基本原则:自愿、公平、等价有偿、诚实信用】

★★★★

民事活动应当遵循自愿、公平、等价有偿、诚实信用的原则。

---

① 简称《民法通则》。

第5条【公民、法人的合法权益受法律保护】 ★★★★★
公民、法人的合法的民事权益受法律保护,任何组织和个人不得侵犯。

第6条【民事活动应遵守国家政策】 ★★★★
民事活动必须遵守法律,法律没有规定的,应当遵守国家政策。

第7条【公序良俗原则】 ★★
民事活动应当尊重社会公德,不得损害社会公共利益,扰乱社会经济秩序。

第9条【公民民事权利能力的开始与终止】 ★
公民从出生时起到死亡时止,具有民事权利能力,依法享有民事权利,承担民事义务。

第11条【完全民事行为能力人】 ★
十八周岁以上的公民是成年人,具有完全民事行为能力,可以独立进行民事活动,是完全民事行为能力人。

十六周岁以上不满十八周岁的公民,以自己的劳动收入为主要生活来源的,视为完全民事行为能力人。

第16条【未成年人的监护人】 ★★
未成年人的父母是未成年人的监护人。

未成年人的父母已经死亡或者没有监护能力的,由下列人员中有监护能力的人担任监护人:

(一) 祖父母、外祖父母;

(二) 兄、姐;

(三) 关系密切的其他亲属、朋友愿意承担监护责任,经未成年人的父、母的所在单位或者未成年人住所地的居民委员会、村民委员会同意的。

对担任监护人有争议的,由未成年人的父、母的所在单位或者未成年人住所地的居民委员会、村民委员会在近亲属中指定。对指定不服提起诉讼的,由人民法院裁决。

没有第一款、第二款规定的监护人的,由未成年人的父、母的所在单位或者未成年人住所地的居民委员会、村民委员会或者民政部门担任监护人。

第18条【监护人的职责权利与民事责任】 ★★
监护人应当履行监护职责,保护被监护人的人身、财产及其他合法权益,除为被监护人的利益外,不得处理被监护人的财产。

监护人依法履行监护的权利,受法律保护。

监护人不履行监护职责或者侵害被监护人的合法权益的,应当承担责任;给被监护人造成财产损失的,应当赔偿损失。人民法院可以根据有关人员或者有关单位的申请,撤销监护人的资格。

第 25 条【死亡宣告撤销后的财产返还】 ★★

被撤销死亡宣告的人有权请求返还财产。依照继承法取得他的财产的公民或者组织,应当返还原物;原物不存在的,给予适当补偿。

第 27 条【农村承包经营户】 ★

农村集体经济组织的成员,在法律允许的范围内,按照承包合同规定从事商品经营的,为农村承包经营户。

第 30 条【个人合伙】 ★

个人合伙是指两个以上公民按照协议,各自提供资金、实物、技术等,合伙经营、共同劳动。

第 32 条【合伙财产的归属、管理和使用】 ★

合伙人投入的财产,由合伙人统一管理和使用。

合伙经营积累的财产,归合伙人共有。

第 35 条【民事合伙的债务承担规则】 ★

合伙的债务,由合伙人按照出资比例或者协议的约定,以各自的财产承担清偿责任。

合伙人对合伙的债务承担连带责任,法律另有规定的除外。偿还合伙债务超过自己应当承担数额的合伙人,有权向其他合伙人追偿。

第 54 条【民事法律行为的定义】 ★

民事法律行为是公民或者法人设立、变更、终止民事权利和民事义务的合法行为。

第 55 条【民事法律行为的有效条件】 ★★★

民事法律行为应当具备下列条件:

(一) 行为人具有相应的民事行为能力;

(二) 意思表示真实;

(三) 不违反法律或者社会公共利益。

第 57 条【民事法律行为的效力】 ★★★

民事法律行为从成立时起具有法律约束力。行为人非依法律规定或者取得对方同意,不得擅自变更或者解除。

第 58 条【民事行为无效的法定情形】 ★★

下列民事行为无效:

(一) 无民事行为能力人实施的;

（二）限制民事行为能力人依法不能独立实施的；

（三）一方以欺诈、胁迫的手段或者乘人之危，使对方在违背真实意思的情况下所为的；

（四）恶意串通，损害国家、集体或者第三人利益的；

（五）违反法律或者社会公共利益的；

（六）以合法形式掩盖非法目的的；

无效的民事行为，从行为开始起就没有法律约束力。

第 61 条【民事行为被确认为无效或者被撤销后的法律后果】 ★

民事行为被确认为无效或者被撤销后，当事人因该行为取得的财产，应当返还给受损失的一方。有过错的一方应当赔偿对方因此所受的损失，双方都有过错的，应当各自承担相应的责任。

双方恶意串通，实施民事行为损害国家的、集体的或者第三人的利益的，应当追缴双方取得的财产，收归国家、集体所有或者返还第三人。

第 63 条【代理的界定及不得代理的情形】 ★

公民、法人可以通过代理人实施民事法律行为。

代理人在代理权限内，以被代理人的名义实施民事法律行为。被代理人对代理人的代理行为，承担民事责任。

依照法律规定或者按照双方当事人约定，应当由本人实施的民事法律行为，不得代理。

第 66 条【无权代理的法律后果；代理人不履行职责、损害代理人利益的民事责任；代理人和第三人的连带责任】 ★

没有代理权、超越代理权或者代理权终止后的行为，只有经过被代理人的追认，被代理人才承担民事责任。未经追认的行为，由行为人承担民事责任。本人知道他人以本人名义实施民事行为而不作否认表示的，视为同意。

代理人不履行职责而给被代理人造成损害的，应当承担民事责任。

代理人和第三人串通、损害被代理人的利益的，由代理人和第三人负连带责任。

第三人知道行为人没有代理权、超越代理权或者代理权已终止还与行为人实施民事行为给他人造成损害的，由第三人和行为人负连带责任。

第 67 条【代理人故意代理违法事项时的责任承担：被代理人和代理人承担连带责任】 ★

代理人知道被委托代理的事项违法仍然进行代理活动的，或者被代理人知道代理人的代理行为违法不表示反对的，由被代理人和代理人负连带

第 71 条【所有权的内容】 ★★★★

财产所有权是指所有人依法对自己的财产享有占有、使用、收益和处分的权利。

第 72 条【财产所有权取得应符合法律规定、动产所有权自交付时转移】

★★★★

财产所有权的取得,不得违反法律规定。按照合同或其他合法方式取得财产的,财产所有权从财产交付时起转移,法律另有规定或者当事人另有约定的除外。

第 73 条【国家财产所有权:全民所有;国家财产权的效力:神圣不可侵犯】 ★★

国家财产属于全民所有。

国家财产神圣不可侵犯,禁止任何组织或者个人侵占、哄抢、私分、截留、破坏。

第 74 条【集体所有的财产包括的内容】 ★★★★

劳动群众集体组织的财产属于劳动群众集体所有,包括:

（一）法律规定为集体所有的土地和森林、山岭、草原、荒地、滩涂等;

（二）集体经济组织的财产;

（三）集体所有的建筑物、水库、农田水利设施和教育、科学、文化、卫生、体育等设施;

（四）集体所有的其他财产。

集体所有的土地依照法律属于村农民集体所有,由村农业生产合作社等农业集体经济组织或者村民委员会经营、管理。已经属于乡(镇)农民集体经济组织所有的,可以属于乡(镇)农民集体所有。

集体所有的财产受法律保护,禁止任何组织或者个人侵占、哄抢、私分、破坏或者非法查封、扣押、冻结、没收。

第 75 条【个人财产:合法财产受法律保护】 ★★★★

公民的个人财产,包括公民的合法收入、房屋、储蓄、生活用品、文物、图书资料、林木、牲畜和法律允许公民所有的生产资料以及其他合法财产。

公民的合法财产受法律保护,禁止任何组织或者个人侵占、哄抢、破坏或者非法查封、扣押、冻结、没收。

第 76 条【财产继承权】 ★★

公民依法享有财产继承权。

第 78 条【财产共有制度：按份共有、共同共有；按份共有人的优先购买权】 ★★★★

财产可以由两个以上的公民、法人共有。

共有分为按份共有和共同共有。按份共有人按照各自的份额，对共有财产分享权利，分担义务。共同共有人对共有财产享有权利，承担义务。

按份共有财产的每个共有人有权要求将自己的份额分出或者转让。但在出售时，其他共有人在同等条件下，有优先购买的权利。

第 79 条【无人认领的遗失物的处理规则】 ★★

所有人不明的埋藏物、隐藏物，归国家所有。接收单位应当对上缴的单位或者个人，给予表扬或者物质奖励。

拾得遗失物、漂流物或者失散的饲养动物，应当归还失主，因此而支出的费用由失主偿还。

第 80 条【土地使用权与承包经营权】 ★★★

国家所有的土地，可以依法由全民所有制单位使用，也可以依法确定由集体所有制单位使用，国家保护它的使用、收益的权利；使用单位有管理、保护、合理利用的义务。

公民、集体依法对集体所有的或者国家所有由集体使用的土地的承包经营权，受法律保护。承包双方的权利和义务，依照法律由承包合同规定。

土地不得买卖、出租、抵押或者以其他形式非法转让。

第 81 条【森林、山岭、草原、荒地、滩涂、水面、矿藏等自然资源的归属】

★★

国家所有的森林、山岭、草原、荒地、滩涂、水面等自然资源，可以依法由全民所有制单位使用，也可以依法确定由集体所有制单位使用，国家保护它的使用、收益的权利；使用单位有管理、保护、合理利用的义务。

国家所有的矿藏，可以依法由全民所有制单位和集体所有制单位开采，也可以依法由公民采挖。国家保护合法的采矿权。

公民、集体依法对集体所有的或者国家所有由集体使用森林、山岭、草原、荒地、滩涂、水面的承包经营权，受法律保护。承包双方的权利和义务，依照法律由承包合同规定。

国家所有的矿藏、水流，国家所有的和法律规定属于集体所有的林地、山岭、草原、荒地、滩涂不得买卖、出租、抵押或者以其他形式非法转让。

第 83 条【处理相邻关系的基本原则】 ★★★★★

不动产的相邻各方，应当按照有利生产、方便生活、团结互助、公平合理的精神,正确处理截水、排水、通行、通风、采光等方面的相邻关系。给相邻方造成妨碍或者损失的,应当停止侵害,排除妨碍,赔偿损失。

第 84 条【债的界定】 ★★★★

债是按照合同的约定或者依照法律的规定,在当事人之间产生的特定的权利和义务关系。享有权利的人是债权人,负有义务的人是债务人。

债权人有权要求债务人按照合同的约定或者依照法律的规定履行义务。

第 85 条【合同的定义】 ★

合同是当事人之间设立、变更、终止民事关系的协议。依法成立的合同,受法律保护。

第 87 条【连带债权与连带债务】 ★★

债权人或者债务人一方人数为二人以上的,依照法律的规定或者当事人的约定,享有连带权利的每个债权人,都有权要求债务人履行义务;负有连带义务的每个债务人,都负有清偿全部债务的义务,履行了义务的人,有权要求其他负有连带义务的人偿付他应当承担的份额。

第 88 条【合同内容约定不明确的处理规则;合同漏洞的填补】 ★

合同的当事人应当按照合同的约定,全部履行自己的义务。

合同中有关质量、期限、地点或者价款约定不明确,按照合同有关条款内容不能确定,当事人又不能通过协商达成协议的,适用下列规定:

(一)质量要求不明确的,按照国家质量标准履行,没有国家质量标准的,按照通常标准履行。

(二)履行期限不明确的,债务人可以随时向债权人履行义务,债权人也可以随时要求债务人履行义务,但应当给对方必要的准备时间。

(三)履行地点不明确,给付货币的,在接受给付一方的所在地履行,其他标的在履行义务一方的所在地履行。

(四)价格约定不明确,按照国家规定的价格履行;没有国家规定价格的,参照市场价格或者同类物品的价格或者同类劳务的报酬标准履行。

合同对专利申请权没有约定的,完成发明创造的当事人享有申请权。

合同对科技成果的使用权没有约定的,当事人都有使用的权利。

第 90 条【借贷关系】 ★★★★

合法的借贷关系受法律保护。

第 92 条【不当得利返还请求权】 ★★★

没有合法根据,取得不当利益,造成他人损失的,应当将取得的不当利益返还受损失的人。

第106条【民事责任归责原则:违约责任,无过错责任原则;侵权责任,过错责任、无过错责任】　　　　　　　　　★★★★★

公民、法人违反合同或者不履行其他义务的,应当承担民事责任。

公民、法人由于过错侵害国家的、集体的财产,侵害他人财产、人身的,应当承担民事责任。

没有过错,但法律规定应当承担民事责任的,应当承担民事责任。

第108条【债务清偿:分期偿还、强制偿还】　　　　　★★★

债务应当清偿。暂时无力偿还的,经债权人同意或者人民法院裁决,可以由债务人分期偿还。有能力偿还拒不偿还的,由人民法院判决强制偿还。

第111条【不履行合同义务的后果:继续履行;补救;赔偿损失】　★

当事人一方不履行合同义务或者履行合同义务不符合约定条件的,另一方有权要求履行或者采取补救措施,并有权要求赔偿损失。

第115条【合同的变更或解除不影响损失赔偿责任】　　　★

合同的变更或者解除,不影响当事人要求赔偿损失的权利。

第117条【侵害财产权的责任承担方式:返还财产、折价赔偿;恢复原状、折价赔偿;赔偿损失】　　　　　　　　　　　★★★★★

侵占国家的、集体的财产或者他人财产的,应当返还财产,不能返还财产的,应当折价赔偿。

损坏国家的、集体的财产或者他人财产的,应当恢复原状或者折价赔偿。

受害人因此遭受其他重大损失的,侵害人并应当赔偿损失。

第119条【人身损害赔偿项目:一般人身损害赔偿项目、伤残赔偿项目、死亡赔偿项目】　　　　　　　　　　　　　★★

侵害公民身体造成伤害的,应当赔偿医疗费、因误工减少的收入、残废者生活补助费等费用;造成死亡的,并应当支付丧葬费、死者生前扶养的人必要的生活费等费用。

第120条【侵害人格权的民事责任:姓名权、肖像权、名誉权、荣誉权】★

公民的姓名权、肖像权、名誉权、荣誉权受到侵害的,有权要求停止侵害,恢复名誉,消除影响,赔礼道歉,并可以要求赔偿损失。

法人的名称权、名誉权、荣誉权受到侵害的,适用前款规定。

第121条【职务侵权行为的民事责任承担规则】　　　　　★

国家机关或者国家机关工作人员在执行职务,侵犯公民、法人的合法权益造成损害的,应当承担民事责任。

第123条【高度危险行为致害无过错责任及抗辩事由】 ★★

从事高空、高压、易燃、易爆、剧毒、放射性、高速运输工具等对周围环境有高度危险的作业造成他人损害的,应当承担民事责任;如果能够证明损害是由受害人故意造成的,不承担民事责任。

第130条【共同实施侵权行为人的连带责任】 ★★★

二人以上共同侵权造成他人损害的,应当承担连带责任。

第131条【过失相抵:被侵权人过错】 ★★★

受害人对于损害的发生也有过错的,可以减轻侵害人的民事责任。

第134条【民事责任的主要承担方式】 ★★★★★

承担民事责任的方式主要有:

(一)停止侵害;

(二)排除妨碍;

(三)消除危险;

(四)返还财产;

(五)恢复原状;

(六)修理、重作、更换;

(七)赔偿损失;

(八)支付违约金;

(九)消除影响、恢复名誉;

(十)赔礼道歉。

以上承担民事责任的方式,可以单独适用,也可以合并适用。

人民法院审理民事案件,除适用上述规定外,还可以予以训诫、责令具结悔过,收缴进行非法活动的财物和非法所得,并可以依照法律规定处以罚款、拘留。

第135条【诉讼时效期间:两年】 ★★★

向人民法院请求保护民事权利的诉讼时效期间为二年,法律另有规定的除外。

第136条【短期诉讼时效:一年】 ★

下列的诉讼时效期间为一年:

(一)身体受到伤害要求赔偿的;

(二)出售质量不合格的商品未声明的;

(三)延付或者拒付租金的;

(四)寄存财物被丢失或者损毁的。

第137条【诉讼时效期间的起算日和最长保护期限】 ★★
诉讼时效期间从知道或者应当知道权利被侵害时起计算。但是,从权利被侵害之日起超过二十年的,人民法院不予保护。有特殊情况的,人民法院可以延长诉讼时效期间。

第140条【诉讼时效期间的中断】 ★★
诉讼时效因提起诉讼、当事人一方提出要求或者同意履行义务而中断。从中断时起,诉讼时效期间重新计算。

中华人民共和国侵权责任法①

★★★★

(2009年12月26日第十一届全国人民代表大会常务委员会第十二次会议通过,自2010年7月1日起施行)

第1条【侵权责任法的立法目的】 ★★
为保护民事主体的合法权益,明确侵权责任,预防并制裁侵权行为,促进社会和谐稳定,制定本法。

第2条【侵权责任一般条款;民事权益的范围】 ★★★★
侵害民事权益,应当依照本法承担侵权责任。

本法所称民事权益,包括生命权、健康权、姓名权、名誉权、荣誉权、肖像权、隐私权、婚姻自主权、监护权、所有权、用益物权、担保物权、著作权、专利权、商标专用权、发现权、股权、继承权等人身、财产权益。

第3条【侵权责任的当事人主义】 ★★★★
被侵权人有权请求侵权人承担侵权责任。

第4条【法律责任的并存规则;民事财产责任的优先性】 ★★★
侵权人因同一行为应当承担行政责任或者刑事责任的,不影响依法承担侵权责任。

因同一行为应当承担侵权责任和行政责任、刑事责任,侵权人的财产不足以支付的,先承担侵权责任。

---

① 简称《侵权责任法》。

第 6 条【过错责任原则;过错推定责任原则】 ★★★★★

行为人因过错侵害他人民事权益,应当承担侵权责任。

根据法律规定推定行为人有过错,行为人不能证明自己没有过错的,应当承担侵权责任。

第 7 条【无过错责任原则】 ★★★

行为人损害他人民事权益,不论行为人有无过错,法律规定应当承担侵权责任的,依照其规定。

第 8 条【共同实施侵权行为人的连带责任】 ★★★★

二人以上共同实施侵权行为,造成他人损害的,应当承担连带责任。

第 10 条【共同危险行为人的侵权责任】 ★★★

二人以上实施危及他人人身、财产安全的行为,其中一人或者数人的行为造成他人损害,能够确定具体侵权人的,由侵权人承担责任;不能确定具体侵权人的,行为人承担连带责任。

第 12 条【分别实施非充足原因侵权行为的按份责任】 ★★★

二人以上分别实施侵权行为造成同一损害,能够确定责任大小的,各自承担相应的责任;难以确定责任大小的,平均承担赔偿责任。

第 13 条【连带责任形态的对外承担规则】 ★★★

法律规定承担连带责任的,被侵权人有权请求部分或者全部连带责任人承担责任。

第 14 条【连带责任的对内最终责任分担规则;连带责任人的追偿权】 ★

连带责任人根据各自责任大小确定相应的赔偿数额;难以确定责任大小的,平均承担赔偿责任。

支付超出自己赔偿数额的连带责任人,有权向其他连带责任人追偿。

第 15 条【侵权责任的主要承担方式】 ★★★★★

承担侵权责任的方式主要有:

(一)停止侵害;

(二)排除妨碍;

(三)消除危险;

(四)返还财产;

(五)恢复原状;

(六)赔偿损失;

(七)赔礼道歉;

(八)消除影响、恢复名誉。

以上承担侵权责任的方式,可以单独适用,也可以合并适用。

第16条【人身损害赔偿项目:一般人身损害赔偿项目、伤残赔偿项目、死亡赔偿项目】 ★★★

侵害他人造成人身损害的,应当赔偿医疗费、护理费、交通费等为治疗和康复支出的合理费用,以及因误工减少的收入。造成残疾的,还应当赔偿残疾生活辅助具费和残疾赔偿金。造成死亡的,还应当赔偿丧葬费和死亡赔偿金。

第18条【被侵权人死亡、单位分立合并的请求权继受;支付被侵权人医疗费、丧葬费等合理费用的人】 ★

被侵权人死亡的,其近亲属有权请求侵权人承担侵权责任。被侵权人为单位,该单位分立、合并的,承继权利的单位有权请求侵权人承担侵权责任。

被侵权人死亡的,支付被侵权人医疗费、丧葬费等合理费用的人有权请求侵权人赔偿费用,但侵权人已支付该费用的除外。

第19条【侵害财产造成财产损失的计算方式】 ★★★★★

侵害他人财产的,财产损失按照损失发生时的市场价格或者其他方式计算。

第20条【侵害人身造成财产损失的计算方式】 ★★★

侵害他人人身权益造成财产损失的,按照被侵权人因此受到的损失赔偿;被侵权人的损失难以确定,侵权人因此获得利益的,按照其获得的利益赔偿;侵权人因此获得的利益难以确定,被侵权人和侵权人就赔偿数额协商不一致,向人民法院提起诉讼的,由人民法院根据实际情况确定赔偿数额。

第21条【民事权益保全请求权:停止侵害、排除妨碍、消除危险】 ★★★

侵权行为危及他人人身、财产安全的,被侵权人可以请求侵权人承担停止侵害、排除妨碍、消除危险等侵权责任。

第22条【侵害人身权益的精神损害赔偿】 ★★★

侵害他人人身权益,造成他人严重精神损害的,被侵权人可以请求精神损害赔偿。

第26条【过失相抵:被侵权人过错】 ★★★★

被侵权人对损害的发生也有过错的,可以减轻侵权人的责任。

第32条【监护人责任:无民事行为能力人、限制民事行为能力人致害的侵权责任】 ★★★

无民事行为能力人、限制民事行为能力人造成他人损害的,由监护人承担侵权责任。监护人尽到监护责任的,可以减轻其侵权责任。

有财产的无民事行为能力人、限制民事行为能力人造成他人损害的,从本人财产中支付赔偿费用。不足部分,由监护人赔偿。

第 34 条【用人单位替代责任;劳务派遣侵权责任;替代责任、补充责任】
★★★

用人单位的工作人员因执行工作任务造成他人损害的,由用人单位承担侵权责任。

劳务派遣期间,被派遣的工作人员因执行工作任务造成他人损害的,由接受劳务派遣的用工单位承担侵权责任;劳务派遣单位有过错的,承担相应的补充责任。

第 35 条【个人劳务责任;提供劳务者致害责任、提供劳务者受害责任】
★★★

个人之间形成劳务关系,提供劳务一方因劳务造成他人损害的,由接受劳务一方承担侵权责任。提供劳务一方因劳务自己受到损害的,根据双方各自的过错承担相应的责任。

第 48 条【机动车交通事故责任的法律适用】 ★★★★

机动车发生交通事故造成损害的,依照道路交通安全法的有关规定承担赔偿责任。

第 50 条【机动车买卖后发生交通事故的侵权责任】 ★

当事人之间已经以买卖等方式转让并交付机动车但未办理所有权转移登记,发生交通事故后属于该机动车一方责任的,由保险公司在机动车强制保险责任限额范围内予以赔偿。不足部分,由受让人承担赔偿责任。

第 65 条【污染环境无过错责任】 ★★

因污染环境造成损害的,污染者应当承担侵权责任。

第 66 条【污染者就抗辩事由的举证责任】 ★

因污染环境发生纠纷,污染者应当就法律规定的不承担责任或者减轻责任的情形及其行为与损害之间不存在因果关系承担举证责任。

第 68 条【第三人过错导致环境污染的不真正连带责任】 ★

因第三人的过错污染环境造成损害的,被侵权人可以向污染者请求赔偿,也可以向第三人请求赔偿。污染者赔偿后,有权向第三人追偿。

第 76 条【未经许可进入高度危险活动区域或者高度危险物存放区的抗辩事由】 ★

未经许可进入高度危险活动区域或者高度危险物存放区域受到损害,管理人已经采取安全措施并尽到警示义务的,可以减轻或者不承担责任。

中华人民共和国农村土地承包法①

★★★

(2002年8月29日第九届全国人民代表大会常务委员会第二十九次会议通过,根据2009年8月27日第十一届全国人民代表大会常务委员会第十次会议《关于修改部分法律的决定》修正)

第1条【农村土地承包法立法目的】 ★★
为稳定和完善以家庭承包经营为基础、统分结合的双层经营体制,赋予农民长期而有保障的土地使用权,维护农村土地承包当事人的合法权益,促进农业、农村经济发展和农村社会稳定,根据宪法,制定本法。

第2条【农村土地的范围】 ★
本法所称农村土地,是指农民集体所有和国家所有依法由农民集体使用的耕地、林地、草地,以及其他依法用于农业的土地。

第3条【国家实行农村土地承包经营制度;农村土地承包方式:农村集体经济组织内部的家庭承包方式、招标、拍卖、公开协商等承包方式】 ★★★
国家实行农村土地承包经营制度。
农村土地承包采取农村集体经济组织内部的家庭承包方式,不宜采取家庭承包方式的荒山、荒沟、荒丘、荒滩等农村土地,可以采取招标、拍卖、公开协商等方式承包。

第4条【农村土地承包后所有权性质不变、禁止承包地买卖】 ★★★
国家依法保护农村土地承包关系的长期稳定。
农村土地承包后,土地的所有权性质不变。承包地不得买卖。

第5条【农村集体经济组织成员的土地承包权】 ★★★★
农村集体经济组织成员有权依法承包由本集体经济组织发包的农村土地。
任何组织和个人不得剥夺和非法限制农村集体经济组织成员承包土地的权利。

---

① 简称《农村土地承包法》。

第 6 条【妇女的土地承包经营权】 ★★★

农村土地承包,妇女与男子享有平等的权利。承包中应当保护妇女的合法权益,任何组织和个人不得剥夺、侵害妇女应当享有的土地承包经营权。

第 8 条【农村土地承包应遵守的原则;国家鼓励农民和农村集体经济组织增加土地投入】 ★

农村土地承包应当遵守法律、法规,保护土地资源的合理开发和可持续利用。未经依法批准不得将承包地用于非农建设。

国家鼓励农民和农村集体经济组织增加对土地的投入,培肥地力,提高农业生产能力。

第 9 条【集体土地所有者和承包方的合法权益受国家保护】 ★★★★

国家保护集体土地所有者的合法权益,保护承包方的土地承包经营权,任何组织和个人不得侵犯。

第 10 条【合法的土地承包经营权流转受法律保护】 ★★★

国家保护承包方依法、自愿、有偿地进行土地承包经营权流转。

第 12 条【农村土地承包发包方的认定】 ★★★

农民集体所有的土地依法属于村农民集体所有的,由村集体经济组织或者村民委员会发包;已经分别属于村内两个以上农村集体经济组织的农民集体所有的,由村内各该农村集体经济组织或者村民小组发包。村集体经济组织或者村民委员会发包的,不得改变村内各集体经济组织农民集体所有的土地的所有权。

国家所有依法由农民集体使用的农村土地,由使用该土地的农村集体经济组织、村民委员会或者村民小组发包。

第 13 条【农村土地发包方的权利】 ★★

发包方享有下列权利:

(一)发包本集体所有的或者国家所有依法由本集体使用的农村土地;

(二)监督承包方依照承包合同约定的用途合理利用和保护土地;

(三)制止承包方损害承包地和农业资源的行为;

(四)法律、行政法规规定的其他权利。

第 14 条【土地承包中发包方的义务】 ★★

发包方承担下列义务:

(一)维护承包方的土地承包经营权,不得非法变更、解除承包合同;

(二)尊重承包方的生产经营自主权,不得干涉承包方依法进行正常的生产经营活动;

（三）依照承包合同约定为承包方提供生产、技术、信息等服务；

（四）执行县、乡(镇)土地利用总体规划,组织本集体经济组织内的农业基础设施建设；

（五）法律、行政法规规定的其他义务。

第 15 条【家庭承包的承包方的认定】 ★★★★

家庭承包的承包方是本集体经济组织的农户。

第 16 条【土地承包方的权利：使用、收益、流转、组织生产、获得补偿】

★★★★

承包方享有下列权利：

（一）依法享有承包地使用、收益和土地承包经营权流转的权利,有权自主组织生产经营和处置产品；

（二）承包地被依法征收、征用、占用的,有权依法获得相应的补偿；

（三）法律、行政法规规定的其他权利。

第 18 条【土地承包应遵循的原则】 ★★

土地承包应当遵循以下原则：

（一）按照规定统一组织承包时,本集体经济组织成员依法平等地行使承包土地的权利,也可以自愿放弃承包土地的权利；

（二）民主协商,公平合理；

（三）承包方案应当按照本法第十二条的规定,依法经本集体经济组织成员的村民会议三分之二以上成员或者三分之二以上村民代表的同意；

（四）承包程序合法。

第 19 条【土地承包的程序】 ★★

土地承包应当按照以下程序进行：

（一）本集体经济组织成员的村民会议选举产生承包工作小组；

（二）承包工作小组依照法律、法规的规定拟订并公布承包方案；

（三）依法召开本集体经济组织成员的村民会议,讨论通过承包方案；

（四）公开组织实施承包方案；

（五）签订承包合同。

第 20 条【土地的承包期：耕地为 30 年、草地为 30 年至 50 年、林地为 30 年至 70 年】 ★★★

耕地的承包期为三十年。草地的承包期为三十年至五十年。林地的承包期为三十年至七十年；特殊林木的林地承包期,经国务院林业行政主管部门批准可以延长。

第 21 条【土地发包方应当与承包方签订书面承包合同；承包合同的条款】 ★★

发包方应当与承包方签订书面承包合同。

承包合同一般包括以下条款：

（一）发包方、承包方的名称，发包方负责人和承包方代表的姓名、住所；

（二）承包土地的名称、坐落、面积、质量等级；

（三）承包期限和起止日期；

（四）承包土地的用途；

（五）发包方和承包方的权利和义务；

（六）违约责任。

第 22 条【农村土地承包合同的生效日期和土地承包经营权的取得】 ★★★★

承包合同自成立之日起生效。承包方自承包合同生效时取得土地承包经营权。

第 23 条【土地承包经营权证或林权证等证书的颁发、登记和费用收取】 ★★★

县级以上地方人民政府应当向承包方颁发土地承包经营权证或者林权证等证书，并登记造册，确认土地承包经营权。

颁发土地承包经营权证或者林权证等证书，除按规定收取证书工本费外，不得收取其他费用。

第 26 条【承包期内承包地的合理收回】 ★★★

承包期内，发包方不得收回承包地。

承包期内，承包方全家迁入小城镇落户的，应当按照承包方的意愿，保留其土地承包经营权或者允许其依法进行土地承包经营权流转。

承包期内，承包方全家迁入设区的市，转为非农业户口的，应当将承包的耕地和草地交回发包方。承包方不交回的，发包方可以收回承包的耕地和草地。

承包期内，承包方交回承包地或者发包方依法收回承包地时，承包方对其在承包地上投入而提高土地生产能力的，有权获得相应的补偿。

第 27 条【承包期内承包地的合理调整】 ★★★

承包期内，发包方不得调整承包地。

承包期内，因自然灾害严重毁损承包地等特殊情形对个别农户之间承包的耕地和草地需要适当调整的，必须经本集体经济组织成员的村民会议三分之二以上成员或者三分之二以上村民代表的同意,并报乡(镇)人民政府和县级人民政府农业等行政主管部门批准。承包合同中约定不得调整的,按照其约定。

第28条【调整或新增承包的土地】 ★★

下列土地应当用于调整承包土地或者承包给新增人口:

(一)集体经济组织依法预留的机动地;

(二)通过依法开垦等方式增加的;

(三)承包方依法、自愿交回的。

第29条【承包地自愿交回的规则】 ★★★

承包期内,承包方可以自愿将承包地交回发包方。承包方自愿交回承包地的,应当提前半年以书面形式通知发包方。承包方在承包期内交回承包地的,在承包期内不得再要求承包土地。

第30条【妇女的土地承包经营权的保护:妇女婚姻状况发生改变不影响承包权】 ★★★

承包期内,妇女结婚,在新居住地未取得承包地的,发包方不得收回其原承包地;妇女离婚或者丧偶,仍在原居住地生活或者不在原居住地生活但在新居住地未取得承包地的,发包方不得收回其原承包地。

第31条【承包收益与林地承包权的继承】 ★★

承包人应得的承包收益,依照继承法的规定继承。

林地承包的承包人死亡,其继承人可以在承包期内继续承包。

第32条【家庭土地承包经营权的流转】 ★★★

通过家庭承包取得的土地承包经营权可以依法采取转包、出租、互换、转让或者其他方式流转。

第33条【土地承包经营权流转应遵循的原则】 ★★★

土地承包经营权流转应当遵循以下原则:

(一)平等协商、自愿、有偿,任何组织和个人不得强迫或者阻碍承包方进行土地承包经营权流转;

(二)不得改变土地所有权的性质和土地的农业用途;

(三)流转的期限不得超过承包期的剩余期限;

(四)受让方须有农业经营能力;

(五)在同等条件下,本集体经济组织成员享有优先权。

第34条【土地承包经营权流转的主体】 ★★★

土地承包经营权流转的主体是承包方。承包方有权依法自主决定土地承包经营权是否流转和流转的方式。

第 35 条【土地承包期内发包方恪守合同的义务】 ★★

承包期内,发包方不得单方面解除承包合同,不得假借少数服从多数强迫承包方放弃或者变更土地承包经营权,不得以划分"口粮田"和"责任田"等为由收回承包地搞招标承包,不得将承包地收回抵顶欠款。

第 36 条【土地承包中相关费用由双方当事人协商确定】 ★★

土地承包经营权流转的转包费、租金、转让费等,应当由当事人双方协商确定。流转的收益归承包方所有,任何组织和个人不得擅自截留、扣缴。

第 37 条【土地承包经营流转合同的签订条件;土地承包经营流转合同主要条款】 ★★★

土地承包经营权采取转包、出租、互换、转让或者其他方式流转,当事人双方应当签订书面合同。采取转让方式流转的,应当经发包方同意;采取转包、出租、互换或者其他方式流转的,应当报发包方备案。

土地承包经营权流转合同一般包括以下条款:

(一) 双方当事人的姓名、住所;
(二) 流转土地的名称、坐落、面积、质量等级;
(三) 流转的期限和起止日期;
(四) 流转土地的用途;
(五) 双方当事人的权利和义务;
(六) 流转价款及支付方式;
(七) 违约责任。

第 38 条【土地承包经营权流转的方式、登记的效力】 ★

土地承包经营权采取互换、转让方式流转,当事人要求登记的,应当向县级以上地方人民政府申请登记。未经登记,不得对抗善意第三人。

第 39 条【土地承包经营权的转包和转租】 ★★

承包方可以在一定期限内将部分或者全部土地承包经营权转包或者出租给第三方,承包方与发包方的承包关系不变。

承包方将土地交由他人代耕不超过一年的,可以不签订书面合同。

第 40 条【土地承包经营权的互换】 ★★

承包方之间为方便耕种或者各自需要,可以对属于同一集体经济组织的土地的土地承包经营权进行互换。

第 41 条【土地承包经营权重新承包】 ★

承包方有稳定的非农职业或者有稳定的收入来源的,经发包方同意,可以将全部或者部分土地承包经营权转让给其他从事农业生产经营的农户,由该农户同发包方确立新的承包关系,原承包方与发包方在该土地上的承包关系即行终止。

第44条【采用其他承包方式承包的农村用地的法律适用】 ★

不宜采取家庭承包方式的荒山、荒沟、荒丘、荒滩等农村土地,通过招标、拍卖、公开协商等方式承包的,适用本章规定。

第45条【土地承包的方式和程序】 ★★

以其他方式承包农村土地的,应当签订承包合同。当事人的权利和义务、承包期限等,由双方协商确定。以招标、拍卖方式承包的,承包费通过公开竞标、竞价确定;以公开协商等方式承包的,承包费由双方议定。

第48条【集体经济组织以外的单位或者个人承包的规定】 ★

发包方将农村土地发包给本集体经济组织以外的单位或者个人承包,应当事先经本集体经济组织成员的村民会议三分之二以上成员或者三分之二以上村民代表的同意,并报乡(镇)人民政府批准。

由本集体经济组织以外的单位或者个人承包的,应当对承包方的资信情况和经营能力进行审查后,再签订承包合同。

第49条【农村土地承包经营权流转的条件与方式】 ★

通过招标、拍卖、公开协商等方式承包农村土地,经依法登记取得土地承包经营权证或者林权证等证书的,其土地承包经营权可以依法采取转让、出租、入股、抵押或者其他方式流转。

第50条【承包经营权及其收益的继承】 ★

土地承包经营权通过招标、拍卖、公开协商等方式取得的,该承包人死亡,其应得的承包收益,依照继承法的规定继承;在承包期内,其继承人可以继续承包。

第51条【因土地承包经营发生纠纷的争议解决办法】 ★★

因土地承包经营发生纠纷的,双方当事人可以通过协商解决,也可以请求村民委员会、乡(镇)人民政府等调解解决。

当事人不愿协商、调解或者协商、调解不成的,可以向农村土地承包仲裁机构申请仲裁,也可以直接向人民法院起诉。

第53条【侵害承包方土地承包经营权的责任:承担民事责任】 ★★★★

任何组织和个人侵害承包方的土地承包经营权的,应当承担民事责任。

第54条【农村土地发包方承担民事责任的法定情形】 ★★★

发包方有下列行为之一的,应当承担停止侵害、返还原物、恢复原状、排除妨害、消除危险、赔偿损失等民事责任;

（一）干涉承包方依法享有的生产经营自主权；
（二）违反本法规定收回、调整承包地；
（三）强迫或者阻碍承包方进行土地承包经营权流转；
（四）假借少数服从多数强迫承包方放弃或者变更土地承包经营权而进行土地承包经营权流转；
（五）以划分"口粮田"和"责任田"等为由收回承包地搞招标承包；
（六）将承包地收回抵顶欠款；
（七）剥夺、侵害妇女依法享有的土地承包经营权；
（八）其他侵害土地承包经营权的行为。

第 56 条【土地承包合同违约应承担违约责任】 ★★

当事人一方不履行合同义务或者履行义务不符合约定的，应当依照《中华人民共和国合同法》的规定承担违约责任。

第 57 条【被强迫的土地承包经营权流转无效】 ★★

任何组织和个人强迫承包方进行土地承包经营权流转的，该流转无效。

第 61 条【国家机关及其工作人员侵害土地承包经营权的法律责任】 ★

国家机关及其工作人员有利用职权干涉农村土地承包，变更、解除承包合同，干涉承包方依法享有的生产经营自主权，或者强迫、阻碍承包方进行土地承包经营权流转等侵害土地承包经营权的行为，给承包方造成损失的，应当承担损害赔偿等责任；情节严重的，由上级机关或者所在单位给予直接责任人员行政处分；构成犯罪的，依法追究刑事责任。

中华人民共和国继承法①

★★★

（1985 年 4 月 10 日第六届全国人民代表大会第三次会议通过，自 1985 年 10 月 1 日起施行）

第 1 条【继承法的立法目的】 ★

根据《中华人民共和国宪法》规定，为保护公民的私有财产的继承权，制定本法。

---

① 简称《继承法》。

第 2 条【继承开始】 ★★★★

继承从被继承人死亡时开始。

第 3 条【遗产范围】 ★★★★

遗产是公民死亡时遗留的个人合法财产,包括:

(一)公民的收入;

(二)公民的房屋、储蓄和生活用品;

(三)公民的林木、牲畜和家禽;

(四)公民的文物、图书资料;

(五)法律允许公民所有的生产资料;

(六)公民的著作权、专利权中的财产权利;

(七)公民的其他合法财产。

第 4 条【承包收益的继承】 ★

个人承包应得的个人收益,依照本法规定继承。个人承包,依照法律允许由继承人继续承包的,按照承包合同办理。

第 5 条【继承方式】 ★★★★

继承开始后,按照法定继承办理;有遗嘱的,按照遗嘱继承或者遗赠办理;有遗赠扶养协议的,按照协议办理。

第 8 条【继承诉讼时效】 ★

继承权纠纷提起诉讼的期限为二年,自继承人知道或者应当知道其权利被侵犯之日起计算。但是,自继承开始之日起超过二十年的,不得再提起诉讼。

第 9 条【继承权男女平等】 ★★★

继承权男女平等。

第 10 条【继承人范围及继承顺序】 ★★★★

遗产按照下列顺序继承:

第一顺序:配偶、子女、父母。

第二顺序:兄弟姐妹、祖父母、外祖父母。

继承开始后,由第一顺序继承人继承,第二顺序继承人不继承。没有第一顺序继承人继承的,由第二顺序继承人继承。

本法所说的子女,包括婚生子女、非婚生子女、养子女和有扶养关系的继子女。

本法所说的父母,包括生父母、养父母和有扶养关系的继父母。

本法所说的兄弟姐妹,包括同父母的兄弟姐妹、同父异母或者同母异父的兄弟姐妹、养兄弟姐妹、有扶养关系的继兄弟姐妹。

第 11 条【代位继承】 ★★★

被继承人的子女先于被继承人死亡的,由被继承人的子女的晚辈直系血亲代位继承。代位继承人一般只能继承他的父亲或者母亲有权继承的遗产份额。

第 13 条【遗产分配】 ★★★★

同一顺序继承人继承遗产的份额,一般应当均等。

对生活有特殊困难的缺乏劳动能力的继承人,分配遗产时,应当予以照顾。

对被继承人尽了主要扶养义务或者与被继承人共同生活的继承人,分配遗产时,可以多分。

有扶养能力和有扶养条件的继承人,不尽扶养义务的,分配遗产时,应当不分或者少分。

继承人协商同意的,也可以不均等。

第 14 条【酌情分得遗产权】 ★

对继承人以外的依靠被继承人扶养的缺乏劳动能力又没有生活来源的人,或者继承人以外的对被继承人扶养较多的人,可以分配给他们适当的遗产。

第 15 条【继承纠纷的处理原则与方法】 ★★

继承人应当本着互谅互让、和睦团结的精神,协商处理继承问题。遗产分割的时间、办法和份额,由继承人协商确定。协商不成的,可以由人民调解委员会调解或者向人民法院提起诉讼。

第 16 条【遗嘱与遗赠的一般规定】 ★★★

公民可以依照本法规定立遗嘱处分个人财产,并可以指定遗嘱执行人。

公民可以立遗嘱将个人财产指定由法定继承人的一人或者数人继承。

公民可以立遗嘱将个人财产赠给国家、集体或者法定继承人以外的人。

第 17 条【遗嘱的形式】 ★★

公证遗嘱由遗嘱人经公证机关办理。

自书遗嘱由遗嘱人亲笔书写,签名,注明年、月、日。

代书遗嘱应当有两个以上见证人在场见证,由其中一人代书,注明年、月、日,并由代书人、其他见证人和遗嘱人签名。

以录音形式立的遗嘱,应当有两个以上见证人在场见证。

遗嘱人在危急情况下,可以立口头遗嘱。口头遗嘱应当有两个以上见证人在场见证。危急情况解除后，遗嘱人能够用书面或者录音形式立遗嘱的，所立的口头遗嘱无效。

第 25 条【继承和遗赠的接受与放弃】 ★★★

继承开始后，继承人放弃继承的，应当在遗产处理前，作出放弃继承的表示。没有表示的，视为接受继承。

受遗赠人应当在知道受遗赠后两个月内，作出接受或者放弃受遗赠的表示。到期没有表示的，视为放弃受遗赠。

第 26 条【遗产的认定】 ★★★★

夫妻在婚姻关系存续期间所得的共同所有的财产，除有约定的以外，如果分割遗产，应当先将共同所有的财产的一半分出为配偶所有，其余的为被继承人的遗产。

遗产在家庭共有财产之中的，遗产分割时，应当先分出他人的财产。

第 27 条【法定继承的适用范围】 ★

有下列情形之一的，遗产中的有关部分按照法定继承办理：

（一）遗嘱继承人放弃继承或者受遗赠人放弃受遗赠的；

（二）遗嘱继承人丧失继承权的；

（三）遗嘱继承人、受遗赠人先于遗嘱人死亡的；

（四）遗嘱无效部分所涉及的遗产；

（五）遗嘱未处分的遗产。

第 29 条【遗产分割的规则和方法】 ★★★

遗产分割应当有利于生产和生活需要，不损害遗产的效用。

不宜分割的遗产，可以采取折价、适当补偿或者共有等方法处理。

第 32 条【无人继承的遗产】 ★

无人继承又无人受遗赠的遗产，归国家所有；死者生前是集体所有制组织成员的，归所在集体所有制组织所有。

第 33 条【继承遗产与清偿债务】 ★★

继承遗产应当清偿被继承人依法应当缴纳的税款和债务，缴纳税款和清偿债务以他的遗产实际价值为限。超过遗产实际价值部分，继承人自愿偿还的不在此限。

继承人放弃继承的，对被继承人依法应当缴纳的税款和债务可以不负偿还责任。

中华人民共和国土地管理法①

★★★

(1986年6月25日第六届全国人民代表大会常务委员会第十六次会议通过,根据1988年12月29日第七届全国人民代表大会常务委员会第五次会议《关于修改〈中华人民共和国土地管理法〉的决定》第一次修正,根据1998年8月29日第九届全国人民代表大会常务委员会第四次会议修订,根据2004年8月28日第十届全国人民代表大会常务委员会第十一次会议《关于修改〈中华人民共和国土地管理法〉的决定》第二次修正)

第2条【我国土地所有制度及征收征用】 ★★

中华人民共和国实行土地的社会主义公有制,即全民所有制和劳动群众集体所有制。

全民所有,即国家所有土地的所有权由国务院代表国家行使。

任何单位和个人不得侵占、买卖或者以其他形式非法转让土地。土地使用权可以依法转让。

国家为了公共利益的需要,可以依法对土地实行征收或者征用并给予补偿。

国家依法实行国有土地有偿使用制度。但是,国家在法律规定的范围内划拨国有土地使用权的除外。

第4条【土地用途管制制度】 ★

国家实行土地用途管制制度。

国家编制土地利用总体规划,规定土地用途,将土地分为农用地、建设用地和未利用地。严格限制农用地转为建设用地,控制建设用地总量,对耕地实行特殊保护。

前款所称农用地是指直接用于农业生产的土地,包括耕地、林地、草地、农田水利用地、养殖水面等;建设用地是指建造建筑物、构筑物的土地,包括城乡住宅和公共设施用地、工矿用地、交通水利设施用地、旅游用地、军事设施用地等;未利用地是指农用地和建设用地以外的土地。

---

① 简称《土地管理法》。

使用土地的单位和个人必须严格按照土地利用总体规划确定的用途使用土地。

第8条【城市市区的土地:国家所有;农村和城市郊区的土地:农民集体所有;宅基地和自留地、自留山:农民集体所有】 ★★★

城市市区的土地属于国家所有。

农村和城市郊区的土地,除由法律规定属于国家所有的以外,属于农民集体所有;宅基地和自留地、自留山,属于农民集体所有。

第9条【土地使用权和土地使用权人的义务】 ★

国有土地和农民集体所有的土地,可以依法确定给单位或者个人使用。使用土地的单位和个人,有保护、管理和合理利用土地的义务。

第10条【农民集体所有土地的经营、管理规则】 ★★★

农民集体所有的土地依法属于村农民集体所有的,由村集体经济组织或者村民委员会经营、管理;已经分别属于村内两个以上农村集体经济组织的农民集体所有的,由村内各该农村集体经济组织或者村民小组经营、管理;已经属于乡(镇)农民集体所有的,由乡(镇)农村集体经济组织经营、管理。

第11条【土地登记发证制度】 ★★

农民集体所有的土地,由县级人民政府登记造册,核发证书,确认所有权。

农民集体所有的土地依法用于非农业建设的,由县级人民政府登记造册,核发证书,确认建设用地使用权。

单位和个人依法使用的国有土地,由县级以上人民政府登记造册,核发证书,确认使用权;其中,中央国家机关使用的国有土地的具体登记发证机关,由国务院确定。

确认林地、草原的所有权或者使用权,确认水面、滩涂的养殖使用权,分别依照《中华人民共和国森林法》、《中华人民共和国草原法》和《中华人民共和国渔业法》的有关规定办理。

第12条【改变土地权属和用途的程序:办理土地变更登记手续】 ★★

依法改变土地权属和用途的,应当办理土地变更登记手续。

第13条【依法登记的土地的所有权和使用权受法律保护】 ★★★

依法登记的土地的所有权和使用权受法律保护,任何单位和个人不得侵犯。

第14条【农民的土地承包经营权:土地承包经营期限、承包合同、承包土地调整的审批】 ★★

农民集体所有的土地由本集体经济组织的成员承包经营,从事种植业、林业、畜牧业、渔业生产。土地承包经营期限为三十年。发包方和承包方应当订立承包合同,约定双方的权利和义务。承包经营土地的农民有保护和按照承包合同约定的用途合理利用土地的义务。农民的土地承包经营权受法律保护。

在土地承包经营期限内,对个别承包经营者之间承包的土地进行适当调整的,必须经村民会议三分之二以上成员或者三分之二以上村民代表的同意,并报乡(镇)人民政府和县级人民政府农业行政主管部门批准。

第 15 条【对国有土地和集体所有的土地承包经营的规定:主体、方式、期限、权利与义务;农民集体所有的土地由本集体经济组织以外的单位或个人承包经营的特殊规定**】** ★

国有土地可以由单位或者个人承包经营,从事种植业、林业、畜牧业、渔业生产。农民集体所有的土地,可以由本集体经济组织以外的单位或者个人承包经营,从事种植业、林业、畜牧业、渔业生产。发包方和承包方应当订立承包合同,约定双方的权利和义务。土地承包经营的期限由承包合同约定。承包经营土地的单位和个人,有保护和按照承包合同约定的用途合理利用土地的义务。

农民集体所有的土地由本集体经济组织以外的单位或者个人承包经营的,必须经村民会议三分之二以上成员或者三分之二以上村民代表的同意,并报乡(镇)人民政府批准。

第 16 条【土地所有权和使用权争议的纠纷处理规定**】** ★★★

土地所有权和使用权争议,由当事人协商解决;协商不成的,由人民政府处理。

单位之间的争议,由县级以上人民政府处理;个人之间、个人与单位之间的争议,由乡级人民政府或者县级以上人民政府处理。

当事人对有关人民政府的处理决定不服的,可以自接到处理决定通知之日起三十日内,向人民法院起诉。

在土地所有权和使用权争议解决前,任何一方不得改变土地利用现状。

第 43 条【申请使用国有或集体土地的不同类别**】** ★

任何单位和个人进行建设,需要使用土地的,必须依法申请使用国有土地;但是,兴办乡镇企业和村民建设住宅经依法批准使用本集体经济组织农民集体所有的土地的,或者乡(镇)村公共设施和公益事业建设经依法批准使用农民集体所有的土地的除外。

前款所称依法申请使用的国有土地包括国家所有的土地和国家征收的原属于农民集体所有的土地。

第44条【农用地转为建设用地的审批】 ★

建设占用土地,涉及农用地转为建设用地的,应当办理农用地转用审批手续。

省、自治区、直辖市人民政府批准的道路、管线工程和大型基础设施建设项目、国务院批准的建设项目占用土地,涉及农用地转为建设用地的,由国务院批准。

在土地利用总体规划确定的城市和村庄、集镇建设用地规模范围内,为实施该规划而将农用地转为建设用地的,按土地利用年度计划分批次由原批准土地利用总体规划的机关批准。在已批准的农用地转用范围内,具体建设项目用地可以由市、县人民政府批准。

本条第二款、第三款规定以外的建设项目占用土地,涉及农用地转为建设用地的,由省、自治区、直辖市人民政府批准。

第47条【按被征收土地的原用途给予补偿的原则;耕地的土地补偿费、安置补助费的计量标准及其增加限额的规定;征收其他土地的土地补偿费和安置补助费标准、被征收土地上的附着物和青苗的补偿标准的制定主体;新菜地开发建设基金】 ★★★

征收土地的,按照被征收土地的原用途给予补偿。

征收耕地的补偿费用包括土地补偿费、安置补助费以及地上附着物和青苗的补偿费。征收耕地的土地补偿费,为该耕地被征收前三年平均年产值的六至十倍。征收耕地的安置补助费,按照需要安置的农业人口数计算。需要安置的农业人口数,按照被征收的耕地数量除以征地前被征收单位平均每人占有耕地的数量计算。每一个需要安置的农业人口的安置补助费标准,为该耕地被征收前三年平均年产值的四至六倍。但是,每公顷被征收耕地的安置补助费,最高不得超过被征收前三年平均年产值的十五倍。

征收其他土地的土地补偿费和安置补助费标准,由省、自治区、直辖市参照征收耕地的土地补偿费和安置补助费的标准规定。

被征收土地上的附着物和青苗的补偿标准,由省、自治区、直辖市规定。

征收城市郊区的菜地,用地单位应当按照国家有关规定缴纳新菜地开发建设基金。

依照本条第二款的规定支付土地补偿费和安置补助费,尚不能使需要安置的农民保持原有生活水平的,经省、自治区、直辖市人民政府批准,可以增加安置补助费。但是,土地补偿费和安置补助费的总和不得超过土地被征收前三年平均年产值的三十倍。

国务院根据社会、经济发展水平,在特殊情况下,可以提高征收耕地的土地补偿费和安置补助费的标准。

第55条【土地有偿使用费】 ★

以出让等有偿使用方式取得国有土地使用权的建设单位,按照国务院规定的标准和办法,缴纳土地使用权出让金等土地有偿使用费和其他费用后,方可使用土地。

自本法施行之日起,新增建设用地的土地有偿使用费,百分之三十上缴中央财政,百分之七十留给有关地方人民政府,都专项用于耕地开发。

第57条【临时使用土地的报批;不得改变临时用地的用途;临时使用土地的期限】 ★

建设项目施工和地质勘查需要临时使用国有土地或者农民集体所有的土地的,由县级以上人民政府土地行政主管部门批准。其中,在城市规划区内的临时用地,在报批前,应当先经有关城市规划行政主管部门同意。土地使用者应当根据土地权属,与有关土地行政主管部门或者农村集体经济组织、村民委员会签订临时使用土地合同,并按照合同的约定支付临时使用土地补偿费。

临时使用土地的使用者应当按照临时使用土地合同约定的用途使用土地,并不得修建永久性建筑物。

临时使用土地期限一般不超过二年。

第58条【可以收回国有土地使用权的法定情形】 ★

有下列情形之一的,由有关人民政府土地行政主管部门报经原批准用地的人民政府或者有批准权的人民政府批准,可以收回国有土地使用权:

(一)为公共利益需要使用土地的;

(二)为实施城市规划进行旧城区改建,需要调整使用土地的;

(三)土地出让等有偿使用合同约定的使用期限届满,土地使用者未申请续期或者申请续期未获批准的;

(四)因单位撤销、迁移等原因,停止使用原划拨的国有土地的;

(五)公路、铁路、机场、矿场等经核准报废的。

依照前款第(一)项、第(二)项的规定收回国有土地使用权的,对土地使用权人应当给予适当补偿。

第59条【乡(镇)村建设的原则;建设用地的报批】　★

乡镇企业、乡(镇)村公共设施、公益事业、农村村民住宅等乡(镇)村建设,应当按照村庄和集镇规划,合理布局,综合开发,配套建设;建设用地,应当符合乡(镇)土地利用总体规划和土地利用年度计划,并依照本法第四十四条、第六十条、第六十一条、第六十二条的规定办理审批手续。

第60条【乡镇企业用地审批】　★

农村集体经济组织使用乡(镇)土地利用总体规划确定的建设用地兴办企业或者与其他单位、个人以土地使用权入股、联营等形式共同举办企业的,应当持有关批准文件,向县级以上地方人民政府土地行政主管部门提出申请,按照省、自治区、直辖市规定的批准权限,由县级以上地方人民政府批准;其中,涉及占用农用地的,依照本法第四十四条的规定办理审批手续。

按照前款规定兴办企业的建设用地,必须严格控制。省、自治区、直辖市可以按照乡镇企业的不同行业和经营规模,分别规定用地标准。

第62条【农村村民的宅基地权及其限制】　★★★

农村村民一户只能拥有一处宅基地,其宅基地的面积不得超过省、自治区、直辖市规定的标准。

农村村民建住宅,应当符合乡(镇)土地利用总体规划,并尽量使用原有的宅基地和村内空闲地。

农村村民住宅用地,经乡(镇)人民政府审核,由县级人民政府批准;其中,涉及占用农用地的,依照本法第四十四条的规定办理审批手续。

农村村民出卖、出租住房后,再申请宅基地的,不予批准。

第63条【农民集体所有的土地使用权的用途限制】　★★★

农民集体所有的土地的使用权不得出让、转让或者出租用于非农业建设;但是,符合土地利用总体规划并依法取得建设用地的企业,因破产、兼并等情形致使土地使用权依法发生转移的除外。

第65条【农村集体经济组织可收回土地使用权的情形】　★★★

有下列情形之一的,农村集体经济组织报经原批准用地的人民政府批准,可以收回土地使用权:

(一)为乡(镇)村公共设施和公益事业建设,需要使用土地的;

(二)不按照批准的用途使用土地的;

(三)因撤销、迁移等原因而停止使用土地的。

依照前款第(一)项规定收回农民集体所有的土地的,对土地使用权人应当给予适当补偿。

中华人民共和国道路交通安全法[①]

★★★

(2003年10月28日第十届全国人民代表大会常务委员会第五次会议通过,根据2007年12月29日第十届全国人民代表大会常务委员会第三十一次会议《关于修改〈中华人民共和国道路交通安全法〉的决定》第一次修正,根据2011年4月22日第十一届全国人民代表大会常务委员会第二十次会议《关于修改〈中华人民共和国道路交通安全法〉的决定》第二次修正)

第37条【专用车道不允许其他车辆通行】 ★

道路划设专用车道的,在专用车道内,只准许规定的车辆通行,其他车辆不得进入专用车道内行驶。

第51条【安全带、安全头盔的使用规定】 ★

机动车行驶时,驾驶人、乘坐人员应当按规定使用安全带,摩托车驾驶人及乘坐人员应当按规定戴安全头盔。

第76条【交通事故赔偿责任一般条款】 ★★★★

机动车发生交通事故造成人身伤亡、财产损失的,由保险公司在机动车第三者责任强制保险责任限额范围内予以赔偿;不足的部分,按照下列规定承担赔偿责任:

(一)机动车之间发生交通事故的,由有过错的一方承担赔偿责任;双方都有过错的,按照各自过错的比例分担责任。

(二)机动车与非机动车驾驶人、行人之间发生交通事故,非机动车驾驶人、行人没有过错的,由机动车一方承担赔偿责任;有证据证明非机动车驾驶人、行人有过错的,根据过错程度适当减轻机动车一方的赔偿责任;机动车一方没有过错的,承担不超过百分之十的赔偿责任。

交通事故的损失是由非机动车驾驶人、行人故意碰撞机动车造成的,机动车一方不承担赔偿责任。

[①] 简称《道路交通安全法》。

中华人民共和国村民委员会组织法

(1998年11月4日第九届全国人民代表大会常务委员会第五次会议通过,根据2010年10月28日第十一届全国人民代表大会常务委员会第十七次会议修订)

第5条【乡镇人民政府与村委会的关系】 ★

乡、民族乡、镇的人民政府对村民委员会的工作给予指导、支持和帮助,但是不得干预依法属于村民自治范围内的事项。

村民委员会协助乡、民族乡、镇的人民政府开展工作。

第8条【村民委员会的职能】 ★★

村民委员会应当支持和组织村民依法发展各种形式的合作经济和其他经济,承担本村生产的服务和协调工作,促进农村生产建设和经济发展。

村民委员会依照法律规定,管理本村属于村农民集体所有的土地和其他财产,引导村民合理利用自然资源,保护和改善生态环境。

村民委员会应当尊重并支持集体经济组织依法独立进行经济活动的自主权,维护以家庭承包经营为基础、统分结合的双层经营体制,保障集体经济组织和村民、承包经营户、联户或者合伙的合法财产权和其他合法权益。

第22条【召开村民会议的出席人员及决议通过规则:到会人员过半数】 ★★

召开村民会议,应当有本村十八周岁以上村民的过半数,或者本村三分之二以上的户的代表参加,村民会议所作决定应当经到会人员的过半数通过。法律对召开村民会议及作出决定另有规定的,依照其规定。

召开村民会议,根据需要可以邀请驻本村的企业、事业单位和群众组织派代表列席。

第24条【经村民会议讨论决定方可办理的事项;村民代表会议需经村民会议授权】 ★★★★

涉及村民利益的下列事项,经村民会议讨论决定方可办理:

---

① 简称《村委会组织法》。

（一）本村享受误工补贴的人员及补贴标准；
（二）从村集体经济所得收益的使用；
（三）本村公益事业的兴办和筹资筹劳方案及建设承包方案；
（四）土地承包经营方案；
（五）村集体经济项目的立项、承包方案；
（六）宅基地的使用方案；
（七）征地补偿费的使用、分配方案；
（八）以借贷、租赁或者其他方式处分村集体财产；
（九）村民会议认为应当由村民会议讨论决定的涉及村民利益的其他事项。

村民会议可以授权村民代表会议讨论决定前款规定的事项。

法律对讨论决定村集体经济组织财产和成员权益的事项另有规定的，依照其规定。

第 27 条【村民自治章程、村规民约的制定与备案；村民自治章程、村规民约及村民会议或村民代表会议的决定的限制**】** ★★★

村民会议可以制定和修改村民自治章程、村规民约，并报乡、民族乡、镇的人民政府备案。

村民自治章程、村规民约以及村民会议或者村民代表会议的决定不得与宪法、法律、法规和国家的政策相抵触，不得有侵犯村民的人身权利、民主权利和合法财产权利的内容。

村民自治章程、村规民约以及村民会议或者村民代表会议的决定违反前款规定的，由乡、民族乡、镇的人民政府责令改正。

第 28 条【村民小组会议的召开规则及议事规则；村民小组组长的推选规则；村民小组会议对集体所有的土地、企业和其他财产的经营管理以及公益事项的决定权**】** ★★

召开村民小组会议，应当有本村民小组十八周岁以上的村民三分之二以上，或者本村民小组三分之二以上的户的代表参加，所作决定应当经到会人员的过半数同意。

村民小组组长由村民小组会议推选。村民小组组长任期与村民委员会的任期相同，可以连选连任。

属于村民小组的集体所有的土地、企业和其他财产的经营管理以及公益事项的办理，由村民小组会议依照有关法律的规定讨论决定，所作决定及实施情况应当及时向本村民小组的村民公布。

中华人民共和国妇女权益保障法[1]

(1992年4月3日第七届全国人民代表大会第五次会议通过,根据2005年8月28日第十届全国人民代表大会常务委员会第十七次会议《关于修改〈中华人民共和国妇女权益保障法〉的决定》修正)

第30条【妇女享有与男子平等的财产权利】 ★★★

国家保障妇女享有与男子平等的财产权利。

第32条【妇女享有与男子平等的农村土地承包经营、集体经济组织收益分配、土地征收或者征用补偿费使用、宅基地使用等权利】 ★★★★

妇女在农村土地承包经营、集体经济组织收益分配、土地征收或者征用补偿费使用以及宅基地使用等方面,享有与男子平等的权利。

第33条【不得因妇女婚姻状况变化侵害妇女在农村集体经济组织的权益;因结婚男方到女方住所落户的男方和子女享有与所在地农村集体经济组织成员平等的权益】 ★★★★

任何组织和个人不得以妇女未婚、结婚、离婚、丧偶等为由,侵害妇女在农村集体经济组织中的各项权益。

因结婚男方到女方住所落户的,男方和子女享有与所在地农村集体经济组织成员平等的权益。

中华人民共和国婚姻法[2]

(1980年9月10日第五届全国人民代表大会第三次会议通过,根据2001年4月28日第九届全国人民代表大会常务委员会第二十一次会

---

[1] 简称《妇女权益保障法》。
[2] 简称《婚姻法》。

议《关于修改〈中华人民共和国婚姻法〉的决定》修正)

第9条【互为家庭成员】 ★★

登记结婚后,根据男女双方约定,女方可以成为男方家庭的成员,男方可以成为女方家庭的成员。

第17条【夫妻共有财产的范围】 ★★★★

夫妻在婚姻关系存续期间所得的下列财产,归夫妻共同所有:

(一)工资、奖金;

(二)生产、经营的收益;

(三)知识产权的收益;

(四)继承或赠与所得的财产,但本法第十八条第三项规定的除外;

(五)其他应当归共同所有的财产。

夫妻对共同所有的财产,有平等的处理权。

第18条【夫妻个人财产的范围】 ★★

有下列情形之一的,为夫妻一方的财产:

(一)一方的婚前财产;

(二)一方因身体受到伤害获得的医疗费、残疾人生活补助费等费用;

(三)遗嘱或赠与合同中确定只归夫或妻一方的财产;

(四)一方专用的生活用品;

(五)其他应当归一方的财产。

第19条【夫妻财产约定制】 ★★

夫妻可以约定婚姻关系存续期间所得的财产以及婚前财产归各自所有、共同所有或部分各自所有、部分共同所有。约定应当采用书面形式。没有约定或约定不明确的,适用本法第十七条、第十八条的规定。

夫妻对婚姻关系存续期间所得的财产以及婚前财产的约定,对双方具有约束力。

夫妻对婚姻关系存续期间所得的财产约定归各自所有的,夫或妻一方对外所负的债务,第三人知道该约定的,以夫或妻一方所有的财产清偿。

第24条【继承遗产】 ★★

夫妻有相互继承遗产的权利。

父母和子女有相互继承遗产的权利。

第 32 条【诉讼离婚】 ★

男女一方要求离婚的,可由有关部门进行调解或直接向人民法院提出离婚诉讼。

人民法院审理离婚案件,应当进行调解;如感情确已破裂,调解无效,应准予离婚。

有下列情形之一,调解无效的,应准予离婚:

(一)重婚或有配偶者与他人同居的;

(二)实施家庭暴力或虐待、遗弃家庭成员的;

(三)有赌博、吸毒等恶习屡教不改的;

(四)因感情不和分居满二年的;

(五)其他导致夫妻感情破裂的情形。

一方被宣告失踪,另一方提出离婚诉讼的,应准予离婚。

第 36 条【离婚后父母子女关系】 ★

父母与子女间的关系,不因父母离婚而消除。离婚后,子女无论由父或母直接抚养,仍是父母双方的子女。

离婚后,父母对于子女仍有抚养和教育的权利和义务。

离婚后,哺乳期内的子女,以随哺乳的母亲抚养为原则。哺乳期后的子女,如双方因抚养问题发生争执不能达成协议时,由人民法院根据子女的权益和双方的具体情况判决。

第 39 条【离婚时夫妻共同财产的处理】 ★★★★

离婚时,夫妻的共同财产由双方协议处理;协议不成时,由人民法院根据财产的具体情况,照顾子女和女方权益的原则判决。

夫或妻在家庭土地承包经营中享有的权益等,应当依法予以保护。

第 41 条【离婚时夫妻共同债务的清偿】 ★

离婚时,原为夫妻共同生活所负的债务,应当共同偿还。共同财产不足清偿的,或财产归各自所有的,由双方协议清偿;协议不成时,由人民法院判决。

中华人民共和国保险法①

★★★

(1995年6月30日第八届全国人民代表大会常务委员会第十四次会议通过,根据2002年10月28日第九届全国人民代表大会常务委员会第三十次会议《关于修改〈中华人民共和国保险法〉的决定》第一次修正,根据2009年2月28日第十一届全国人民代表大会常务委员会第七次会议修订,根据2014年8月31日第十二届全国人民代表大会常务委员会第十次会议《关于修改〈中华人民共和国保险法〉等五部法律的决定》第二次修正,根据2015年4月24日第十二届全国人民代表大会常务委员会第十四次会议《关于修改〈中华人民共和国计量法〉等五部法律的决定》第三次修正)

第10条【保险合同的界定;投保人;保险人】 ★

保险合同是投保人与保险人约定保险权利义务关系的协议。

投保人是指与保险人订立保险合同,并按照合同约定负有支付保险费义务的人。

保险人是指与投保人订立保险合同,并按照合同约定承担赔偿或者给付保险金责任的保险公司。

第14条【投保人和保险人的义务】 ★

保险合同成立后,投保人按照约定交付保险费,保险人按照约定的时间开始承担保险责任。

第16条【投保人在合同订立时的告知义务;投保人抗辩条款的适用;保险事故范围】 ★

订立保险合同,保险人就保险标的或者被保险人的有关情况提出询问的,投保人应当如实告知。

投保人故意或者因重大过失未履行前款规定的如实告知义务,足以影响保险人决定是否同意承保或者提高保险费率的,保险人有权解除合同。

前款规定的合同解除权,自保险人知道有解除事由之日起,超过三十日不行使而消灭。自合同成立之日起超过二年的,保险人不得解除合同;发生

---

① 简称《保险法》。

保险事故的,保险人应当承担赔偿或者给付保险金的责任。

投保人故意不履行如实告知义务的,保险人对于合同解除前发生的保险事故,不承担赔偿或者给付保险金的责任,并不退还保险费。

投保人因重大过失未履行如实告知义务,对保险事故的发生有严重影响的,保险人对于合同解除前发生的保险事故,不承担赔偿或者给付保险金的责任,但应当退还保险费。

保险人在合同订立时已经知道投保人未如实告知的情况的,保险人不得解除合同;发生保险事故的,保险人应当承担赔偿或者给付保险金的责任。

保险事故是指保险合同约定的保险责任范围内的事故。

第 23 条【保险人赔付义务的履行及程序】　　　　　　　　★

保险人收到被保险人或者受益人的赔偿或者给付保险金的请求后,应当及时作出核定;情形复杂的,应当在三十日内作出核定,但合同另有约定的除外。保险人应当将核定结果通知被保险人或者受益人;对属于保险责任的,在与被保险人或者受益人达成赔偿或者给付保险金的协议后十日内,履行赔偿或者给付保险金义务。保险合同对赔偿或者给付保险金的期限有约定的,保险人应当按照约定履行赔偿或者给付保险金义务。

保险人未及时履行前款规定义务的,除支付保险金外,应当赔偿被保险人或者受益人因此受到的损失。

任何单位和个人不得非法干预保险人履行赔偿或者给付保险金的义务,也不得限制被保险人或者受益人取得保险金的权利。

第 24 条【保险人拒绝理赔的通知义务】　　　　　　　　　★

保险人依照本法第二十三条的规定作出核定后,对不属于保险责任的,应当自作出核定之日起三日内向被保险人或者受益人发出拒绝赔偿或者拒绝给付保险金通知书,并说明理由。

第 64 条【查明保险事故的费用由保险人承担】　　　　　★★★

保险人、被保险人为查明和确定保险事故的性质、原因和保险标的的损失程度所支付的必要的、合理的费用,由保险人承担。

第 65 条【责任保险的赔偿规则】　　　　　　　　　　　★★★

保险人对责任保险的被保险人给第三者造成的损害,可以依照法律的规定或者合同的约定,直接向该第三者赔偿保险金。

责任保险的被保险人给第三者造成损害,被保险人对第三者应负的赔偿责任确定的,根据被保险人的请求,保险人应当直接向该第三者赔偿保险金。被保险人怠于请求的,第三者有权就其应获赔偿部分直接向保险人请求赔偿保险金。

责任保险的被保险人给第三者造成损害,被保险人未向该第三者赔偿的,保险人不得向被保险人赔偿保险金。

责任保险是指以被保险人对第三者依法应负的赔偿责任为保险标的的保险。

中华人民共和国城市房地产管理法①

★

(1994年7月5日第八届全国人民代表大会常务委员会第八次会议通过,根据2007年8月30日第十届全国人民代表大会常务委员会第二十九次会议《关于修改〈中华人民共和国城市房地产管理法〉的决定》第一次修正,根据2009年8月27日第十一届全国人民代表大会常务委员会第十次会议《关于修改部分法律的决定》第二次修正)

第8条【土地使用权出让的定义】 ★★

土地使用权出让,是指国家将国有土地使用权(以下简称土地使用权)在一定年限内出让给土地使用者,由土地使用者向国家支付土地使用权出让金的行为。

第16条【土地使用权出让金的支付】 ★

土地使用者必须按照出让合同约定,支付土地使用权出让金;未按照出让合同约定支付土地使用权出让金的,土地管理部门有权解除合同,并可以请求违约赔偿。

第23条【土地使用权划拨的界定】 ★★

土地使用权划拨,是指县级以上人民政府依法批准,在土地使用者缴纳补偿、安置等费用后将该幅土地交付其使用,或者将土地使用权无偿交付给土地使用者使用的行为。

依照本法规定以划拨方式取得土地使用权的,除法律、行政法规另有规定外,没有使用期限的限制。

---

① 简称《房地产管理法》。

第32条【房地一体主义：房地产转让、抵押时房屋的所有权和土地使用权同时转让、抵押】 ★★

房地产转让、抵押时，房屋的所有权和该房屋占用范围内的土地使用权同时转让、抵押。

第37条【房地产转让的定义】 ★

房地产转让，是指房地产权利人通过买卖、赠与或者其他合法方式将其房地产转移给他人的行为。

第38条【房地产禁止转让的情形】 ★★

下列房地产，不得转让：

（一）以出让方式取得土地使用权的，不符合本法第三十九条规定的条件的；

（二）司法机关和行政机关依法裁定、决定查封或者以其他形式限制房地产权利的；

（三）依法收回土地使用权的；

（四）共有房地产，未经其他共有人书面同意的；

（五）权属有争议的；

（六）未依法登记领取权属证书的；

（七）法律、行政法规规定禁止转让的其他情形。

第61条【房地产权属的申请登记】 ★

以出让或者划拨方式取得土地使用权，应当向县级以上地方人民政府土地管理部门申请登记，经县级以上地方人民政府土地管理部门核实，由同级人民政府颁发土地使用权证书。

在依法取得的房地产开发用地上建成房屋的，应当凭土地使用权证书向县级以上地方人民政府房产管理部门申请登记，由县级以上地方人民政府房产管理部门核实并颁发房屋所有权证书。

房地产转让或者变更时，应当向县级以上地方人民政府房产管理部门申请房产变更登记，并凭变更后的房屋所有权证书向同级人民政府土地管理部门申请土地使用权变更登记，经同级人民政府土地管理部门核实，由同级人民政府更换或者更改土地使用权证书。

法律另有规定的，依照有关法律的规定办理。

中华人民共和国刑法

★

(1979年7月1日第五届全国人民代表大会第二次会议通过,根据1997年3月14日第八届全国人民代表大会第五次会议修订,根据1999年12月25日第九届全国人民代表大会常务委员会第十三次会议《中华人民共和国刑法修正案》修正,根据2001年8月31日第九届全国人民代表大会常务委员会第二十三次会议《中华人民共和国刑法修正案(二)》修正,根据2001年12月29日第九届全国人民代表大会常务委员会第二十五次会议《中华人民共和国刑法修正案(三)》修正,根据2002年12月28日第九届全国人民代表大会常务委员会第三十一次会议《中华人民共和国刑法修正案(四)》修正,根据2005年2月28日第十届全国人民代表大会常务委员会第十四次会议《中华人民共和国刑法修正案(五)》修正,根据2006年6月29日第十届全国人民代表大会常务委员会第二十二次会议《中华人民共和国刑法修正案(六)》修正,根据2009年2月28日第十一届全国人民代表大会常务委员会第七次会议《中华人民共和国刑法修正案(七)》修正,根据2011年2月25日第十一届全国人民代表大会常务委员会第七次会议《中华人民共和国刑法修正案(八)》修正,根据2015年8月29日第十二届全国人民代表大会常务委员会第十六次会议《中华人民共和国刑法修正案(九)》修正)

第2条【刑法的任务】 ★

中华人民共和国刑法的任务,是用刑罚同一切犯罪行为作斗争,以保卫国家安全,保卫人民民主专政的政权和社会主义制度,保护国有财产和劳动群众集体所有的财产,保护公民私人所有的财产,保护公民的人身权利、民主权利和其他权利,维护社会秩序、经济秩序,保障社会主义建设事业的顺利进行。

第25条【共同犯罪的概念】 ★★

共同犯罪是指二人以上共同故意犯罪。

二人以上共同过失犯罪,不以共同犯罪论处;应当负刑事责任的,按照他

　简称《刑法》。

们所犯的罪分别处罚。

第 36 条【犯罪行为的民事赔偿责任】 ★

由于犯罪行为而使被害人遭受经济损失的,对犯罪分子除依法给予刑事处罚外,并应根据情况判处赔偿经济损失。

承担民事赔偿责任的犯罪分子,同时被判处罚金,其财产不足以全部支付的,或者被判处没收财产的,应当先承担对被害人的民事赔偿责任。

第 67 条【自首;坦白】 ★

犯罪以后自动投案,如实供述自己的罪行的,是自首。对于自首的犯罪分子,可以从轻或者减轻处罚。其中,犯罪较轻的,可以免除处罚。

被采取强制措施的犯罪嫌疑人、被告人和正在服刑的罪犯,如实供述司法机关还未掌握的本人其他罪行的,以自首论。

犯罪嫌疑人虽不具有前两款规定的自首情节,但是如实供述自己罪行的,可以从轻处罚;因其如实供述自己罪行,避免特别严重后果发生的,可以减轻处罚。

第 119 条【破坏交通工具罪、破坏交通设施罪、破坏电力设备罪、破坏易燃易爆设备罪;过失损坏交通工具罪、过失损坏交通设施罪、过失损坏电力设备罪、过失损坏易燃易爆设备罪】 ★

破坏交通工具、交通设施、电力设备、燃气设备、易燃易爆设备,造成严重后果的,处十年以上有期徒刑、无期徒刑或者死刑。

过失犯前款罪的,处三年以上七年以下有期徒刑;情节较轻的,处三年以下有期徒刑或者拘役。

第 293 条【寻衅滋事罪】 ★

有下列寻衅滋事行为之一,破坏社会秩序的,处五年以下有期徒刑、拘役或者管制:

(一)随意殴打他人,情节恶劣的;

(二)追逐、拦截、辱骂、恐吓他人,情节恶劣的;

(三)强拿硬要或者任意损毁、占用公私财物,情节严重的;

(四)在公共场所起哄闹事,造成公共场所秩序严重混乱的。

纠集他人多次实施前款行为,严重破坏社会秩序的,处五年以上十年以下有期徒刑,可以并处罚金。

中华人民共和国矿产资源法[①]

(1986年3月19日第六届全国人民代表大会常务委员会第十五次会议通过,根据1996年8月29日第八届全国人民代表大会常务委员会第二十一次会议《关于修改〈中华人民共和国矿产资源法〉的决定》第一次修正,根据2009年8月27日第十一届全国人民代表大会常务委员会第十次会议《关于修改部分法律的决定》第二次修正)

第3条【矿产资源的归属:国家所有;勘查、开采矿产资源的条件】 ★★
矿产资源属于国家所有,由国务院行使国家对矿产资源的所有权。地表或者地下的矿产资源的国家所有权,不因其所依附的土地的所有权或者使用权的不同而改变。

国家保障矿产资源的合理开发利用。禁止任何组织或者个人用任何手段侵占或者破坏矿产资源。各级人民政府必须加强矿产资源的保护工作。

勘查、开采矿产资源,必须依法分别申请、经批准取得探矿权、采矿权,并办理登记;但是,已经依法申请取得采矿权的矿山企业在划定的矿区范围内为本企业的生产而进行的勘查除外。国家保护探矿权和采矿权不受侵犯,保障矿区和勘查作业区的生产秩序、工作秩序不受影响和破坏。

从事矿产资源勘查和开采的,必须符合规定的资质条件。

第6条【探矿权、采矿权可以转让的情形】 ★★
除按下列规定可以转让外,探矿权、采矿权不得转让:

(一)探矿权人有权在划定的勘查作业区内进行规定的勘查作业,有权优先取得勘查作业区内矿产资源的采矿权。探矿权人在完成规定的最低勘查投入后,经依法批准,可以将探矿权转让他人。

(二)已取得采矿权的矿山企业,因企业合并、分立,与他人合资、合作经营,或者因企业资产出售以及有其他变更企业资产产权的情形而需要变更采矿权主体的,经依法批准可以将采矿权转让他人采矿。

前款规定的具体办法和实施步骤由国务院规定。

禁止将探矿权、采矿权倒卖牟利。

[①] 简称《矿产资源法》。

中华人民共和国大气污染防治法①

(1987年9月5日第六届全国人民代表大会常务委员会第二十二次会议通过,根据1995年8月29日第八届全国人民代表大会常务委员会第十五次会议《关于修改〈中华人民共和国大气污染防治法〉的决定》修正,根据2000年4月29日第九届全国人民代表大会常务委员会第十五次会议第一次修订,根据2015年8月29日第十二届全国人民代表大会常务委员会第十六次会议第二次修订)

第32条【国务院有关部门和地方各级人民政府的大气污染防治义务】

★

国务院有关部门和地方各级人民政府应当采取措施,调整能源结构,推广清洁能源的生产和使用;优化煤炭使用方式,推广煤炭清洁高效利用,逐步降低煤炭在一次能源消费中的比重,减少煤炭生产、使用、转化过程中的大气污染物排放。

中华人民共和国公司法②

(1993年12月29日第八届全国人民代表大会常务委员会第五次会议通过,根据1999年12月25日第九届全国人民代表大会常务委员会第十三次会议《关于修改〈中华人民共和国公司法〉的决定》第一次修正,根据2004年8月28日第十届全国人民代表大会常务委员会第十一次会议《关于修改〈中华人民共和国公司法〉的决定》第二次修正,2005年10月27日第十届全国人民代表大会常务委员会第十八次会议修订,根据2013年12月28日第十二届全国人民代表大会常务委员会第

---

① 简称《大气污染防治法》。
② 简称《公司法》。

六次会议《关于修改〈中华人民共和国海洋环境保护法〉等七部法律的决定》第三次修正)

第3条【公司法人制度】 ★
公司是企业法人,有独立的法人财产,享有法人财产权。公司以其全部财产对公司的债务承担责任。

有限责任公司的股东以其认缴的出资额为限对公司承担责任;股份有限公司的股东以其认购的股份为限对公司承担责任。

第13条【公司的法定代表人】 ★
公司法定代表人依照公司章程的规定,由董事长、执行董事或者经理担任,并依法登记。公司法定代表人变更,应当办理变更登记。

第26条【有限责任公司注册资本认缴制;注册资本特别规定】 ★
有限责任公司的注册资本为在公司登记机关登记的全体股东认缴的出资额。

法律、行政法规以及国务院决定对有限责任公司注册资本实缴、注册资本最低限额另有规定的,从其规定。

第35条【股东不得抽逃出资的义务】 ★
公司成立后,股东不得抽逃出资。

第179条【公司变更的登记制度】 ★
公司合并或者分立,登记事项发生变更的,应当依法向公司登记机关办理变更登记;公司解散的,应当依法办理公司注销登记;设立新公司的,应当依法办理公司设立登记。

公司增加或者减少注册资本,应当依法向公司登记机关办理变更登记。

中华人民共和国票据法①

(1995年5月10日第八届全国人民代表大会常务委员会第十三次会议通过,根据2004年8月28日第十届全国人民代表大会常务委员会第十一次会议《关于修改〈中华人民共和国票据法〉的决定》修正)

第10条【票据行为应遵循诚实信用原则】 ★

票据的签发、取得和转让,应当遵循诚实信用的原则,具有真实的交易关系和债权债务关系。

票据的取得,必须给付对价,即应当给付票据双方当事人认可的相对应的代价。

第12条【不享有票据权利的情形】 ★

以欺诈、偷盗或者胁迫等手段取得票据的,或者明知有前列情形,出于恶意取得票据的,不得享有票据权利。

持票人因重大过失取得不符合本法规定的票据的,也不得享有票据权利。

第13条【票据抗辩的行使规则;票据抗辩的界定】 ★

票据债务人不得以自己与出票人或者与持票人的前手之间的抗辩事由,对抗持票人。但是,持票人明知存在抗辩事由而取得票据的除外。

票据债务人可以对不履行约定义务的与自己有直接债权债务关系的持票人,进行抗辩。

本法所称抗辩,是指票据债务人根据本法规定对票据债权人拒绝履行义务的行为。

第22条【汇票的绝对必要记载事项】 ★

汇票必须记载下列事项:

(一)表明"汇票"的字样;

(二)无条件支付的委托;

(三)确定的金额;

---

① 简称《票据法》。

（四）付款人名称；

（五）收款人名称；

（六）出票日期；

（七）出票人签章。

汇票上未记载前款规定事项之一的，汇票无效。

第 31 条【汇票背书转让的连续规则及界定】 ★

以背书转让的汇票，背书应当连续。持票人以背书的连续，证明其汇票权利；非经背书转让，而以其他合法方式取得汇票的，依法举证，证明其汇票权利。

前款所称背书连续，是指在票据转让中，转让汇票的背书人与受让汇票的被背书人在汇票上的签章依次前后衔接。

第 38 条【承兑的界定】 ★

承兑是指汇票付款人承诺在汇票到期日支付汇票金额的票据行为。

第 45 条【汇票的保证】 ★

汇票的债务可以由保证人承担保证责任。

保证人由汇票债务人以外的他人担当。

第 50 条【汇票的保证人和被保证人的连带付款责任】 ★

被保证的汇票，保证人应当与被保证人对持票人承担连带责任。汇票到期后得不到付款的，持票人有权向保证人请求付款，保证人应当足额付款。

第 61 条【行使汇票追索权】 ★

汇票到期被拒绝付款的，持票人可以对背书人、出票人以及汇票的其他债务人行使追索权。

汇票到期日前，有下列情形之一的，持票人也可以行使追索权：

（一）汇票被拒绝承兑的；

（二）承兑人或者付款人死亡、逃匿的；

（三）承兑人或者付款人被依法宣告破产的或者因违法被责令终止业务活动的。

第 68 条【汇票追索权的效力】 ★

汇票的出票人、背书人、承兑人和保证人对持票人承担连带责任。

持票人可以不按照汇票债务人的先后顺序，对其中任何一人、数人或者全体行使追索权。

持票人对汇票债务人中的一人或者数人已经进行追索的，对其他汇票债务人仍可以行使追索权。被追索人清偿债务后，与持票人享有同一权利。

第70条【行使汇票追索权可请求支付的金额和费用】 ★

持票人行使追索权,可以请求被追索人支付下列金额和费用:

(一) 被拒绝付款的汇票金额;

(二) 汇票金额自到期日或者提示付款日起至清偿日止,按照中国人民银行规定的利率计算的利息;

(三) 取得有关拒绝证明和发出通知书的费用。

被追索人清偿债务时,持票人应当交出汇票和有关拒绝证明,并出具所收到利息和费用的收据。

中华人民共和国环境保护法①

(1989年12月26日第七届全国人民代表大会常务委员会第十一次会议通过,2014年4月24日第十二届全国人民代表大会常务委员会第八次会议修订)

第49条【农业、农村环境污染防治】 ★

各级人民政府及其农业等有关部门和机构应当指导农业生产经营者科学种植和养殖,科学合理施用农药、化肥等农业投入品,科学处置农用薄膜、农作物秸秆等农业废弃物,防止农业面源污染。

禁止将不符合农用标准和环境保护标准的固体废物、废水施入农田。施用农药、化肥等农业投入品及进行灌溉,应当采取措施,防止重金属和其他有毒有害物质污染环境。

畜禽养殖场、养殖小区、定点屠宰企业等的选址、建设和管理应当符合有关法律法规规定。从事畜禽养殖和屠宰的单位和个人应当采取措施,对畜禽粪便、尸体和污水等废弃物进行科学处置,防止污染环境。

县级人民政府负责组织农村生活废弃物的处置工作。

---

① 简称《环境保护法》。

中华人民共和国劳动法①

(1994年7月5日第八届全国人民代表大会常务委员会第八次会议通过,根据2009年8月27日第十一届全国人民代表大会常务委员会第十次会议《关于修改部分法律的决定》修正)

第50条【劳动者工资支付的法定形式】 ★

工资应当以货币形式按月支付给劳动者本人。不得克扣或者无故拖欠劳动者的工资。

中华人民共和国人民防空法②

(1996年10月29日第八届全国人民代表大会常务委员会第二十二次会议通过,根据2009年8月27日第十一届全国人民代表大会常务委员会第十次会议《关于修改部分法律的决定》修正)

第5条【国家鼓励、支持人民防空工程建设】 ★

国家对人民防空设施建设按照有关规定给予优惠。

国家鼓励、支持企业事业组织、社会团体和个人,通过多种途径,投资进行人民防空工程建设;人民防空工程平时由投资者使用管理,收益归投资者所有。

---

① 简称《劳动法》。
② 简称《人民防空法》。

中华人民共和国渔业法[①]

(1986年1月20日第六届全国人民代表大会常务委员会第十四次会议通过,根据2000年10月31日第九届全国人民代表大会常务委员会第十八次会议《关于修改〈中华人民共和国渔业法〉的决定》第一次修正,根据2004年8月28日第十届全国人民代表大会常务委员会第十一次会议《关于修改〈中华人民共和国渔业法〉的决定》第二次修正,根据2009年8月27日第十一届全国人民代表大会常务委员会第十次会议《关于修改部分法律的决定》第三次修正,根据2013年12月28日第十二届全国人民代表大会常务委员会第六次会议《关于修改〈中华人民共和国海洋环境保护法〉等七部法律的决定》第四次修正)

第11条【水域、滩涂的使用】 ★

国家对水域利用进行统一规划,确定可以用于养殖业的水域和滩涂。单位和个人使用国家规划确定用于养殖业的全民所有的水域、滩涂的,使用者应当向县级以上地方人民政府渔业行政主管部门提出申请,由本级人民政府核发养殖证,许可其使用该水域、滩涂从事养殖生产。核发养殖证的具体办法由国务院规定。

集体所有的或者全民所有由农业集体经济组织使用的水域、滩涂,可以由个人或者集体承包,从事养殖生产。

中华人民共和国水法[②]

(1988年1月21日第六届全国人民代表大会常务委员会第二十四次会议通过,2002年8月29日第九届全国人民代表大会常务委员会第二十九次会议修订通过,根据2009年8月27日第十一届全国人民代

[①] 简称《渔业法》。
[②] 简称《水法》。

表大会常务委员会第十次会议《关于修改部分法律的决定》第一次修正,根据 2016 年 7 月 2 日第十二届全国人民代表大会常务委员会第二十一次会议《关于修改〈中华人民共和国节约能源法〉第六部法律的决定》第二次修正)

第 1 条【水法的立法目的】 ★

为了合理开发、利用、节约和保护水资源,防治水害,实现水资源的可持续利用,适应国民经济和社会发展的需要,制定本法。

第 3 条【水资源权属法律制度】 ★

水资源属于国家所有。水资源的所有权由国务院代表国家行使。农村集体经济组织的水塘和由农村集体经济组织修建管理的水库中的水,归各该农村集体经济组织使用。

第 7 条【水资源的取水许可和有偿使用制度】 ★

国家对水资源依法实行取水许可制度和有偿使用制度。但是,农村集体经济组织及其成员使用本集体经济组织的水塘、水库中的水的除外。国务院水行政主管部门负责全国取水许可制度和水资源有偿使用制度的组织实施。

第 48 条【取水权的取得】 ★

直接从江河、湖泊或者地下取用水资源的单位和个人,应当按照国家取水许可制度和水资源有偿使用制度的规定,向水行政主管部门或者流域管理机构申请领取取水许可证,并缴纳水资源费,取得取水权。但是,家庭生活和零星散养、圈养畜禽饮用等少量取水的除外。

实施取水许可制度和征收管理水资源费的具体办法,由国务院规定。

中华人民共和国草原法①

(1985 年 6 月 18 日第六届全国人民代表大会常务委员会第十一次会议通过,根据 2002 年 12 月 28 日第九届全国人民代表大会常务委员会第三十一次会议修订,根据 2009 年 8 月 27 日第十一届全国人民代表大会常务委员会第十次会议《关于修改部分法律的决定》第一次修正,

---

① 简称《草原法》。

根据2013年6月29日第十二届全国人民代表大会常务委员会第三次会议《关于修改〈中华人民共和国文物保护法〉等十二部法律的决定》第二次修正)

第13条【草原承包经营审批】 ★

集体所有的草原或者依法确定给集体经济组织使用的国家所有的草原,可以由本集体经济组织内的家庭或者联户承包经营。

在草原承包经营期内,不得对承包经营者使用的草原进行调整;个别确需适当调整的,必须经本集体经济组织成员的村(牧)民会议三分之二以上成员或者三分之二以上村(牧)民代表的同意,并报乡(镇)人民政府和县级人民政府草原行政主管部门批准。

集体所有的草原或者依法确定给集体经济组织使用的国家所有的草原由本集体经济组织以外的单位或者个人承包经营的,必须经本集体经济组织成员的村(牧)民会议三分之二以上成员或者三分之二以上村(牧)民代表的同意,并报乡(镇)人民政府批准。

中华人民共和国海关法①

(1987年1月22日第六届全国人民代表大会常务委员会第十九次会议通过,根据2000年7月8日第九届全国人民代表大会常务委员会第十六次会议《关于修改〈中华人民共和国海关法〉的决定》第一次修正,根据2013年6月29日第十二届全国人民代表大会常务委员会第三次会议《关于修改〈中华人民共和国文物保护法〉等十二部法律的决定》第二次修正,根据2013年12月28日第十二届全国人民代表大会常务委员会第六次会议《关于修改〈中华人民共和国海洋环境保护法〉等七部法律的决定》第三次修正,根据2016年11月7日第十二届全国人民代表大会常务委员会第二十四次会议《关于修改〈中华人民共和国对外贸易法〉等十二部法律的决定》第四次修正)

---

① 简称《海关法》。

第 37 条【海关监管货物:未经许可不得处置;禁止擅自开启或损毁海关封志;判决、裁定或有关行政执法部门决定处理海关监管货物的当事人应当办结海关手续】 ★

海关监管货物,未经海关许可,不得开拆、提取、交付、发运、调换、改装、抵押、质押、留置、转让、更换标记、移作他用或者进行其他处置。

海关加施的封志,任何人不得擅自开启或者损毁。

人民法院判决、裁定或者有关行政执法部门决定处理海关监管货物的,应当责令当事人办结海关手续。

中华人民共和国海域使用管理法①

(2001 年 10 月 27 日第九届全国人民代表大会常务委员会第二十四次会议通过,自 2002 年 1 月 1 日起施行)

第 3 条【海域权属法律制度】 ★

海域属于国家所有,国务院代表国家行使海域所有权。任何单位或者个人不得侵占、买卖或者以其他形式非法转让海域。

单位和个人使用海域,必须依法取得海域使用权。

第 22 条【海域使用权】 ★

本法施行前,已经由农村集体经济组织或者村民委员会经营、管理的养殖用海,符合海洋功能区划的,经当地县级人民政府核准,可以将海域使用权确定给该农村集体经济组织或者村民委员会,由本集体经济组织的成员承包,用于养殖生产。

第 23 条【海域使用权人依法使用海域并获得收益的权利受法律保护的一般规定】 ★

海域使用权人依法使用海域并获得收益的权利受法律保护,任何单位和个人不得侵犯。

海域使用权人有依法保护和合理使用海域的义务;海域使用权人对不妨害其依法使用海域的非排他性用海活动,不得阻挠。

---

① 简称《海域使用管理法》。

中华人民共和国民办教育促进法[①]

(2002年12月28日第九届全国人民代表大会常务委员会第三十一次会议通过，根据2013年6月29日第十二届全国人民代表大会常务委员会第三次会议《关于修改〈中华人民共和国文物保护法〉等十二部法律的决定》第一次修正，根据2016年11月7日第十二届全国人民代表大会常务委员会第二十四次会议《关于修改〈中华人民共和国民办教育促进法〉的决定》第二次修正)

第36条【民办学校的法人财产权】 ★
民办学校对举办者投入民办学校的资产、国有资产、受赠的财产以及办学积累，享有法人财产权。

第37条【民办学校资产的管理使用】 ★
民办学校存续期间，所有资产由民办学校依法管理和使用，任何组织和个人不得侵占。

任何组织和个人都不得违反法律、法规向民办教育机构收取任何费用。

中华人民共和国拍卖法[②]

(1996年7月5日第八届全国人民代表大会常务委员会第二十次会议通过，根据2004年8月28日第十届全国人民代表大会常务委员会第十一次会议《关于修改〈中华人民共和国拍卖法〉的决定》第一次修正，根据2015年4月24日第十二届全国人民代表大会常务委员会第十四次会议《关于修改〈中华人民共和国电力法〉等六部法律的决定》第二次修正)

---

① 简称《民办教育促进法》。
② 简称《拍卖法》。

第 39 条【买受人支付拍卖价款的义务和拍卖标的再拍卖的差额补足义务】 ★

买受人应当按照约定支付拍卖标的的价款,未按照约定支付价款的,应当承担违约责任,或者由拍卖人征得委托人的同意,将拍卖标的再行拍卖。

拍卖标的再行拍卖的,原买受人应当支付第一次拍卖中本人及委托人应当支付的佣金。再行拍卖的价款低于原拍卖价款的,原买受人应当补足差额。

中华人民共和国企业破产法①

(2006 年 8 月 27 日第十届全国人民代表大会常务委员会第二十三次会议通过,自 2007 年 6 月 1 日起施行)

第 46 条【破产时的债权期限与利息:未到期视为到期;停止计息】 ★

未到期的债权,在破产申请受理时视为到期。

附利息的债权自破产申请受理时起停止计息。

中华人民共和国商业银行法②

(1995 年 5 月 10 日第八届全国人民代表大会常务委员会第十三次会议通过,根据 2003 年 12 月 27 日第十届全国人民代表大会常务委员会第六次会议《关于修改〈中华人民共和国商业银行法〉的决定》第一次修正,根据 2015 年 8 月 29 日第十二届全国人民代表大会常务委员会第十六次会议《关于修改〈中华人民共和国商业银行法〉的决定》第二次修正)

第 73 条【商业银行支付迟延履行的利息以及其他民事责任的情形】 ★

---

① 简称《企业破产法》。
② 简称《商业银行法》。

商业银行有下列情形之一,对存款人或者其他客户造成财产损害的,应当承担支付迟延履行的利息以及其他民事责任:

(一)无故拖延、拒绝支付存款本金和利息的;

(二)违反票据承兑等结算业务规定,不予兑现,不予收付入账,压单、压票或者违反规定退票的;

(三)非法查询、冻结、扣划个人储蓄存款或者单位存款的;

(四)违反本法规定对存款人或者其他客户造成损害的其他行为。

有前款规定情形的,由国务院银行业监督管理机构责令改正,有违法所得的,没收违法所得,违法所得五万元以上的,并处违法所得一倍以上五倍以下罚款;没有违法所得或者违法所得不足五万元的,处五万元以上五十万元以下罚款。

中华人民共和国涉外民事关系法律适用法①

(2010年10月28日第十一届全国人民代表大会常务委员会第十七次会议通过,自2011年4月1日起施行)

第3条【涉外法律的选择适用】 ★
当事人依照法律规定可以明示选择涉外民事关系适用的法律。

第8条【涉外民事关系的定性的法律适用】 ★
涉外民事关系的定性,适用法院地法律。

中华人民共和国合伙企业法②

(1997年2月23日第八届全国人民代表大会常务委员会第二十四次

---

① 简称《涉外民事关系法律适用法》。
② 简称《合伙企业法》。

会议通过,2006年8月27日第十届全国人民代表大会常务委员会第二十三次会议修订)

第43条【入伙条件】 ★

新合伙人入伙,除合伙协议另有约定外,应当经全体合伙人一致同意,并依法订立书面入伙协议。

订立入伙协议时,原合伙人应当向新合伙人如实告知原合伙企业的经营状况和财务状况。

中华人民共和国人民调解法①

(2010年8月28日第十一届全国人民代表大会常务委员会第十六次会议通过,自2011年1月1日起施行)

第31条【调解协议的效力:当事人履行协议、人民调解委员会监督、督促履行】 ★

经人民调解委员会调解达成的调解协议,具有法律约束力,当事人应当按照约定履行。

人民调解委员会应当对调解协议的履行情况进行监督,督促当事人履行约定的义务。

---

① 简称《人民调解法》。

二、行政法规

物业管理条例①

★★★

(2003年6月8日中华人民共和国国务院令第379号公布,根据2007年8月26日《国务院关于修改〈物业管理条例〉的决定》第一次修订,根据2016年1月13日国务院第119次常务会议通过的《国务院关于修改部分行政法规的决定》第二次修订)

第1条【物业管理条例的立法宗旨】 ★

为了规范物业管理活动,维护业主和物业服务企业的合法权益,改善人民群众的生活和工作环境,制定本条例。

第6条【物业管理中业主的权利】 ★★

房屋的所有权人为业主。

业主在物业管理活动中,享有下列权利:

(一)按照物业服务合同的约定,接受物业服务企业提供的服务;

(二)提议召开业主大会会议,并就物业管理的有关事项提出建议;

(三)提出制定和修改管理规约、业主大会议事规则的建议;

(四)参加业主大会会议,行使投票权;

(五)选举业主委员会成员,并享有被选举权;

(六)监督业主委员会的工作;

(七)监督物业服务企业履行物业服务合同;

(八)对物业共用部位、共用设施设备和相关场地使用情况享有知情权和监督权;

(九)监督物业共用部位、共用设施设备专项维修资金(以下简称专项维修资金)的管理和使用;

(十)法律、法规规定的其他权利。

---

① 简称《物业管理条例》。

第 7 条【物业管理中业主的义务】 ★★★★

业主在物业管理活动中,履行下列义务:

(一)遵守管理规约、业主大会议事规则;

(二)遵守物业管理区域内物业共用部位和共用设施设备的使用、公共秩序和环境卫生的维护等方面的规章制度;

(三)执行业主大会的决定和业主大会授权业主委员会作出的决定;

(四)按照国家有关规定交纳专项维修资金;

(五)按时交纳物业服务费用;

(六)法律、法规规定的其他义务。

第 11 条【由业主共同决定的事项以及表决规则】 ★★

下列事项由业主共同决定:

(一)制定和修改业主大会议事规则;

(二)制定和修改管理规约;

(三)选举业委员会或者更换业主委员会成员;

(四)选聘和解聘物业服务企业;

(五)筹集和使用专项维修资金;

(六)改建、重建建筑物及其附属设施;

(七)有关共有和共同管理权利的其他重大事项。

第 12 条【业主大会的议事章程】 ★★★

业主大会会议可以采用集体讨论的形式,也可以采用书面征求意见的形式;但是,应当有物业管理区域内专有部分占建筑物总面积过半数的业主且占总人数过半数的业主参加。

业主可以委托代理人参加业主大会会议。

业主大会决定本条例第十一条第(五)项和第(六)项规定的事项,应当经专有部分占建筑物总面积 2/3 以上的业主且占总人数 2/3 以上的业主同意;决定本条例第十一条规定的其他事项,应当经专有部分占建筑物总面积过半数的业主且占总人数过半数的业主同意。

业主大会或者业主委员会的决定,对业主具有约束力。

业主大会或者业主委员会作出的决定侵害业主合法权益的,受侵害的业主可以请求人民法院予以撤销。

第 15 条【业主委员会的职责】 ★★★

业主委员会执行业主大会的决定事项,履行下列职责:

(一)召集业主大会会议,报告物业管理的实施情况;

（二）代表业主与业主大会选聘的物业服务企业签订物业服务合同；

（三）及时了解业主、物业使用人的意见和建议，监督和协助物业服务企业履行物业服务合同；

（四）监督管理规约的实施；

（五）业主大会赋予的其他职责。

第 17 条【管理规约的内容、原则及效力】　★

管理规约应当对有关物业的使用、维护、管理，业主的共同利益，业主应当履行的义务，违反管理规约应当承担的责任等事项依法作出约定。

管理规约应当尊重社会公德，不得违反法律、法规或者损害社会公共利益。

管理规约对全体业主具有约束力。

第 21 条【前期物业服务合同的签订】　★★

在业主、业主大会选聘物业服务企业之前，建设单位选聘物业服务企业的，应当签订书面的前期物业服务合同。

第 25 条【建设单位与物业买受人签订的买卖合同应当包含前期物业服务合同约定的内容】　★

建设单位与物业买受人签订的买卖合同应当包含前期物业服务合同约定的内容。

第 26 条【前期物业服务合同的期限】　★★

前期物业服务合同可以约定期限；但是，期限未满、业主委员会与物业服务企业签订的物业服务合同生效的，前期物业服务合同终止。

第 29 条【在办理物业承接验收手续时建设单位应当向物业服务企业移交的资料】　★

在办理物业承接验收手续时，建设单位应当向物业服务企业移交下列资料：

（一）竣工总平面图，单体建筑、结构、设备竣工图，配套设施、地下管网工程竣工图等竣工验收资料；

（二）设施设备的安装、使用和维护保养等技术资料；

（三）物业质量保修文件和物业使用说明文件；

（四）物业管理所必需的其他资料。

物业服务企业应当在前期物业服务合同终止时将上述资料移交给业主委员会。

第 30 条【建设单位在物业管理区域内配置必要的物业管理用房的义务】 ★

建设单位应当按照规定在物业管理区域内配置必要的物业管理用房。

第 31 条【建设单位的物业保修责任】 ★

建设单位应当按照国家规定的保修期限和保修范围,承担物业的保修责任。

第 32 条【对物业管理企业实行资质管理制度】 ★★

从事物业管理活动的企业应当具有独立的法人资格。

国家对从事物业管理活动的企业实行资质管理制度。具体办法由国务院建设行政主管部门制定。

第 34 条【物业服务合同的订立与内容】 ★★

业主委员会应当与业主大会选聘的物业服务企业订立书面的物业服务合同。

物业服务合同应当对物业管理事项、服务质量、服务费用、双方的权利义务、专项维修资金的管理与使用、物业管理用房、合同期限、违约责任等内容进行约定。

第 35 条【物业服务企业服务提供义务与责任】 ★★

物业服务企业应当按照物业服务合同的约定,提供相应的服务。

物业服务企业未能履行物业服务合同的约定,导致业主人身、财产安全受到损害的,应当依法承担相应的法律责任。

第 40 条【物业服务收费标准的确定原则】 ★★

物业服务收费应当遵循合理、公开以及费用与服务水平相适应的原则,区别不同物业的性质和特点,由业主和物业服务企业按照国务院价格主管部门会同国务院建设行政主管部门制定的物业服务收费办法,在物业服务合同中约定。

第 41 条【物业服务费用的缴纳主体】 ★★★★

业主应当根据物业服务合同的约定交纳物业服务费用。业主与物业使用人约定由物业使用人交纳物业服务费用的,从其约定,业主负连带交纳责任。

已竣工但尚未出售或者尚未交给物业买受人的物业,物业服务费用由建设单位交纳。

第 44 条【物业服务企业对违反有关治安、环保、物业装饰装修和使用等方面法律、法规规定的行为的报告义务】 ★★

物业管理区域内,供水、供电、供气、供热、通信、有线电视等单位应当向最终用户收取有关费用。

物业服务企业接受委托代收前款费用的,不得向业主收取手续费等额外费用。

第49条【业主、物业服务企业不得擅自占用、挖掘物业管理区域内的道路、场地;业主、物业服务企业应当将临时占用、挖掘的道路、场地在约定期限内恢复原状】　★

物业管理区域内按照规划建设的公共建筑和共用设施,不得改变用途。

业主依法确需改变公共建筑和共用设施用途的,应当在依法办理有关手续后告知物业服务企业;物业服务企业确需改变公共建筑和共用设施用途的,应当提请业主大会讨论决定同意后,由业主依法办理有关手续。

第65条【业主逾期不交纳物业服务费用的处理:督促限期交纳、起诉】　★★★

违反物业服务合同约定,业主逾期不交纳物业服务费用的,业主委员会应当督促其限期交纳;逾期仍不交纳的,物业服务企业可以向人民法院起诉。

中华人民共和国土地管理法实施条例①

★★

(1998年12月27日中华人民共和国国务院令第256号发布,根据2011年1月8日《国务院关于废止和修改部分行政法规的决定》第一次修订,根据2014年7月29日《国务院关于修改部分行政法规的决定》第二次修订)

第3条【土地登记发证制度】　★

国家依法实行土地登记发证制度。依法登记的土地所有权和土地使用权受法律保护,任何单位和个人不得侵犯。

土地登记内容和土地权属证书式样由国务院土地行政主管部门统一规定。

---

① 简称《土地管理法实施条例》。

土地登记资料可以公开查询。

确认林地、草原的所有权或者使用权,确认水面、滩涂的养殖使用权,分别依照《森林法》、《草原法》和《渔业法》的有关规定办理。

第 4 条【农民集体所有土地的登记】 ★

农民集体所有的土地,由土地所有者向土地所在地的县级人民政府土地行政主管部门提出土地登记申请,由县级人民政府登记造册,核发集体土地所有权证书,确认所有权。

农民集体所有的土地依法用于非农业建设的,由土地使用者向土地所在地的县级人民政府土地行政主管部门提出土地登记申请,由县级人民政府登记造册,核发集体土地使用权证书,确认建设用地使用权。

设区的市人民政府可以对市辖区内农民集体所有的土地实行统一登记。

第 5 条【国有土地的登记】 ★

单位和个人依法使用的国有土地,由土地使用者向土地所在地的县级以上人民政府土地行政主管部门提出土地登记申请,由县级以上人民政府登记造册,核发国有土地使用权证书,确认使用权。其中,中央国家机关使用的国有土地的登记发证,由国务院土地行政主管部门负责,具体登记发证办法由国务院土地行政主管部门会同国务院机关事务管理局等有关部门制定。

未确定使用权的国有土地,由县级以上人民政府登记造册,负责保护管理。

第 26 条【土地补偿费和安置补助费】 ★★★★

土地补偿费归农村集体经济组织所有;地上附着物及青苗补偿费归地上附着物及青苗的所有者所有。

征收土地的安置补助费必须专款专用,不得挪作他用。需要安置的人员由农村集体经济组织安置的,安置补助费支付给农村集体经济组织,由农村集体经济组织管理和使用;由其他单位安置的,安置补助费支付给安置单位;不需要统一安置的,安置补助费发放给被安置人员个人或者征得被安置人员同意后用于支付被安置人员的保险费用。

市、县和乡(镇)人民政府应当加强对安置补助费使用情况的监督。

工伤保险条例①

(国务院令第586号,2003年4月16日国务院第五次常务会议讨论通过,根据2010年12月20日《国务院关于修改〈工伤保险条例〉的决定》修订)

第39条【职工因工死亡后其近亲属从工伤保险基金领取丧葬补助金、供养亲属抚恤金和一次性工亡补助金的规则】　★★

职工因工死亡,其近亲属按照下列规定从工伤保险基金领取丧葬补助金、供养亲属抚恤金和一次性工亡补助金:

(一)丧葬补助金为6个月的统筹地区上年度职工月平均工资;

(二)供养亲属抚恤金按照职工本人工资的一定比例发给由因工死亡职工生前提供主要生活来源、无劳动能力的亲属。标准为:配偶每月40%,其他亲属每人每月30%,孤寡老人或者孤儿每人每月在上述标准的基础上增加10%。核定的各供养亲属的抚恤金之和不应高于因工死亡职工生前的工资。供养亲属的具体范围由国务院社会保险行政部门规定;

(三)一次性工亡补助金标准为上一年度全国城镇居民人均可支配收入的20倍。

伤残职工在停工留薪期内因工伤导致死亡的,其近亲属享受本条第一款规定的待遇。

一级至四级伤残职工在停工留薪期满后死亡的,其近亲属可以享受本条第一款第(一)项、第(二)项规定的待遇。

---

① 简称《工伤保险条例》。

探矿权采矿权转让管理办法①

(1998年2月12日国务院令第242号发布,2014年7月29日根据国务院第54次常务会议通过的《国务院关于修改部分行政法规的决定》修订)

第3条【探矿权、采矿权可以转让的情形】 ★

除按照下列规定可以转让外,探矿权、采矿权不得转让:

(一)探矿权人有权在划定的勘查作业区内进行规定的勘查作业,有权优先取得勘查作业区内矿产资源的采矿权。探矿权人在完成规定的最低勘查投入后,经依法批准,可以将探矿权转让他人。

(二)已经取得采矿权的矿山企业,因企业合并、分立,与他人合资、合作经营,或者因企业资产出售以及有其他变更企业资产产权的情形,需要变更采矿权主体的,经依法批准,可以将采矿权转让他人采矿。

第4条【探矿权、采矿权转让审批管理工作的行政管理体系】 ★

国务院地质矿产主管部门和省、自治区、直辖市人民政府地质矿产主管部门是探矿权、采矿权转让的审批管理机关。

国务院地质矿产主管部门负责由其审批发证的探矿权、采矿权转让的审批。

省、自治区、直辖市人民政府地质矿产主管部门负责本条第二款规定以外的探矿权、采矿权转让的审批。

第6条【采矿权转让的法定条件】 ★

转让采矿权,应当具备下列条件:

(一)矿山企业投入采矿生产满1年;

(二)采矿权属无争议;

(三)按照国家有关规定已经缴纳采矿权使用费、采矿权价款、矿产资源补偿费和资源税;

(四)国务院地质矿产主管部门规定的其他条件。

---

① 简称《探矿采矿权转让管理办法》。

国有矿山企业在申请转让采矿权前,应当征得矿山企业主管部门的同意。

第 10 条【探矿权、采矿权转让的程序】 ★

申请转让探矿权、采矿权的,审批管理机关应当自收到转让申请之日起 40 日内,作出准予转让或者不准转让的决定,并通知转让人和受让人。

准予转让的,转让人和受让人应当自收到批准转让通知之日起 60 日内,到原发证机关办理变更登记手续;受让人按照国家规定缴纳有关费用后,领取勘查许可证或者采矿许可证,成为探矿权人或者采矿权人。

批准转让的,转让合同自批准之日起生效。

不准转让的,审批管理机关应当说明理由。

退耕还林条例①

(2002 年 12 月 14 日国务院令第 367 号公布 根据 2016 年 2 月 6 日发布的国务院令第 666 号《国务院关于修改部分行政法规的决定》修订)

第 48 条【退耕还林承包经营权的期限延长、续包、继承与转让】 ★

退耕土地还林后的承包经营权期限可以延长到 70 年。承包经营权到期后,土地承包经营权人可以依照有关法律、法规的规定继续承包。

退耕还林土地和荒山荒地造林后的承包经营权可以依法继承、转让。

---

① 简称《退耕还林条例》。

中华人民共和国城镇国有土地使用权出让和转让暂行条例①

(国务院令第55号,1990年5月19日公布施行)

第4条【国家保障城镇国有土地使用权转让、出租、抵押等合法权益】★ 依照本条例的规定取得土地使用权的土地使用者,其使用权在使用年限内可以转让、出租、抵押或者用于其他经济活动,合法权益受国家法律保护。

中华人民共和国矿产资源法实施细则②

(国务院令第152号,1994年3月26日公布施行)

第5条【矿产资源勘查、开采的许可】★
国家对矿产资源的勘查、开采实行许可证制度。勘查矿产资源,必须依法申请登记,领取勘查许可证,取得探矿权;开采矿产资源,必须依法申请登记,领取采矿许可证,取得采矿权。
矿产资源勘查工作区范围和开采矿区范围,以经纬度划分的区块为基本单位。具体办法由国务院地质矿产主管部门制定。

第40条【个体采矿者的采矿权】★
个体采矿者可以采挖下列矿产资源:
(一)零星分散的小矿体或者矿点;
(二)只能用作普通建筑材料的砂、石、粘土。

---

① 简称《国有土地使用权出让转让条例》。
② 简称《矿产资源法实施细则》。

中华人民共和国自然保护区条例①

(1994年10月9日中华人民共和国国务院令第167号发布,根据2011年1月8日国务院令第588号《国务院关于废止和修改部分行政法规的决定》修订)

第28条【自然保护区缓冲区的法律保护】 ★

禁止在自然保护区的缓冲区开展旅游和生产经营活动。因教学科研的目的,需要进入自然保护区的缓冲区从事非破坏性的科学研究、教学实习和标本采集活动的,应当事先向自然保护区管理机构提交申请和活动计划,经自然保护区管理机构批准。

从事前款活动的单位和个人,应当将其活动成果的副本提交自然保护区管理机构。

---

① 简称《自然保护区条例》。

三、司法解释

最高人民法院《关于适用〈中华人民共和国婚姻法〉若干问题的解释(二)》①

★★★

(法释〔2017〕6号,2003年12月4日最高人民法院审判委员会第1299次会议通过,根据2017年2月20日最高人民法院审判委员会第1710次会议《最高人民法院关于适用〈中华人民共和国婚姻法〉若干问题的解释(二)的补充规定》修正,自2017年3月1日起施行)

第8条【离婚财产分割协议的效力】 ★★★

离婚协议中关于财产分割的条款或者当事人因离婚就财产分割达成的协议,对男女双方具有法律约束力。

当事人因履行上述财产分割协议发生纠纷提起诉讼的,人民法院应当受理。

第10条【允许返还彩礼的情形】 ★★

当事人请求返还按照习俗给付的彩礼的,如果查明属于以下情形,人民法院应当予以支持:

(一)双方未办理结婚登记手续的;

(二)双方办理结婚登记手续但确未共同生活的;

(三)婚前给付并导致给付人生活困难的。

适用前款第(二)、(三)项的规定,应当以双方离婚为条件。

第24条【离婚时夫妻共同债务的清偿】 ★★★★★

债权人就婚姻关系存续期间夫妻一方以个人名义所负债务主张权利的,应当按夫妻共同债务处理。但夫妻一方能够证明债权人与债务人明确约定为个人债务,或者能够证明属于婚姻法第十九条第三款规定情形的除外。

夫妻一方与第三人串通,虚构债务,第三人主张权利的,人民法院不予

---

① 简称《婚姻法司法解释二》。

支持。

夫妻一方在从事赌博、吸毒等违法犯罪活动中所负债务,第三人主张权利的,人民法院不予支持。

最高人民法院《关于审理涉及农村土地承包纠纷案件适用法律问题的解释》①

★★★

(法释[2005]6号,2005年3月29日由最高人民法院审判委员会第1346次会议通过,自2005年9月1日起施行)

第1条【涉及农村土地承包纠纷案件的受案范围】 ★★★
下列涉及农村土地承包民事纠纷,人民法院应当依法受理:
(一)承包合同纠纷;
(二)承包经营权侵权纠纷;
(三)承包经营权流转纠纷;
(四)承包地征收补偿费用分配纠纷;
(五)承包经营权继承纠纷。
集体经济组织成员因未实际取得土地承包经营权提起民事诉讼的,人民法院应当告知其向有关行政主管部门申请解决。
集体经济组织成员就用于分配的土地补偿费数额提起民事诉讼的,人民法院不予受理。

第4条【农户的代表人诉讼;农户代表人的确定】 ★
农户成员为多人的,由其代表人进行诉讼。
农户代表人按照下列情形确定:
(一)土地承包经营权证等证书上记载的人;
(二)未依法登记取得土地承包经营权证等证书的,为在承包合同上签字的人;
(三)前两项规定的人死亡、丧失民事行为能力或者因其他原因无法进

---

① 简称《农村土地承包纠纷司法解释》。

行诉讼的,为农户成员推选的人。

第 6 条【因发包方违法收回、调整承包地,或者因发包方收回承包方弃耕、撂荒的承包地产生的纠纷的处理规则】 ★★★

因发包方违法收回、调整承包地,或者因发包方收回承包方弃耕、撂荒的承包地产生的纠纷,按照下列情形,分别处理:

(一)发包方未将承包地另行发包,承包方请求返还承包地的,应予支持;

(二)发包方已将承包地另行发包给第三人,承包方以发包方和第三人为共同被告,请求确认其所签订的承包合同无效、返还承包地并赔偿损失的,应予支持。但属于承包方弃耕、撂荒情形的,对其赔偿损失的诉讼请求,不予支持。

前款第(二)项所称的第三人,请求受益方补偿其在承包地上的合理投入的,应予支持。

第 10 条【土地承包经营权优先权的例外】 ★★

承包方交回承包地不符合农村土地承包法第二十九条规定程序的,不得认定其为自愿交回。

第 14 条【承包方依法采取转包、出租、互换或其他方式流转土地承包经营权的合同未报发包方备案不当然无效】 ★★

承包方依法采取转包、出租、互换或者其他方式流转土地承包经营权,发包方仅以该土地承包经营权流转合同未报其备案为由,请求确认合同无效的,不予支持。

第 17 条【对转包、出租地流转期限与承包地交回时间的规定;承包方对提高土地生产能力的投入的相应补偿】 ★★

当事人对转包、出租地流转期限没有约定或者约定不明的,参照合同法第二百三十二条规定处理。除当事人另有约定或者属于林地承包经营外,承包地交回的时间应当在农作物收获期结束后或者下一耕种期开始前。

对提高土地生产能力的投入,对方当事人请求承包方给予相应补偿的,应予支持。

第 22 条【被依法征收的承包地的地上附着物和青苗的补偿费的给付规定;承包方将土地承包经营权流转给第三人时的青苗补偿费和地上附着物补偿费的所有的规定】 ★★★

承包地被依法征收,承包方请求发包方给付已经收到的地上附着物和青苗的补偿费的,应予支持。

承包方已将土地承包经营权以转包、出租等方式流转给第三人的,除当事人另有约定外,青苗补偿费归实际投入人所有,地上附着物补偿费归附着物所有人所有。

第23条【承包地依法征收的安置补助费】 ★★★

承包地被依法征收,放弃统一安置的家庭承包方,请求发包方给付已经收到的安置补助费的,应予支持。

第24条【土地补偿费的分配办法】 ★★★★★

农村集体经济组织或者村民委员会、村民小组,可以依照法律规定的民主议定程序,决定在本集体经济组织内部分配已经收到的土地补偿费。征地补偿安置方案确定时已经具有本集体经济组织成员资格的人,请求支付相应份额的,应予支持。但已报全国人大常委会、国务院备案的地方性法规、自治条例和单行条例、地方政府规章对土地补偿费在农村集体经济组织内部的分配办法另有规定的除外。

第25条【承包地的继承】 ★

林地家庭承包中,承包方的继承人请求在承包期内继续承包的,应予支持。

其他方式承包中,承包方的继承人或者权利义务承受者请求在承包期内继续承包的,应予支持。

最高人民法院《关于适用〈中华人民共和国担保法〉若干问题的解释》①

★★★

(法释[2000]44号,2000年9月29日由最高人民法院审判委员会第1133次会议通过,自2000年12月13日起施行)

第1条【担保法定方式设定的效力】 ★

当事人对由民事关系产生的债权,在不违反法律、法规强制性规定的情况下,以担保法规定的方式设定担保的,可以认定为有效。

---

① 简称《担保法司法解释》。

第 2 条【担保物权的设立；第三人的反担保】 ★★
反担保人可以是债务人,也可以是债务人之外的其他人。
反担保方式可以是债务人提供的抵押或者质押,也可以是其他人提供的保证、抵押或者质押。

第 3 条【违法担保的法律后果】 ★
国家机关和以公益为目的的事业单位、社会团体违反法律规定提供担保的,担保合同无效。因此给债权人造成损失的,应当根据担保法第五条第二款的规定处理。

第 7 条【担保合同的界定及其与主债权合同的关系；担保合同无效的责任承担规则】 ★★
主合同有效而担保合同无效,债权人无过错的,担保人与债务人对主合同债权人的经济损失,承担连带赔偿责任;债权人、担保人有过错的,担保人承担民事责任的部分,不应超过债务人不能清偿部分的二分之一。

第 8 条【主合同无效导致担保合同无效时担保人责任】 ★★
主合同无效而导致担保合同无效,担保人无过错的,担保人不承担民事责任;担保人有过错的,担保人承担民事责任的部分,不应超过债务人不能清偿部分的三分之一。

第 10 条【主合同解除后担保人的责任】 ★★★★
主合同解除后,担保人对债务人应当承担的民事责任仍应承担担保责任。但是,担保合同另有约定的除外。

第 12 条【当事人约定的或登记部门要求登记的担保期间对担保物权的存续不具有法律约束力；担保物权的行使期限】 ★★
当事人约定的或者登记部门要求登记的担保期间,对担保物权的存续不具有法律约束力。
担保物权所担保的债权的诉讼时效结束后,担保权人在诉讼时效结束后的二年内行使担保物权的,人民法院应当予以支持。

第 19 条【连带共同保证的认定】 ★★
两个以上保证人对同一债务同时或者分别提供保证时,各保证人与债权人没有约定保证份额的,应当认定为连带共同保证。
连带共同保证的保证人以其相互之间约定各自承担的份额对抗债权人的,人民法院不予支持。

第 20 条【连带共同保证的责任承担】 ★★
连带共同保证的债务人在主合同规定的债务履行期届满没有履行债务

的,债权人可以要求债务人履行债务,也可以要求任何一个保证人承担全部保证责任。

连带共同保证的保证人承担保证责任后,向债务人不能追偿的部分,由各连带保证人按其内部约定的比例分担。没有约定的,平均分担。

第22条【保证合同的成立】 ★★

第三人单方以书面形式向债权人出具担保书,债权人接受且未提出异议的,保证合同成立。

主合同中虽然没有保证条款,但是,保证人在主合同上以保证人的身份签字或者盖章的,保证合同成立。

第23条【最高额保证合同的担保范围】 ★★★★

最高额保证合同的不特定债权确定后,保证人应当对在最高债权额限度内就一定期间连续发生的债权余额承担保证责任。

第28条【债权转让的保证人仍在原保证范围内承担保证责任及其例外】 ★

保证期间,债权人依法将主债权转让给第三人的,保证债权同时转让,保证人在原保证担保的范围内对受让人承担保证责任。但是保证人与债权人事先约定仅对特定的债权人承担保证责任或者禁止债权转让的,保证人不再承担保证责任。

第30条【债权人与债务人对主合同内容变动的保证人保证责任的承担规则】 ★

保证期间,债权人与债务人对主合同数量、价款、币种、利率等内容作了变动,未经保证人同意的,如果减轻债务人的债的,保证人仍应当对变更后的合同承担保证责任;如果加重债务人的债的,保证人对加重的部分不承担保证责任。

债权人与债务人对主合同履行期限作了变动,未经保证人书面同意的,保证期间为原合同约定的或者法律规定的期间。

债权人与债务人协议变动主合同内容,但并未实际履行的,保证人仍应当承担保证责任。

第42条【保证人追偿权的行使与诉讼时效】 ★★★★

人民法院判决保证人承担保证责任或者赔偿责任的,应当在判决书主文中明确保证人享有担保法第三十一条规定的权利。判决书中未予明确追偿权的,保证人只能按照承担责任的事实,另行提起诉讼。

保证人对债务人行使追偿权的诉讼时效,自保证人向债权人承担责任之日起开始计算。

第50条【一并抵押的财产范围和价值】 ★

以担保法第三十四条第一款所列财产一并抵押的,抵押财产的范围应当以登记的财产为准。抵押财产的价值在抵押权实现时予以确定。

第57条【流质契约的绝对禁止】 ★★

当事人在抵押合同中约定,债务履行期届满抵押权人未受清偿时,抵押物的所有权转移为债权人所有的内容无效。该内容的无效不影响抵押合同其他部分内容的效力。

债务履行期届满后抵押权人未受清偿时,抵押权人和抵押人可以协议以抵押物折价取得抵押物。但是,损害顺序在后的担保物权人和其他债权人利益的,人民法院可以适用合同法第七十四条、第七十五条的有关规定。

第59条【未登记抵押权的成立】 ★

当事人办理抵押物登记手续时,因登记部门的原因致使其无法办理抵押物登记,抵押人向债权人交付权利凭证的,可以认定债权人对该财产有优先受偿权。但是,未办理抵押物登记的,不得对抗第三人。

第61条【抵押登记记载的优先性】 ★

抵押物登记记载的内容与抵押合同约定的内容不一致的,以登记记载的内容为准。

第66条【抵押权和租赁关系之间的效力等级】 ★★

抵押人将已抵押的财产出租的,抵押权实现后,租赁合同对受让人不具有约束力。

抵押人将已抵押的财产出租时,如果抵押人未书面告知承租人该财产已抵押的,抵押人对出租抵押物造成承租人的损失承担赔偿责任;如果抵押人已书面告知承租人该财产已抵押的,抵押权实现造成承租人的损失,由承租人自己承担。

第67条【抵押期间抵押财产转让应当遵循的规则】 ★★

抵押权存续期间,抵押人转让抵押物未通知抵押权人或者未告知受让人的,如果抵押物已经登记的,抵押权人仍可以行使抵押权;取得抵押物所有权的受让人,可以代替债务人清偿其全部债务,使抵押权消灭。受让人清偿债务后可以向抵押人追偿。

如果抵押物未经登记的,抵押权不得对抗受让人,因此给抵押权人造成损失的,由抵押人承担赔偿责任。

第 80 条【抵押物灭失及物上代位权】 ★

在抵押物灭失、毁损或者被征用的情况下,抵押权人可以就该抵押物的保险金、赔偿金或者补偿金优先受偿。

抵押物灭失、毁损或者被征用的情况下,抵押权所担保的债权未届清偿期的,抵押权人可以请求人民法院对保险金、赔偿金或补偿金等采取保全措施。

第 83 条【最高额抵押抵押限额的确定】 ★

最高额抵押权所担保的不特定债权,在特定后,债权已届清偿期的,最高额抵押权人可以根据普通抵押权的规定行使其抵押权。

抵押权人实现最高额抵押权时,如果实际发生的债权余额高于最高限额的,以最高限额为限,超过部分不具有优先受偿的效力;如果实际发生的债权余额低于最高限额的,以实际发生的债权余额为限对抵押物优先受偿。

第 85 条【债务人或第三人将其金钱以特户、封金、保证金等形式特定化后的优先受偿】 ★★

债务人或者第三人将其金钱以特户、封金、保证金等形式特定化后,移交债权人占有作为债权的担保,债务人不履行债务时,债权人可以以该金钱优先受偿。

第 93 条【擅自使用、出租、处分质物的质权人的赔偿责任】 ★

质权人在质权存续期间,未经出质人同意,擅自使用、出租、处分质物,因此给出质人造成损失的,由质权人承担赔偿责任。

第 95 条【质权人的权利:留置质物】 ★

债务履行期届满质权人未受清偿的,质权人可以继续留置质物,并以质物的全部行使权利。出质人清偿所担保的债权后,质权人应当返还质物。

债务履行期届满,出质人请求质权人及时行使权利,而质权人怠于行使权利致使质物价格下跌的,由此造成的损失,质权人应当承担赔偿责任。

第 106 条【质权人的诉权】 ★

质权人向出质人、出质债权的债务人行使质权时,出质人、出质债权的债务人拒绝的,质权人可以起诉出质人和出质债权的债务人,也可以单独起诉出质债权的债务人。

第 109 条【留置权的行使条件】 ★

债权人的债权已届清偿期,债权人对动产的占有与其债权的发生有牵连关系,债权人可以留置其所占有的动产。

最高人民法院《关于贯彻执行〈中华人民共和国民法通则〉若干问题的意见(试行)》[①]

★★★

(法(办)发[1988]6号,1988年4月2日公布施行)

第1条【公民的民事权利能力自出生时开始:户籍证明、医院出具的出生证明、其他证明】 ★★★★

公民的民事权利能力自出生时开始。出生的时间以户籍证明为准;没有户籍证明的,以医院出具的出生证明为准。没有医院证明的,参照其他有关证明认定。

第54条【个人合伙合伙人退伙时合伙财产的分割规定】 ★

合伙人退伙时分割的合伙财产,应当包括合伙时投入的财产和合伙期间积累的财产,以及合伙期间的债权和债务。入伙的原物退伙时原则上应予退还,一次清退有困难的,可以分批分期清退;退还原物确有困难的,可以折价处理。

第55条【合伙终止时合伙财产处理规则】 ★

合伙终止时,对合伙财产的处理,有书面协议的,按协议处理;没有书面协议,又协商不成的,如果合伙人出资额相等,应当考虑多数人意见酌情处理;合伙人出资额不等的,可以按出资额占全部合伙额多的合伙人意见处理,但要保护其他合伙人的利益。

第89条【共同共有人擅自处分共有财产的效力及赔偿责任】 ★★

共同共有人对共有财产享有共同的权利,承担共同的义务。在共同共有关系存续期间,部分共有人擅自处分共有财产的,一般认定无效。但第三人善意、有偿取得该财产的,应当维护第三人的合法权益,对其他共有人的损失,由擅自处分共有财产的人赔偿。

第90条【共有财产的分割】 ★★★★

在共同共有关系终止时,对共有财产的分割,有协议的,按协议处理;没有协议的,应当根据等分原则处理,并且考虑共有人对共有财产的贡献大小,

---

① 简称《民通意见》。

适当照顾共有人生产、生活的实际需要等情况。但分割夫妻共有财产,应当根据婚姻法的有关规定处理。

第 93 条【对公民、法人挖掘、发现的埋藏物、隐藏物的保护条件】 ★

公民、法人对于挖掘、发现的埋藏物、隐藏物,如果能够证明属其所有,而且根据现行的法律、政策又可以归其所有的,应当予以保护。

第 94 条【拾得物灭失、毁损及被占为己有的处理】 ★

拾得物灭失、毁损,拾得人没有故意的,不承担民事责任。拾得人将拾得物据为己有,拒不返还而引起诉讼的,按照侵权之诉处理。

第 101 条【建筑物通道的规定】 ★★

对于一方所有的或者使用的建筑物范围内历史形成的必经通道,所有权人或者使用权人不得堵塞。因堵塞影响他人生产、生活,他人要求排除妨碍或者恢复原状的,应当予以支持。但有条件另开通道的,也可以另开通道。

第 196 条【民法通则的溯及力】 ★

一九八七年一月一日以后受理的案件,如果民事行为发生在一九八七年以前,适用民事行为发生时的法律、政策。当时的法律、政策没有具体规定的,可以比照民法通则处理。

最高人民法院《关于审理物业服务纠纷案件具体应用法律若干问题的解释》①

★★

(法释[2009]8 号,2009 年 4 月 20 日由最高人民法院审判委员会第 1466 次会议通过,自 2009 年 10 月 1 日起施行)

第 1 条【物业服务合同的约束力】 ★★★★

建设单位依法与物业服务企业签订的前期物业服务合同,以及业主委员会与业主大会依法选聘的物业服务企业签订的物业服务合同,对业主具有约束力。业主以其并非合同当事人为由提出抗辩的,人民法院不予支持。

---

① 简称《物业服务纠纷司法解释》。

第 4 条【业主实施妨害物业服务与管理的行为时应承担的责任】 ★★

业主违反物业服务合同或者法律、法规、管理规约,实施妨害物业服务与管理的行为,物业服务企业请求业主承担恢复原状、停止侵害、排除妨害等相应民事责任的,人民法院应予支持。

第 6 条【未交纳物业费的处理规则】 ★★★★

经书面催交,业主无正当理由拒绝交纳或者在催告的合理期限内仍未交纳物业费,物业服务企业请求业主支付物业费的,人民法院应予支持。物业服务企业已经按照合同约定以及相关规定提供服务,业主仅以未享受或者无需接受相关物业服务为抗辩理由的,人民法院不予支持。

第 8 条【物业服务企业的解聘】 ★★

业主大会按照物权法第七十六条规定的程序作出解聘物业服务企业的决定后,业主委员会请求解除物业服务合同的,人民法院应予支持。

物业服务企业向业主委员会提出物业费主张的,人民法院应当告知其向拖欠物业费的业主另行主张权利。

第 9 条【物业服务合同终止后物业费的处理】 ★

物业服务合同的权利义务终止后,业主请求物业服务企业退还已经预收,但尚未提供物业服务期间的物业费的,人民法院应予支持。

物业服务企业请求业主支付拖欠的物业费的,按照本解释第六条规定处理。

第 10 条【物业服务合同的权利义务终止后双方的权利义务】 ★★

物业服务合同的权利义务终止后,业主委员会请求物业服务企业退出物业服务区域、移交物业服务用房和相关设施,以及物业服务所必需的相关资料和由其代管的专项维修资金的,人民法院应予支持。

物业服务企业拒绝退出、移交,并以存在事实上的物业服务关系为由,请求业主支付物业服务合同权利义务终止后的物业费的,人民法院不予支持。

第 11 条【业主对建筑物及其附属设施的管理权及行使规则】 ★★

本解释涉及物业服务企业的规定,适用于物权法第七十六条、第八十一条、第八十二条所称其他管理人。

最高人民法院《关于审理建筑物区分所有权纠纷案件具体应用法律若干问题的解释》①

★★

(法释[2009]7号,2009年3月23日由最高人民法院审判委员会第1464次会议通过,自2009年10月1日起施行)

第1条【业主的认定】 ★★

依法登记取得或者根据物权法第二章第三节规定取得建筑物专有部分所有权的人,应当认定为物权法第六章所称的业主。

基于与建设单位之间的商品房买卖民事法律行为,已经合法占有建筑物专有部分,但尚未依法办理所有权登记的人,可以认定为物权法第六章所称的业主。

第2条【建筑物区分所有权专有部分的认定标准】 ★★★

建筑区划内符合下列条件的房屋,以及车位、摊位等特定空间,应当认定为物权法第六章所称的专有部分:

(一) 具有构造上的独立性,能够明确区分;

(二) 具有利用上的独立性,可以排他使用;

(三) 能够登记成为特定业主所有权的客体。

规划上专属于特定房屋,且建设单位销售时已经根据规划列入该特定房屋买卖合同中的露台等,应当认定为物权法第六章所称专有部分的组成部分。

本条第一款所称房屋,包括整栋建筑物。

第3条【除法律、行政法规规定的共有部分外,建筑区划内也应当认定为共有部分的情形】 ★★★

除法律、行政法规规定的共有部分外,建筑区划内的以下部分,也应当认定为物权法第六章所称的共有部分:

(一) 建筑物的基础、承重结构、外墙、屋顶等基本结构部分,通道、楼梯、大堂等公共通行部分,消防、公共照明等附属设施、设备,避难层、设备层或者

---

① 简称《建筑物区分所有权司法解释》。

设备间等结构部分;

（二）其他不属于业主专有部分,也不属于市政公用部分或者其他权利人所有的场所及设施等。

建筑区划内的土地,依法由业主共同享有建设用地使用权,但属于业主专有的整栋建筑物的规划占地或者城镇公共道路、绿地占地除外。

第4条【业主合理无偿利用屋顶及专有部分相对应的外墙面等共有部分不应认定为侵权】 ★★

业主基于对住宅、经营性用房等专有部分特定使用功能的合理需要,无偿利用屋顶以及与其专有部分相对应的外墙面等共有部分的,不应认定为侵权。但违反法律、法规、管理规约,损害他人合法权益的除外。

第5条【建设单位处分车库、车位的行为符合首先满足业主的需要的认定;配置比例的定义】 ★

建设单位按照配置比例将车位、车库,以出售、附赠或者出租等方式处分给业主的,应当认定其行为符合物权法第七十四条第一款有关"应当首先满足业主的需要"的规定。

前款所称配置比例是指规划确定的建筑区划内规划用于停放汽车的车位、车库与房屋套数的比例。

第6条【占用业主共有道路或其他场地增设的车位应当认定为车位】 ★★

建筑区划内在规划用于停放汽车的车位之外,占用业主共有道路或者其他场地增设的车位,应当认定为物权法第七十四条第三款所称的车位。

第7条【其他重大事项的认定】 ★★

改变共有部分的用途、利用共有部分从事经营性活动、处分共有部分,以及业主大会依法决定或者管理规约依法确定应由业主共同决定的事项,应当认定为物权法第七十六条第一款第(七)项规定的有关共有和共同管理权利的"其他重大事项"。

第10条【业主将住宅改变为经营性用房有利害关系的业主的权利】 ★★

业主将住宅改变为经营性用房,未按照物权法第七十七条的规定经有利害关系的业主同意,有利害关系的业主请求排除妨害、消除危险、恢复原状或者赔偿损失的,人民法院应予支持。

将住宅改变为经营性用房的业主以多数有利害关系的业主同意其行为进行抗辩的,人民法院不予支持。

第 11 条【物权法第七十七条所称"有利害关系的业主"的认定】 ★★

业主将住宅改变为经营性用房,本栋建筑物内的其他业主,应当认定为物权法第七十七条所称"有利害关系的业主"。建筑区划内,本栋建筑物之外的业主,主张与自己有利害关系的,应证明其房屋价值、生活质量受到或者可能受到不利影响。

第 12 条【业主大会或业主委员会作出侵害业主合法权益或违反法定程序的决定的业主行使撤销权期限】 ★★

业主以业主大会或者业主委员会作出的决定侵害其合法权益或者违反了法律规定的程序为由,依据物权法第七十八条第二款的规定请求人民法院撤销该决定的,应当在知道或者应当知道业主大会或者业主委员会作出决定之日起一年内行使。

第 13 条【应当向业主公开的情况和资料:建筑物及其附属设施的维修资金的筹集、使用情况、管理规约、业主大会议事规则、业主大会或业主委员会的决定及会议记录、物业服务合同、共有部分的使用和收益情况、停车位车库的处分情况】 ★★

业主请求公布、查阅下列应当向业主公开的情况和资料的,人民法院应予支持:

(一)建筑物及其附属设施的维修资金的筹集、使用情况;

(二)管理规约、业主大会议事规则,以及业主大会或者业主委员会的决定及会议记录;

(三)物业服务合同、共有部分的使用和收益情况;

(四)建筑区划内规划用于停放汽车的车位、车库的处分情况;

(五)其他应当向业主公开的情况和资料。

第 14 条【擅自占用、处分业主共有部分、改变使用功能或进行经营性活动的处理】 ★★★

建设单位或者其他行为人擅自占用、处分业主共有部分、改变其使用功能或者进行经营性活动,权利人请求排除妨害、恢复原状、确认处分行为无效或者赔偿损失的,人民法院应予支持。

属于前款所称擅自进行经营性活动的情形,权利人请求行为人将扣除合理成本之后的收益用于补充专项维修资金或者业主共同决定的其他用途的,人民法院应予支持。行为人对成本的支出及其合理性承担举证责任。

第 15 条【损害他人合法权益行为的认定】 ★★★

业主或者其他行为人违反法律、法规、国家相关强制性标准、管理规约,或者违反业主大会、业主委员会依法作出的决定,实施下列行为的,可以认定为物权法第八十三条第二款所称的其他"损害他人合法权益的行为":

(一)损害房屋承重结构,损害或者违章使用电力、燃气、消防设施,在建筑物内放置危险、放射性物品等危及建筑物安全或者妨碍建筑物正常使用;

(二)违反规定破坏、改变建筑物外墙面的形状、颜色等损害建筑物外观;

(三)违反规定进行房屋装饰装修;

(四)违章加建、改建,侵占、挖掘公共通道、道路、场地或者其他共有部分。

第 16 条【专有部分的承租人、借用人等物业使用人的权利义务】 ★

建筑物区分所有权纠纷涉及专有部分的承租人、借用人等物业使用人的,参照本解释处理。

专有部分的承租人、借用人等物业使用人,根据法律、法规、管理规约、业主大会或者业主委员会依法作出的决定,以及其与业主的约定,享有相应权利,承担相应义务。

最高人民法院《关于审理人身损害赔偿案件适用法律若干问题的解释》①

★★

(法释[2003]20 号,2003 年 12 月 4 日由最高人民法院审判委员会第 1299 次会议通过,自 2004 年 5 月 1 日起施行)

第 1 条【人身损害赔偿的范围;赔偿权利人的界定;赔偿义务人的界定】

★★

因生命、健康、身体遭受侵害,赔偿权利人起诉请求赔偿义务人赔偿财产损失和精神损害的,人民法院应予受理。

本条所称"赔偿权利人",是指因侵权行为或者其他致害原因直接遭受人身损害的受害人、依法由受害人承担扶养义务的被扶养人以及死亡受害人的

---

① 简称《人身损害赔偿司法解释》。

近亲属。

本条所称"赔偿义务人",是指因自己或者他人的侵权行为以及其他致害原因依法应当承担民事责任的自然人、法人或者其他组织。

第 10 条【承揽人致害或自身损害:定作人定作过失、指示过失、选任过失】 ★

承揽人在完成工作过程中对第三人造成损害或者造成自身损害的,定作人不承担赔偿责任。但定作人对定作、指示或者选任有过失的,应当承担相应的赔偿责任。

第 17 条【人身损害赔偿项目:一般人身损害赔偿项目、伤残赔偿项目、死亡赔偿项目】 ★★★

受害人遭受人身损害,因就医治疗支出的各项费用以及因误工减少的收入,包括医疗费、误工费、护理费、交通费、住宿费、住院伙食补助费、必要的营养费,赔偿义务人应当予以赔偿。

受害人因伤致残的,其因增加生活上需要所支出的必要费用以及因丧失劳动能力导致的收入损失,包括残疾赔偿金、残疾辅助器具费、被扶养人生活费,以及因康复护理、继续治疗实际发生的必要的康复费、护理费、后续治疗费,赔偿义务人也应当予以赔偿。

受害人死亡的,赔偿义务人除应当根据抢救治疗情况赔偿本条第一款规定的相关费用外,还应当赔偿丧葬费、被扶养人生活费、死亡补偿费以及受害人亲属办理丧葬事宜支出的交通费、住宿费和误工损失等其他合理费用。

第 18 条【精神损害抚慰金的请求权】 ★★

受害人或者死者近亲属遭受精神损害,赔偿权利人向人民法院请求赔偿精神损害抚慰金的,适用《最高人民法院关于确定民事侵权精神损害赔偿责任若干问题的解释》予以确定。

精神损害抚慰金的请求权,不得让与或者继承。但赔偿义务人已经以书面方式承诺给予金钱赔偿,或者赔偿权利人已经向人民法院起诉的除外。

第 19 条【医疗费计算标准】 ★★★

医疗费根据医疗机构出具的医药费、住院费等收款凭证,结合病历和诊断证明等相关证据确定。赔偿义务人对治疗的必要性和合理性有异议的,应当承担相应的举证责任。

医疗费的赔偿数额,按照一审法庭辩论终结前实际发生的数额确定。器官功能恢复训练所必要的康复费、适当的整容费以及其他后续治疗费,赔偿权利人可以待实际发生后另行起诉。但根据医疗证明或者鉴定结论确定必然发生的费用,可以与已经发生的医疗费一并予以赔偿。

第 20 条【误工费计算标准】 ★★★

误工费根据受害人的误工时间和收入状况确定。

误工时间根据受害人接受治疗的医疗机构出具的证明确定。受害人因伤致残持续误工的,误工时间可以计算至定残日前一天。

受害人有固定收入的,误工费按照实际减少的收入计算。受害人无固定收入的,按照其最近三年的平均收入计算;受害人不能举证证明其最近三年的平均收入状况的,可以参照受诉法院所在地相同或者相近行业上一年度职工的平均工资计算。

第 21 条【人身损害赔偿:护理费计算】 ★★

护理费根据护理人员的收入状况和护理人数、护理期限确定。

护理人员有收入的,参照误工费的规定计算;护理人员没有收入或者雇佣护工的,参照当地护工从事同等级别护理的劳务报酬标准计算。护理人员原则上为一人,但医疗机构或者鉴定机构有明确意见的,可以参照确定护理人员人数。

护理期限应计算至受害人恢复生活自理能力时止。受害人因残疾不能恢复生活自理能力的,可以根据其年龄、健康状况等因素确定合理的护理期限,但最长不超过二十年。

受害人定残后的护理,应当根据其护理依赖程度并结合配制残疾辅助器具的情况确定护理级别。

第 22 条【交通费计算标准】 ★★

交通费根据受害人及其必要的陪护人员因就医或者转院治疗实际发生的费用计算。交通费应当以正式票据为凭;有关凭据应当与就医地点、时间、人数、次数相符合。

第 23 条【伙食费、住宿费计算标准】 ★★

住院伙食补助费可以参照当地国家机关一般工作人员的出差伙食补助标准予以确定。

受害人确有必要到外地治疗,因客观原因不能住院,受害人本人及其陪护人员实际发生的住宿费和伙食费,其合理部分应予赔偿。

第 24 条【营养费计算标准】 ★★

营养费根据受害人伤残情况参照医疗机构的意见确定。

第 25 条【人身损害赔偿项目:残疾赔偿金计算标准】 ★★

残疾赔偿金根据受害人丧失劳动能力程度或者伤残等级,按照受诉法院所在地上一年度城镇居民人均可支配收入或者农村居民人均纯收入标准,自定残之日起按二十年计算。但六十周岁以上的,年龄每增加一岁减少一年;七十五周岁以上的,按五年计算。

受害人因伤致残但实际收入没有减少,或者伤残等级较轻但造成职业妨害严重影响其劳动就业的,可以对残疾赔偿金作相应调整。

第 27 条【人身损害赔偿:丧葬费计算标准】 ★★

丧葬费按照受诉法院所在地上一年度职工月平均工资标准,以六个月总额计算。

第 28 条【被扶养人生活费数额的确定】 ★★★

被扶养人生活费根据扶养人丧失劳动能力程度,按照受诉法院所在地上一年度城镇居民人均消费性支出和农村居民人均年生活消费支出标准计算。被扶养人为未成年人的,计算至十八周岁;被扶养人无劳动能力又无其他生活来源的,计算二十年。但六十周岁以上的,年龄每增加一岁减少一年;七十五周岁以上的,按五年计算。

被扶养人是指受害人依法应当承担扶养义务的未成年人或者丧失劳动能力又无其他生活来源的成年近亲属。被扶养人还有其他扶养人的,赔偿义务人只赔偿受害人依法应当负担的部分。被扶养人有数人的,年赔偿总额累计不超过上一年度城镇居民人均消费性支出额或者农村居民人均年生活消费支出额。

第 29 条【人身损害赔偿项目:死亡赔偿金计算标准】 ★

死亡赔偿金按照受诉法院所在地上一年度城镇居民人均可支配收入或者农村居民人均纯收入标准,按二十年计算。但六十周岁以上的,年龄每增加一岁减少一年;七十五周岁以上的,按五年计算。

第 35 条【人身损害赔偿相关概念的界定】 ★

本解释所称"城镇居民人均可支配收入"、"农村居民人均纯收入"、"城镇居民人均消费性支出"、"农村居民人均年生活消费支出"、"职工平均工资",按照政府统计部门公布的各省、自治区、直辖市以及经济特区和计划单列市上一年度相关统计数据确定。

"上一年度",是指一审法庭辩论终结时的上一统计年度。

最高人民法院《关于审理道路交通事故损害赔偿案件适用法律若干问题的解释》①

★★

(法释[2012]19号,2012年9月17日由最高人民法院审判委员会第1556次会议通过,自2012年12月21日起施行)

第15条【交通事故财产损失赔偿范围】 ★★★

因道路交通事故造成下列财产损失,当事人请求侵权人赔偿的,人民法院应予支持:

(一)维修被损坏车辆所支出的费用、车辆所载物品的损失、车辆施救费用;

(二)因车辆灭失或者无法修复,为购买交通事故发生时与被损坏车辆价值相当的车辆重置费用;

(三)依法从事货物运输、旅客运输等经营性活动的车辆,因无法从事相应经营活动所产生的合理停运损失;

(四)非经营性车辆因无法继续使用,所产生的通常替代性交通工具的合理费用。

第16条【交强险和商业三者险并存时的赔付规则】 ★★★★

同时投保机动车第三者责任强制保险(以下简称"交强险")和第三者责任商业保险(以下简称"商业三者险")的机动车发生交通事故造成损害,当事人同时起诉侵权人和保险公司的,人民法院应当按照下列规则确定赔偿责任:

(一)先由承保交强险的保险公司在责任限额范围内予以赔偿;

(二)不足部分,由承保商业三者险的保险公司根据保险合同予以赔偿;

(三)仍有不足的,依照道路交通安全法和侵权责任法的相关规定由侵权人予以赔偿。

被侵权人或者其近亲属请求承保交强险的保险公司优先赔偿精神损害的,人民法院应予支持。

---

① 简称《道路交通事故司法解释》。

第 19 条【未投保交强险的机动车交通事故赔偿责任】 ★

未依法投保交强险的机动车发生交通事故造成损害,当事人请求投保义务人在交强险责任限额范围内予以赔偿的,人民法院应予支持。

投保义务人和侵权人不是同一人,当事人请求投保义务人和侵权人在交强险责任限额范围内承担连带责任的,人民法院应予支持。

第 21 条【多辆机动车发生交通事故:各自责任限额、各自责任限额与责任之和的比例、未投保交强险;牵引车和挂车连接使用】 ★

多辆机动车发生交通事故造成第三人损害,损失超出各机动车交强险责任限额之和的,由各保险公司在各自责任限额范围内承担赔偿责任;损失未超出各机动车交强险责任限额之和,当事人请求由各保险公司按照其责任限额与责任限额之和的比例承担赔偿责任的,人民法院应予支持。

依法分别投保交强险的牵引车和挂车连接使用时发生交通事故造成第三人损害,当事人请求由各保险公司在各自的责任限额范围内平均赔偿的,人民法院应予支持。

多辆机动车发生交通事故造成第三人损害,其中部分机动车未投保交强险,当事人请求先由已承保交强险的保险公司在责任限额范围内予以赔偿的,人民法院应予支持。保险公司就超出其应承担的部分向未投保交强险的投保义务人或者侵权人行使追偿权的,人民法院应予支持。

第 25 条【保险公司在交通事故损害赔偿案件中应作为共同被告的情形:承保交强险、承保商业三者险】 ★

人民法院审理道路交通事故损害赔偿案件,应当将承保交强险的保险公司列为共同被告。但该保险公司已经在交强险责任限额范围内予以赔偿且当事人无异议的除外。

人民法院审理道路交通事故损害赔偿案件,当事人请求将承保商业三者险的保险公司列为共同被告的,人民法院应予准许。

最高人民法院《关于审理买卖合同纠纷案件适用法律问题的解释》①

★

(法释[2012]8号,2012年3月31日由最高人民法院审判委员会第1545次会议通过,自2012年7月1日起施行)

第3条【不能以出卖人在缔约时对标的物没有所有权或处分权为由主张合同无效;出卖人未取得所有权或处分权致使标的物所有权不能转移买受人可以要求出卖人承担违约责任或解除合同主张损害赔偿**】** ★★★

当事人一方以出卖人在缔约时对标的物没有所有权或者处分权为由主张合同无效的,人民法院不予支持。

出卖人因未取得所有权或者处分权致使标的物所有权不能转移,买受人要求出卖人承担违约责任或者要求解除合同并主张损害赔偿的,人民法院应予支持。

第7条【出卖人义务:交付单证、交付资料**】** ★★★

合同法第一百三十六条规定的"提取标的物单证以外的有关单证和资料",主要应当包括保险单、保修单、普通发票、增值税专用发票、产品合格证、质量保证书、质量鉴定书、品质检验证书、产品进出口检疫书、原产地证明书、使用说明书、装箱单等。

最高人民法院《关于人民法院民事执行中查封、扣押、冻结财产的规定》②

★

(法释[2004]15号,2004年10月26日由最高人民法院审判委员会第1330次会议通过,根据2008年12月16日发布的《最高人民法院关于

---

① 简称《买卖合同司法解释》。
② 简称《民事执行查封扣押冻结财产规定》。

调整司法解释等文件中引用〈中华人民共和国民事诉讼法〉条文序号的决定》调整)

第14条【对与他人共有的财产进行查封、扣押、冻结】　★★★

对被执行人与其他人共有的财产,人民法院可以查封、扣押、冻结,并及时通知共有人。

共有人协议分割共有财产,并经债权人认可的,人民法院可以认定有效。查封、扣押、冻结的效力及于协议分割后被执行人享有份额内的财产;对其他共有人享有份额内的财产的查封、扣押、冻结,人民法院应当裁定予以解除。

共有人提起析产诉讼或者申请执行人代位提起析产诉讼的,人民法院应当准许。诉讼期间中止对该财产的执行。

第17条【被执行人将其所有的需要办理过户登记的财产出卖给第三人时查封、扣押、冻结的执行】　★★★

被执行人将其所有的需要办理过户登记的财产出卖给第三人,第三人已经支付部分或者全部价款并实际占有该财产,但尚未办理产权过户登记手续的,人民法院可以查封、扣押、冻结;第三人已经支付全部价款并实际占有,但未办理过户登记手续的,如果第三人对此没有过错,人民法院不得查封、扣押、冻结。

最高人民法院《关于审理商品房买卖合同纠纷案件适用法律若干问题的解释》①

★★

(法释[2003]7号,2003年3月24日由最高人民法院审判委员会第1267次会议通过,自2003年6月1日起施行)

第2条【预售许可证是商品房预售合同的生效条件】　★

出卖人未取得商品房预售许可证明,与买受人订立的商品房预售合同,应当认定无效,但是在起诉前取得商品房预售许可证明的,可以认定有效。

---

① 简称《商品房买卖合同纠纷司法解释》。

第 13 条【因房屋质量引起的商品房买卖违约的责任承担】 ★★

因房屋质量问题严重影响正常居住使用,买受人请求解除合同和赔偿损失的,应予支持。

交付使用的房屋存在质量问题,在保修期内,出卖人应当承担修复责任;出卖人拒绝修复或者在合理期限内拖延修复的,买受人可以自行或者委托他人修复。修复费用及修复期间造成的其他损失由出卖人承担。

第 16 条【商品房买卖合同违约金的调整】 ★★

当事人以约定的违约金过高为由请求减少的,应当以违约金超过造成的损失 30% 为标准适当减少;当事人以约定的违约金低于造成的损失为由请求增加的,应当以违约造成的损失确定违约金数额。

第 18 条【在法定期限内商品房买受人未取得房屋权属证书的出卖人应承担违约责任】 ★

由于出卖人的原因,买受人在下列期限届满未能取得房屋权属证书的,除当事人有特殊约定外,出卖人应当承担违约责任:

(一)商品房买卖合同约定的办理房屋所有权登记的期限;

(二)商品房买卖合同的标的物为尚未建成房屋的,自房屋交付使用之日起 90 日;

(三)商品房买卖合同的标的物为已竣工房屋的,自合同订立之日起 90 日。

合同没有约定违约金或者损失数额难以确定的,可以按照已付购房款总额,参照中国人民银行规定的金融机构计收逾期贷款利息的标准计算。

最高人民法院《关于确定民事侵权精神损害赔偿责任若干问题的解释》①

★★

(法释[2001]7 号,2001 年 2 月 26 日由最高人民法院审判委员会第 1161 次会议通过,自 2001 年 3 月 10 日起施行)

---

① 简称《精神损害赔偿司法解释》。

第 8 条【致人精神损害的责任方式】 ★

因侵权致人精神损害,但未造成严重后果,受害人请求赔偿精神损害的,一般不予支持,人民法院可以根据情形判令侵权人停止侵害、恢复名誉、消除影响、赔礼道歉。

因侵权致人精神损害,造成严重后果的,人民法院除判令侵权人承担停止侵害、恢复名誉、消除影响、赔礼道歉等民事责任外,可以根据受害人一方的请求判令其赔偿相应的精神损害抚慰金。

第 10 条【精神损害赔偿数额的确定标准】 ★★

精神损害的赔偿数额根据以下因素确定:

(一) 侵权人的过错程度,法律另有规定的除外;
(二) 侵害的手段、场合、行为方式等具体情节;
(三) 侵权行为所造成的后果;
(四) 侵权人的获利情况;
(五) 侵权人承担责任的经济能力;
(六) 受诉法院所在地平均生活水平。

法律、行政法规对残疾赔偿金、死亡赔偿金等有明确规定的,适用法律、行政法规的规定。

最高人民法院《关于审理涉及金融资产管理公司收购、管理、处置国有银行不良贷款形成的资产的案件适用法律若干问题的规定》①

★★

(法释[2001]12 号,2001 年 4 月 3 日最高人民法院审判委员会第 1167 次会议通过,自 2001 年 4 月 23 日起施行)

第 6 条【金融资产管理公司受让国有银行债权后原债权银行履行通知义务的方式;债务人以原债权银行转让债权未履行通知义务为由进行抗辩的处理】 ★★

---

① 简称《收购、管理、处置国有银行不良贷款形成的资产案件规定》。

金融资产管理公司受让国有银行债权后,原债权银行在全国或者省级有影响的报纸上发布债权转让公告或通知的,人民法院可以认定债权人履行了《中华人民共和国合同法》第八十条第一款规定的通知义务。

在案件审理中,债务人以原债权银行转让债权未履行通知义务为由进行抗辩的,人民法院可以将原债权银行传唤到庭调查债权转让事实,并责令原债权银行告知债务人债权转让的事实。

第8条【最高额抵押权特定后的转让效力】 ★

人民法院对最高额抵押所担保的不特定债权特定后,原债权银行转让主债权的,可以认定转让债权的行为有效。

第9条【金融资产管理公司受让有抵押担保的债权:原抵押权继续有效】

★★

金融资产管理公司受让有抵押担保的债权后,可以依法取得对债权的抵押权,原抵押权登记继续有效。

最高人民法院《关于贯彻执行〈中华人民共和国继承法〉若干问题的意见》①

★★

(法(民)发[1985]22号,1985年9月11日最高人民法院发布,自1985年9月11日起施行)

第1条【继承开始时间】 ★★

继承从被继承人生理死亡或被宣告死亡时开始。

失踪人被宣告死亡的,以法院判决中确定的失踪人的死亡日期,为继承开始的时间。

---

① 简称《继承法问题的意见》。

最高人民法院《关于适用〈中华人民共和国婚姻法〉若干问题的解释(一)》[①]

★★

(法释[2001]30号,2001年12月24日由最高人民法院审判委员会第1202次会议通过,2001年12月25日公布,自2001年12月27日起施行)

第17条【夫妻对共有财产有平等处理权的理解】 ★★

婚姻法第十七条关于"夫或妻对夫妻共同所有的财产,有平等的处理权"的规定,应当理解为:

(一)夫或妻在处理夫妻共同财产上的权利是平等的。因日常生活需要而处理夫妻共同财产的,任何一方均有权决定。

(二)夫或妻非因日常生活需要对夫妻共同财产做重要处理决定,夫妻双方应当平等协商,取得一致意见。他人有理由相信其为夫妻双方共同意思表示的,另一方不得以不同意或不知道为由对抗善意第三人。

最高人民法院《关于审理涉及国有土地使用权合同纠纷案件适用法律问题的解释》[②]

★★

(法释[2005]5号,2004年11月23日由最高人民法院审判委员会第1334次会议通过,自2005年8月1日起施行)

第1条【土地使用权出让合同的定义】 ★

本解释所称的土地使用权出让合同,是指市、县人民政府土地管理部门

---

① 简称《婚姻法司法解释一》。
② 简称《国有土地使用权合同纠纷司法解释》。

作为出让方将国有土地使用权在一定年限内让与受让方,受让方支付土地使用权出让金的协议。

第7条【土地使用权转让合同的定义】 ★

本解释所称的土地使用权转让合同,是指土地使用权人作为转让方将出让土地使用权转让于受让方,受让方支付价款的协议。

第9条【转让前未取得土地使用权证书的转让合同的效力】 ★

转让方未取得出让土地使用权证书与受让方订立合同转让土地使用权,起诉前转让方已经取得出让土地使用权证书或者有批准权的人民政府同意转让的,应当认定合同有效。

第24条【名为合作实为土地使用权转让合同的认定:提供土地使用权的当事人不承担经营风险只收取固定利益】 ★

合作开发房地产合同约定提供土地使用权的当事人不承担经营风险,只收取固定利益的,应当认定为土地使用权转让合同。

最高人民法院《关于审理城镇房屋租赁合同纠纷案件具体应用法律若干问题的解释》① ★★

(法释[2009]11号,2009年6月22日由最高人民法院审判委员会第1469次会议通过,自2009年9月1日起施行)

第18条【逾期腾房的占有使用费:房屋租赁合同无效、房屋租赁合同履行期限届满、房屋租赁合同解除】 ★★

房屋租赁合同无效、履行期限届满或者解除,出租人请求负有腾房义务的次承租人支付逾期腾房占有使用费的,人民法院应予支持。

第20条【买卖不破租赁及其特例】 ★

租赁房屋在租赁期间发生所有权变动,承租人请求房屋受让人继续履行原租赁合同的,人民法院应予支持。但租赁房屋具有下列情形或者当事人另有约定的除外:

---

① 简称《城镇房屋租赁合同纠纷司法解释》。

(一)房屋在出租前已设立抵押权,因抵押权人实现抵押权发生所有权变动的;

(二)房屋在出租前已被人民法院依法查封的。

第 21 条【承租人优先购买权受侵害后的求偿权】 ★

出租人出卖租赁房屋未在合理期限内通知承租人或者存在其他侵害承租人优先购买权情形,承租人请求出租人承担赔偿责任的,人民法院应予支持。但请求确认出租人与第三人签订的房屋买卖合同无效的,人民法院不予支持。

第 23 条【委托拍卖租赁房屋的出租人的通知义务:承租人未参加拍卖认定为放弃购买权】 ★

出租人委托拍卖人拍卖租赁房屋,应当在拍卖 5 日前通知承租人。承租人未参加拍卖的,人民法院应当认定承租人放弃优先购买权。

最高人民法院《关于适用〈中华人民共和国婚姻法〉若干问题的解释(三)》①

★★

(法释[2011]18 号,2011 年 7 月 4 日最高人民法院审判委员会第 1525 次会议通过,自 2011 年 8 月 13 日起施行)

第 11 条【擅自处分夫妻共有房屋的善意取得及损害赔偿】 ★★

一方未经另一方同意出售夫妻共同共有的房屋,第三人善意购买、支付合理对价并办理产权登记手续,另一方主张追回该房屋的,人民法院不予支持。

夫妻一方擅自处分共同共有的房屋造成另一方损失,离婚时另一方请求赔偿损失的,人民法院应予支持。

---

① 简称《婚姻法司法解释三》。

最高人民法院《关于审理房屋登记案件若干问题的规定》①

★★

(法释[2010]15号,2010年8月2日最高人民法院审判委员会第1491次会议通过,自2010年11月18日起施行)

第8条【因房屋登记行为的基础法律关系争议对房屋登记行为提起诉讼】 ★

当事人以作为房屋登记行为基础的买卖、共有、赠与、抵押、婚姻、继承等民事法律关系无效或者应当撤销为由,对房屋登记行为提起行政诉讼的,人民法院应当告知当事人先行解决民事争议,民事争议处理期间不计算在行政诉讼起诉期限内;已经受理的,裁定中止诉讼。

第10条【被诉房屋登记行为合法的处理】 ★

被诉房屋登记行为合法的,人民法院应当判决驳回原告的诉讼请求。

第11条【房屋登记案件的判决类型】 ★

被诉房屋登记行为涉及多个权利主体或者房屋可分,其中部分主体或者房屋的登记违法应予撤销的,可以判决部分撤销。

被诉房屋登记行为违法,但该行为已被登记机构改变的,判决确认被诉行为违法。

被诉房屋登记行为违法,但判决撤销将给公共利益造成重大损失或者房屋已为第三人善意取得的,判决确认被诉行为违法,不撤销登记行为。

第12条【房屋登记机构未尽合理审慎职责的赔偿责任】 ★

申请人提供虚假材料办理房屋登记,给原告造成损害,房屋登记机构未尽合理审慎职责的,应当根据其过错程度及其在损害发生中所起作用承担相应的赔偿责任。

---

① 简称《审理房屋登记案件规定》。

最高人民法院《关于建设工程价款优先受偿权问题的批复》①

★ ★

(法释[2002]16号,2002年6月11日最高人民法院审判委员会第1225次会议通过,2002年6月20日公布,自2002年6月27日起施行)

第1条【承包人的建设工程优先受偿权】
人民法院在审理房地产纠纷案件和办理执行案件中,应当依照《中华人民共和国合同法》第二百八十六条的规定,认定建筑工程的承包人的优先受偿权优于抵押权和其他债权。

最高人民法院《关于审理民间借贷案件适用法律若干问题的规定》②

★ ★

(法释[2015]18号,2015年6月23日最高人民法院审判委员会第1655次会议通过,自2015年9月1日起施行)

第1条【民间借贷的界定】
本规定所称的民间借贷,是指自然人、法人、其他组织之间及其相互之间进行资金融通的行为。
经金融监管部门批准设立的从事贷款业务的金融机构及其分支机构,因发放贷款等相关金融业务引发的纠纷,不适用本规定。

---

① 简称《建设工程价款优先受偿权问题的批复》。
② 简称《审理民间借贷案件规定》。

第 26 条【民间借贷年利率的限定】 ★

借贷双方约定的利率未超过年利率24%,出借人请求借款人按照约定的利率支付利息的,人民法院应予支持。

借贷双方约定的利率超过年利率36%,超过部分的利息约定无效。借款人请求出借人返还已支付的超过年利率36%部分的利息的,人民法院应予支持。

第 29 条【逾期利率的确定规则】 ★

借贷双方对逾期利率有约定的,从其约定,但以不超过年利率24%为限。未约定逾期利率或者约定不明的,人民法院可以区分不同情况处理:

(一)既未约定借期内的利率,也未约定逾期利率,出借人主张借款人自逾期还款之日起按照年利率6%支付资金占用期间利息的,人民法院应予支持;

(二)约定了借期内的利率但未约定逾期利率,出借人主张借款人自逾期还款之日起按照借期内的利率支付资金占用期间利息的,人民法院应予支持。

第 30 条【同时约定逾期利率、违约金、其他费用的适用规则】 ★

出借人与借款人既约定了逾期利率,又约定了违约金或者其他费用,出借人可以选择主张逾期利息、违约金或者其他费用,也可以一并主张,但总计超过年利率24%的部分,人民法院不予支持。

最高人民法院《关于人民法院民事执行中拍卖、变卖财产的规定》①

★★

(法释[2004]16号,2004年10月26日由最高人民法院审判委员会第1330次会议通过,自2005年1月1日起实施)

第 31 条【拍卖财产的优先受偿权和用益物权】 ★

拍卖财产上原有的担保物权及其他优先受偿权,因拍卖而消灭,拍卖所

---

① 简称《民事执行拍卖变卖财产规定》。

得价款,应当优先清偿担保物权人及其他优先受偿权人的债权,但当事人另有约定的除外。

拍卖财产上原有的租赁权及其他用益物权,不因拍卖而消灭,但该权利继续存在于拍卖财产上,对在先的担保物权或者其他优先受偿权的实现有影响的,人民法院应当依法将其除去后进行拍卖。

最高人民法院《关于适用〈中华人民共和国合同法〉若干问题的解释(二)》①

★ ★

(法释[2009]5号,2009年2月9日由最高人民法院审判委员会第1462次会议通过,自2009年5月13日起施行)

第29条【违约金的数额及其调整】 ★

当事人主张约定的违约金过高请求予以适当减少的,人民法院应当以实际损失为基础,兼顾合同的履行情况、当事人的过错程度以及预期利益等综合因素,根据公平原则和诚实信用原则予以衡量,并作出裁决。

当事人约定的违约金超过造成损失的百分之三十的,一般可以认定为合同法第一百一十四条第二款规定的"过分高于造成的损失"。

最高人民法院《关于适用〈中华人民共和国合同法〉若干问题的解释(一)》②

★ ★

(法释[1999]19号,1999年12月1日由最高人民法院审判委员会第1090次会议通过,自1999年12月29日起施行)

---

① 简称《合同法司法解释二》。
② 简称《合同法司法解释一》。

第9条【未办批准、登记手续的合同效力】 ★

依照合同法第四十四条第二款的规定,法律、行政法规规定合同应当办理批准手续,或者办理批准、登记等手续才生效,在一审法庭辩论终结前当事人仍未办理批准手续的,或者仍未办理批准、登记等手续的,人民法院应当认定该合同未生效;法律、行政法规规定合同应当办理登记手续,但未规定登记后生效的,当事人未办理登记手续不影响合同的效力,合同标的物所有权及其他物权不能转移。

合同法第七十七条第二款、第八十七条、第九十六条第二款所列合同变更、转让、解除等情形,依照前款规定处理。

最高人民法院《关于审理票据纠纷案件若干问题的规定》① ★★

(法释[2000]32号,2000年2月24日最高人民法院审判委员会第1102次会议通过,根据2008年12月16日发布的《最高人民法院关于调整司法解释等文件中引用〈中华人民共和国民事诉讼法〉条文序号的决定》调整)

第9条【票据诉讼的举证责任】 ★

票据诉讼的举证责任由提出主张的一方当事人承担。

依照票据法第四条第二款、第十条、第十二条、第二十一条的规定,向人民法院提起诉讼的持票人有责任提供诉争票据。该票据的出票、承兑、交付、背书转让涉嫌欺诈、偷盗、胁迫、恐吓、暴力等非法行为的,持票人对持票的合法性应当负责举证。

第15条【票据债务人可以对持票人提出的抗辩;与票据债务人有直接债权债务关系且不履行约定义务的、以欺诈、偷盗或胁迫等非法取得票据、明知票据债务人与出票人或持票人的前手之间存在抗辩事由而取得票据的、因重大过失取得票据】 ★

---

① 简称《票据纠纷规定》。

票据债务人依照票据法第十二条、第十三条的规定,对持票人提出下列抗辩的,人民法院应予支持:

(一)与票据债务人有直接债权债务关系并且不履行约定义务的;

(二)以欺诈、偷盗或者胁迫等非法手段取得票据,或者明知有前列情形,出于恶意取得票据的;

(三)明知票据债务人与出票人或者与持票人的前手之间存在抗辩事由而取得票据的;

(四)因重大过失取得票据的;

(五)其他依法不得享有票据权利的。

第26条【可以申请公示催告的失票人的界定】 ★

票据法第十五条第三款规定的可以申请公示催告的失票人,是指按照规定可以背书转让的票据在丧失票据占有以前的最后合法持票人。

第49条【持票人在票据被背书人栏内记载自己的名称与背书人记载具有同等效力】 ★

依照票据法第二十七条和第三十条的规定,背书人未记载被背书人名称即将票据交付他人的,持票人在票据被背书人栏内记载自己的名称与背书人记载具有同等法律效力。

第50条【连续背书的第一背书人应当是在票据上记载的收款人、最后的票据持有人应当是最后一次背书的被背书人】 ★

依照票据法第三十一条的规定,连续背书的第一背书人应当是在票据上记载的收款人,最后的票据持有人应当是最后一次背书的被背书人。

最高人民法院《关于审理企业破产案件若干问题的规定》①

★★

(法释[2002]23号,2002年7月18日最高人民法院审判委员会第1232次会议通过,自2002年9月1日起施行)

---

① 简称《审理企业破产案件规定》。

第 71 条【不属于破产财产的范围】 ★

下列财产不属于破产财产:

(一) 债务人基于仓储、保管、加工承揽、委托交易、代销、借用、寄存、租赁等法律关系占有、使用的他人财产;

(二) 抵押物、留置物、出质物,但权利人放弃优先受偿权的或者优先偿付被担保债权剩余的部分除外;

(三) 担保物灭失后产生的保险金、补偿金、赔偿金等代位物;

(四) 依照法律规定存在优先权的财产,但权利人放弃优先受偿权或者优先偿付特定债权剩余的部分除外;

(五) 特定物买卖中,尚未转移占有但相对人已完全支付对价的特定物;

(六) 尚未办理产权证或者产权过户手续但已向买方交付的财产;

(七) 债务人在所有权保留买卖中尚未取得所有权的财产;

(八) 所有权专属于国家且不得转让的财产;

(九) 破产企业工会所有的财产。

最高人民法院《关于适用〈中华人民共和国物权法〉若干问题的解释(一)》①

★★

(法释[2016]5号,2015年12月10日最高人民法院审判委员会第1670次会议通过,自2016年3月1日起施行)

第 7 条【导致物权变动法律文书种类】 ★

人民法院、仲裁委员会在分割共有不动产或者动产等案件中作出并依法生效的改变原有物权关系的判决书、裁决书、调解书,以及人民法院在执行程序中作出的拍卖成交裁定书、以物抵债裁定书,应当认定为物权法第二十八条所称导致物权设立、变更、转让或者消灭的人民法院、仲裁委员会的法律文书。

---

① 简称《物权法司法解释一》。

最高人民法院《关于审理涉及人民调解协议的民事案件的若干规定》①

★★

(法释[2002]29号,2002年9月5日由最高人民法院审判委员会第1240次会议通过,自2002年11月1日起施行)

第1条【民事调解协议的法律效力】 ★

经人民调解委员会调解达成的、有民事权利义务内容,并由双方当事人签字或者盖章的调解协议,具有民事合同性质。当事人应当按照约定履行自己的义务,不得擅自变更或者解除调解协议。

---

① 简称《审理调解协议案件规定》。

法律规范性文件简全称对照索引表

简称(拼音序)	全称	法合二维码 法合引证码	页码
保险法	中华人民共和国保险法	L1.1.59	652
草原法	中华人民共和国草原法	L1.1.176	666
城镇房屋租赁合同纠纷司法解释	最高人民法院《关于审理城镇房屋租赁合同纠纷案件具体应用法律若干问题的解释》	L1.3.69	710
村委会组织法	中华人民共和国村民委员会组织法	L1.1.34	647
大气污染防治法	中华人民共和国大气污染防治法	L1.1.91	659
担保法司法解释	最高人民法院《关于适用〈中华人民共和国担保法〉若干问题的解释》	L1.3.49	687

简称(拼音序)	全称	法合二维码 法合引证码	页码
担保法	中华人民共和国担保法	L1.1.58	607
道路交通安全法	中华人民共和国道路交通安全法	L1.1.145	646
道路交通事故司法解释	最高人民法院《关于审理道路交通事故损害赔偿案件适用法律若干问题的解释》	L1.3.113	702
房地产管理法	中华人民共和国城市房地产管理法	L1.1.105	654
妇女权益保障法	中华人民共和国妇女权益保障法	L1.1.234	649
工伤保险条例	工伤保险条例	L1.2.110	679
公司法	中华人民共和国公司法	L1.1.55	659
国有土地使用权出让转让条例	中华人民共和国城镇国有土地使用权出让和转让暂行条例	L1.2.231	682

简称(拼音序)	全称	法合二维码 法合引证码	页码
国有土地使用权合同纠纷司法解释	最高人民法院《关于审理涉及国有土地使用权合同纠纷案件适用法律问题的解释》	L1.3.47	709
海关法	中华人民共和国海关法	L1.1.90	667
海域使用管理法	中华人民共和国海域使用管理法	L1.1.211	668
合伙企业法	中华人民共和国合伙企业法	L1.1.61	671
合同法司法解释二	最高人民法院《关于适用〈中华人民共和国合同法〉若干问题的解释(二)》	L1.3.60	715
合同法司法解释一	最高人民法院《关于适用〈中华人民共和国合同法〉若干问题的解释(一)》	L1.3.59	715
合同法	中华人民共和国合同法	L1.1.63	593
环境保护法	中华人民共和国环境保护法	L1.1.97	663

简称(拼音序)	全称	法合二维码 法合引证码	页码
婚姻法司法解释二	最高人民法院《关于适用〈中华人民共和国婚姻法〉若干问题的解释(二)	L1.3.101	684
婚姻法司法解释三	最高人民法院《关于适用〈中华人民共和国婚姻法〉若干问题的解释(三)	L1.3.102	711
婚姻法司法解释一	最高人民法院《关于适用〈中华人民共和国婚姻法〉若干问题的解释(一)	L1.3.100	709
婚姻法	中华人民共和国婚姻法	L1.1.42	649
继承法问题的意见	最高人民法院《关于贯彻执行〈中华人民共和国继承法〉若干问题的意见	L1.3.106	708
继承法	中华人民共和国继承法	L1.1.45	636
建设工程价款优先受偿权问题的批复	最高人民法院《关于建设工程价款优先受偿权问题的批复	L1.3.72	713
建筑物区分所有权司法解释	最高人民法院《关于审理建筑物区分所有权纠纷案件具体应用法律若干问题的解释	L1.3.44	695

法律规范性文件简全称对照索引表　725

简称(拼音序)	全称	法合二维码 法合引证码	页码
精神损害赔偿司法解释	最高人民法院《关于确定民事侵权精神损害赔偿责任若干问题的解释》	L1.3.90	706
矿产资源法实施细则	中华人民共和国矿产资源法实施细则	L1.2.38	682
矿产资源法	中华人民共和国矿产资源法	L1.1.179	658
劳动法	中华人民共和国劳动法	L1.1.237	664
买卖合同司法解释	最高人民法院《关于审理买卖合同纠纷案件适用法律问题的解释》	L1.3.68	704
民办教育促进法	中华人民共和国民办教育促进法	L1.1.140	669
民法通则	中华人民共和国民法通则	L1.1.46	616
民事执行查封扣押冻结财产规定	最高人民法院《关于人民法院民事执行中查封、扣押、冻结财产的规定》	L1.3.314	704

简称(拼音序)	全称	法合二维码 法合引证码	页码
民事执行拍卖变卖财产规定	最高人民法院《关于人民法院民事执行中拍卖、变卖财产的规定	L1.3.315	714
民通意见	最高人民法院《关于贯彻执行〈中华人民共和国民法通则〉若干问题的意见(试行)	L1.3.2220	692
农村土地承包法	中华人民共和国农村土地承包法	L1.1.67	629
农村土地承包纠纷司法解释	最高人民法院《关于审理涉及农村土地承包纠纷案件适用法律问题的解释	L1.3.46	685
拍卖法	中华人民共和国拍卖法	L1.1.60	669
票据法	中华人民共和国票据法	L1.1.57	661
票据纠纷规定	最高人民法院《关于审理票据纠纷案件若干问题的规定	L1.3.122	716
企业破产法	中华人民共和国企业破产法	L1.1.70	670

简称(拼音序)	全称	法合二维码 法合引证码	页码
侵权责任法	中华人民共和国侵权责任法	L1.1.73	625
人民调解法	中华人民共和国人民调解法	L1.1.259	672
人民防空法	中华人民共和国人民防空法	L1.1.120	664
人身损害赔偿司法解释	最高人民法院《关于审理人身损害赔偿案件适用法律若干问题的解释》	L1.3.91	698
商品房买卖合同纠纷司法解释	最高人民法院《关于审理商品房买卖合同纠纷案件适用法律若干问题的解释》	L1.3.67	705
商业银行法	中华人民共和国商业银行法	L1.1.56	670
涉外民事关系法律适用法	中华人民共和国涉外民事关系法律适用法	L1.1.74	671
审理调解协议案件规定	最高人民法院《关于审理涉及人民调解协议的民事案件的若干规定》	L1.3.275	719

简称(拼音序)	全称	法合二维码 法合引证码	页码
审理房屋登记案件规定	最高人民法院《关于审理房屋登记案件若干问题的规定》	L1.3.559	712
审理民间借贷案件规定	最高人民法院《关于审理民间借贷案件适用法律若干问题的规定》	L1.3.2193	713
审理企业破产案件规定	最高人民法院《关于审理企业破产案件若干问题的规定》	L1.3.126	717
收购、管理、处置国有银行不良贷款形成的资产案件规定	最高人民法院《关于审理涉及金融资产管理公司收购、管理、处置国有银行不良贷款形成的资产的案件适用法律若干问题的规定》	L1.3.139	707
水法	中华人民共和国水法	L1.1.182	665
探矿采矿权转让管理办法	探矿权采矿权转让管理办法	L1.2.357	680
土地管理法实施条例	中华人民共和国土地管理法实施条例	L1.2.370	677

法律规范性文件简全称对照索引表 729

简称(拼音序)	全称	法合二维码 法合引证码	页码
土地管理法	中华人民共和国土地管理法	L1.1.180	640
退耕还林条例	退耕还林条例	L1.2.372	681
物权法司法解释一	最高人民法院《关于适用〈中华人民共和国物权法〉若干问题的解释(一)》	L1.3.2201	718
物业服务纠纷司法解释	最高人民法院《关于审理物业服务纠纷案件具体应用法律若干问题的解释》	L1.3.45	693
物业管理条例	物业管理条例	L1.2.401	673
刑法	中华人民共和国刑法	L1.1.250	656
渔业法	中华人民共和国渔业法	L1.1.178	665
自然保护区条例	中华人民共和国自然保护区条例	L1.2.487	683

后记
用大数据圆十年说法梦!

一、梦回十年——编写本丛书的初衷

作为主编,首先我想谈一下编写本丛书的初衷,这还要从 10 年前我的个人经历说起。我 2006 年开始在中国人民大学法学院攻读民商法学博士学位,在完成学业之余,曾经受多家出版社邀请,编写过一些实务类法条图书,主要集中在民法领域。当时,一方面是希望通过编写图书获得一定稿费以支持自己在北京的学业,另一方面也是希望通过系统地编写法条类图书让自己对中国现行法律有更加全面和深刻的认识。实际上,不管是海峡对岸的我国台湾地区,还是我长期访学过的美国和英国,不少学者都深度参与编写法条书、经典案例集或者建设法律、案例数据库。这种学者的参与对司法实务有非常强的促进作用,本身也是学者跟进司法实务的绝佳方式。

我当时参考过市面上绝大多数的实务类法条书,发现包括自己编写的法条书在内,形式上无外乎是将法律条文列出,然后列出与某一法律条文相关的条文,如有需要,还根据编者的理解撰写一定的说明。在编写过程中,我发现这种编写方式有一个致命的缺陷,那就是法条之间的关联是基于编写者的主观认识,这就存在如下三种风险:第一,法条之间的联系是基于编写者个人的判断,或许符合学术观点和立法规划,但在司法实务中可能并非如此。第二,部分法条之间客观上存在明显的或者潜在的矛盾,从编写者的角度只能全部列出,无法也难以确定到底哪些法条才是实务中实际适用的。第三,由于无法作出法律条文之间相关度的判断,只能尽量全面地列举法条,即"宁多毋缺"。

2008—2009 年,我获得美国富布赖特基金会资助,到美国康奈尔大学法学院和耶鲁大学法学院完成我的博士论文,同时也有机会深度感受英美判例法的运作方式。我惊讶于判例报告的公开性、延续性和实用性,加上 Westlaw

和 LexisNexis 的数字化处理,通过判例法的运作方式,达到与成文法的异曲同工之妙,令我十分羡慕。同时也认识到,对法律条文的研究和阐释,如果不能与司法判例结合起来,就只可能沦落为法律人的纯粹想象而丧失其实用性。而当时国内尚无权威的判例获取渠道,裁判文书公开的前景也不明朗,对此也只能望洋兴叹。

因此,尽管我编写的实务类法条书销量甚好(可能只是专业领域的原因),但在我 2009 年到四川大学法学院任教之后,只是应邀完成了自己主攻的《侵权责任法》的相关图书编写,就停止了全部同类图书的编写和更新工作。究其主要原因,还是对法条书的这种编写方式以及它对司法实务的实际作用持保留态度。当时我就在想,如果有一天,各级人民法院能够公布全部的裁判文书,我们再通过软件(当时还没有"大数据"的概念)分析一下实务中每个法律条文的实际适用情况,不但会对学术研究和立法活动有极大的促进作用,也可以避免之前编写这类图书的诸多弊端,就可以圆了自己编写一套真正贴近和促进司法实务的法条书的梦想!

二、"用大数据说法"之梦

一晃又是五年。2014 年初,最高人民法院建立"中国裁判文书网",开始公布裁判文书。截至 2016 年 12 月 1 日,公布的裁判文书总量已经超过 2 300 万份。尽管比起各级人民法院每年超过 1 600 万件的审结、执结案件总量,这似乎还远未达到全面公布的程度①,但已经为"法律大数据分析"提供了足够大的数据样本。

几乎就在同时,"大数据分析"的春风刮遍神州。谈不上跟风,我总算是弄明白了自己想做的事情原来叫作"法律+大数据分析"。所以,从 2014 年开始酝酿,2015 年开始筹备,四川大学法学院法律大数据实验室(以下简称"法律大数据实验室")终于于 2016 年初挂牌成立了。

作为国内高校第一家"法律大数据"专业研究机构,从酝酿之初,我就确定了机构的宗旨——"用大数据说法"。这个口号的灵感,来自于中央电视台

---

① "中国裁判文书网"2014 年公布裁判文书约 535 万篇,同期审结、执结案件 1 381 万件;2015 年公布裁判文书约 713 万篇,同期审结、执结案件 1 673 万件。参见王竹:《法律大数据要注重质与量的提升》,《社会科学报》2016 年 6 月 2 日第 4 版。

两个黄金栏目的宣传语,即焦点访谈栏目的"用事实说话"和今日说法栏目的"今日说法"。我个人认为,"法律+大数据分析"是未来法学研究的一个重要发展方向,而这种新的研究方法最简洁的表达,就是"用大数据说法!"

在追求"用大数据说法!"的梦想过程中,我首先面临的不可回避的问题,就是缺乏现成的可用于法律领域的"大数据分析"技术。我并不认为,法律人需要从最初就自己掌握"大数据分析"技术,我们需要掌握的是符合法律人思维的算法设计。我之前编写实务类法条图书和担任"中国民商法律网"编辑部主任期间设计数据库的经历,再加上恶补一些必要的大数据分析的基础知识,让我勉强能够胜任这一工作。很有幸,我找到了志同道合而且是技术流取向的"法合实验室"(www.LawSum.com),而且欣闻他们获得了最高人民法院信息中心的权威授权,可以合法地使用和分析"中国裁判文书网"公布的全部裁判文书。万事俱备,开工!

三、十年梦终圆

经过与蒋浩老师和陆建华编辑的沟通,我们一拍即合!这套"法律大数据·案由法条关联丛书",就是"法律大数据实验室"与北京大学出版社共同策划的"法律大数据"系列丛书之一。本丛书首先由数据合作伙伴"法合实验室"利用大数据分析技术对"中国裁判文书网"公布的超过 2 300 万份裁判文书进行分析,提供基础数据支持;然后由"法律大数据实验室"组织司法实务和学术研究领域的法律专业人士进行分析,首度体现了"法律+大数据分析"完美结合的理念。

通过"法律+大数据分析"的方式编写本套《法律大数据·案由法条关联丛书》,是"法律大数据实验室"践行"用大数据说法!"理念的初步尝试,也是我构想的"法律大数据报告"(BigLaw DataReport,简称"BL-DL")的首次出版。①

除了精确地展示司法实务中不同案由和不同法律条文的实际适用情况,并体现法律专业人士的经验判断之外,本丛书还将持续跟进"中国裁判文书

---

① 2016 年初,"法律大数据实验室"联合"法合实验室"通过微信公众号发布了《法律大数据双年报》(2014—2015 年)第 001—008 号。

网"公布案件的进度和司法实务以及理论进展,基于最鲜活、权威的法律大数据,服务法律共同体,推动中国法治化进程!

  本丛书的编写离不开大量的基础性后台编辑工作,这些都是我的学生团队多年来的工作成果积累,他们是:刘雨林、李东岳、孙琦琳、饶王林、栾维维、赵晓芹、张建芳、蔡娜、朱律、舒星旭、王蕾、冯瑶、江霞、方延、舒栎宇、谈亮、李莎莎、祝婉丽、钟琴、向新梅、刘娟、张益珍、周旭、曾勇、陈了、杨亦楠、时爽、余盛军、杨彧、张晶、云姣、王轶晗、张雨、徐丹、何丹、詹诗渊、吉星、罗雅文、程丽莉、唐烨、杨淇茜、苟海川、刘丽均、孟琪、冯沛波、王艳玲、余翔宇、邹勋、徐永炜、聂超、蔡婧雪、崔梅楠、刘潺和刘忠炫。牛津大学法学院的博士生苏颖和吴至诚从英美判例法角度对本丛书的编写提供了大量有益的建议和意见。"法合实验室"的张恒、代杨、孙兆云、王世坤和秦雷为本丛书的编写提供了数据支持。在此一并致谢!

  本书系司法部国家法治与法学理论研究项目"民法典编纂疑难问题法律大数据分析研究"(16SFB3032)的中期成果。感谢司法部对本书写作的支持。

  "用大数据说法!"这一全新理念还在逐步完善,"法律大数据实验室"也在逐渐成长。对于本丛书以及"法律大数据实验室"的后续作品,欢迎读者提出宝贵意见和建议!

王　竹

法学博士、教授、博士生导师

四川大学法学院法律大数据实验室主任

中国人民大学民商事法律科学研究中心侵权法研究所副所长

2016 年 8 月 21 日 于 牛津大学 Worcester 学院湖畔 初稿

2017 年 7 月 30 日 定稿

法律大数据实验室

bldl. scu. edu. cn

联系方式:biglawdata@163.com